Einfluss der IFRS auf die Rechnungslegungspraxis

Betriebswirtschaftliche Forschung im Rechnungswesen

Herausgegeben von Nils Crasselt, Rolf Uwe Fülbier, Joachim Gassen, Bernhard Pellens und Thorsten Sellhorn

Band 11

PL ACADEMIC RESEARCH

Thomas Kemper-Scharpegge

Einfluss der IFRS auf die Rechnungslegungspraxis

Eine theoretische und empirische Analyse in ausgewählten Ländern der EU

PL ACADEMIC RESEARCH

Bibliografische Information der Deutschen Nationalbibliothek
Die Deutsche Nationalbibliothek verzeichnet diese Publikation in der Deutschen Nationalbibliografie; detaillierte bibliografische Daten sind im Internet über http://dnb.d-nb.de abrufbar.

Zugl.: Bochum, Univ., Diss., 2012

D 294
ISSN 2191-6098
ISBN 978-3-631-62573-6

www.peterlang.de

Geleitwort

Die Informationsfunktion der Rechnungslegung ist für kapitalmarktorientierte Unternehmen von besonderer Bedeutung. Rechnungslegungsdaten sind hier nicht nur für die aktuellen und potentiellen Kapitalgeber relevant, sondern sie liefern auch einen Betrag zur Funktionsfähigkeit der sich zunehmend integrierenden Kapitalmärkte. Vor diesem Hintergrund haben alle kapitalmarktorientierte Unternehmen in der EU ihre Konzernabschlüsse seit 2005 in einer einheitlichen Sprache, den IFRS, zu erstellen. Ziel der IFRS ist es, den Rechnungslegungsadressaten hochwertige Informationen über die wirtschaftliche Lage zur Verfügung zu stellen, damit diese hieraus ihre ökonomischen Entscheidungen ableiten können. Fraglich ist allerdings, ob die einheitliche IFRS-Sprache dies allein zu erreichen vermag. So wird die Rechnungslegungspraxis nicht nur von Normen, sondern insbesondere auch von institutionellen Rahmenbedingungen beeinflusst. Insofern ist noch unklar, ob der Wechsel auf ein international harmonisiertes Rechnungslegungssystem eine hochwertige Rechnungslegungspraxis sicherstellen kann.

Die vorliegende Arbeit von Herrn Thomas Kemper-Scharpegge greift diese Fragestellung auf und untersucht im Rahmen einer theoretischen und empirischen Analyse die Auswirkungen der IFRS-Einführung auf die Rechnungslegungspraxis in ausgewählten EU-Ländern. Dabei fokussiert Herr Kemper-Scharpegge zwei wesentliche Forschungsfragen: Zum einen untersucht er, inwiefern die verpflichtende Umstellung in den untersuchten Ländern eine qualitative Veränderung der Rechnungslegungspraxis erkennen lässt. Zum anderen geht er der Frage nach, inwiefern die bilanzierenden EU-Unternehmen auch Anreize zu einer möglichst hochwertigen IFRS-Rechnungslegung haben. Als Beurteilungskriterium zieht er ausgewählte Eigenschaften von Periodenergebnisgrößen heran und legt dabei für Zwecke der empirischen Untersuchung ein umfassendes und sehr sorgfältig aufbereitetes Datenset zugrunde.

Herr Kemper-Scharpegge hat sich mit seiner Untersuchung zum Einfluss der IFRS eine wichtige und aktuelle Thematik ausgewählt. Es gelingt ihm in besonderer Weise, sich mit seinen gewählten Forschungsfragen in dem bestehenden Spektrum an betriebswirtschaftlichen Beiträgen über die IFRS-Anwendung und deren Auswirkungen auf die Rechnungslegungspraxis eindrucksvoll zu positionieren und seine Dissertation in diesen national wie international sehr bedeutenden Forschungszweig einzureihen. Dabei überzeugt die Dissertation durch einen fundierten theoretischen Überblick sowie eine anschauliche und facettenreiche empirische Analyse, deren Erkenntnisse einen wertvollen Beitrag zu der Thematik der IFRS-Anwendung und deren Implikationen leisten sowie eine hohe praktische Relevanz haben. Ich wünsche der Arbeit daher im Namen aller Herausgeber, dass sie die verdiente Anerkennung in der Fachöffentlichkeit erhalten wird.

Bochum, im November 2012 Bernhard Pellens

Vorwort

Die vorliegende Arbeit entstand während meiner Tätigkeit als wissenschaftlicher Mitarbeiter am Lehrstuhl für Internationale Unternehmensrechnung an der Ruhr-Universität Bochum. Im Folgenden möchte ich all denen danken, die zum Gelingen der Arbeit beigetragen sowie einen Anteil daran haben, dass meine Promotionszeit sowohl in beruflicher als auch privater Hinsicht eine sehr schöne Zeit war.

Ein besonderer Dank gilt meinem akademischen Lehrer und Doktorvater, Herrn Prof. Dr. Bernhard Pellens. Ihm danke ich nicht nur für die Betreuung meiner Arbeit, sondern auch dafür, dass er mir stets ausreichend Freiraum für die Verfolgung meiner eigenen Forschungsinteressen ließ. Gleichfalls danke ich ihm dafür, dass ich während meiner Tätigkeit als wissenschaftlicher Mitarbeiter an vielfältigen sowie interessanten Projekten inner- und außerhalb der Universität mitwirken durfte. Darüber hinaus möchte ich mich bei Herrn Prof. Dr. Stephan Paul für die Übernahme des Zweitgutachtens im Rahmen des Promotionsverfahrens bedanken. Herr Prof. Hans Dirrigl übernahm dankenswerterweise die Rolle des Drittprüfers. Den Herausgebern der Reihe „Betriebswirtschaftliche Forschung im Rechnungswesen“ danke ich für die Aufnahme meiner Arbeit in ihre Schriftenreihe.

Herzlich bedanken möchte ich mich bei meinen ehemaligen Kollegen am Lehrstuhl: Dr. Holger Amshoff, Dr. Ole Berger, Dr. Andreas Bonse, Dr. Eva Brandt, Prof. Dr. Nils Crasselt, Stefan Jannet, Dr. Dirk Jödicke, Tom Jungius, Kai Lehmann, Dr. Stefan Neuhaus, Prof. Dr. Uwe Nölte, Philipp Obermüller, Beate Preuß, Sebastian Riemenschneider, Maximilian Rowoldt, Torben Rüthers, Dr. André Schmidt, Prof. Dr. Thorsten Sellhorn, Dr. Adam Strzyz, Jan Henning Sohlmann und Dr. Markus Weinreis. Jeder von ihnen hat seinen Beitrag dazu geleistet, dass ich die Lehrstuhltätigkeit als eine schöne Zeit in Erinnerung behalten werde, und die vielfältigen gemeinsamen Aktivitäten während und auch fernab der Lehrstuhltätigkeit haben dazu geführt, dass sich viele Freundschaften entwickelt haben. Den studentischen Hilfskräften danke ich für ihren großen Einsatz im Rahmen der Literaturbeschaffung sowie Kopierarbeiten und hoffe, immer ein guter "Hiwi-Koordinator" gewesen sein.

Es fällt schwer, alle Beteiligten aufzuzählen, die speziell zum Gelingen meiner Arbeit beigetragen haben. Bedanken möchte ich mich bei Prof. Dr. Thorsten Sellhorn, der mich schon während des Studiums an das Thema "Rechnungslegungsqualität" herangeführt hat und mir vor allem in der Anfangsphase meiner Arbeit den Einstieg in selbige mit vielen hilfreichen Anmerkungen erleichtert hat. Darüber hinaus danke ich Prof. Dr. Jürgen Ernstberger für viele konstruktive Hinweise sowohl im Rahmen der Doktorandenseminare als auch persönlicher Gespräche. In der Endphase meiner Arbeit erwies sich zudem Prof. Dr. Michael Stich als ein sehr hilfsbereiter Ansprechpartner bei vielen methodischen und empirischen Fragestellungen.

Herzlich bedanken möchte ich mich außerdem bei Adam, André und Kai, die meine Arbeit trotz eigener Verpflichtungen und Projekte Korrektur gelesen haben. Nicht zuletzt durch ihren sehr großen Einsatz und ihre außerordentliche Hilfsbereitschaft haben sie einen maßgeblichen Anteil zum Gelingen meiner Arbeit beigetragen. Darüber hinaus hat jeder seinen eigenen Beitrag zum Gelingen geleistet: Adam ist während der Promotionszeit immer ein enger Weggefährte gewesen, der mir sehr viel von seiner eigenen, mir vorausgehenden Promotionserfahrung weitergegeben hat. André zeichnete sich als eine sehr wichtige Hilfe in allen Phasen meiner Arbeit aus. Er nahm sich immer viel Zeit, auf die verschiedenen inhaltlichen und methodischen Probleme einzugehen, mit denen ein Doktorand im Laufe seiner Promotionszeit konfrontiert wird. Mit seinen wertvollen Anmerkungen und Ratschlägen hat er einen bedeutenden Einfluss auf meine Arbeit genommen. Kai erwies sich auch abseits des Campus als ein ausgezeichneter Gesprächspartner. Es war stets eine große Freude, nach getaner Arbeit beim Edelitaliener Chianti, im Umfeld einer klassischen Ruhrgebietskneipe oder auch im Rahmen von Stadionbesuchen dem weiteren Meinungsaustausch nachzugehen.

In besonderer Weise möchte ich mich bei meiner Familie bedanken. Meine Eltern, Gabriele und Reimund Kemper, sowie meine Schwester, Kathrin Kemper, haben meine Arbeit mit viel Einsatz akribisch auf Rechtschreibung und grammatikalische Korrektheit überprüft, wofür ich ihnen zu besonderem Dank verpflichtet bin. Darüber hinaus danke ich meinen Eltern nicht nur für ihre großzügige finanzielle Unterstützung, durch die sie mein Studium und meine anschließende Promotion überhaupt erst ermöglicht haben, sondern auch für das in mich gesetzte Vertrauen und das Gefühl, jederzeit für mich da zu sein.

Schließlich danke ich von ganzem Herzen meiner Frau Katharina Scharpegge. Mit ihrer positiven Einstellung und Lebensfreude hat sie mir immer wieder aufgezeigt, dass eine Promotion zwar einen hohen Stellwert hat, es jedoch auch viele andere schöne und wichtige Dinge im Leben gibt. Es macht mich glücklich, ein Leben an ihrer Seite zu führen, und es ist ein schönes Gefühl, nicht nur privat, sondern auch beruflich gemeinsame Wege zu gehen.

Meinen Eltern und Katharina sei diese Arbeit gewidmet. Danke, dass es Euch gibt.

Dortmund, im November 2012 Thomas Kemper-Scharpegge

Inhaltsverzeichnis

Abkürzungsverzeichnis

Abs.	Absatz
AG	Aktiengesellschaft
AktG	Aktiengesetz
AM	Arithmetisches Mittel
AMF	Autorité des Marchés Financiers
ARC	Accounting Regulatory Committee
Art.	Artikel
ASB	Accounting Standards Board
ASC	Accounting Standards Committee
Aufl.	Auflage
BaFin	Bundesanstalt für Finanzdienstleistungsaufsicht
BDO	Binder Dijker Otte
BGBl.	Bundesgesetzblatt
BilKoG	Bilanzkontrollgesetz
BilMoG	Bilanzrechtsmodernisierungsgesetz
BIP	Bruttoinlandsprodukt
BiRiLiG	Bilanzrichtliniengesetz
BMF	Bundesministerium der Finanzen
BMJ	Bundesministerium der Justiz
Buchst.	Buchstabe
BilReG	Bilanzrechtsreformgesetz
bzw.	beziehungsweise
CA	Companies Act
CAPM	Capital Asset Pricing Model
CCAB	Consultive Committee of Accountancy Bodies
CDGF	Conseil de discipline de la gestion financière
CESR	Committee of European Securities Regulators

CMF	Conseil des marchés financiers
CNC	Conseil Nationale de la Compatibilité
COB	Commission des opérations de bourse
CRC	Comité de la Réglementation Comptable
DE	Deutschland
Diss.	Dissertation
d.h.	das heißt
DPR	Deutsche Prüfstelle für Rechnungslegung
Dr.	Doktor
DRS	Deutsche Rechnungslegungs Standards
DRSC	Deutsches Rechnungslegungs Standards Committee
EBIT	Earnings before Interest and Taxes
EBITDA	Earnings before Interest, Taxes, Depreciation and Amortisation
ED	Exposure Draft
EG	Europäische Gemeinschaft
EFRAG	European Financial Reporting Advisory Group
EMSA	European Securities and Markets Authority
et al.	et alii (und andere)
etc.	et cetera
EC	European Commission
EEA	European Economic Area
erw.	erweiterte (Auflage)
EStG	Einkommensteuergesetz
EUR	Euro
EWG	Europäische Wirtschaftsgemeinschaft
EWGV	Vertrag zur Gründung der Europäischen Wirtschaftsgemeinschaft
EWR	Europäischer Wirtschaftsraum
f.	folgende [Seite]
FASB	Financial Accounting Standards Board

ff.	fortfolgende [Seiten]
FIFO	First-In-First-Out (Bewertungsvereinfachungsverfahren)
Fn.	Fußnote
FR	Frankreich
FRC	Financial Reporting Council
FRRP	Financial Reporting Review Panel
FRS	Financial Reporting Standards
FSA	Financial Services Authority
GBP	Great Britain Pound
gem.	gemäß
ggf.	gegebenenfalls
GmbHG	Gesetz betreffend die Gesellschaften mit beschränkter Haftung
GoB	Grundsätze ordnungsmäßiger Buchführung
HGB	Handelsgesetzbuch
HMRC	Her Majesty's Revenue and Customs
Hrsg.	Herausgeber
IAS	International Accounting Standards
IASB	International Accounting Standards Board
IBM	International Business Machines Corporation
i. Br.	im Breisgau
ICAEW	Institute of Chartered Accountants in England and Wales
IDW	Institut der Wirtschaftsprüfer
IFRS	International Financial Reporting Standards
IFRIC	International Financial Reporting Interpretations Committee
i.V.m.	in Verbindung mit
i.w.S.	im weiteren Sinne
Jg.	Jahrgang
KGaA	Kommanditgesellschaft auf Aktien
KonTraG	Gesetz zur Kontrolle und Transparenz im Unternehmensbereich

KPMG	Klynveld, Peat, Marwick und Goerdeler
KStG	Körperschaftsteuergesetz
LIFO	Last-In-First-Out (Bewertungsvereinfachungsverfahren)
LSG	Loi sur les Sociétés Commerciales
Ltd.	Limited
M&A	Mergers and Acquisitions
Mrd.	Milliarde
NASDAQ	National Association of Securities Dealers Automated Quotations
No.	number
Nr.	Nummer
NYSE	New York Stock Exchange
OLS	Ordinary Least Squares
PCG	Plan Comptable Général
PublG	Publizitätsgesetz
PwC	PricewaterhouseCoopers
rev.	revised
Rn.	Randnummer
S.	Seite
SEC	Securities and Exchange Commission
SFAC	Statements of Financial Accounting Concepts
SIC	Standard Interpretations Committee (in Bezug auf Interpretationen von Standards)
	Standard Industrial Classification (in Bezug auf Branchenklassifikationen)
SPSS	Statistical Package for the Social Sciences
SSAP	Statements of Standard Accounting Practice
Stab	Standardabweichung
Tz.	Textziffer
u.a.	unter anderem

überarb.	überarbeitete (Auflage)
UK	United Kingdom
UK GAAP	United Kingdom Generally Accepted Accounting Principles
Univ.	Universität
US	United States
USA	United States of America
US GAAP	United States Generally Accepted Accounting Principles
vgl.	vergleiche
Vol.	Volume
WACC	Weighted Average Cost of Capital
WpHG	Wertpapierhandelsgesetz
XBRL	eXtensible Business Reporting Language
z.B.	zum Beispiel
zugl.	zugleich

Symbolverzeichnis

α	Regressionskoeffizient; Winkelmaß in Abbildung 6
β_0	Absolutglied
β_n	Regressionskoeffizient
δ	Regressionskoeffizient; Winkelmaß in Abbildung 6
Δ	Veränderung zur Vorperiode bzw. zwischen den Stichproben
ε	Störterm
γ	Winkelmaß in Abbildung 6
θ	Ermittelte Logits
ρ	Spearman-Korrelationskoeffizient
σ	Standardabweichung
σ^2	Varianz

adj. R^2	Adjustiertes Bestimmtheitsmaß
CFO	Operativer Cashflow, skaliert mit dem Gesamtvermögen zu Beginn der Periode
ΔCFO	Veränderung des operativen Cashflows, skaliert mit dem Gesamtvermögen zu Beginn der Periode
d	Dummyvariable für betrachtetes Geschäftsjahr
DTM	Langfristiges Fremdkapital, dividiert durch die Summe aus langfristigem Fremdkapital und der Marktkapitalisierung
EARLY	Dummyvariable mit EARLY = 1, wenn Unternehmen vor 2005 nach IFRS bilanziert, sonst EARLY = 0
ΔEARLY	Veränderung der Eigenschaften von Ergebnisgrößen im Zeitablauf, mit ΔEARLY = 1 für potentiell freiwillige IFRS-Anwender und ΔEARLY = 0 für potentiell verpflichtete IFRS-Anwender
FS	Anteil der im Ausland erzielten Umsätze an gesamten Umsätzen
i	Index für betrachtetes Unternehmen
IFRS	Dummyvariable mit IFRS = 1 für IFRS-Anwender, sonst IFRS = 0
IND	Dummyvariable mit IND = 1 für jeweiligen Industriezweig des Unternehmens, sonst IND = 0

j	Index für betrachtetes Unternehmen bei Ermittlung der Logits
k	Index für betrachteten Industriezweig
LMV	Natürlicher Logarithmus der Marktkapitalisierung
m	Median
N	Anzahl der Beobachtungen/Unternehmen
NEG	Dummyvariable mit NEG = 1, wenn RET < 0, sonst NEG = 0
NIBE	Net Income Before Extraordinary Items, skaliert mit dem Gesamtvermögen bei den rechnungslegungsbasierten Eigenschaften bzw. mit dem Marktwert des Eigenkapitals bei den marktbasierten Eigenschaften jeweils zu Beginn der Periode
ΔNIBE	Veränderung des Net Income Before Extraordinary Items, skaliert mit dem Marktwert des Eigenkapitals zu Beginn der Periode
PA	Periodenabgrenzungen
ΔPA	Veränderung der Periodenabgrenzungen, skaliert mit dem Gesamtvermögen zu Beginn der Periode
Pr	Probability
PRE	Bezeichnung für Zeitraum vor der IFRS-Einführung
POST	Bezeichnung für Zeitraum nach der IFRS-Einführung
RET	12-Monats Buy-and-Hold-Rendite, endend zum Geschäftsjahresende
RET15	15-Monats Buy-and-Hold-Rendite, endend zum Geschäftsjahresende
ΔUE	Veränderung der Periodenabgrenzungen, skaliert mit dem Gesamtvermögen zu Beginn der Periode
SAV	Sachanlagevermögen
t	Index für betrachtete Periode
ΔUE	Veränderung der Umsatzerlöse
ΔWC	Veränderung des Working Capitals, skaliert mit dem Gesamtvermögen zu Beginn der Periode
X	Ergebnisgröße
YEAR	Dummyvariable mit YEAR = 1 für Geschäftsjahr, sonst YEAR = 0

Abbildungsverzeichnis

Tabellenverzeichnis

1 Einleitung

1.1 Problemstellung

Die in 2002 durch das Europäische Parlament verabschiedete EU-Verordnung[1] (IAS-Verordnung) verpflichtet kapitalmarktorientierte Unternehmen in der EU seit 2005 dazu, ihre Konzernrechnungslegung nach den IFRS[2] vorzunehmen.[3] Durch Anwendung dieser vom IASB als „high quality“[4] bezeichneten Rechnungslegungsregeln soll die Qualität der Konzernabschlüsse verbessert werden, um Informationsasymmetrien zwischen den am Rechnungslegungsprozess beteiligten Akteuren zu reduzieren und schließlich die Kapitalkosten von Unternehmen zu senken.[5] Letzteres wird als ein „zentrales Ziel der Internationalisierung der Rechnungslegung“[6] gesehen. Die Hauptaufgabe der Rechnungslegung liegt folglich darin, den Adressaten entscheidungsnützliche Informationen zur Verfügung zu stellen, um sich ein Bild über die wirtschaftliche Lage eines Unternehmens machen und daraus Entscheidungen ableiten zu können.[7]

Zentrales Ziel der IFRS-Anwendung ist es demnach, „eine effiziente Funktionsweise des Kapitalmarkts“[8] sicherzustellen, was zugleich als ein Merkmal dienen kann, die „Qualität der Rechnungslegung“ näher zu konkretisieren. Eine hochwertige Rechnungslegung trägt in diesem Sinne dazu bei, die Kapitalmärkte bei der Allokation des Kapitals zu unterstützen.[9] Rechnungslegung kann in diesem Zusammenhang als eine Sprache verstanden werden, die als ein Kommunikationsinstrument gegenüber den Rechnungslegungsadressaten dient und nur dann funktionieren kann, wenn einheitliche und in einer zuvor definierten An-

---

1 Verordnung (EG) Nr. 1606/2002 des Europäischen Parlaments und des Rates vom 19.07.2002 betreffend die Anwendung internationaler Rechnungslegungsstandards.

2 Die in der vorliegenden Arbeit verwendete Bezeichnung „IFRS“ beinhaltet sowohl die durch das IASB genehmigten Standards und Interpretationen als auch die im Rahmen der früheren Satzung verabschiedeten IAS und SIC-Interpretationen. Vgl. dazu IASB Preface, Tz. 5. Rechtsgrundlage stellen die von der EU anerkannten Standards dar, es sei denn, es wird explizit auf abweichende Regelungen hingewiesen.

3 Vgl. Pellens et al. (2011), S. 51. Die Verordnung gilt ferner für die dem EWR angehörenden Länder Island, Liechtenstein und Norwegen. Vgl. Pacter (2005), S. 75.

4 IASB Preface, Tz. 6.

5 Vgl. Daske (2005), S. 455-456.

6 Daske (2005), S. 455.

7 Vgl. Verordnung (EG) Nr. 1606/2002, Erwägungsgrund 9.

8 Verordnung (EG) Nr. 1606/2002, Art. 1.

9 Vgl. Wagenhofer/Dücker (2007), S. 264.

ordnung zueinander stehende Regeln existieren.[10] Wie diese Sprache dann jedoch konkret angewendet wird, hängt einerseits von der Umsetzung durch den jeweiligen Anwender dieser Sprache ab – im vorliegenden Fall das bilanzierende Unternehmen, das die Sprache „IFRS“ anwendet. Andererseits hängt die konkrete Anwendung der Sprache „IFRS“ auch von den Schranken ab, in denen sich das bilanzierende Unternehmen bewegt, wie etwa den Vorgaben durch die Regulierungs- und Aufsichtsbehörden sowie die Wirtschaftsprüfung. In Anbetracht dessen beschäftigt sich die internationale Rechnungslegungsforschung u.a. mit der Frage, inwiefern die Implementierung der IFRS tatsächlich eine höherwertige Rechnungslegung herbeiführen kann.[11] Eine Beantwortung dieser Frage ist deshalb von praktischer Bedeutung, da sich die EU von der IFRS-Anwendung unmittelbare Implikationen für die Kapitalmärkte verspricht. Jedoch scheint es keineswegs unproblematisch zu sein, eine passende Antwort auf diese Frage zu finden.

Bisherige Erkenntnisse lassen nämlich vermuten, dass die alleinige Implementierung dieser vermeintlich hochwertigen Rechnungslegungsregeln nicht unbedingt zu einer verbesserten Rechnungslegung führen muss. Rechnungslegung werde stattdessen aus Rechnungslegungsregeln und unterschiedlichen institutionellen Rahmenbedingungen wie z.B. dem Finanzierungs-, Rechts- und Steuersystem eines Landes bestimmt, von denen Anreize für Unternehmen ausgehen, Rechnungslegung bestimmter Art und Qualität vorzunehmen.[12] Haben die Anreize hierbei einen „first-order“- und die Rechnungslegungsregeln lediglich einen „second-order“-Effekt auf die Rechnungslegung, kann dies dazu führen, dass die Implementierung der IFRS nicht zwingend eine verbesserte Qualität der Rechnungslegung hervorruft. Stattdessen könnten z.B. Länder mit einem institutionellen Umfeld, von dem nur vergleichsweise schwache Anreize zu einer hochwertigen Rechnungslegung ausgehen, trotz Anwendung hochwertiger Rechnungslegungsregeln weiterhin eine niedrige Qualität der Rechnungslegung aufweisen.[13]

Somit scheint nicht auf Anhieb eindeutig zu sein, welchen Effekt die Implementierung harmonisierter, als hochwertig betrachteter Rechnungslegungsregeln auf die Rechnungslegungspraxis tatsächlich hat.[14] Unter Rechnungslegungspraxis sei allgemein das Ergebnis eines Rechnungslegungsprozesses verstanden, welches sich zum Beispiel in Form von Geschäftsberichten für außer-

---

10 Vgl. Stamp (1972), S. 66; Riahi-Belkaoui (2004), S. 99-100; Ankarath et al. (2010), S. 1.

11 Vgl. Ball (2006), S. 5.

12 Vgl. Ball/Kothari/Robin (2000), S. 4-5; Schipper (2005), S. 107.

13 Vgl. Ball/Robin/Wu (2003), S. 236; Holthausen (2003), S. 272.

14 Vgl. Nobes (2006), S. 233-234.

halb des Unternehmens stehende Personen zu Informationszwecken niederschlägt und nach standardisierten Rechnungslegungsregeln aufgestellt wird.[15] Würde sich die Rechnungslegungspraxis durch die IFRS-Anwendung nun kaum oder gar nicht verändern, so könnte dies bedeuten, dass die IFRS nicht der vor allem vom IASB und der EU proklamierten Zielsetzung nachkommen, sondern vielmehr nur einen begrenzten Effekt haben und somit allenfalls einem „second-order"-Effekt nachkommen. Damit wäre auch fraglich, inwiefern die Sprache der IFRS die Kapitalmarktkommunikation tatsächlich verbessert.

An dieser Thematik setzt die vorliegende Arbeit an. Betrachtet werden die Auswirkungen der IFRS-Anwendung auf die Rechnungslegungspraxis in der EU. Für Zwecke einer empirischen Untersuchung erfordert dies, dass die auf die Rechnungslegungspraxis einwirkenden institutionellen Rahmenbedingungen einschließlich der daraus hervorgehenden Anreize und die Rechnungslegungsregeln voneinander isoliert werden. Für eine solche Untersuchung ist die in der EU vorliegende Situation besonders geeignet, da eine Vielzahl heterogener Unternehmen mit unterschiedlichen institutionellen Rahmenbedingungen seit 2005 infolge der EU-Verordnung nunmehr einheitliche Rechnungslegungsregeln verpflichtend anzuwenden hat. Folglich können die relativen Einflüsse von Rechnungslegungsregeln und Unternehmensanreizen auf die Rechnungslegungspraxis separat untersucht werden.[16]

Um die Einflüsse auf die Rechnungslegungspraxis beurteilen zu können, ist diese anhand eines geeigneten Beurteilungskriteriums zu operationalisieren.[17] In der vorliegenden Arbeit findet hierfür das sogenannte Konzept der „earnings attributes" Anwendung, indem ausgewählte Eigenschaften von Ergebnisgrößen hinsichtlich ihrer Veränderungen infolge der Umstellung auf die IFRS untersucht werden und somit ein Rückschluss auf die Veränderung der Rechnungslegungspraxis ermöglicht wird. Im Rahmen einer empirischen Untersuchung sind

---

15 Vgl. hierzu Nobes (1998), S. 164; Nobes/Parker (2010), S. 29; Pellens et al. (2011), S. 2. Für Zwecke dieser Arbeit umfasst die Bezeichnung Rechnungslegungspraxis u.a. die in der englischsprachigen Literatur häufig verwendeten Termini „financial reporting outcome" (Schipper (2005), S. 101 ff.), „financial reporting practice" (Nobes (2006), S. 233 ff.), „accounting practice" (Nobes (1998), S. 164; Ball/Kothari/Robin (2000), S. 4) oder auch „accounting quality" (Burgstahler/Hail/Leuz (2006), S. 983; Soderstrom/Sun (2007), S. 675). Häufig ist damit eine qualitative Beurteilung der Rechnungslegung gemeint, die auch oftmals als Rechnungslegungsqualität bzw. Qualität der Rechnungslegung bezeichnet und auch in dieser Arbeit entsprechend als Terminologie verwendet wird.

16 Vgl. Schipper (2005), S. 112; Sellhorn/Gornik-Tomaszewski (2006), S. 206.

17 Vgl. Gassen/Sellhorn (2006), S. 368.

dabei die Länder Deutschland, Frankreich und das Vereinigte Königreich[18] Untersuchungsgegenstand.

Eine Untersuchung der Effekte der IFRS-Anwendung auf die Rechnungslegungspraxis ist für einen breiten Adressatenkreis der Rechnungslegung von hohem Interesse. Neben den häufig genannten Adressaten wie den Eigen- und Fremdkapitalgebern, Arbeitnehmern, Kunden und Lieferanten oder der sonstigen Öffentlichkeit fallen hierunter auch die EU sowie die beiden globalen Standardsetter IASB und FASB.[19] So scheint es aus Sicht der SEC angesichts einer immer noch nicht erfolgten bedingungslosen Anerkennung der IFRS auf dem US-amerikanischen Kapitalmarkt ein entscheidendes Kriterium zu sein, dass die IFRS ihren eigenen Ansprüchen an „high quality, understandable, enforceable and globally accepted financial reporting standards"[20] tatsächlich gerecht werden.[21] Gegenteiliges würde sonst den Markennamen IFRS und außerdem auch die formulierte Zielsetzung der EU, nämlich die Effizienz der Kapitalmärkte zu erhöhen und die Kapitalkosten von Unternehmen zu senken, in Frage stellen.[22] Damit wären auch die praktischen Implikationen der IFRS-Anwendung anzuzweifeln.

Aus wissenschaftlicher Sicht trägt eine Untersuchung der Auswirkungen der IFRS-Anwendung auf die Rechnungslegungspraxis außerdem dazu bei, bestehende Lücken in der internationalen Rechnungslegungsforschung auf diesem Gebiet zu schließen. Diese befindet sich trotz eines augenscheinlich umfangreichen Bestands an theoretischen und empirischen Beiträgen in einer vergleichsweise noch recht frühen Phase und kommt nach wie vor nicht zu eindeutigen Erkenntnissen.[23] Zu einer Beantwortung der Frage, ob die IFRS tatsächlich zu einer höherwertigen Rechnungslegungspraxis führen, besteht somit trotz der offenbar großen Flut an Beiträgen immer noch erheblicher Forschungsbedarf.[24] Dies dürfte insbesondere auf die Forschung aus deutscher Perspektive zutreffen, um die Bedeutung der Thematik auf nationaler Ebene zu fördern. Während nämlich die Anzahl an internationalen, meist angelsächsisch geprägten Beiträgen

18 Nachfolgend wird für das Vereinigte Königreich die aus „United Kingdom" abgekürzte Form „UK" verwendet.

19 Vgl. ähnlich Pope/McLeay (2011), S. 234.

20 IASB Preface, Tz. 6.

21 Vgl. Nobes (2006), S. 234; Sellhorn/Gornik-Tomaszewski (2006), S. 206. Zur Konvergenz der Rechnungslegungsstandards zwischen IASB und FASB vgl. Barckow (2011), S. I.

22 Vgl. in Bezug auf den Markennamen IFRS Ball/Robin/Wu (2003), S. 260.

23 Vgl. ICAEW (2007), S. 57.

24 Vgl. Chen et al. (2010), S. 226.

kaum noch überschaubar ist, fällt die Anzahl an deutschsprachigen Veröffentlichungen verhältnismäßig gering aus.[25]

Ziel der vorliegenden Arbeit ist es, einen Beitrag zu der Thematik der verpflichtenden IFRS-Anwendung und den damit verbundenen Auswirkungen auf die Rechnungslegungspraxis zu leisten sowie die Bedeutung dieser Forschungsrichtung auf nationaler Ebene zu stärken.

1.2 Gang der Untersuchung

Die Arbeit ist in einen theoretischen und empirischen Teil mit insgesamt sechs Kapiteln gegliedert, die wie in Abbildung 1 dargestellt aufeinander aufbauen.

Im zweiten Kapitel werden die Bestimmungsfaktoren der Rechnungslegungspraxis bei der IFRS-Anwendung herausgearbeitet, um ein theoretisches Fundament für die weiteren Ausführungen zu legen. Losgelöst von einem konkreten Rechnungslegungssystem werden dabei zunächst die Determinanten sowie die ökonomischen Konsequenzen der Rechnungslegungspraxis beschrieben. Anschließend wird die IFRS-Rechnungslegung in der EU in dieses Fundament eingebettet, indem die Zielsetzung sowie die historische Entstehung und Institutionalisierung der IFRS dargestellt werden. Davon ausgehend werden mögliche Freiräume innerhalb der IFRS thematisiert, um den vermuteten Einfluss der Rechnungslegungsstandards auf die Rechnungslegungspraxis zu konkretisieren und deutlich zu machen, inwiefern nationale Rechnungslegungspraktiken in die internationale Rechnungslegung einfließen können.

Im dritten Kapitel wird zunächst die Eignung der EU als ein Untersuchungsszenario herausgestellt und anschließend der institutionelle Rahmen in der EU thematisiert. Hieran schließt sich eine Gegenüberstellung von Untersuchungsmethoden auf Basis von Länderklassifikationen sowie ausgewählten Ländern an, um im Anschluss daran die Auswahl der in die empirische Untersuchung einbezogenen Länder zu begründen. Letztere wird anschließend dadurch konkretisiert, dass die wesentlichen institutionellen Einflussfaktoren in den betrachteten Ländern näher dargestellt werden.

25 Vgl. Pronobis et al. (2010a), S. 98 sowie zu deutschsprachigen Veröffentlichungen über die Eigenschaften von Ergebnisgrößen insbesondere Dücker/Wagenhofer (2007); Wagenhofer/Dücker (2007); Dücker (2009a); Pronobis et al. (2010a); Pronobis et al. (2010b).

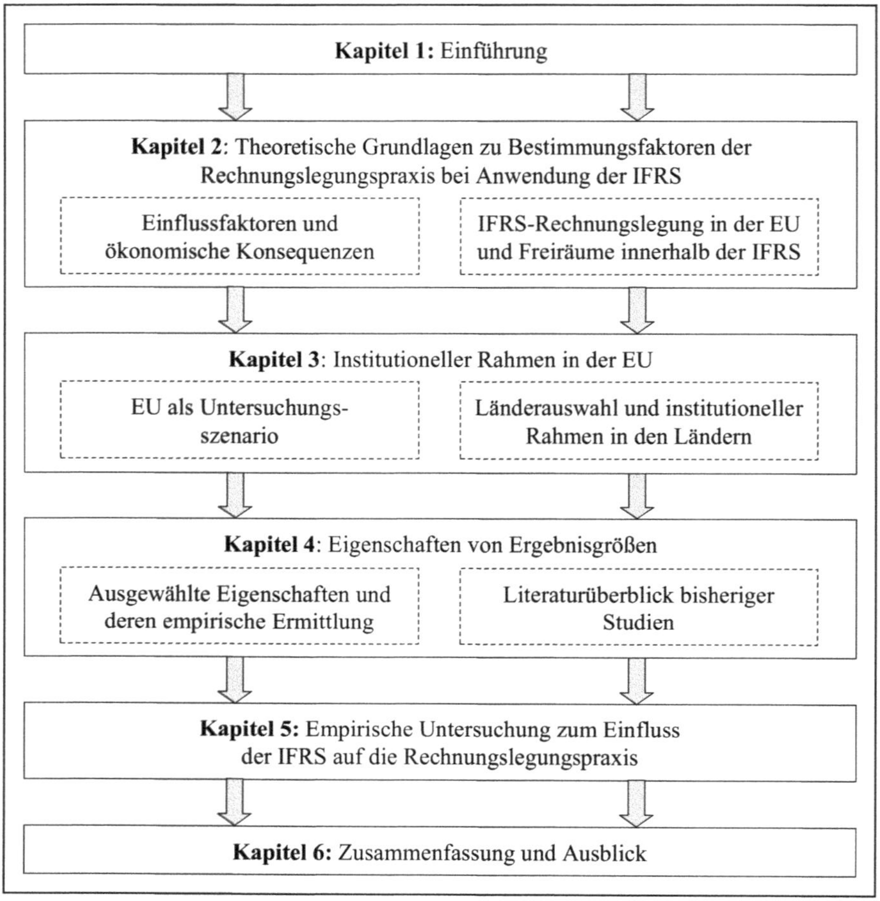

Abbildung 1: Aufbau der Untersuchung

Die Beurteilung der Rechnungslegungspraxis anhand der Eigenschaften von Ergebnisgrößen steht im Mittelpunkt des vierten Kapitels. Zunächst wird auf den theoretischen Hintergrund dieses Konzepts eingegangen und dessen Eignung als ein Instrument zur qualitativen Beurteilung der Rechnungslegungspraxis herausgestellt. Vorbereitend für die empirische Untersuchung werden dann ausgewählte Eigenschaften von Ergebnisgrößen theoretisch beschrieben und deren methodische Konkretisierung anhand empirischer Modelle aufgezeigt. In einem Literaturüberblick werden schließlich die bisherigen Erkenntnisse, die sich aus der freiwilligen und verpflichtenden IFRS-Anwendung in der EU für die Rechnungslegungspraxis ergeben, zusammengefasst.

Im fünften Kapitel werden die Auswirkungen aus der verpflichtenden IFRS-Anwendung in der EU auf die Rechnungslegungspraxis empirisch untersucht. Die Untersuchung deckt den Zeitraum der Geschäftsjahre 2000 bis 2009 ab und umfasst eine einleitende Hypothesenbildung, eine Beschreibung der Datenbasis, eine Darstellung des Untersuchungsdesigns und der Regressionsmodelle sowie eine deskriptive Auswertung der zugrunde liegenden Daten. Danach werden die Hypothesen anhand der formulierten Modelle untersucht und diese verschiedenen Tests auf Robustheit unterzogen. Das Kapitel abschließend, werden die potentiellen Problemfelder der empirischen Untersuchung diskutiert sowie die Kernergebnisse zusammengefasst.

Die Arbeit schließt mit einer Zusammenfassung der wesentlichen Ergebnisse und gibt einen Ausblick auf künftige Möglichkeiten zur Forschung im Bereich der IFRS-Anwendung und deren Auswirkung auf die Rechnungslegungspraxis.

2 Rechnungslegungspraxis bei Anwendung der IFRS

2.1 Kapitelüberblick

Ein wichtiger Ausgangspunkt für eine Untersuchung der IFRS-Rechnungslegung in der EU ist eine nähere Betrachtung des relativen Einflusses, den die Rechnungslegungsregeln und die sich aus institutionellen Rahmenbedingungen ergebenden Unternehmensanreize, in bestimmter Art bzw. Ausprägung Rechnung zu legen, auf die Rechnungslegungspraxis ausüben. Das vorliegende Kapitel gibt zunächst einen allgemeinen Überblick über das Zusammenspiel dieser Bestimmungsfaktoren und schildert sich aus der Rechnungslegungspraxis ergebende mögliche ökonomische Konsequenzen. Letztere beziehen sich auf am Kapitalmarkt bestehende Informationsasymmetrien, die Kapitalkosten von Unternehmen sowie die Schätzungen von Finanzanalysten.

Da die Auswirkungen der verpflichtenden IFRS-Anwendung ein zentraler Bestandteil dieser Arbeit sind, wird anschließend der Frage nachgegangen, inwiefern aus der IFRS-Anwendung tatsächlich Auswirkungen auf die Rechnungslegungspraxis in der EU zu erwarten sind. Um dieser Frage nachzugehen, werden die IFRS als Rechnungslegungsvorschriften im weiteren Verlauf des Kapitels näher betrachtet, indem einerseits deren Zielsetzung, historische Entstehung und Institutionalisierung aufgezeigt werden sowie andererseits auf mögliche Freiräume innerhalb der IFRS und daraus möglicherweise resultierende Konsequenzen für die Rechnungslegungspraxis eingegangen wird. Die wesentlichen Erkenntnisse des vorliegenden Kapitels werden abschließend anhand eines Kapitelfazits zusammengefasst.

2.2 Rechnungslegungspraxis und ökonomische Konsequenzen

2.2.1 Determinanten der Rechnungslegungspraxis

In der Rechnungslegungsforschung werden Rechnungslegungsregeln vielfach als ein wesentlicher Einflussfaktor auf die Rechnungslegungspraxis betrachtet.[26] Definitionsgemäß legen von Standardsettern entwickelte Rechnungslegungsre-

---

26 Vgl. Ball (2001), S. 164; Ball/Robin/Wu (2003), S. 236 und S. 246; Burgstahler/Hail/Leuz (2006), S. 984. Zu einem konträren Meinungsbild vgl. Leuz (2003), S. 450.

geln fest, wie Rechnungslegung im Detail vorzunehmen ist, d.h. in welchem Umfang und in welcher Form Unternehmen über eigene Aktivitäten in ihren Grenzen sowie zwischen ihnen und den Märkten zu berichten haben. Somit tragen Rechnungslegungsregeln dazu bei, dass die Rechnungslegungsadressaten mit Informationen versorgt werden und prinzipiell gleiche Erwartungen hinsichtlich der wirtschaftlichen Lage von Unternehmen bilden können.[27] Häufig wird deshalb gefolgert, dass die alleinige Implementierung von hochwertigen Rechnungslegungsregeln, welche im Hinblick auf die IFRS-Anwendung den Adressaten relevante und glaubwürdige Informationen bereitstellen sollen, bereits zu einer höherwertigen Rechnungslegungspraxis führt.[28]

Der Betrachtungsweise von Rechnungslegungsregeln als wesentlichem Einflussfaktor wird jedoch oftmals entgegnet, dass die Rechnungslegungspraxis nicht zwingend allein durch die Anwendung solcher Rechnungslegungsregeln beeinflusst wird.[29] Eine dafür notwendige Voraussetzung sei vielmehr, dass die Unternehmen auch entsprechende Anreize zu einer qualitativ hochwertigen Rechnungslegung haben.[30] Aus diesem Grund wird häufig die Schlussfolgerung gezogen, dass von den institutionellen Rahmenbedingungen, in welche ein Unternehmen eingebettet ist, und von den daraus resultierenden Unternehmensanreizen ebenfalls ein erheblicher Einfluss auf die Praxis der Rechnungslegung ausgeht.[31] Bezogen auf die IFRS-Einführung in der EU stellt sich daher die Frage, inwiefern aus der alleinigen Implementierung einheitlich anzuwendender IFRS tatsächlich auch eine qualitativ höherwertige Rechnungslegungspraxis resultiert.[32] Vielmehr ist stattdessen davon auszugehen, dass die praktische Anwendung der Rechnungslegung aus einem Zusammenspiel von institutionellen Rahmenbedingungen, sich hieraus ergebenden Unternehmensanreizen und

27 Vgl. Schildbach (2007), S. 11; Pellens et al. (2011), S. 16-17.

28 Vgl. Levitt (1998), S. 79-80; Daske/Gebhardt (2006), S. 466; Ding et al. (2007), S. 2. Zu den Zielen der IFRS-Rechnungslegung vgl. Kapitel 2.3.1.

29 Vgl. Bradshaw/Miller (2008), S. 234.

30 Vgl. Ball/Kothari/Robin (2000), S. 4-5; Ball (2001), S. 147 und S. 165-166; Daske (2005), S. 458; Christensen/Lee/Walker (2008), S. 3; Daske et al. (2008), S. 1087. Im Rahmen einer Untersuchung von vier asiatischen Ländern stellen Ball/Robin/Wu (2003) z.B. fest, dass sich die Rechnungslegungspraxis trotz der Anwendung hochwertiger Rechnungslegungsregeln nicht zwingend verbessern muss. Vgl. hierzu Ball/Robin/Wu (2003), S. 258-261.

31 Vgl. Ball/Robin/Wu (2003), S. 258; Beuselinck/Joos/Van der Meulen (2007), S. 9; Christensen/Lee/Walker (2008), S. 6; Jeanjean/Stolowy (2008), S. 480.

32 Vgl. Ball (2006), S. 6; Gassen/Sellhorn (2006), S. 366; Nobes (2006), S. 234; Beuselinck/Joos/Van der Meulen (2007), S. 5; Bradshaw/Miller (2008), S. 234; Christensen/Lee/Walker (2008), S. 6; Daske et al. (2008), S. 1086.

Rechnungslegungsregeln beeinflusst wird.[33] Spielen die institutionellen Rahmenbedingungen dabei eine entscheidende Rolle, könnte dies womöglich bedeuten, dass die Anwendung einheitlicher Rechnungslegungsregeln zugleich nur einen begrenzten Effekt auf die Rechnungslegungspraxis hat.[34] Die Rechnungslegungsforschung misst der Analyse des relativen Einflusses der institutionellen Rahmenbedingungen und Rechnungslegungsregeln auf die Rechnungslegungspraxis daher große Bedeutung bei.

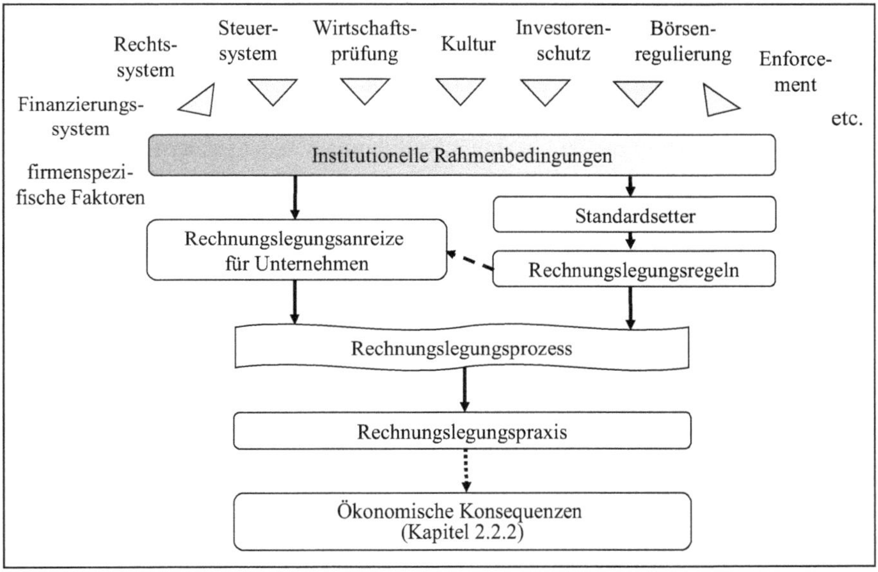

Abbildung 2: Determinanten der Rechnungslegungspraxis[35]

Insgesamt ist der Bestimmungsprozess der Rechnungslegungspraxis damit komplexer als häufig vermutet und lässt sich verallgemeinernd anhand von Abbildung 2 darstellen. Die praktische Anwendung der Rechnungslegung stellt sich als ein Ergebnis der sich aus den institutionellen Rahmenbedingungen ergebenden Rechnungslegungsanreize für Unternehmen und von Standardsettern entwickelten Rechnungslegungsregeln dar. Die institutionellen Rahmenbedingungen

33 Vgl. Ball (2001), S. 130; Ball/Robin/Wu (2003), S. 246; Holthausen (2003), S. 280; Daske (2005), S. 458; Schipper (2005), S. 107; Gassen/Sellhorn (2006), S. 366-367; Soderstrom/Sun (2007), S. 675; Christensen/Lee/Walker (2008), S. 5-6; Holthausen (2009), S. 449; Morais/Curto (2009), S. 128; Pope/McLeay (2011), S. 246.

34 Vgl. Soderstrom/Sun (2007), S. 676.

35 In Anlehnung an Soderstrom/Sun (2007), S. 688 sowie ähnlich Ding et al. (2007), S. 6.

setzen sich dabei zum einen aus länderspezifischen Einflussfaktoren zusammen. Hierzu zählen etwa unterschiedliche Ausprägungen des Finanzierungs-, Rechts- und Steuersystems, unterschiedliche Kultureinflüsse, der Schutz der Investoren und die Regulierung des Wertpapierhandels, die Stellung des Berufsstandes der Wirtschaftsprüfer sowie auch das Enforcement-System.[36] Daneben können zum anderen auch firmenspezifische Einflussfaktoren wie z.B. Unterschiede in der Firmengröße, unterschiedliche Anteilseignerstrukturen, die Branchenzugehörigkeit und internationalen Aktivitäten von Unternehmen oder auch ein Cross-Listing an einem ausländischen Kapitalmarkt Einfluss auf den Bestimmungsprozess der Rechnungslegungspraxis haben.[37]

Durch das institutionelle Umfeld eines Landes wirken Anreize auf die Unternehmen, Rechnungslegung bestimmter Art vorzunehmen.[38] Gleichzeitig beeinflussen die institutionellen Rahmenbedingungen die Standardsetter in ihrer Aufgabe zur Entwicklung von Rechnungslegungsregeln.[39] Naturgemäß eröffnen Rechnungslegungsregeln dabei ihren Anwendern bestimmte Freiräume bei der Bilanzierung, wie z.B. in Form von Ermessensspielräumen und Wahlrechten.[40] Aus dieser Interaktion von Rechnungslegungsanreizen für die Unternehmen und der Anwendung von Rechnungslegungsregeln resultiert somit ein hier als Rechnungslegungsprozess bezeichneter endogener Entscheidungsvorgang, der

---

36 Hierbei handelt es sich um keine abschließende Aufzählung an Einflussfaktoren, sondern um die in der Literatur häufig genannten und einschlägigen möglichen Faktoren. Um die Komplexität zu reduzieren, werden häufig nur einzelne Faktoren oder eine enge Auswahl an Faktoren betrachtet. Vgl. dazu d'Arcy (2001), S. 330. Eine vollumfängliche Aufzählung und Analyse sämtlicher Einflussfaktoren fällt hingegen schwer und ist für Zwecke dieser Arbeit nicht zielführend. Vgl. kritisch hierzu d'Arcy (1999), S. 69. Zu den Faktoren auf Basis einer einzelnen und/oder vollumfänglichen Betrachtung vgl. Doupnik/Salter (1995), S. 195; Nobes (1998), S. 166-177; d'Arcy (1999), S. 46-53; Pownall/Schipper (1999), S. 269; d'Arcy (2001), S. 329-330; Meek/Thomas (2004), S. 23; Ball (2006), S. 16; Burgstahler/Hail/Leuz (2006), S. 984-989; Gassen/Sellhorn (2006), S. 384; Nobes (2006), S. 234-235; Soderstrom/Sun (2007), S. 676 und S. 687 ff. m.w.N.; Holthausen (2009), S. 449; Hail/Leuz/Wysocki (2010), S. 360; Baskerville/Evans (2011), S. 8.

37 Vgl. u.a. Pownall/Schipper (1999), S. 269; Gassen/Sellhorn (2006), S. 384; Sellhorn/Gornik-Tomaszewski (2006), S. 206.

38 Vgl. Ball/Robin/Wu (2003), S. 236; Wysocki (2011), S. 315.

39 Vgl. Soderstrom/Sun (2007), S. 689. Zu einer allgemeinen Beschreibung des Einflusses unterschiedlicher Akteure auf den Entwicklungsprozess von Rechnungslegungsregeln vgl. Pellens et al. (2011), S. 25-30.

40 Vgl. Daske (2005), S. 457-458; Goncharov (2005), S. 93; Daske et al. (2008), S. 1093; Jeanjean/Stolowy (2008), S. 484; Hail/Leuz/Wysocki (2010), S. 359-360; Baskerville/Evans (2011), S. 8; Wysocki (2011), S. 324, Fn. 9. Zu möglichen Ursachen für solche Unterschiede vgl. Kapitel 2.3.3.

schließlich konkret in der Rechnungslegungspraxis mündet.[41] Ist davon auszugehen, dass die Bilanzierungsanreize der Unternehmen in Abhängigkeit von ihrem institutionellen Umfeld mitunter die Ausübung solcher Ermessensspielräume und Wahlrechte determinieren,[42] so wird infolgedessen deutlich, dass die Effekte der Anwendung harmonisierter Rechnungslegungsregeln nicht eindeutig sind. Folglich wäre der Nettoeffekt aus einer Übernahme der IFRS nicht hinreichend bestimmbar.[43] Grundlegende Ursache für die Unklarheit über die Effekte der IFRS-Anwendung sind also die aus den institutionellen Rahmenbedingungen resultierenden Anreize, welche trotz eines Wechsels auf ein international harmonisiertes Rechnungslegungssystem nach wie vor weitgehend von nationalen Einflüssen geprägt werden.[44] In logischer Konsequenz kann sich dies in einem nachgelagerten Schritt auch auf die im Folgenden thematisierten ökonomischen Konsequenzen der Rechnungslegungspraxis auswirken.

2.2.2 Ökonomische Konsequenzen der Rechnungslegungspraxis

Wird der grundlegende Zweck einer jeden Rechnungslegung als die gezielte Reduktion von Informationsasymmetrien zwischen dem Bilanzierenden und den Rechnungslegungsadressaten verstanden, so beeinflusst die Rechnungslegungspraxis in Abhängigkeit von ihrer Qualität das Niveau der asymmetrisch verteilten Informationen zwischen den am Rechnungslegungsprozess beteiligten Akteuren.[45] Die zentrale Aufgabe der Rechnungslegung wird nach herrschender Meinung daher vor allem als ein Instrument der kapitalmarktorientierten Information und Koordination beschrieben.[46] Annahmegemäß bedingt eine höherwertige Rechnungslegungspraxis niedrigere Informationsasymmetrien als eine Rechnungslegungspraxis niedrigerer Qualität.[47] Folgerichtig führt eine ver-

41 Vgl. Ball/Robin/Wu (2003), S. 236; Ball (2006), S. 18.

42 Vgl. Daske (2005), S. 457-458.

43 Vgl. Jeanjean/Stolowy (2008), S. 484-485.

44 Vgl. Ball (2006), S. 15.

45 Vgl. Pellens et al. (2011), S. 4.

46 Vgl. Daske (2005), S. 456 und zu einer Übersicht Wagenhofer/Ewert (2007), S. 45-80.

47 Vgl. in Bezug auf Anhangangaben Leuz/Verrecchia (2000), S. 91-92. Obgleich Untersuchungen zur Rechnungslegungsqualität i.V.m. Informationsasymmetrien bzw. Kapitalkosten häufig den Publizitätsumfang verwenden und damit auch das Kriterium der Quantität einbeziehen, soll angenommen werden, dass ein derartiger Zusammenhang auch für Rechnungslegungsqualität gelte. Vgl. ähnlich dazu Gassen/Sellhorn (2006), S. 371, Fn. 17.

gleichsweise verbesserte Informationsversorgung zu einer geringeren Kompensation für die Risikoübernahme einer Investition in ein Unternehmen.[48] Informationsasymmetrien beeinflussen damit die Kapitalkosten von Unternehmen, so dass sich ein indirekter Zusammenhang zwischen der Rechnungslegung und den Kapitalkosten identifizieren lässt, wobei eine höherwertige Rechnungslegungspraxis theoretisch zu niedrigeren Kapitalkosten führen müsste.[49] Dass das IASB den Nutzen aus der IFRS-Anwendung konkret in niedrigeren Kapitalkosten sieht, zeigt sich auch an dessen Rahmenkonzept.[50] Demnach resultiert die IFRS-Anwendung „in more efficient functioning of capital markets and a lower cost of capital for the economy as a whole."[51] Der beschriebene zweistufige Wirkungszusammenhang zwischen der Rechnungslegungspraxis, den Informationsasymmetrien am Kapitalmarkt und den Kapitalkosten lässt sich anhand von Abbildung 3 zusammenfassen.

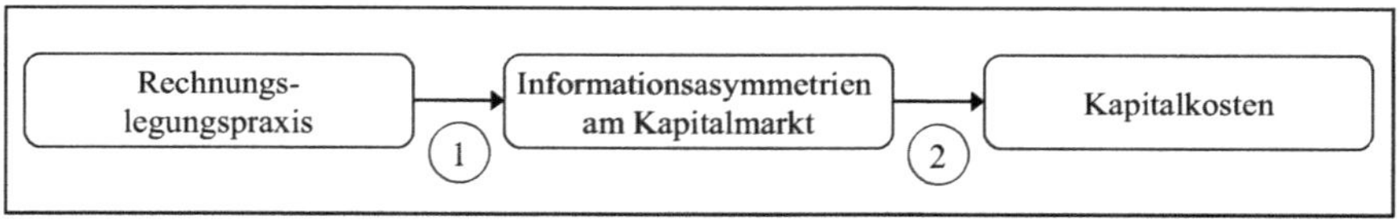

Abbildung 3: Wirkungszusammenhang zwischen Rechnungslegungspraxis, Informations asymmetrien am Kapitalmarkt und Kapitalkosten[52]

Untersuchungen, die sich mit den Auswirkungen auf die Informationsasymmetrien befassen, verwenden in der Regel stellvertretende Maßgrößen für asymmetrisch verteilte Informationen, da diese nicht direkt messbar sind. Die Maßgrößen kommen für gewöhnlich in Form von liquiditätsorientierten Maßen einer Aktie zum Ausdruck.[53] Bei ihrer Verwendung ist jedoch darauf zu achten, dass eine Erhöhung der Liquidität einer Aktie nicht zwingend eine Verringerung der Kapitalkosten eines Unternehmens implizieren muss.[54] Vielfach verwendete Maßgrößen sind etwa die Geld-Brief-Spanne („bid-ask-spread") oder das Han-

48 Vgl. Daske (2005), S. 460.

49 Vgl. Diamond/Verrechia (1991), S. 1326; Levitt (1998), S. 81; Janke (2003), S. 397; Easley/O'Hara (2004), S. 1554; Francis et al. (2004), S. 968; Daske (2006), S. 332; Lambert/Leuz/Verrechia (2007), S. 385; Soderstrom/Sun (2007), S. 682-683; Bae/Tan/Welker (2008), S. 595; Daske et al. (2008), S. 1091.

50 Vgl. Pope/McLeay (2011), S. 239.

51 IASB Framework, Tz. QC37.

52 In Anlehnung an Nölte (2008), S. 183.

53 Vgl. Daske (2005), S. 464.

54 Vgl. Daske (2005), S. 464 m.w.N.

delsvolumen („share turnover“) einer Aktie.[55] Bei ihnen wird davon ausgegangen, dass eine größere Geld-Brief-Spanne sowie ein geringeres Handelsvolumen infolge von adversen Selektionsproblemen auf stärker ausgeprägte Informationsasymmetrien schließen lassen.[56] Weitere häufig verwendete Maßgrößen sind zum Beispiel die Volatilität eines Wertpapiers („volatility“), ausgedrückt durch dessen Kursschwankungen,[57] oder auch der Anteil an Handelstagen innerhalb eines Geschäftsjahres, an dem keine Kursschwankungen und damit eine Rendite von null vorliegen.[58]

Untersuchungen zu den Auswirkungen der Rechnungslegungspraxis auf die Kapitalkosten von Unternehmen setzen sich regelmäßig mit einer Analyse der Effekte auf die Eigenkapitalkosten auseinander.[59] Zwar befassen sich verschiedene Untersuchungen auch mit den Auswirkungen auf die Fremdkapitalkosten,[60] allerdings erweist sich eine solche Modellierung für Zwecke einer empirischen Untersuchung aufgrund von nicht immer zugänglichen Daten als relativ aufwendig und wenig praktikabel.[61] Entsprechend schwierig würde sich eine Untersuchung der Gesamtkapitalkosten auf Basis des „Weighted Average Cost of Capital“ (WACC) gestalten. Um die Eigenkapitalkosten eines Unternehmens zu schätzen, wird daher vielfach auf die vergangenheitsorientierten Schätzmethoden auf Basis des „Capital Asset Pricing Model“ (CAPM) zurückgegriffen.[62] Trotz dessen weiter Verbreitung ist die praktische Anwendung des CAPM häufig kritisiert worden. So wird einerseits die Anwendung des CAPM als unpräzise eingestuft.[63] Andererseits wird als problematisch erachtet, dass bei einer problemspezifischen Anwendung (z.B. dem Wechsel des Rechnungslegungssystems) ein relativ langer Schätzzeitraum erforderlich ist, da die in das Modell eingehenden und das unternehmensspezifische Risiko abbildenden Beta-Faktoren meist anhand von Renditerealisationen über längere historische Zeiträume ermittelt

55 Vgl. hierzu z.B. Welker (1995), S. 801; Leuz/Verrechia (2000), S. 99; Leuz (2003), S. 453; Gassen/Sellhorn (2006), S. 380.

56 Vgl. Leuz/Verrechia (2000), S. 99.

57 Vgl. Lang/Lundholm (1993), S. 252; Leuz/Verrechia (2000), S. 99; Gassen/Sellhorn (2006), S. 380.

58 Vgl. dazu näher Ashbaugh-Skaife/Gassen/LaFond (2006), S. 1 ff.; Gassen/Sellhorn (2006), S. 380-381; Daske et al. (2008), S. 1133.

59 Vgl. Daske (2005), S. 462-463; Nölte (2008), S. 184.

60 Vgl. näher Nölte (2008), S. 184, Fn. 681.

61 Vgl. hierzu Daske (2005), S. 463.

62 Vgl. Ballwieser (1981), S. 99-105; Ballwieser (1990), S. 171-173. Grundlegend zum CAPM vgl. Mandl/Rabel (1997), S. 287-310; Ballwieser (2011), S. 97-103; Mandl/ Rabel (2009), S. 68; Peemöller/Kunowski (2009), S. 313-316 sowie im Ursprung Sharpe (1964), S. 425 ff.

63 Vgl. Fama/French (2004), S. 25 ff.

werden.[64] Die dem CAPM entgegengebrachte Kritik hat daher zuletzt dazu geführt, dass die Schätzung der Kapitalkosteneffekte zunehmend auf Basis der Schätzung impliziter Eigenkapitalkosten („implied cost of equity capital“) erfolgt.[65] Bei dieser Schätzmethodik werden die Eigenkapitalkosten zukunftsorientiert unter Verwendung fundamentaler Unternehmensbewertungsmodelle aus beobachtbaren Aktienkursen und Konsensusüberschussprognosen der Finanzanalysten abgeleitet.[66] Auch wenn dieses Verfahren einige Nachteile des CAPM aufgreift, weist es zugleich einige Schwächen insbesondere hinsichtlich seiner praktischen Anwendung auf und kann somit nur bedingt als ein alternatives, praktikables Verfahren zur Schätzung der Eigenkapitalkosten gesehen werden.[67]

Neben der Untersuchung der Auswirkungen der Rechnungslegungspraxis auf Informationsasymmetrien und Kapitalkosten können auch die Auswirkungen auf Analystenschätzungen untersucht werden. Um künftige Aktienkurse und den fairen Unternehmenswert möglichst genau zu schätzen, sind Analysten auf ein hinreichendes Maß an Unternehmensinformationen angewiesen. Insofern wird davon ausgegangen, dass eine höherwertige Finanzberichterstattung zu einer geringeren Unsicherheit bei den Schätzungen und damit zu weniger Fehleinschätzungen („analyst forecast errors“) führt.[68] In Bezug auf die IFRS-Anwendung wird daher vermutet, dass Analysten nicht nur die Vergleichbarkeit von Abschlüssen erleichtert wird, sondern Investoren inländische und ausländische Unternehmen besser analysieren können, da die Rechnungslegungsdaten nun auf Basis eines einheitlichen Rechnungslegungssystems erstellt werden und die Investoren mit diesem besser vertraut sein sollten als mit verschiedenen nationalen Rechnungslegungssystemen.[69]

Ingesamt zeigt sich, dass die ökonomischen Konsequenzen anhand verschiedener Modellierungen konkretisiert und auf unterschiedliche Weise in empirische Untersuchungen, wie z.B. der Untersuchung der IFRS-Umstellung, eingebunden werden können.[70] Bestandteile der Untersuchungen sind dabei regel-

---

64 Vgl. Daske (2005), S. 463.

65 Vgl. etwa Hail (2002), S. 741 ff.; Daske (2006), S. 337 ff.; Hail/Leuz (2006), S. 485 ff.; Daske et al. (2008), S. 1097 und S. 1135-1138. Zu einem Überblick über verschiedene Modelle vgl. darüber hinaus Botosan/Plumlee (2005), S. 21 ff.; Tran (2011), S. 555 ff.

66 Vgl. Daske (2005), S. 463 sowie grundlegend zur Schätzung impliziter Eigenkapitalkosten Botosan (1997), S. 336 ff.; Gebhardt/Lee/Swaminathan (2001), S. 135 ff.

67 Vgl. Easton/Sommers (2007), S. 984 sowie zu einem Überblick Daske (2005), S. 463-464.

68 Vgl. Lees (1981), S. 3-7; Ashbaugh/Pincus (2001), S. 418; Hope (2003), S. 239; Ashbaugh-Skaife/Gassen/LaFond (2006), S. 17; Schipper (2010), S. 322.

69 Vgl. Bae/Tan/Welker (2008), S. 595.

70 Vgl. Daske (2005), S. 460.

mäßig die Qualität und auch der Umfang der Rechnungslegung sowie deren ökonomischen Konsequenzen für den Kapitalmarkt. Der in solchen Untersuchungen unterstellte Zusammenhang zwischen Rechnungslegung und Kapitalmarkteffekten ist im Wesentlichen damit zu begründen, dass ein z.B aus den IFRS resultierender erhöhter Publizitätsumfang tendenziell die Ausprägung von Informationsasymmetrien zwischen Unternehmen und Anteilseignern verringert und sich hieraus niedrigere Kapitalkosten bzw. bessere Analystenschätzungen ergeben.[71] Inwiefern aus der IFRS-Anwendung tatsächlich Einflüsse auf die Rechnungslegungspraxis und damit auch ökonomische Konsequenzen zu erwarten sind, soll im Folgenden aus theoretischer Sicht aufgezeigt werden. Hierfür werden zunächst die Zielsetzung sowie die historische Entstehung und Institutionalisierung der IFRS beschrieben. Anschließend wird herausgearbeitet, welche Ursachen dazu führen können, dass von den IFRS lediglich ein begrenzter Effekt auf die Rechnungslegungspraxis ausgehen kann.

2.3 IFRS-Anwendung in der EU

2.3.1 Zielsetzung der IFRS

Das IASB sieht seine Aufgabe in der im öffentlichen Interesse stehenden Entwicklung eines eigenständigen Satzes hochwertiger, verständlicher und durchsetzbarer Rechnungslegungsregeln, welche den Rechnungslegungsadressaten hochwertige, transparente und vergleichbare Informationen zur Verfügung stellen sollen, um hieraus ökonomische Entscheidungen ableiten zu können.[72] Diese im Vorwort der IFRS formulierte Zielsetzung des IASB lässt sich in dem geltenden Rahmenkonzept weiter auslegen. Demnach liegt die Zielsetzung der IFRS-Rechnungslegung in der Vermittlung entscheidungsnützlicher Informationen, indem den Adressaten ein tatsächliches Bild der Vermögens-, Finanz- und Ertragslage sowie der Cashflows vermittelt werden soll. Das IASB adressiert dabei insbesondere die Kapitalgeber mit der Begründung, dass diese die Informationen vor allem deshalb benötigen, um ihre künftigen Netto-Zahlungszuflüsse einschätzen zu können.[73] Im Gegensatz zu den Zielsetzungen des früheren

71 Vgl. Leuz/Verrechia (2000), S. 92.
72 Vgl. IASB Preface, Tz. 6.
73 Vgl. IASB Framework, Tz. OB2-OB3.

Rahmenkonzepts[74], welches neben der Vermittlung entscheidungsnützlicher Informationen auch das Ziel der Rechenschaft („stewardship") über die Verwendung der einem Management anvertrauten Mittel explizit nennt, stehen damit insbesondere Investitionsentscheidungen im Mittelpunkt. Das Ziel der Rechenschaft wird somit nicht mehr explizit genannt und nunmehr lediglich umschrieben.[75] Die Ausrichtung der Ziele unterstreicht damit, dass die IFRS-Rechnungslegung einer Informationsfunktion nachkommen und nicht etwa Zwecken der Anspruchsbemessung dienen soll.[76]

Mit der genannten Zwecksetzung verfolgen das IASB und auch die EU jedoch anspruchsvolle Ziele, denn immerhin verpflichtet die IAS-Verordnung eine beträchtliche Anzahl von Unternehmen in der EU zur Anwendung der IFRS, was zugleich ein erhebliches Konfliktpotential bei der Erreichung der formulierten Ziele offenbart.[77] Von großer Bedeutung sind daher die Harmonisierungsbemühungen im Vorfeld der verpflichtenden IFRS-Einführung innerhalb der EU, die sich von Anfang an auf die Beseitigung unterschiedlicher Rechnungslegungsregeln konzentriert und als Ergebnis die IFRS hervorgebracht haben.[78]

Der Begriff „Harmonisierung" ist in diesem Zusammenhang differenziert zu betrachten[79] und wird kontrovers diskutiert.[80] In Abhängigkeit unterschiedlicher Zielvorstellungen ist zwischen einer Harmonisierung auf Regelebene im Sinne einer „Standardisierung" und einer Harmonisierung auf Ebene der „Rechnungslegungspraktiken" zu unterscheiden.[81] Unter Standardisierung wird ein Prozess verstanden, der letztendlich zu vereinheitlichten Rechnungslegungsregeln führt und auch als „de jure" oder „formale" Harmonisierung bezeichnet wird. Demgegenüber meint Harmonisierung auf Ebene der Rechnungslegungspraktiken die verbesserte Vergleichbarkeit von unterschiedlichen Rechnungslegungspraktiken, was auch als „de facto" oder „materielle" Harmonisierung bezeichnet wird.[82] Da

---

74 Das frühere Rahmenkonzept wurde 1989 vom damaligen IASC veröffentlicht, welches in 2001 unverändert vom IASB übernommen wurde. Das geltende Rahmenkonzept geht aus dem in 2004 vom IASB und FASB initiierten und in acht Phasen unterteilten Projekt zur Schaffung eines gemeinsamen Rahmenkonzepts hervor. Vgl. Pellens et al. (2011), S. 116.

75 Vgl. IASB Framework, Tz. OB4; Pellens et al. (2011), S. 121; Pope/McLeay (2011), S. 236.

76 Vgl. Schildbach (1998), S. 1; Wagenhofer (2009), S. 127.

77 Zu einer Beschreibung des institutionellen Rahmens in der EU vgl. Kapitel 3.

78 Vgl. Schipper (2005), S. 101; Van Hulle (2004), S. 361-362.

79 Vgl. Wagenhofer (2009), S. 31-32.

80 Vgl. Rost (1991), S. 19-20; Pellens (2001), S. 385-386. Zu einer ausführlichen Diskussion zur Harmonisierung vgl. Krisement (1994).

81 Vgl. Van der Tas (1992), S. 70.

82 Vgl. Rost (1991), S. 21; Van der Tas (1992), S. 70; Küting (1993), S. 31.

diese Art von Harmonisierung nicht die gezielte Strategie oder Handlung, sondern vielmehr das Ergebnis eines Prozesses darstellt, ist zwar davon auszugehen, dass formale Harmonisierung grundsätzlich auch materielle Harmonisierung induziert, dies aber nicht eine zwingend notwendige Voraussetzung für materielle Harmonisierung sein muss. Vielmehr kann materielle Harmonisierung auch ohne formale Harmonisierung erfolgen oder aufgrund bestimmter Umstände eben auch ausbleiben.[83] Da sich die IFRS als „Endprodukt" aus einem (formalen) Harmonisierungsprozesses ergeben, wird die historische Entstehung der IFRS im Folgenden beschrieben und darauf eingegangen, wie die vom IASB herausgegebenen Regeln in verbindlich anzuwendende Vorschriften transformiert werden.

2.3.2 Historische Entstehung und Institutionalisierung der IFRS

2.3.2.1 Historische Entstehung

Mit Gründung der Europäischen Gemeinschaft (EG) im März 1957 wurde der Grundstein zur Harmonisierung der Gesellschafts- und Kapitalmarktrechte der EG-Mitgliedstaaten gelegt.[84] Die Harmonisierungsbestrebungen im Bereich der Rechnungslegung nahmen Ende der 1970er Jahre mit Veröffentlichung der 4. EG-Richtlinie (Bilanzrichtlinie) sowie Anfang der 1980er Jahre mit Veröffentlichung der 7. EG-Richtlinie (Konzernbilanzrichtlinie) konkrete Formen an:[85] Die am 25. Juli 1978 verabschiedete 4. EG-Richtlinie koordiniert die einzelstaatlichen Vorschriften über Inhalt und Gliederung des Jahresabschlusses und Lageberichts von Kapitalgesellschaften sowie die Publizität und Prüfung dieser Rechenwerke. Am 13. Juni 1983 wurde anschließend die 7. EG-Richtlinie verabschiedet. Sie umfasst Vorschriften zur Koordination der einzelstaatlichen Vorschriften über die Konzernrechnungslegung von Kapitalgesellschaften und ergänzt die 4. EG-Richtlinie, indem sie in einzelnen Punkten auf ihr aufbaut.[86]

---

83 Vgl. Van der Tas (1992), S. 70; Nobes/Parker (2010), S. 80.

84 Vgl. Küting (1993), S. 30; Buhleier/Helmschrott (1996), S. 354; Pellens/Crasselt/Sellhorn (2009), S. 103; Pope/McLeay (2011), S. 237. Zur Gründung der EG vgl. Europäische Wirtschaftsgemeinschaft (1957).

85 Vgl. Buhleier/Helmschrott (1996), S. 355; Pellens/Crasselt/Sellhorn (2009), S. 103.

86 Vgl. Rost (1991), S. 125; Pellens (2001), S. 403. Zu einem inhaltlichen Überblick über die Richtlinien sowie deren Umsetzung in den Mitgliedstaaten vgl. Rost (1991), S. 126-131 sowie bezogen auf die 4. EG-Richtlinie Niehus (1978); Albach/Klein (1988).

Insgesamt stellen die Richtlinien nicht unmittelbares nationales Recht dar, sondern bedürfen einer Umsetzung in nationales Recht durch die jeweiligen Mitgliedstaaten (sog. zweistufiges Gesetzgebungsverfahren). Folglich bleibt es den einzelnen Mitgliedstaaten überlassen, in welcher Form und mit welchen legislativen Mitteln Richtlinieninhalte in nationales Recht transformiert werden.[87] Aufgrund daraus resultierender unterschiedlicher Übernahmen der Richtlinien wird der damalige Harmonisierungserfolg entsprechend umstritten diskutiert.[88] Nach Veröffentlichung der EG-Richtlinien zeigte sich etwa, dass diese ein kaum stringentes Rechnungslegungssystem boten. Die Ursache hierfür wird vielfach darin gesehen, dass die EG-Richtlinien eher einem Kompromiss der Einzelstaaten hinsichtlich ihrer bestehenden nationalen Regelungen gleichen, was insbesondere durch zahlreiche Wahlrechte ausgedrückt wird.[89] So konnten die Zustimmungen der Mitgliedstaaten durch die Implementierung von rund 60 Wahlrechten in der Bilanzrichtlinie (4. EG-Richtlinie) und rund 50 Wahlrechten in der Konzernrichtlinie (7. EG-Richtlinie) sichergestellt werden. Folglich sind die Richtlinien weitgehend gering konkretisiert und ermöglichen den Mitgliedstaaten zahlreiche Spielräume zur Beibehaltung ihrer nationalen Rechnungslegungsvorschriften.[90] Als Konsequenz ist konstatiert worden, dass es sich bei den beiden EG-Richtlinien um eine Bestandsaufnahme der damals zwischen den Ländern vorhandenen Rechnungslegungsunterschiede sowie um eine Addition akzeptabler, wahlrechtlich anwendbarer Rechnungslegungsalternativen handelt.[91] Aus dieser Harmonisierungsstrategie folgte, dass die bis dahin länderspezifischen Wahlrechte nunmehr länderübergreifend genutzt werden konnten, so dass sich die Wahlrechte insgesamt erhöht haben.[92] Darüber hinaus gelten die Richtlinien als ein Kompromiss zwischen der kontinentaleuropäischen und angelsächsischen Rechnungslegungstradition, was sich etwa durch die Einführung eines damals noch weitgehend wenig etablierten „true and fair view"-Gedankens zeigt.[93] Insgesamt wird der Erfolg der damaligen Harmonisierungsbestrebungen durch die EG daher als eher gering eingestuft.[94]

---

87 Vgl. Küting (1993), S. 30; Pellens (2001), S. 401; Baetge/Kirsch/Thiele (2011), S. 26.

88 Vgl. Pellens (2001), S. 405-406.

89 Vgl. Küting (1993), S. 31; Wagenhofer (2009), S. 39-40.

90 Vgl. Pellens (2001), S. 407-408; Jödicke (2009), S. 56-57; Wagenhofer (2009), S. 40-41.

91 Entsprechend wurden die dahingehenden Harmonisierungsbemühungen auch als eine additive Harmonisierung bezeichnet. Vgl. Rost (1991), S. 219; Küting (1993), S. 31.

92 Vgl. Küting (1994), S. 70-71 mit Verweis auf Rost (1991), S. 188 f.

93 Vgl. Buhleier/Helmschrott (1996), S. 355.

94 Vgl. dazu sowie zu gegenteiligen Meinungen Küting (1993), S. 32; Kaum (2000), S. 46-47; Pellens (2001), S. 405-408; Pellens/Crasselt/Sellhorn (2009), S. 103.

Trotz der geäußerten Kritik stellen die 4. und 7. EG-Richtlinie jedoch einen wesentlichen Ausgangspunkt für den folgenden und nach wie vor zu beobachtenden Harmonisierungsprozess dar.[95] Die vermehrt auftretende Kritik und ein vergeblicher Versuch der Europäischen Kommission, Ende der 1980er Jahre eine gegenseitige Anerkennung der Rechnungslegung der EU mit den USA zu erreichen, sowie – speziell auf Deutschland bezogen – die Börsennotierungen einiger Unternehmen an der New York Stock Exchange (NYSE) unter Inkaufnahme einer zusätzlichen Bilanzierung nach US GAAP führten schließlich dazu, dass die Europäische Kommission mit der Verabschiedung einer neuen Strategie im November 1995 neue Wege im internationalen Harmonisierungsprozess einschlug.[96] Demnach sah die EU vor, sich künftig bei grundsätzlicher Beibehaltung eigener Harmonisierungsaktivitäten mit ihren Tätigkeiten verstärkt in den internationalen Normsetzungsprozess einzubringen und dort eine aktivere Rolle einzunehmen.[97] In der Folge engagierte sich die EU bei verschiedenen Weiterentwicklungsaktivitäten der europäischen Rechnungslegung.

Im Rahmen einer Initiative zur Rechnungslegungsstrategie in der EU resultierte hieraus schließlich die am 19. Juli 2002 vom Europäischen Parlament verabschiedete und häufig als IAS-Verordnung[98] bezeichnete „Verordnung (EG) Nr. 1606/2002 des Europäischen Parlaments und des Rates vom 19. Juli 2002 betreffend die Anwendung internationaler Rechnungslegungsstandards"[99]. Dieser Schritt konnte damit zugleich als eine gezielte Ablehnung einer Übernahme der US GAAP interpretiert werden.[100] Gegenstand der Verordnung ist die Übernahme und Anwendung der IFRS in den EU-Mitgliedstaaten, um die Rechnungslegung in der EU weiter zu harmonisieren und somit eine effiziente Funktionsweise des Kapitalmarkts zu gewährleisten.[101] Sie verpflichtet sämtliche kapitalmarktorientierte Unternehmen in der EU dazu, ihre Konzernrechnungslegung für Geschäftsjahre, die am oder nach dem 01. Januar 2005 beginnen, nach den IFRS vorzunehmen. Als kapitalmarktorientiert gelten dabei sämtliche Unternehmen, deren Eigen- und/oder Fremdkapitaltitel am jeweiligen Bilanzstichtag in einem beliebigen EU-Mitgliedstaat zum Handel in einem geregelten

---

95 Vgl. Pellens (2001), S. 408.

96 Vgl. Küting/Hayn (1996), S. 419-420; Wagenhofer (2009), S. 41-43. Zur Börsennotierung deutscher Unternehmen an der NYSE vgl. auch Pellens et al. (2011), S. 46.

97 Vgl. Küting/Hayn (1996), S. 419 sowie vertiefend zur neuen Strategie der EU Buhleier/Helmschrott (1996), S. 356.

98 Vgl. Inwinkl (2007), S. 289; Wagenhofer (2009), S. 45; Pellens et al. (2011), S. 51.

99 Nachfolgend Verordnung (EG) Nr. 1606/2002.

100 Vgl. Wagenhofer (2009), S. 44-45; Pope/McLeay (2011), S. 238.

101 Vgl. Verordnung (EG) Nr. 1606/2002, Art. 1.

Markt zugelassen sind oder die eine solche Zulassung beantragt haben.[102] In Abweichung von dieser verpflichtenden Anwendung durften die EU-Mitgliedstaaten solchen Unternehmen, die lediglich mit Schuldtiteln zum Handel an einem geregelten Markt eines EU-Mitgliedstaats oder deren Wertpapiere zum öffentlichen Handel in einem Nicht-EU-Mitgliedstaat zugelassen waren und die zu diesem Zweck vor Bekanntgabe der Verordnung ihren Abschluss nach international anerkannten Standards veröffentlichten, das vorübergehende Wahlrecht einräumen, erst für nach dem 01. Januar 2007 beginnende Geschäftsjahre ihre Konzernrechnungslegung nach IFRS vorzunehmen.[103] Von diesem Wahlrecht konnten insbesondere Unternehmen Gebrauch machen, die bereits vor Bekanntgabe der Verordnung infolge einer Börsennotierung auf dem US-amerikanischen Kapitalmarkt ihren Konzernabschluss nach US GAAP aufstellen mussten.[104] Neben diesen die kapitalmarktorientierten Unternehmen betreffenden Regelungen zur Konzernrechnungslegung dürfen die EU-Mitgliedstaaten ihren kapitalmarktorientierten Unternehmen ferner gestatten oder vorschreiben, ihre Einzelabschlüsse nach IFRS aufzustellen. Darüber hinaus können sie nicht kapitalmarktorientierten Unternehmen gestatten oder vorschreiben, die IFRS für ihre konsolidierten Abschlüsse und/oder Einzelabschlüsse anzuwenden.[105]

2.3.2.2 Anerkennung

Die Einführung der IFRS sowie deren Anwendung in der EU werden von einem förmlichen Anerkennungsverfahren (Endorsement) durch die Europäische Kommission begleitet,[106] um der Zielsetzung der Erstellung hochwertiger Rechnungslegungsregeln nachzukommen und eine globale Akzeptanz dieser Verlautbarungen sicherzustellen.[107] Eine solche Anerkennung der betreffenden Standards durch die Europäische Kommission ist deshalb erforderlich, weil das IASB privatrechtlich organisiert ist und es somit keine Regelungen mit unmittelbarer Rechtswirkung erlassen kann.[108] Um dennoch die IFRS für die börsennotierten Unternehmen in der EU anwendbar zu machen, soll im Rahmen eines legislativen Anerkennungsverfahrens auf EU-Ebene grundsätzlich bestätigt werden, dass die vom IASB herausgegebenen Rechnungslegungsregeln eine geeig-

---

102 Vgl. Verordnung (EG) Nr. 1606/2002, Art. 4.
103 Vgl. Verordnung (EG) Nr. 1606/2002, Art. 9.
104 Vgl. Pellens et al. (2011), S. 51.
105 Vgl. Verordnung (EG) Nr. 1606/2002, Art. 5.
106 Vgl. Wagenhofer (2009), S. 46.
107 Vgl. Pellens/Obermüller/Rüthers (2010), S. 466.
108 Vgl. Küting/Weber (2010), S. 3.

nete Grundlage für die Rechnungslegung in der EU bilden.[109] Hierfür prüft die Kommission gemeinsam mit dem Rat der Europäischen Union auf Grundlage der Empfehlungen verschiedener privatrechtlicher Organisationen, wozu insbesondere die European Financial Reporting Advisory Group (EFRAG) sowie das Accounting Regulatory Committee (ARC) zählen, die Übereinstimmung der vom IASB neu veröffentlichten IFRS mit den geltenden EG-Richtlinien und den Kriterien der IAS-Verordnung.[110]

Demnach können internationale Rechnungslegungsstandards nur dann in europäisches Recht übernommen werden, wenn sie „dem Prinzip des Artikels 2 Absatz 3 der Richtlinie 78/660/EWG und des Artikels 16 Absatz 3 der Richtlinie 83/349/EWG nicht zuwiderlaufen sowie dem europäischen öffentlichen Interesse entsprechen und den Kriterien der Verständlichkeit, Erheblichkeit, Verlässlichkeit und Vergleichbarkeit genügen, die Finanzinformationen erfüllen müssen, um wirtschaftliche Entscheidungen und die Bewertung der Leistung einer Unternehmensleitung zu ermöglichen."[111] Folglich hebt die IAS-Verordnung die 4. und 7. EG-Richtlinie keineswegs auf,[112] da diese weiterhin geltendes Recht darstellen. Infolge von sich ständig weiterentwickelnden Standards hat die EU allerdings eine Richtlinie zur Änderung der Bilanz- und Konzernrichtlinie verabschiedet. Wesentliche Änderungen betreffen dabei eine deutliche Erweiterung der Wahlrechte, so dass die IFRS grundsätzlich von der Richtlinie abgedeckt werden.[113] Erfüllt ein IFRS die genannten Kriterien und wurde er von der Europäischen Kommission zur Anwendung in der Europäischen Union freigegeben, ist der neue IFRS in den Amtssprachen als Kommissionsverordnung in dem Amtsblatt der EG zu veröffentlichen und somit infolge der IAS-Verordnung unmittelbar geltendes Mitgliedstaatenrecht.[114]

---

109 Vgl. Wüstemann/Kierzek (2006), S. 16. Da also sowohl das IASB als auch staatliche Institutionen auf Ebene der EU an dem Prozess beteiligt sind, wird dieser auch als hybride Regelsetzung bezeichnet. Vgl. dazu Kirchner/Schmidt (2005), S. 69.

110 Vgl. hierzu Pellens/Jödicke/Jödicke (2007), S. 2503. Ausführlich zum Anerkennungsverfahren vgl. Buchheim/Gröner/Kühne (2004); Inwinkl (2007); Oversberg (2007), S. 1597-1600; Wagenhofer (2009), S. 107-113; Pellens et al. (2011), S. 104-108. Zur Weiterentwicklung des Anerkennungsverfahrens vgl. außerdem Buchheim/Knorr/Schmidt (2008a); Buchheim/Knorr/Schmidt (2008b); Lanfermann/Röhricht (2008).

111 Verordnung (EG) Nr. 1606/2002, Art. 3 (2).

112 Vgl. Busse von Colbe (2002), S. 1531.

113 Vgl. Küting/Weber (2010), S. 4 m.w.N.

114 Vgl. Verordnung (EG) Nr. 1606/2002, Art. 4; Pellens/Jödicke/Jödicke (2007), S. 2503.

2.3.2.3 Rechtsdurchsetzung

Neben der Anerkennung der Standards setzt deren Anwendung voraus, dass zuverlässige Mechanismen für eine hinreichende Rechtsdurchsetzung (Enforcement) der IFRS sorgen, um eine möglichst einheitliche Anwendung der Standards zu gewährleisten.[115] Die strikte Durchsetzung der IFRS ist daher international wie national ein besonderes Anliegen.[116] Dabei ist zwischen einer europäischen Ebene und einer Ebene der Mitgliedstaaten zu unterscheiden.[117]

Auf europäischer Ebene befasst sich diesbezüglich das in 2001 von der Europäischen Kommission gegründete Committee of European Securities Regulators (CESR) – seit dem 01. Januar 2011 European Securities and Markets Authority (ESMA)[118] – mit den Grundsätzen und der Koordination der Durchsetzung der Rechnungslegung, indem vor allem mit dem „Standard No. 2 on Financial Information – Coordination of Enforcement Activities“ Koordinationsmechanismen bei der Rechtsdurchsetzung auf nationaler Ebene zur Verfügung gestellt werden.[119] Hierbei soll insbesondere zwischen nationalen Aufsichtsstellen ein intensiver Austausch stattfinden, um eine europaweit möglichst einheitliche Anwendung der IFRS zu erreichen. Dies setzt jedoch voraus, dass die nationalen Aufsichtsstellen bei vergleichbaren Sachverhalten ähnliche Entscheidungen hinsichtlich der Übereinstimmung von gewählten Bilanzierungspraktiken mit den angewendeten IFRS treffen.[120] Zu diesem Zweck verfügt die ESMA über eine Datenbank, in der Entscheidungen nationaler Aufsichtsstellen über kritische Bilanzierungssachverhalte gesammelt werden und von den anderen nationalen Aufsichtsstellen bei Entscheidungen über vergleichbare Sachverhalte zu berücksichtigen sind.[121] Darüber hinaus sollen die in der Datenbank gesammelten Fälle auch anderen Parteien wie z.B. der Wirtschaftsprüfung, den bilanzierenden Unternehmen sowie Aufsichtsbehörden außerhalb der EU zugänglich gemacht werden.[122]

---

115 Vgl. Wagenhofer (2009), S. 120. Ausführlich zum Enforcement in der EU vgl. Niederhuemer/Niedermayr (2007), S. 299-323.

116 Vgl. Wagenhofer (2009), S. 121.

117 Zu einer solchen Unterscheidung vgl. auch Wüstemann/Kierzek (2006), S. 18-21.

118 Nachfolgend wird aufgrund der gegenwärtigen Namensgebung der Begriff ESMA verwendet, worunter auch die ehemalige CESR subsumiert wird.

119 Vgl. CESR (2004), S. 2 sowie zu einem Überblick ICAEW (2007), S. 48. Ausführlich zur früheren CESR vgl. Berger (2009), S. 603-605.

120 Vgl. CESR (2004), S. 3; Wüstemann/Kierzek (2006), S. 18.

121 Vgl. CESR (2004), S. 2 und S. 4-5. Zu einer Übersicht der Fallsammlungen vgl. http://www.esma.europa.eu/index.php?page=sections&mac=0&id= (Stand: 01.01.2012).

122 Vgl. Wüstemann/Kierzek (2006), S. 18 sowie kritisch zur Nutzung der Datenbank Pope/McLeay (2011), S. 241.

Während durch die ESMA eine konsistente Durchsetzung der IFRS auf Ebene der EU gewährleistet werden soll, sollen die nationalen Aufsichtsstellen auf Ebene der Mitgliedstaaten die konkrete Anwendung der Rechnungslegungsregeln überprüfen, da eine Rechtsdurchsetzung allein auf Ebene der Europäischen Union wenig praktikabel erscheint.[123] So enthält die IAS-Verordnung den Hinweis, dass „strenge Durchsetzungsregelungen ... von zentraler Bedeutung [sind], um das Vertrauen der Anleger in die Finanzmärkte zu stärken. Die Mitgliedstaaten müssen aufgrund von Artikel 10 des Vertrags alle geeigneten Maßnahmen zur Gewährleistung der Einhaltung internationaler Rechnungslegungsstandards treffen."[124] Hierauf haben die Mitgliedstaaten entsprechend reagiert und folgen damit zugleich den Vorgaben zur Ausgestaltung eines Enforcements, indem sie eigene Aufsichtsbehörden implementiert haben, welche eine angemessene und strenge Durchsetzung der IFRS gewährleisten sollen.[125]

Trotz dieser umfassenden Harmonisierungsbestrebungen der IFRS sowie den implementierten Mechanismen zu deren Anerkennung und Durchsetzung können verschiedene Freiräume innerhalb der Vorschriften existieren und von den bilanzierenden Unternehmen ausgenutzt werden. Da aufgrund solcher Freiräume die Möglichkeit besteht, dass nationale Bilanzierungsgewohnheiten u.a. mit in die internationale Rechnungslegung einfließen, könnte der Einfluss der IFRS auf die Rechnungslegungspraxis geschwächt werden. Das folgende Kapitel beschäftigt sich daher näher mit ausgewählten Freiräumen innerhalb der IFRS.

2.3.3 Freiräume bei der IFRS-Anwendung

Obwohl die kapitalmarktorientierten Unternehmen in der EU seit 2005 zur Anwendung einheitlicher IFRS verpflichtet werden, lassen sich verschiedene Freiräume innerhalb der IFRS identifizieren. Diese können von den Unternehmen in Abhängigkeit ihrer Anreize unterschiedlich ausgelegt werden, was sich dann auf die Rechnungslegungspraxis auswirkt.[126] Im Wesentlichen können die folgenden acht Freiräume bei der IFRS-Anwendung identifiziert werden:[127]

---

123 Vgl. Wüstemann/Kierzek (2006), S. 18.

124 Verordnung (EG) Nr. 1606/2002, Erwägungsgrund 16. Vgl. auch Knorr (2004), S. 85.

125 Zu den Vorgaben zur Ausgestaltung eines Enforcement durch die ESMA vgl. CESR (2003), Principle 3 und 4. Einen Überblick über die nationalen Enforcementinstitutionen in den Ländern Deutschland, Frankreich und UK gibt Kapitel 3.5.4.

126 Vgl. Ernst & Young (2006), S. 8; Gebhardt/Novotny-Farkas (2011), S. 304; Wysocki (2011), S. 324, Fn. 9.

127 Vgl. Nobes (2006), S. 234; Jödicke (2009), S. 63-64; Nobes/Parker (2010), S. 158.

1. Anwendung unterschiedlicher Fassungen (Kapitel 2.3.3.1),
2. Anwendung unterschiedlicher Übersetzungen (Kapitel 2.3.3.2),
3. Regelungslücken (Kapitel 2.3.3.3),
4. explizite Wahlrechte (Kapitel 2.3.3.4),
5. implizite Wahlrechte (Kapitel 2.3.3.5),
6. erforderliche Schätzungen (Kapitel 2.3.3.6),
7. Übergangs- und Erstanwendungsregeln (Kapitel 2.3.3.7) und
8. Unterschiede in der Rechtsdurchsetzung (Kapitel 2.3.3.8).

Nachfolgend werden diese Freiräume thematisiert und herausgestellt, wie sie sich auf die Rechnungslegungspraxis auswirken können. Dabei ist zu beachten, dass die einzelnen Freiräume für sich genommen nicht zwingend Effekte auf die Rechnungslegungspraxis haben müssen, sondern häufig erst mehrere Aspekte im Zusammenspiel entsprechende Auswirkungen haben können.[128]

2.3.3.1 Anwendung unterschiedlicher Fassungen

Grundsätzlich haben die kapitalmarktorientierten Unternehmen in der EU die von der EU freigegebenen und damit das Anerkennungsverfahren der Europäischen Kommission durchlaufenen IFRS anzuwenden.[129] Während außereuropäische IFRS-Anwender verabschiedete neue IFRS bereits anwenden können, sobald sie vom IASB veröffentlicht werden, ist deren Anwendbarkeit in einigen Fällen für die europäischen Anwender zunächst unklar.[130] Dies kann dazu führen, dass trotz Anerkennungsverfahrens unterschiedliche Fassungen bestimmter IFRS in der EU angewendet werden.

Eine mögliche Erklärung liegt in den expliziten Wahlrechten zum Erstanwendungszeitpunkt neuer IFRS. Für gewöhnlich sind neu herausgegebene Regelungen erstmalig für Geschäftsjahre anzuwenden, die zum oder nach dem vorgegebenen Erstanwendungszeitpunkt – meist der 01. Januar eines Jahres – beginnen. Neben diesem verpflichtenden Erstanwendungszeitpunkt wird den Anwendern neuer IFRS darüber hinaus häufig auch die Möglichkeit einer vorzeitigen freiwilligen Anwendung gegeben. Bezieht sich der neue IFRS dabei auf einen schon bestehenden IFRS oder soll diesen sogar ersetzen, kann dies schließ-

128 Vgl. Nobes (2006), S. 236.

129 Vgl. zu diesem Anerkennungsverfahren der IFRS in der EU Kapitel 2.3.2.2.

130 Vgl. Pellens/Jödicke/Jödicke (2007), S. 2507.

lich dazu führen, dass Anwender grundsätzlich die Möglichkeit haben, zwischen zwei verschiedenen Fassungen eines IFRS zu wählen, und dass dies auch seitens der Prüfung akzeptiert wird.[131]

Als Beispiel für einen solchen Sachverhalt lässt sich der im November 2006 vom IASB verabschiedete und im November 2007 von der EU anerkannte IFRS 8 „Geschäftssegmente" nennen, welcher den IAS 14 „Segmentberichterstattung" ersetzt hat.[132] Während für IFRS 8 eine verpflichtende Anwendung erst für Geschäftsjahre, die am oder nach dem 01. Januar 2009 begonnen haben, vorgesehen war, war eine frühere Anwendung unter Angabe dieser Tatsache zulässig.[133] Bezogen auf Deutschland führte dies dazu, dass innerhalb des DAX 30 in 2007 bereits 12 Unternehmen und in 2008 sogar 15 Unternehmen von diesem Wahlrecht der vorzeitigen Anwendung Gebrauch machten.[134] Insofern konnten der Segmentberichterstattung aufgrund parallel anwendbarer Standards vor der verpflichtenden Erstanwendung des neuen IFRS 8 immerhin für einen begrenzten Zeitraum unterschiedliche Regelungen zugrunde liegen.

Hinsichtlich des Erstanwendungszeitpunkts können sich ferner aus der Übernahme eines IFRS dann Auswirkungen auf die Rechnungslegungspraxis ergeben, wenn hieraus zugleich eine verpflichtende rückwirkende Anwendung dieser Regelung, d.h. eine zwingende Anwendung zu einem Zeitpunkt vor Übernahme des IFRS durch die Europäische Kommission, resultiert. Während eine derartige rückwirkende Gesetzesänderung für Unternehmen, deren Geschäftsjahr für gewöhnlich mit dem Kalenderjahr übereinstimmt und volle zwölf Monate umfasst, unproblematisch ist, können sich etwa Schwierigkeiten bei der Anwendung für Unternehmen mit einem Rumpfgeschäftsjahr, d.h. einem verkürzten Geschäftsjahr z.B. in Folge einer Gründung oder einer Verschiebung des Abschlusszeitpunktes, ergeben. So ist in solchen Fällen etwa nicht eindeutig geklärt, inwiefern eine rückwirkende Korrektur bereits veröffentlichter Abschlüsse tatsächlich zwingend vorzunehmen ist, so dass dies unterschiedliche Rechnungslegungspraktiken generieren kann.[135]

---

131 Vgl. Nobes (2006), S. 236; Pellens/Jödicke/Jödicke (2007), S. 2505. Sofern der Standard allerdings noch nicht von der EU anerkannt ist, sind daraus resultierende mögliche Konsequenzen bezüglich des Bestätigungsvermerks zu beachten. Vgl. dazu ausführlich Pellens/Jödicke/Jödicke (2007), S. 2504-2506.

132 Vgl. Nobes/Parker (2010), S. 158.

133 Vgl. IFRS 8.35.

134 Zu einer Übersicht über die vorzeitige Anwendung des IFRS 8 im DAX 30 in den Geschäftsjahren 2007 und 2008 vgl. Anlage 1 im Anhang.

135 Vgl. Pellens/Jödicke/Jödicke (2007), S. 2505 mit exemplarischen Bezug auf IFRIC 2 und Änderungen an IAS 39 sowie SIC-12.

Ein weiterer Erklärungsansatz steht in engem Zusammenhang mit dem Endorsement-Mechanismus und bezieht sich auf die Anwendbarkeit (noch) nicht freigegebener IFRS.[136] Diesbezüglich lässt sich regelmäßig eine erhebliche zeitliche Verzögerung („time to endorse") zwischen der Verabschiedung eines neuen IFRS durch das IASB und der Transformation in europäisches Recht als spezielles Problem des Anerkennungsverfahrens hervorheben.[137] Folge dieser zeitlichen Verzögerung – teilweise vergeht von der Verabschiedung eines IFRS durch das IASB bis zur Transformation des IFRS in europäisches Recht über ein Jahr[138] – kann sein, dass Anwender die vom IASB herausgegebenen, aber noch nicht in europäisches Recht übernommenen IFRS insbesondere dann anwenden, wenn ein Bilanzierungsproblem nicht explizit geregelt ist (sog. Regelungslücke) und somit in Übereinstimmung mit IAS 8.10-12 auf einen entsprechenden IFRS zurückgegriffen werden kann.[139] Je nach Sachverhalt kann dies dazu führen, dass Bilanzierungsprobleme unterschiedlich von den Anwendern angegangen.

Schließlich führt ein in der Praxis uneinheitlicher Umgang mit Abschlussstichtagen dazu, dass unterschiedliche Fassungen der IFRS angewendet werden. Während etwa in Deutschland die Geschäftsjahre für gewöhnlich zum 31. Dezember eines Jahres enden und damit das folgende Geschäftsjahr zum 01. Januar des Folgejahres beginnt, stimmt das Geschäftsjahr bei einem Großteil der Unternehmen in anderen Ländern wie z.B. UK nicht zwingend mit dem Kalenderjahr überein. Stattdessen haben einige Unternehmen ihren Abschlussstichtag beispielsweise auf den 28. Dezember gelegt, was zugleich bedeutet, dass diese einen Standard, der kurze Zeit später zum 01. Januar des Folgejahres rechtskräftig wird, in dem dann folgenden Geschäftsjahr noch nicht anwenden müssen.[140] Damit kann es zu Abweichungen der Bilanzierung im internationalen Vergleich, aber auch auf nationaler Ebene kommen. Auch hier können also nationale Bilanzierungsgewohnheiten trotz eines einheitlichen internationalen Rechnungslegungssystems in die Rechnungslegungspraxis einfließen.

---

136 Grundlegend zur Anwendbarkeit nicht in europäisches Recht transformierter IFRS vgl. Pellens/Jödicke/Jödicke (2007), S. 2503-2507.

137 Vgl. Nobes (2006), S. 236; Pellens/Jödicke/Jödicke (2007), S. 2503.

138 Zu der Dauer der Übernahmezeiten von herausgegebenen IFRS durch das IASB in europäisches Recht vgl. Pellens/Jödicke/Jödicke (2007), S. 2503-2504.

139 Vgl. Jödicke (2009), S. 64. Zur Vorgehensweise bei Regelungslücken vgl. Kapitel 2.3.3.3.

140 Vgl. Nobes/Parker (2010), S. 158.

2.3.3.2 Anwendung unterschiedlicher Übersetzungen

Ein weiterer Freiraum innerhalb der IFRS kann mit unterschiedlichen Übersetzungen der IFRS begründet werden.[141] Während das IASB zunächst neue IFRS grundsätzlich in englischer Sprache herausgibt, sieht die IAS-Verordnung vor, dass in europäisches Recht übernommene IFRS „als Kommissionsverordnung vollständig in allen Amtssprachen der Gemeinschaft im Amtsblatt der Europäischen Gemeinschaften veröffentlicht"[142] werden. Bezogen auf Deutschland bedeutet dies z.B., dass die IFRS grundsätzlich nur in einer deutschsprachigen Fassung als deutsches Recht gelten.[143] Insofern ist es nach Vorgabe der IAS-Verordnung erforderlich, die englischsprachigen IFRS in die gegenwärtig 23 geltenden Amtssprachen[144] der EU zu übersetzen.

Für die EU-Übersetzungen war in der Vergangenheit bis 2009 überwiegend die IFRS-Foundation[145], Dachorganisation des IASB, im Auftrag der Europäischen Kommission tätig. Die Übersetzungen wurden dann an die Europäische Kommission übermittelt, welche keine vollkommene Überprüfung der Übersetzungen vornahm, sondern lediglich sicherstellte, dass sich die von der Kommission in den Rechnungslegungsrichtlinien verwendeten Termini in den Übersetzungen wiederfinden bzw. nicht mit diesen im Konflikt stehen.[146] Infolge daraus resultierender Unstimmigkeiten zwischen der IFRS-Foundation und der EU werden die EU-Übersetzungen der IFRS in die jeweiligen Amtssprachen seit Juni 2009 nunmehr eigenständig von der Europäischen Kommission vorgenommen.[147] Aufgrund ihrer verbindlichen Wirkung in den jeweiligen Ländern ist es dabei von entscheidender Bedeutung, dass die EU-Übersetzungen ein hin-

---

141 Vgl. Baskerville/Evans (2011), S. 8.

142 Verordnung (EG) Nr. 1606/2002, Art. 3 (4).

143 Vgl. Niehus (2005), S. 2478. Hingegen ist ungeklärt, inwiefern bei Übersetzungsfehlern ein Rückgriff auf die englischen IFRS zulässig ist. Vgl. hierzu Jödicke (2009), S. 67, Fn. 197.

144 Die EU umfasst 27 Mitgliedstaaten mit den folgenden 23 Amtssprachen: Bulgarisch, Dänisch, Deutsch, Englisch, Estnisch, Finnisch, Französisch, Griechisch, Italienisch, Irisch, Lettisch, Litauisch, Maltesisch, Niederländisch, Polnisch, Portugiesisch, Rumänisch, Schwedisch, Slowakisch, Slowenisch, Spanisch, Tschechisch und Ungarisch. Vgl. die Homepage der Europäischen Kommission, abrufbar unter: http://ec.europa.eu/dgs/translation/translating/officiallanguages/index_de.htm (Stand: 01.01.2012).

145 Näher zur IFRS-Foundation und deren Arbeitsweise vgl. Pellens et al. (2011), S. 95-97.

146 Vgl. Niehus (2005), S. 2478; Nobes/Parker (2010), S. 159.

147 Die Internetseite der Europäischen Kommission enthält keine expliziten Informationen zu dem Übersetzungsprozess der IFRS. Die hier dargelegten Ausführungen beziehen sich auf Schriftverkehr mit der IFRS-Foundation. Darstellungen des Übersetzungsprozesses sind darüber hinaus begrenzt. Vgl. allgemein Baskerville/Evans (2011), S. 8-9.

reichendes Maß an Konsistenz der Termini sicherstellen und fehlerfrei sind.[148] Infolge des hohen Anspruchs der Übersetzung an derartige technische Texte können im Rahmen des Übersetzungsprozesses jedoch Fehler und Abweichungen entstehen, die unterschiedliche Gewichtigkeit bei der Bilanzierung haben können.[149] Übersetzungsfehler gelten dabei als gravierendere Fehler gegenüber Fehlern redaktioneller Art, da vor allem Übersetzungsfehler zu einer Abweichung von Regelungsinhalten führen können.[150] Die Problematik von Übersetzungsfehlern kann anhand der folgenden zwei Beispiele verdeutlicht werden:

Beispiel 1: Segmentberichterstattung nach IFRS 8[151]

Die englische Originalfassung des IFRS 8.15 schreibt im Rahmen der Auswahl berichtspflichtiger Segmente das folgende Vorgehen vor, wenn die gesamten von den Geschäftssegmenten ausgewiesenen externen Umsatzerlöse 75 % der Umsatzerlöse des Unternehmens unterschreiten:

> „If the total external revenue reported by operating segments constitutes less than 75 per cent of the entity's revenue, additional operating segments *shall* be identified as reportable segments … until at least 75 per cent of the entity's revenue is included in reportable segments."

Demgegenüber findet sich in der deutschen, von der EU übernommenen Fassung des IFRS 8.15 die folgende Regelung:

> „Machen die gesamten externen Umsatzerlöse, die von den Geschäftssegmenten ausgewiesen werden, weniger als 75 % der Umsatzerlöse des Unternehmens aus, *können* weitere Geschäftssegmente als berichtspflichtige Segmente herangezogen werden …, bis mindestens 75 % der Umsatzerlöse des Unternehmens auf berichtspflichtige Segmente entfällt."

Während die englische Fassung vorschreibt, dass weitere Geschäftssegmente zwingend als berichtspflichtige Segmente herangezogen werden müssen („shall"), vermittelt die deutsche Fassung, dass es sich hier gewissermaßen um eine Art Wahlrecht handelt („können"). Die Übersetzung von „shall" zu „können" ist damit inhaltlich nicht gleichbedeutend.

---

148 Vgl. Niehus (2005), S. 2478; Jödicke (2009), S. 66.

149 Vgl. Niehus (2005), S. 2478.

150 Vgl. Jödicke (2009), S. 66.

151 In Anlehnung an Wagenhofer (2009), S. 90. Zu weiteren Beispielen von fehlerhaften Übersetzungen in portugiesische, norwegische und deutsche IFRS vgl. Nobes/Parker (2010), S. 159 sowie in deutsche IFRS ausführlich Niehus (2005), S. 2479-2483.

Beispiel 2: Fertigungsaufträge nach IAS 11[152]

IAS 11.3 grenzt die Begrifflichkeit eines langfristigen Fertigungsauftrags definitorisch in der englischen Originalfassung wie folgt ab:

> „A construction contract is a *contract specifically negotiated* for the construction of an asset ..."

Die deutsche Übersetzung lautet demgegenüber wie folgt:

> „Ein Fertigungsauftrag ist ein *Vertrag über die kundenspezifische Fertigung* einzelner Gegenstände ..."

Wird der deutschen Übersetzung gefolgt, wären auch Aufträge aus einer kundenspezifischen Massenproduktion unter IAS 11.3 zu subsumieren. Beispielsweise steht einem Neuwagenkäufer eine breite Palette an Ausstattungsmerkmalen (z.B. Motorisierung, Polster, Belüftungssystem, etc.) für seinen Neuwagen zur Auswahl. Unter diesen Umständen werden Neuwagen kaum noch auf Lager, sondern erst nach Eingang des Kundenauftrages produziert. Es scheint damit ein Vertrag über die kundenspezifische Fertigung vorzuliegen, was jedoch kaum in den Anwendungsbereich von IAS 11 fallen dürfte. Gemeint sind dort bei einer genauen Übersetzung nur speziell ausgehandelte Verträge.

Folglich kann der Übersetzungsprozess der IFRS dazu führen, dass teilweise gravierende inhaltliche Abweichungen zwischen den (übersetzten) Standards und somit infolge von unterschiedlichen Übersetzungen auch Unterschiede in der Bilanzierung entstehen können.[153]

2.3.3.3 Regelungslücken

Da die IFRS kein in sich abgeschlossenes Normensystem darstellen, können realwirtschaftliche Sachverhalte auftreten, die nicht explizit von den IFRS geregelt werden (Regelungslücken).[154] Regelungslücken innerhalb der IFRS können dazu führen, dass ökonomisch gleiche Sachverhalte unterschiedlich bilanziert werden.[155]

Allgemein wird dann von einer Regelungslücke innerhalb der IFRS ausgegangen, wenn die relevanten Bilanzierungsvorschriften trotz Auslegung keine Regelung für ein Bilanzierungsproblem vorgeben, dessen Berücksichtigung in der Rechnungslegung im Hinblick auf die geforderte Entscheidungsnützlichkeit

152 Vgl. Lüdenbach (2004), S. 181.

153 Vgl. Nobes (2006), S. 237.

154 Vgl. Wollmert/Achleitner (1997), S. 211; Zülch (2005a), S. 4.

155 Vgl. Nobes (2006), S. 237 sowie ausführlich zu Regelungslücken innerhalb der IFRS Jödicke (2008).

geboten ist.[156] Streng genommen gibt es im IFRS-Regelwerk keine Regelungslücken, denn der Begriff „Regelungslücke“ wird in dem Regelwerk nicht explizit verwendet und in den Fällen, in denen die einschlägigen Bilanzierungsvorschriften trotz Auslegung keine Regelung für ein Bilanzierungsproblem vorgeben, sind die relevanten Vorschriften des IAS 8 „Bilanzierungs- und Bewertungsmethoden, Änderungen von Schätzungen und Fehler“ anzuwenden. Demnach schreiben IAS 8.10-12 als „Auslegungshilfe“[157] eine konkrete Vorgehensweise vor, sofern der Tatbestand einer Regelungslücke vorliegt.[158] Die Regelungen des IAS 8 greifen damit „beim Fehlen eines IFRS, der ausdrücklich auf einen Geschäftsvorfall oder sonstige Ereignisse oder Bedingungen zutrifft“[159].

IAS 8.11-12 listet konkret zu berücksichtigende Quellen auf, die zur Schließung einer Lücke zur Verfügung stehen. Dabei ist der Verbindlichkeitsgrad der aufgeführten Quellen unterschiedlich hoch: Während die in IAS 8.11 aufgeführten Quellen etwa verpflichtend heranzuziehen sind („shall refer to“), können („may also consider“) die in IAS 8.12 aufgeführten Quellen darüber hinaus berücksichtigt werden.[160] Mangelt es vor diesem Hintergrund an einer entsprechenden Norm, gibt IAS 8.11 zunächst eine Auslegungshierarchie zur Schließung der potentiellen Regelungslücke vor.[161] Demnach sind bei der Lückenschließung zunächst Vorschriften der IFRS, die ähnliche und verwandte Fragen behandeln, sowie die im Rahmenkonzept enthaltenen Definitionen, Erfassungskriterien und Bewertungskonzepte für Vermögenswerte, Schulden, Erträge und Aufwendungen zu berücksichtigen.[162] Ferner können gem. IAS 8.12 auch Verlautbarungen anderer Standardsetter, die ein ähnliches konzeptionelles Rahmenkonzept zur Entwicklung von Rechnungslegungsmethoden einsetzen, sowie sonstige Verlautbarungen und anerkannte Branchenpraktiken herangezogen werden, die allerdings mit den Vorschriften des IASB vereinbar sein müssen.[163] Insbesondere Letzteres führt häufig dazu, dass infolge einer im Vergleich zu den IFRS größeren Regelungsdichte auf die Regelungen des FASB oder auch des britischen ASB zurückgegriffen wird.[164] In Deutschland könnten etwa auch Ver-

156 Vgl. Ruhnke/Nerlich (2004), S. 395.

157 Zülch (2005a), S. 4.

158 Vgl. Nobes (2006), S. 237; Jödicke (2009), S. 67. Indes ist anzumerken, dass IAS 8.10-12 nicht nur bei Regelungslücken, sondern auch bei auslegungsbedürftigen Vorschriften angewendet werden können. Vgl. dazu Lüdenbach/Hoffmann (2011), S. 59-60, Rn. 75.

159 IAS 8.10.

160 Vgl. Ruhnke/Nerlich (2004), S. 392.

161 Vgl. dazu ausführlich Zülch (2005a), S. 4-5.

162 Vgl. IAS 8.11.

163 Vgl. IAS 8.12.

164 Vgl. ähnlich Zülch (2005a), S. 4.

lautbarungen des DRSC oder auch Stellungnahmen des IDW, die allerdings aufgrund ihrer fehlenden Rechtskraft eher als Literaturmeinung einzuordnen sind, herangezogen werden.[165] Die Konsequenz dieser festgelegten Vorgehensweise ist schließlich, dass den Unternehmen bei der Bilanzierung teilweise erhebliche Ermessensspielräume eingeräumt werden und dies folglich zur Übernahme nationaler Bilanzierungspraktiken beitragen kann.[166]

2.3.3.4 Explizite Wahlrechte

Während sich einige der genannten Freiräume weniger offensichtlich auf die Rechnungslegungspraxis auswirken können, fördert das Bestehen von Wahlrechten in einem Rechnungslegungssystem ersichtliche Unterschiede in der Rechnungslegungspraxis. Für eine Betrachtung der aus Wahlrechten entstehenden Freiräume ist es dabei erforderlich, zwischen expliziten Wahlrechten und impliziten Wahlrechten, die sich insbesondere indirekt aus Ermessensspielräumen ergeben können, zu unterscheiden. Die zunächst in dem vorliegenden Abschnitt behandelten expliziten Wahlrechte[167] übertragen eine Entscheidung für oder gegen ein bestimmtes Bilanzierungsproblem ausdrücklich dem bilanzierenden Unternehmen. Auf diese Weise enthält sich das IASB in vielen Fällen einer eindeutigen Bilanzierungsvorgabe oder -empfehlung, da es mehr als eine Bilanzierungsalternative für sinnvoll anwendbar erachtet.[168]

Gegenüber dem gegenwärtigen Rechtsstand der IFRS enthielten die Standards früher noch vergleichsweise viele explizite Wahlrechte. Hauptsächlich resultierte dies aus der Zielsetzung, den mannigfaltigen, international unterschiedlich ausgeprägten Bilanzierungsansprüchen der damals am Standardsetzungsprozess beteiligten Akteure gerecht zu werden.[169] Da diese Vorgehensweise zu erheblicher Kritik führte, wurden die expliziten Wahlrechte in der Folge deutlich eingeschränkt.[170] Im Ergebnis bestehen die gegenwärtigen expliziten Wahlrechte innerhalb der IFRS nunmehr ausschließlich aus Bewertungswahl-

165 Vgl. Ruhnke/Nerlich (2004), S. 393.

166 Vgl. Nobes (2006), S. 237; Nobes/Parker (2010), S. 159. Zu weiteren Inkonsistenzen in der Normenhierarchie des IASB vgl. Zülch (2005a), S. 5-7.

167 Zu einer Darstellung der impliziten Wahlrechte innerhalb der IFRS vgl. Kapitel 2.3.3.5.

168 Vgl. Tanski (2004), S. 1843.

169 Vgl. Nobes (2006), S. 237; Wagenhofer (2009), S. 565.

170 Vgl. Wagenhofer (2009), S. 565. Einen maßgeblichen Einfluss leistete dabei das Improvements Project aus 2003, welches das Ziel verfolgte, die Anzahl der damals noch existierenden Wahlrechte zu reduzieren, um die Vergleichbarkeit der Abschlüsse zu verbessern und deren Informationsgehalt zu erhöhen. Vgl. Pellens et al. (2011), S. 91 sowie zu dem Improvements Project KPMG (2004), S. 207-296; Zülch (2004), S. 153-167.

rechten sowie formellen Wahlrechten, jedoch nicht aus den Ansatz betreffenden expliziten Wahlrechten.[171] Tabelle 1 gibt einen Überblick über ausgewählte, wesentliche explizite Wahlrechte innerhalb der IFRS:

Tabelle 1: Beispiele wesentlicher expliziter Wahlrechte innerhalb der IFRS (Stand: 01.01.2012)[172]

Standard	Explizites Wahlrecht
IAS 1.60	Gliederung der Bilanz nach Fristigkeit oder Liquidität[173]
IAS 1.79	Darstellung unterschiedlicher Positionen in Bilanz, Eigenkapitalveränderungsrechnung oder Anhang
IAS 1.81	Format der Gesamtergebnisrechnung als einzige Gesamtergebnisrechnung oder in zwei Aufstellungen (Gewinn- und Verlustrechnung sowie sonstiges Ergebnis)
IAS 1.99	Gliederung der Gewinn- und Verlustrechnung nach dem Gesamt- oder Umsatzkostenverfahren
IAS 2.3	Bewertung von Vorräten zum beizulegenden Zeitwert abzüglich der Veräußerungskosten für Warenmakler/-händler
IAS 2.25	Verbrauchsfolge bei der Vorratsbewertung: FIFO-Verfahren oder Durchschnittsmethode[174]
IAS 7.18	Darstellung des Cashflows aus der betrieblichen Tätigkeit in der Kapitalflussrechnung: direkte oder indirekte Darstellung[175]
IAS 7.31	Zuordnung von Zinsen und Dividenden in der Kapitalflussrechnung zum Cashflow aus betrieblicher Tätigkeit, Cashflow aus Investitionstätigkeit oder Cashflow aus Finanzierungstätigkeit

171 Vgl. Dobler (2008), S. 262-263. Ein Sonderfall ist das Wahlrecht für öffentliche Zuwendungen, welche sich auf einen konkreten Vermögenswert beziehen (IAS 20.24). Faktisch lässt es sich jedoch als ein Saldierungswahlrecht auslegen. Vgl. Wagenhofer (2009), S. 565.

172 In Anlehnung an Nobes (2006), S. 238 sowie Nobes/Parker (2010), S. 160. In ähnlicher Weise auch Jödicke (2009), S. 70-71. Zu weiteren Wahlrechten vgl. außerdem Dobler (2008), S. 263; Wagenhofer (2009), S. 566-568.

173 Vgl. näher zu IAS 1 insbesondere unter Berücksichtigung der in 2007 erfolgten Überarbeitung und den hieraus resultierenden Änderungen Zülch/Fischer/Erdmann (2007), S. 963-968; Bischof/Molzahn (2008), S. 171-178; Esser/Brendle (2009), S. 143-145.

174 Zur Bilanzierung von Vorräten nach IAS 2 vgl. Kümpel (2003a), S. 2609-2615; Kümpel (2005), S. 1153-1158; Bieg et al. (2006), S. 421-425; Henselmann/Roos (2007), S. 496-501 sowie zu den Bewertungsvereinfachungsverfahren Kümpel (2003a), S. 2613-2614.

175 Während IAS 7.19 die direkte Darstellungsform empfiehlt, ist in der Unternehmenspraxis die indirekte Darstellungsform vorherrschend. Vgl. Pellens et al. (2011), S. 193 sowie allgemein Pawelzik (2006), S. 344-352; Müßig/Lopatta (2008), S. 418-425.

IAS 16.29	Anwendung des Anschaffungskostenmodells oder des Neubewertungsmodells für die Folgebewertung von Sachanlagen[176]
IAS 19.92-93D	Verrechnung von versicherungsmathematischen Gewinnen und Verlusten bei leistungsorientierten Versorgungsplänen sofort im Periodenergebnis, gewinn- und verlustwirksam mittels Korridormethode oder sofort im sonstigen Ergebnis[177]
IAS 20.24	Verrechnung von erhaltenen Zuwendungen der öffentlichen Hand für Vermögenswerte mit deren Wertansatz oder Bildung eines passivischen Abgrenzungspostens[178]
IAS 27.38	Bilanzierung von Anteilen an Tochterunternehmen, gemeinschaftlich geführten Unternehmen und assoziierten Unternehmen im Einzelabschluss des Mutterunternehmens zu Anschaffungskosten oder als zur Veräußerung verfügbare Finanzinstrumente[179]
IAS 38.72	Anwendung des Anschaffungskostenmodells oder des Neubewertungsmodells für die Folgebewertung von immateriellen Vermögenswerten[180]
IAS 39.11-11A	Wahlweise Klassifikation von drei Arten von Finanzinstrumenten in die Kategorie der gewinn- und verlustwirksam zum beizulegenden Zeitwert folgezubewertenden Finanzinstrumente (Fair Value-Option)[181]
IAS 39.38	Ansatz bzw. Ausbuchung eines Kaufs oder Verkaufs eines finanziellen Vermögenswerts zum Handels- oder zum Erfüllungstag
IAS 39.50-50F	Umgliederung ausgewählter Finanzinstrumente bei Vorliegen bestimmter Umstände

176 Zur Bilanzierung von Sachanlagen nach IAS 16 vgl. Kümpel (2003b), S. 378-392. Vgl. außerdem zu dem Wahlrecht nach IAS 16.29 Tanski (2004), S. 1844-1845; Zülch/Lienau (2006), S. 699; Pöller (2007a), S. 4.

177 Im Juni 2011 hat das IASB Änderungen an IAS 19 herausgegeben, welche bislang noch nicht von der EU anerkannt worden sind (Stand: 01.01.2012). Die Änderungen sehen u.a. eine Abschaffung der Korridormethode vor. Vgl. Hallauer/Sieber (2011), S. 247-248. Zur Erfassung versicherungsmathematischer Gewinne und Verluste sowie zu einer kritischen Würdigung vgl. Baetge/Haenelt (2006), S. 2414-2419; Küting/Keßler (2006), S. 197-205.

178 Zur Verrechnung von Zuwendungen der öffentlichen Hand für Vermögenswerte vgl. Fülbier et al. (2008), S. 476.

179 Im Mai 2011 hat das IASB den IFRS 10 herausgegeben, welcher bislang jedoch noch nicht von der EU anerkannt worden ist (Stand: 01.01.2012). Der Standard soll künftig IAS 27 und SIC-12 ersetzen.

180 Zur Bilanzierung von immateriellen Vermögenswerten nach IAS 38 vgl. Esser/Hackenberger (2004), S. 402-414 sowie zu dem Wahlrecht Pöller (2007b), S. 176.

181 Zur Bilanzierung von Finanzinstrumenten vgl. Pellens et al. (2011), S. 545-610 sowie zur Fair Value Option vgl. Küting/Döge/Pfingsten (2006).

IAS 40.30	Anwendung des Anschaffungskostenmodells oder des Modells des beizulegenden Zeitwerts für die Folgebewertung von als Finanzinvestition gehaltenen Immobilien[182]
IFRS 3.19	Bewertung von nicht beherrschenden Anteilen an erworbenen Unternehmen zum beizulegenden Zeitwert oder zum entsprechenden Anteil des identifizierbaren Nettovermögens[183]

Auch wenn die Anzahl der Wahlrechte infolge des damaligen Improvements Project bereits reduziert worden ist und deutlich weniger explizite Wahlrechte existieren als in vielen nationalen Rechnungslegungssystemen,[184] steht den IFRS-Anwendern immer noch eine Vielzahl an expliziten Wahlrechten zur Verfügung. In Abhängigkeit von deren Ausübung kann dies dazu führen, dass identische Vermögenswerte bilanziell unterschiedlich abgebildet werden. Diese Problematik wird allerdings zumindest dadurch in gewisser Weise relativiert, dass diese offensichtlich erkennbar sind und somit theoretisch von den Adressaten identifiziert werden können.[185] Außerdem wird die Ausübung von Wahlrechten durch den Grundsatz der Stetigkeit (IAS 8.13-14) eingeschränkt.[186]

2.3.3.5 Implizite Wahlrechte

Neben den vorstehend beschriebenen expliziten Wahlrechten ist außerdem den impliziten Wahlrechten eine hohe Bedeutung beizumessen,[187] da die IFRS weitgehende implizite Wahlrechte enthalten und somit dem Unternehmensmanagement ein bestimmtes Beurteilungsvermögen abverlangen.[188] Unter impliziten Wahlrechten werden solche Wahlmöglichkeiten verstanden, die sich nicht explizit aus den IFRS ergeben, sondern lediglich aus der Nutzung impliziter Ermessensspielräume ableiten lassen.[189] Ermessensspielräume sind in der Rechnungs-

---

182 Zur Bilanzierung von als Finanzinvestition gehaltenen Immobilien nach IAS 40 vgl. Olbrich (2003), S. 346-357; Beck (2004), S. 498-505; Kümpel (2004a), S. 17-28; Zülch/Lienau (2006), S. 698. Vgl. außerdem zu dem Wahlrecht nach IAS 40.30 Pöller (2007a), S. 6.

183 Zur Bilanzierung von Unternehmenszusammenschlüssen nach IFRS 3 vgl. Pellens/Amshoff/Sellhorn (2008), S. 602-606.

184 Vgl. in Bezug auf die handelsrechtliche Rechnungslegung in Deutschland Dobler (2008), S. 260 m.w.N.

185 Vgl. Pfleger (1991), S. 35; Lüdenbach/Hoffmann (2011), S. 38, Rn. 30.

186 Vgl. Eiselt/Müller/Wulf (2005), S. 579; Scheffler (2006), S. 3; Wagenhofer (2009), S. 565.

187 Vgl. Nobes (2006), S. 239.

188 Vgl. Ernst & Young (2006), S. 11; Dobler (2008), S. 262.

189 Vgl. Jödicke (2009), S. 71.

legung nur schwierig eingrenzbar, da sie vor allem durch unternehmensspezifische Situationen bestimmt werden. Dabei erfordern Ermessensspielräume eine möglichst fachgerechte, spezifische Beurteilung durch die Bilanzierenden. Dies sollte zwar grundsätzlich eine individuell aussagekräftige Bilanzierung bewirken,[190] fraglich ist jedoch zugleich, inwiefern sich dies auf die Rechnungslegungspraktiken der Unternehmen auswirkt. In Tabelle 2 werden ausgewählte Beispiele für wesentliche implizite Wahlrechte innerhalb der IFRS aufgeführt:

Tabelle 2: Beispiele wesentlicher impliziter Wahlrechte innerhalb der IFRS (Stand: 01.01.2012)[191]

Standard	Implizites Wahlrecht
IAS 8.5	Generelle Definition von Wesentlichkeit hinsichtlich Ansatz, Bewertung und Angaben[192]
IAS 11.22	Anwendung der Percentage-of-Completion-Methode, sofern Ergebnis der Auftragsfertigung verlässlich schätzbar[193]
IAS 12.34	Bilanzierung aktiver latenter Steueransprüche auf Verlustvorträge, sofern in diesem Umfang ein künftig zu versteuerndes Einkommen wahrscheinlich zur Verfügung stehen wird[194]
IAS 17.8	Abgrenzung von Finanzierungsleasing und Operating-Leasing anhand der wesentlichen Chancen und Risiken ohne konkrete quantitative Kriterien[195]
IAS 21.9-12	Bestimmung der funktionalen Währung für die Umrechnung von Fremdwährungsabschlüssen anhand einer Vielzahl von Kriterien[196]
IAS 36.12-14	Vorliegen von Hinweisen für eine Wertminderung anhand einer Vielzahl von Kriterien[197]

190 Vgl. Wagenhofer (2009), S. 569.

191 In Anlehnung an Nobes (2006), S. 239 sowie ähnlich auch Jödicke (2009), S. 72-73. Zu weiteren Wahlrechten vgl. Dobler (2008), S. 263; Wagenhofer (2009), S. 569-570.

192 Zu den Regelungen nach IAS 8 vgl. Zülch/Willms (2004), S. 128-135; Küting et al. (2007), S. 2-20.

193 Zur Bilanzierung von Fertigungsaufträgen nach IAS 11 vgl. Kümpel (2004b), S. 274-285; Bigus (2005), S. 602-604.

194 Zu latenten Steuern nach IAS 12 sowie zur Abgrenzung latenter Steuern auf Verlustvorträge vgl. Lienau/Erdmann/Zülch (2007), S. 1094-1097; Zwirner (2010), S. 110-116.

195 Zur Bilanzierung von Leasingverhältnissen nach IAS 17 vgl. Esser (2005), S. 429-436; Küting/Hellen/Koch (2006), S. 649-657 sowie zur Überarbeitung des IAS 17 und dem Right-of-Use-Approach Hartmann-Wendels/Schmidt (2010), S. 278-285.

196 Zur Bestimmung der funktionalen Währung nach IAS 21 vgl. Heyd (2003), S. 1039-1042; Gassen et al. (2007), S. 171-172; Künkele/Zwirner (2009), S. 352-353.

197 Zum Wertminderungstest nach IAS 36 vgl. Mayer-Wegelin (2009), S. 94-96; Budde (2005), S. 2567-2573 sowie konkret zu Hinweisen auf eine Wertminderung S. 2571-2573.

IAS 37.14	Wahrscheinlichkeit des Bestehens einer (rechtlichen oder faktischen) Verpflichtung und des Abflusses von wirtschaftlichen Ressourcen für den Ansatz von Rückstellungen[198]
IAS 38.57	Ansatz von Entwicklungskosten als selbst erstellte immaterielle Vermögenswerte bei kumulativer Erfüllung einer Vielzahl von Kriterien
IAS 38.88-89	Abschreibung (Methode, Nutzungsdauer und Restwert) immaterieller Vermögenswerte ausschließlich bei begrenzter Nutzungsdauer
IAS 39.46	Bewertung von Finanzinvestitionen in Eigenkapitalinstrumente zu Anschaffungskosten, sofern verlässliche Ermittlung nicht möglich ist
IAS 40.53	Bilanzierung zu Anschaffungskosten trotz Anwendung des Modells des beizulegenden Zeitwerts, sofern dieser für die als Finanzinvestition gehaltene Immobilie nicht verlässlich bestimmbar ist
IAS 41.30	Bilanzierung zu Anschaffungskosten trotz Bewertung zum beizulegenden Zeitwert, sofern dieser für einen biologischen Vermögenswert nicht verlässlich bestimmbar ist[199]
IFRS 5.8	Bilanzierung von zur Veräußerung gehaltenen Vermögenswerten, sofern die Veräußerung innerhalb eines Jahres erwartet wird[200]
IFRS 8.11	Bestimmung von berichtspflichtigen Segmenten anhand einer Vielzahl von Kriterien[201]

Anhand der aufgeführten Wahlrechte ist zu erkennen, dass bei impliziten Wahlrechten eine Beurteilung durch den Bilanzierenden überwiegend anhand unbestimmter Begriffe oder beispielhafter Kriterien erfolgt. Dabei beziehen sich unbestimmte Begriffe insbesondere auf in den IFRS verwendete Wahrscheinlichkeitsbegriffe wie z.B. „virtually certain“, „probable“, „possible“, „remote“ oder „reasonably assured“. Konsequenz dieser Wahrscheinlichkeitsbegriffe ist jedoch, dass nicht immer hinreichend klar ist, welche Wahrscheinlichkeitsgrenzen hierunter zu verstehen sind. Darüber hinaus ist zu konstatieren, dass die Rechnungslegungspraxis infolge impliziter Wahlrechte durch die Bilanzierenden je nach Sachverhalt und Interessenlage vergleichsweise leicht gestaltet werden

198 Zur Bilanzierung von Rückstellungen nach IAS 37 vgl. Haaker (2005), S. 8-15.

199 Zu den Regelungen nach IAS 41 vgl. Kümpel (2006), S. 550-558.

200 Zur Bilanzierung von zur Veräußerung gehaltenen Vermögenswerten vgl. Kümpel/ Straatmann (2005), S. 138-146; Küting/Wirth (2006), S. 719-728.

201 Zur Segmentberichterstattung nach IFRS 8 vgl. Fink/Ulbrich (2007), S. 981-985; Kajüter/Barth (2007), S. 428-434; Zülch/Burghardt (2007), S. 21-23; Pellens et al. (2011), S. 931-951; Richter/Rogler (2009), S. 257-261; Freiberg (2010), S. 55-57; Sandleben/Schmidt (2010), S. 48-50 sowie zu Änderungen des IFRS 8 durch das Annual Improvements Project 2009 Sandleben/Schmidt (2010), S. 50. Zu bilanzpolitischen Spielräumen innerhalb der Segmentberichterstattung vgl. Rogler (2009a), S. 500-505; Rogler (2009b), S. 576-583.

kann.[202] So setzt etwa der Ansatz von Entwicklungskosten für selbst erstellte immaterielle Vermögenswerte voraus, dass sämtliche Kriterien nach IAS 38.57 erfüllt werden. Wird ein solcher Nachweis nicht erbracht, obwohl die Kriterien für eine Aktivierung faktisch erfüllt werden, kann sich das Unternehmen einer Aktivierung quasi entziehen. Obwohl in diesem Fall also kein explizites Wahlrecht vorliegt, führt ein implizites Wahlrecht dazu, dass individuelle Freiräume bei der Bilanzierung eröffnet werden.[203]

Zusammenfassend ermöglichen es implizite Wahlrechte, dass dem Grunde nach identische Vermögenswerte unterschiedlich bilanziert werden können. Damit können nationale Bilanzierungsgewohnheiten Einzug in die internationale Rechnungslegungspraxis erhalten. Analog zu den expliziten Wahlrechten ist jedoch zu beachten, dass deren Ausübung einer Stetigkeit unterliegt. Demzufolge wird ein augenscheinlich faktisches Wahlrecht im Zeitablauf in gewisser Weise eingeengt, was für einen externen Adressaten hingegen kaum ersichtlich ist. Insofern kommt insbesondere der Abschlussprüfung eine entscheidende Rolle zu, da sie ausgenutzte implizite Wahlrechte auf Angemessenheit zu überprüfen hat.[204]

2.3.3.6 Erforderliche Schätzungen

Ein weiterer Freiraum ergibt sich durch Schätzungen von Wertansätzen.[205] Da aufgrund von Unsicherheiten, die mit der Geschäftstätigkeit verbunden sind, viele Posten in den Abschlüssen nicht präzise bewertet werden können, ist regelmäßig auf Schätzungen zurückzugreifen.[206] Ausgewählte Beispiele für wesentliche Schätzungen innerhalb der IFRS werden in Tabelle 3 aufgelistet:

202 Vgl. Wagenhofer (2009), S. 570-571.

203 Vgl. Jödicke (2009), S. 72; Wagenhofer (2009), S. 571 sowie die gleiche Auffassung vertretend Dawo (2003), S. 205-206; Heyd/Lutz-Ingold (2005), S. 46.

204 Vgl. Wagenhofer (2009), S. 572.

205 Vgl. Nobes (2006), S. 241.

206 Vgl. IAS 8.31.

Tabelle 3: Beispiele wesentlicher Schätzungen innerhalb der IFRS (Stand: 01.01.2012)[207]

Standard	Schätzung innerhalb der IFRS
IAS 2.30-31	Schätzung des Nettoveräußerungswertes von Vorräten
IAS 11.16	Schätzung der vertraglich fixierten Kosten bei Fertigungsaufträgen
IAS 16.50-51 und 16.60	Schätzung der Nutzungsdauer und des Restwerts zur Festlegung der planmäßigen Abschreibung sowie Bestimmung der Abschreibungsmethode (ähnlich auch nach IAS 17, IAS 38 und IAS 40)
IAS 16.31-34	Ermittlung des beizulegenden Zeitwerts bei Anwendung des Neubewertungsmodells
IAS 19.73	Bestimmung von versicherungsmathematischen Annahmen (demografisch und finanziell) für die Bewertung von Pensionsrückstellungen
IAS 36.30-32	Schätzung des Nutzungswerts eines Vermögenswerts oder einer zahlungsmittelgenerierenden Einheit
IAS 37.36	Bestmögliche Schätzung der erforderlichen Ausgaben zur Erfüllung einer gegenwärtigen Verpflichtung
IAS 41.12	Ermittlung des beizulegenden Zeitwerts von biologischen Vermögenswerten
IFRS 3.18	Ermittlung des beizulegenden Zeitwerts von erworbenen identifizierbaren Vermögenswerten und übernommenen Schulden zum Erwerbszeitpunkt

Schätzungen erfordern eine angemessene fachliche Beurteilung des zugrunde liegenden Sachverhalts durch den Bilanzierenden und ermöglichen eine an die individuellen Gegebenheiten des Unternehmens angepasste Bilanzierung.[208] Indes könnte gerade dies die Rechnungslegungsqualität einschränken, da diese von einer mitunter ausgeprägten subjektiven Beurteilung des Bilanzierenden beeinflusst wird. Schätzungen eröffnen dem Bilanzierenden damit erhebliche bilanzpolitische Spielräume.[209] Dieses Maß an Subjektivität kann daher dazu führen, dass sich unterschiedliche Rechnungslegungspraktiken herausbilden, die auf nationalen Bilanzierungsgewohnheiten beruhen.

2.3.3.7 Übergangs- und Erstanwendungsregeln

Während in Abschnitt 2.3.3.1 bereits die Anwendung unterschiedlicher Fassungen der IFRS thematisiert wurde, können darüber hinaus spezielle Übergangs- und Erstanwendungsregeln durch die Anwendung von IFRS 1 „Erstmalige An-

207 In Anlehnung an Nobes (2006), S. 241 sowie ähnlich Jödicke (2009), S. 74.

208 Vgl. Wagenhofer (2009), S. 569.

209 Vgl. von Keitz (2003), S. 1802; Detert (2008), S. 50.

wendung der International Financial Reporting Standards“[210] langfristige Auswirkungen auf die IFRS-Rechnungslegung haben.[211] IFRS 1 ist bei der erstmaligen Aufstellung eines IFRS-Abschlusses anzuwenden, welcher eine ausdrückliche sowie uneingeschränkte Bestätigung enthält, mit sämtlichen IFRS im Einklang zu stehen.[212] Folglich hat ein Unternehmen, das seinen Abschluss erstmalig nach IFRS aufstellt, im Umstellungszeitpunkt die Ansatz-, Bewertungs- und Ausweisvorschriften sämtlicher IFRS-Verlautbarungen zu beachten.[213] Bei der Erstanwendung ist gemäß IFRS 1.7 zu berücksichtigen, dass die zu diesem Zeitpunkt geltenden IFRS retrospektiv anzuwenden sind. Demzufolge sind sämtliche Vermögenswerte und Schulden der Eröffnungsbilanz bis zu ihrer erstmaligen Erfassung zurückzuverfolgen und hinsichtlich ihrer Ansatz-, Bewertungs- und Ausweisvorschriften zu korrigieren, sofern im Vorfeld keine IFRS-Konformität vorlag.[214]

Um mögliche Gestaltungsspielräume des bilanzierenden Unternehmens zu reduzieren, sieht IFRS 1 für bestimmte Sachverhalte ein explizites Verbot der retrospektiven Anwendung vor.[215] Hingegen enthält der Standard für einige andere, genau geregelte Sachverhalte Ausnahmen, die eine retrospektive Anwendung der IFRS aufgrund möglicher Gestaltungsspielräume und zur Umstellungserleichterung nicht zwingend vorschreiben.[216] Im Fall solcher Ausnahmebereiche sind die jeweiligen IFRS stattdessen optional oder verpflichtend prospektiv anzuwenden.[217] Dies kann dann dazu beitragen, dass die Vergleichbarkeit der Abschlüsse teilweise erheblich und für einen längeren Zeitraum eingeschränkt wird.[218] Außerdem könnten nach nationalen Vorschriften bilanzierte Geschäftsvorfälle unter Umständen in den IFRS-Abschluss übernommen werden. Beispielsweise sieht IFRS 1.Anhang C für Unternehmenszusammenschlüsse alternativ zur retrospektiven Anwendung vor, dass ein Unternehmen seinen

---

210 Zu einem ausführlichen Überblick über IFRS 1 und den darin enthaltenen Umstellungsvorschriften vgl. Hayn/Bösser/Pilhofer (2003), S. 1607-1613; Andrejewski/Böckem (2004), S. 332-340; Detert (2008), S. 8-45; Zülch/Hoffmann (2009), S. 52-54.

211 Vgl. Ernst & Young (2006), S. 8; Nobes (2006), S. 242.

212 Vgl. IFRS 1.3.

213 Vgl. Pellens/Detert (2003), S. 370.

214 Vgl. Andrejewski/Böckem (2004), S. 333; Müller/Wulf (2005), S. 1268; Pellens et al. (2011), S. 842-843.

215 Vgl. Detert (2008), S. 14-15.

216 Vgl. Zülch/Hoffmann (2009), S. 53.

217 Zu einer Übersicht über optionale und verpflichtende Ausnahmen vom Grundsatz der retrospektiven Anwendung vgl. Zülch/Hoffmann (2009), S. 53.

218 Vgl. Hayn/Bösser/Pilhofer (2003), S. 1612; Pellens/Detert (2003), S. 373; Theile (2003), S. 1745. Zu einer Auswertung der Ausübung der in IFRS 1 enthaltenen Wahlrechte vgl. Haller/Froschhammer/Denk (2010).

ursprünglichen Bilanzansatz hinsichtlich des Goodwills unter Berücksichtigung von bestimmten Anpassungen nach nationalem Recht beibehalten kann.[219] Die Konsequenz der Übernahme solcher aus nationalem Recht beibehaltenen Wertansätze in den IFRS-Abschluss ist damit aber, dass nationale Bilanzierungsgewohnheiten erst mit Ausbuchung der entsprechenden Vermögenswerte aus dem Abschluss verschwinden. Bezieht sich das Abweichen von einer retrospektiven Anwendung dabei auf Vermögenswerte, denen eine unbestimmte oder unbegrenzte Nutzungsdauer zugrunde liegt, könnten aus einer IFRS-Umstellung resultierende Unterschiede in der Finanzberichterstattung unter Umständen sogar zeitlich unbegrenzt fortbestehen.[220] Es ist somit davon auszugehen, dass die durch die Übergangs- und Erstanwendungsregeln ermöglichte Übernahme nationaler Regelungen die IFRS-Rechnungslegung noch einige Jahre beeinflussen wird.[221]

2.3.3.8 Unterschiede in der Rechtsdurchsetzung

Schließlich können auch Unterschiede in der Rechtsdurchsetzung innerhalb der EU einen Freiraum darstellen.[222] Während die Koordination der Rechtsdurchsetzung der IFRS auf europäischer Ebene der ESMA obliegt,[223] werden die einzelnen Mitgliedstaaten auf nationaler Ebene mit der Kompetenz zur konkreten Überprüfung der IFRS-Anwendung betraut. Entsprechend haben die Mitgliedstaaten jeweils eigene nationale Aufsichtsbehörden zur Überprüfung der Rechtsdurchsetzung eingerichtet. Dabei sind die Aufsichtsinstanzen in den Mitgliedstaaten teilweise sehr unterschiedlich ausgestaltet. Je nach Wirkungsgrad der einzelnen Aufsichtsinstanzen in den Mitgliedstaaten können hieraus Unterschiede in der IFRS-Anwendung resultieren und nationale Rechnungslegungspraktiken in die IFRS-Rechnungslegung eingehen.

Dies kann exemplarisch anhand der Rechnungslegung von zwei Unternehmen in Land A und Land B wie folgt verdeutlicht werden: Während die Aufsichtsinstanz in Land A die IFRS weniger streng durchsetzt, setzt die Aufsichtsinstanz in Land B die IFRS sehr streng durch. Mögliche Abweichungen zu den IFRS in Land A sind dann aufgrund der weniger strengen Aufsichtsinstanz unter Umständen nicht hinreichend an die IFRS anzupassen, während die Aufsichtsin-

---

219 Vgl. Hahn (2003), S. 246; Hayn/Bösser/Pilhofer (2003), S. 1611; Theile (2003), S. 1749; Nobes/Parker (2010), S. 164.

220 Vgl. Jödicke (2009), S. 75.

221 Vgl. Nobes/Parker (2010), S. 164.

222 Vgl. Nobes (2006), S. 242.

223 Vgl. dazu Kapitel 2.3.2.3.

stanz in Land B entsprechende Anpassungen verlangen würde.[224] Folglich können sich die Rechnungslegungspraktiken der Unternehmen in den beiden Ländern aufgrund unterschiedlicher Rechtsdurchsetzungen voneinander unterscheiden und es besteht insbesondere bei einem weniger strengen Enforcement die Möglichkeit, dass nationale Rechnungslegungspraktiken verstärkt mit in die IFRS-Rechnungslegung eingehen.

2.4 Kapitelfazit

Um die IFRS-Anwendung in der EU zu untersuchen, ist es von entscheidender Bedeutung, sich mit den Einflussfaktoren auf die Rechnungslegungspraxis auseinanderzusetzen. Letztere resultiert aus einem Zusammenspiel von institutionellen Rahmenbedingungen, sich hieraus ergebenden unternehmensspezifischen Rechnungslegungsanreizen und von Standardsettern entwickelten Rechnungslegungsregeln. Während die institutionellen Rahmenbedingungen in einem Land dabei weitgehend starr und für gewöhnlich nur relativ trägen Änderungen unterworfen sind, besteht für die Unternehmen in der EU die Pflicht, ihre Konzernrechnungslegung seit 2005 zwingend nach IFRS vorzunehmen. Damit wird auf den internationalen Kapitalmärkten nun in einer einheitlichen Sprache über die wirtschaftliche Lage der Unternehmen berichtet,[225] auch wenn die Dialektik dabei unterschiedlich ist. Trotz intensiver Harmonisierungsbestrebungen und Kontrollmechanismen wirft dieser Wechsel des Rechnungslegungssystems die Frage auf, inwiefern hierdurch die Rechnungslegungspraxis tatsächlich qualitativ höherwertig, transparenter und besser vergleichbar wird.

Die Meinungen hierüber gehen in der Wissenschaft zum Teil erheblich auseinander und können in zwei Gruppen unterteilt werden.[226] Die Befürworter vertreten die Ansicht, dass durch die IFRS die den Bilanzierenden zur Verfügung stehenden Freiräume im Vergleich zu vielen nationalen Rechnungslegungssystemen reduziert werden und dies dazu beiträgt, die tatsächliche ökonomische Performance eines Unternehmens besser abzubilden.[227] Demgegenüber sind Kritiker der Ansicht, dass ein einzelner Satz vermeintlich hochwertiger Rechnungslegungsregeln allein nicht ausreicht, um die Qualität der Rechnungslegung übergreifend zu verbessern bzw. diese vergleichbarer zu machen, da vor allem die

224 Vgl. hierzu anhand des Beispiels von Deutschland und UK Nobes (2006), S. 242-243.

225 Vgl. Pellens/Obermüller/Rüthers (2010), S. 464.

226 Vgl. Soderstrom/Sun (2007), S. 688; Jeanjean/Stolowy (2008), S. 482; Chen et al. (2010), S. 226.

227 Vgl. Chen et al. (2010), S. 226-227 m.w.N.

institutionellen Rahmenbedingungen einen wesentlichen Einfluss auf die Rechnungslegungspraxis haben.[228] Von daher ist zu vermuten, dass die IFRS in dem Rechnungslegungsprozess lediglich eine begrenzte Wirkung entfalten.[229] Diese häufig auf Länderebene gezogene Schlussfolgerung kann jedoch auch innerhalb eines Landes zutreffend sein, wenn nämlich wie z.B. in Deutschland freiwillige IFRS-Anwender aufgrund bestimmter Anreize eine hochwertige Rechnungslegung nach IFRS vornehmen, während andere zur IFRS-Anwendung verpflichtete Unternehmen solche Anreize nicht haben.[230] Deutlich wird damit: Die in der EU vorgeschriebene Anwendung der IFRS eröffnet der Wissenschaft ein interessantes Forschungsfeld. Dieses wartet mit einer Vielzahl unterschiedlicher Forschungsansätze auf, um den relativen Einfluss der sich aus den institutionellen Rahmenbedingungen ergebenden Rechnungslegungsanreize und der IFRS auf die Rechnungslegungspraxis zu untersuchen.

---

228 Vgl. Soderstrom/Sun (2007), S. 688. Ahmed/Neel/Wang (2010) erwarten sogar, dass eine verpflichtende IFRS-Anwendung zu einer Reduktion der Qualität der Rechnungslegung führt. Vgl. dazu Ahmend/Neel/Wang (2010), S. 12.

229 Vgl. Nobes (2006), S. 243-144.

230 Vgl. hierzu Christensen/Lee/Walker (2008), S. 3-11 sowie zur Möglichkeit der freiwilligen IFRS-Anwendung in der EU Kapitel 3.2.

3 Institutioneller Rahmen in der EU

3.1 Kapitelüberblick

Um den relativen Einfluss der sich aus institutionellen Rahmenbedingungen ergebenden Unternehmensanreize und Rechnungslegungsregeln in der EU zu untersuchen, ist der institutionelle Rahmen in der EU näher zu betrachten. Das vorliegende Kapitel führt zunächst aus, inwiefern sich die EU für eine Untersuchung des relativen Einflusses eignet und welche besonderen Untersuchungseigenschaften die in der EU vorliegende Situation mit sich bringt. Weiterhin wird darauf eingegangen, welche institutionellen Faktoren besonderen Einfluss auf die Rechnungslegungspraxis nehmen können und welche Implikationen sich für verschiedene Untersuchungsszenarien im Rahmen einer empirischen Untersuchung daraus ergeben können.

Im Anschluss daran wird auf die konkrete Auswahl der in dieser Arbeit untersuchten Länder eingegangen. Hierfür wird in einem ersten Schritt zwischen Studien, die auf Länderklassifikationen basieren, sowie Studien, die ausgewählte Länder betrachten, unterschieden. In einem zweiten Schritt schließt sich die eigentliche Auswahl der untersuchten Länder an, und es werden die Gemeinsamkeiten sowie die Unterschiede ausgewählter institutioneller Rahmenbedingungen in den jeweiligen Ländern und deren unterschiedliche nationale Rechnungslegungssysteme herausgestellt.

3.2 EU als Untersuchungsgegenstand

Zur Untersuchung des relativen Einflusses von sich aus den institutionellen Rahmenbedingungen ergebenden Unternehmensanreizen und Rechnungslegungsregeln offenbart die in der EU seit 2005 vorliegende Situation eine Reihe günstiger Untersuchungseigenschaften.[231] So ist die verpflichtende Umstellung auf die IFRS in dieser Form und in diesen Ausmaßen als bislang einmalig zu werten,[232] denn inzwischen bilanzieren über 9.000 Unternehmen aus 27 EU-Mitgliedstaaten zuzüglich der Länder Island, Liechtenstein und Norwegen als Mitglieder des Europäischen Wirtschaftsraums (EWR) in ihren Konzernabschlüssen nach IFRS.[233] Insofern ist erreicht worden, dass die Unternehmen in

231 Vgl. Schipper (2005), S. 107-108.

232 Vgl. Beuselinck/Joos/Van der Meulen (2007), S. 4; Capkun et al. (2008), S. 2.

233 Eine Übersicht über die Anzahl der kapitalmarktorientierten Unternehmen findet sich unter: http://www.world-exchanges.org/statistics (Stand: 01.01.2012).

diesen Ländern über ihre Ländergrenzen hinweg einheitliche Rechnungslegungsregeln anwenden und somit auf den Kapitalmärkten in einer einheitlichen Sprache über die wirtschaftliche Lage ihres Unternehmens berichten.[234] Damit wurde zugleich ein „large-scale ‚natural experiment'"[235] geschaffen, welches die Analyse unterschiedlicher Untersuchungsszenarien im Hinblick auf die Auswirkungen der IFRS auf die Rechnungslegungspraxis ermöglicht.[236] Um diese Auswirkungen zu untersuchen, ist es jedoch erforderlich, die Rechnungslegungsregeln oder die Anreize im Zeitablauf konstant zu halten.[237]

Diesbezüglich eröffnet die in der EU gegebene Situation zwei wesentliche Untersuchungsszenarien:[238] Einerseits können die institutionellen Umfelder, in welche die Unternehmen in einem Land eingebettet sind, als konstanter Faktor und die Rechnungslegungsregeln als variierender Faktor betrachtet werden. In einem derartigen Szenario wird also der Wechsel des Rechnungslegungssystems anhand eines Vorher-Nachher-Vergleichs untersucht, in dem die Unternehmen ihre Konzernrechnungslegung für ab dem 01. Januar 2005 beginnende Geschäftsjahre von den jeweiligen länderspezifischen Rechnungslegungssystemen auf IFRS umstellen mussten. Somit kann z.B. eine Stichprobe gleicher Unternehmen vor und nach der Umstellung des Rechnungslegungssystems innerhalb eines Landes untersucht werden, um auf diese Weise den Effekt der Umstellung zu isolieren und einzeln betrachten zu können. Dabei kann davon ausgegangen werden, dass die institutionellen Rahmenbedingungen in den Ländern im Zeitablauf weitgehend konstant bleiben und somit primär der Wechsel des Rechnungslegungssystems einen variierenden Faktor darstellt.[239] Können also nach der Umstellung auf die IFRS qualitative Veränderungen in der Rechnungslegungspraxis festgestellt werden, wäre dies ein Anzeichen dafür, dass der Wechsel des Rechnungslegungssystems Auswirkungen auf die Rechnungslegungspraxis hat.

Andererseits können die Rechnungslegungsregeln infolge einer in allen EU-Ländern geltenden verpflichtenden IFRS-Anwendung als konstanter Faktor betrachtet werden, während sich das institutionelle Umfeld zwischen den Ländern voneinander unterscheidet. Die in der EU vorliegende Situation ermöglicht so-

234 Vgl. Pellens/Obermüller/Rüthers (2010), S. 464.

235 Pope/McLeay (2011), S. 233.

236 Vgl. Soderstrom/Sun (2007), S. 676.

237 Vgl. Schipper (2005), S. 108; Soderstrom/Sun (2007), S. 676.

238 Vgl. hierzu Schipper (2005), S. 110-111; Sellhorn/Gornik-Tomaszewski (2006), S. 206.

239 Vgl. Ahmed/Neel/Wang (2010), S. 10. Allerdings trifft dies nicht pauschal auf sämtliche Länder gleichermaßen zu. Zum Beispiel wurde in Deutschland erst im Zuge der IFRS-Einführung ein Enforcement-System geschaffen. Vgl. dazu ausführlich Kapitel 3.5.4 sowie zur Veränderung der institutionellen Rahmenbedingung im Zeitablauf Kapitel 5.1.

mit neben einem Vorher-Nachher-Vergleich einen Vergleich von Ländern, um zu analysieren, inwiefern die IFRS-Anwendung die Vergleichbarkeit der Finanzberichterstattung international verbessert. Vor dem Hintergrund dieser Forschungsfrage kann also untersucht werden, ob von den verschiedenen institutionellen Umfeldern in den Ländern derart starke Anreize ausgehen, dass sich die Rechnungslegungspraktiken international weiterhin aufgrund institutioneller Besonderheiten voneinander unterscheiden. Da im Rahmen der vorliegenden Arbeit der Aspekt der qualitativen Veränderung der Rechnungslegungspraxis infolge des Wechsels der Rechnungslegungsregeln und nicht der Aspekt der Vergleichbarkeit untersucht wird, soll im Folgenden das erste Untersuchungsszenario im Fokus stehen.[240]

Eine weitere Besonderheit hinsichtlich der IFRS-Umstellung in der EU besteht darin, dass die IFRS in einigen EU-Mitgliedstaaten bereits vorzeitig anwendbar waren. Aus wissenschaftlicher Sicht führte dies schon früh dazu, dass zahlreiche Studien aufgrund ihres zeitlichen Erscheinens naturgemäß die Auswirkungen einer freiwilligen IFRS-Anwendung auf die Rechnungslegungspraxis untersuchten.[241] Die Ergebnisse dieser Untersuchungen deuten zumeist darauf hin, dass sich die Rechnungslegungsqualität durch eine Umstellung auf die IFRS erhöht. Eine mögliche Erklärung hierfür ist, dass die Unternehmen bestimmte Motive haben, ihre Rechnungslegung vorzeitig auf die IFRS umzustellen. Einerseits könnten sich solche Unternehmen zu einem vorzeitigen Wechsel auf die IFRS entscheiden, deren bisherige Bilanzierungsmethoden und bisheriges Bilanzierungsverhalten bei Anwendung der nationalen Rechnungslegungsregeln bereits nah an den IFRS sind, so dass die Kosten der Umstellung geringer sind als für Unternehmen, deren Bilanzierungsmethoden und Bilanzierungsverhalten sich noch vergleichsweise deutlich von den IFRS unterscheiden. Dies könnte vor allem auf Unternehmen zutreffen, die besonders international ausgerichtet sind und z.B. auch ein Cross-Listing auf dem US-amerikanischen Kapitalmarkt aufweisen, so dass sie zusätzlich nach US GAAP bilanzieren müssen. Andererseits könnten sich Unternehmen zu einem vorzeitigen Wechsel auf die IFRS entscheiden, wenn sie sich hiervon einen möglichst großen Nutzen wie z.B. eine erleichterte Ausgabe neuer Aktien an einem internationalen Börsenplatz bzw. grundsätzlich positive Kapitalmarktreaktionen versprechen.[242]

Die Bestimmungsfaktoren für eine freiwillige IFRS-Anwendung sind also sehr vielfältig und werden anhand eigenständiger Forschungsfragen gezielt un-

---

240 Zur Untersuchung der Vergleichbarkeit bei Anwendung der IFRS vgl. u.a De Franco/ Kothari/Verdi (2011); Taplin (2011).

241 Vgl. hierzu auch Chen at al. (2010), S. 224-225.

242 Vgl. Soderstrom/Sun (2007), S. 686-687.

tersucht.[243] Festzuhalten ist, dass freiwillige IFRS-Anwender durchaus konkrete Motive haben können, sich für einen vorzeitigen Wechsel auf die IFRS zu entscheiden. Da sich diese Anreize von denen der ab 2005 verpflichteten IFRS-Anwender unterscheiden,[244] können die Ergebnisse von Studien zur freiwilligen IFRS-Anwendung jedoch nicht ohne Weiteres auf die verpflichtende IFRS-Anwendung übertragen werden.[245] Damit wird zugleich ein weiterer Vorteil der Situation in der EU deutlich: Durch die verpflichtende IFRS-Anwendung wird das Problem der Selbstselektion für kapitalmarktorientierte Unternehmen auf natürliche Weise gelöst. Somit können die verpflichteten IFRS-Anwender hinsichtlich der Umstellungseffekte genauer untersucht werden.[246] Die Unterscheidung freiwilliger und verpflichteter IFRS-Anwender ist daher auch im weiteren Verlauf der Untersuchung von elementarer Bedeutung.

Die in der EU seit 2005 verpflichtend vorzunehmende IFRS-Rechnungslegung stellt insgesamt ein nahezu ideales Szenario zur Untersuchung der Auswirkungen der IFRS auf die Rechnungslegungspraxis dar.[247] Für Zwecke einer empirischen Untersuchung wird dabei eine hinreichende Verfügbarkeit an Daten gewährleistet. Von großer Bedeutung ist zudem, dass nun sehr unterschiedliche Länder ein einheitliches Rechnungslegungssystem anwenden, die Länder jedoch teilweise sehr unterschiedlichen institutionellen Rahmenbedingungen ausgesetzt sind. Da von diesen Anreize zur Rechnungslegung ausgehen und sie somit einen wesentlichen Einfluss auf die Rechnungslegungspraxis haben, wird im Folgenden näher auf grundlegende Aspekte dieses institutionellen Rahmens und daraus hervorgehende Implikationen für die weitere Untersuchung eingegangen, um anschließend die Auswahl der in die Untersuchung einbezogenen Länder begründen zu können.

3.3 Institutioneller Rahmen und Implikationen

3.3.1 Grundlegende Aspekte und Bedeutung der Kultur

Im Schrifttum werden diverse länderspezifische institutionelle Einflussfaktoren identifiziert, die sich unterschiedlich intensiv auf die Rechnungslegungspraxis

243 Zu einem Überblick über mögliche Bestimmungsfaktoren und empirische Studien vgl. Kapitel 4.5.1.

244 Vgl. Christensen/Lee/Walker (2008), S. 1.

245 Vgl. Platikanova (2009), S. 6.

246 Vgl. Sellhorn/Gornik-Tomaszewski (2006), S. 207.

247 Vgl. Gassen/Sellhorn (2006), S. 384; Capkun (2008), S. 3.

auswirken können.[248] Dabei wird für gewöhnlich angenommen, dass sich diese Faktoren als ein „overall portfolio of countries' institutional and economic factors"[249] auf die Rechnungslegungspraxis auswirken, einige Einflussfaktoren aber einen besonders starken Einfluss haben. Besonders im Blickfeld der Rechnungslegungsforschung stehen die sogenannten sozioökonomischen Einflussfaktoren,[250] welche je nach Forschungsschwerpunkten in unterschiedlichem Detailgrad thematisiert werden. Eine abschließende Aufzählung der Einflussfaktoren existiert jedoch ebenso wenig wie deren Differenzierung nach dem Grad ihrer Wirkungsintensität auf die Rechnungslegungspraxis. Unumstritten ist lediglich, dass sich die jeweiligen Einflussfaktoren auf die Rechnungslegungspraxis auswirken.[251]

Als wesentliche sozio-ökonomische, länderspezifische Einflussfaktoren werden häufig Ausprägungen des Finanzierungssystems, Rechtssystems und Steuersystems in einem Land identifiziert. Weitere länderspezifische Einflussfaktoren sind u.a. die Stellung des Berufsstandes der Wirtschaftsprüfer, die Corporate Governance, das Enforcement-System, welches vor allem eine regelkonforme Anwendung der Rechnungslegungsregeln sicherstellen soll, sowie sonstige politische und ökonomische Faktoren (z.B. Inflation). Außerdem wird auch die Kultur eines Landes als ein Einflussfaktor gesehen.[252] Da diese häufig als Ausgangspunkt möglicher Einflussfaktoren auf die Rechnungslegungspraxis dargestellt wird, wird im Folgenden kurz aufgezeigt, welchen Stellenwert Kultur für die Rechnungslegungspraxis hat. Im weiteren Verlauf werden dann die wesentlichen Differenzierungsmerkmale bedeutender sozio-ökonomischer Faktoren diskutiert.

Es existieren verschiedene Auffassungen darüber, was genau unter Kultur zu verstehen und wie sie zu operationalisieren ist, da sie Untersuchungsgegenstand von sehr vielen wissenschaftlichen Disziplinen ist.[253] Der bislang bedeutendste

---

248 Vgl. Kvaal/Nobes (2010), S. 174 sowie Kapitel 2.2.1.

249 Holthausen (2009), S. 457.

250 Vgl. d'Arcy (1999), S. 46; Pellens et al. (2011), S. 36.

251 Vgl. Hayn (1997), S. 19-21.

252 Vgl. dazu auch Kapitel 2.2.1. Hierbei handelt es sich um keine abschließende Aufzählung an Einflussfaktoren, sondern um in der Literatur häufig genannte und einschlägige mögliche Faktoren. In Bezug auf das Finanzierungs-, Rechts- und Steuersystem vgl. Joos/Lang (1994), S. 144; Nobes (2006), S. 234 sowie ergänzend zu den übrigen Faktoren u.a. Doupnik/Salter (1995), S. 195; Hayn (1997), S. 23; Meek/Thomas (2004), S. 23; Saudagaran (2004), S. 3; Radebaugh/Gray/Black (2006), S. 15; Soderstrom/Sun (2007), S. 688; Achleitner/Behr/Schäfer (2009), S. 10; Nobes/Parker (2010), S. 29-42. Zu einer Übersicht der Berücksichtigung dieser und weiterer Faktoren in einschlägigen Lehrbuchwerken vgl. Hayn (1997), S. 20-21; Werner/Zimmermann (2009), S. 98.

253 Vgl. Kutschker/Schmid (2008), S. 672.

Ansatz, Kultur zu operationalisieren, geht auf Hofstede (2001)[254] zurück,[255] nach dessen Auffassung Kultur als „the collective programming of the mind which distinguishes the members of one group or society from those to another“[256] beschrieben werden kann. Um Kultur vor diesem Hintergrund zu operationalisieren, führte Hofstede in dem Zeitraum 1968 bis 1973 bei IBM-Mitarbeitern in über 40 Ländern eine umfassende Befragungsstudie durch.[257] Ziel war es, verschiedene Wertdimensionen herauszuarbeiten, anhand derer kulturelle Unterschiede zwischen Ländern herausgestellt werden können.[258] Im Ursprung werden die folgenden vier allgemein gültigen Wertdimensionen unterschieden:[259]

1. Individualismus versus Kollektivismus: Grad der Unabhängigkeit, die eine Gesellschaft ihren Individuen zugesteht;

2. Große versus geringe Machtdistanz: Stärke der Reaktion einer Gesellschaft auf Ungleichheiten, d.h. inwiefern die Ungleichheiten hingenommen werden oder eine Erklärung eingefordert wird;

3. Starke versus schwache Unsicherheitsvermeidung: Stärke der Reaktion einer Gesellschaft auf Unsicherheit, hervorgerufen durch rigide Regelungen im Bereich der Meinung und des Verhaltens;

4. Maskulinität versus Feminität: Grad, in welcher Weise und wie stark eine Gesellschaft soziale Rollen auf die Geschlechter aufteilt.

Auf Grundlage der Befragungsergebnisse wird für jedes in die Untersuchung einbezogene Land ein Scorewert pro Dimension ermittelt. Unter Berücksichti-

---

254 Im Ursprung wurde der Kulturbegriff bereits in den 1980er Jahren anhand einer bei IBM durchgeführten Befragungsstudie operationalisiert. Die damals vorgenommene Abgrenzung von Kulturkreisen griff Hofstede in seinem 2001 erschienenen Werk auf und passte sie an aktuelle Entwicklungen an.

255 Vgl. Müller/Gelbrich (2004), S. 108.

256 Hofstede (2001), S. 9.

257 Zu einer ausführlichen Beschreibung der Befragungsstudie vgl. Hofstede (2001), S. 41-77; Hofstede/McCrae (2004), S. 61-65; Müller/Gelbrich (2004), S. 108-111; Kutschker/Schmid (2008), S. 716-717.

258 Vgl. Kutschker/Schmid (2008), S. 717.

259 Vgl. Hofstede (1984), S. 83-84 sowie zu den jeweiligen Erläuterungen d'Arcy (1999), S. 33. Später sind die Wertdimensionen um die fünfte Dimension „langfristige gegenüber kurzfristige Orientierung“ erweitert worden. Vgl. ausführlich Hofstede/McCrae (2004), S. 65; Hofstede/Hofstede (2009), S. 37-39. Diese fünfte Wertdimension findet in der betriebswirtschaftlichen Literatur jedoch kaum Berücksichtigung. Vgl. Jödicke (2009), S. 15.

gung dieser vier Scorewerte ist es dann möglich, das Wertsystem eines Landes zu spezifizieren und die Länder unterschiedlichen Kulturkreisen zuzuordnen.[260]

Auch wenn die von Hofstede entwickelten Wertdimensionen ausgiebig kritisiert worden sind,[261] finden sie in verschiedenen betriebswirtschaftlichen und sozialwissenschaftlichen Forschungsbereichen intensive Anwendung.[262] Zwar stellen die Wertdimensionen keinen direkten Zusammenhang zwischen der Kultur und der Rechnungslegung her, jedoch konnte der komplexe Kulturbegriff erstmalig operationalisiert werden und ermöglicht damit erst die Konstruktion überprüfbarer Modelle. In der Folge haben daher verschiedene Autoren auf Basis der von Hofstede entwickelten Wertdimensionen theoretische Rahmenkonzepte entwickelt, um den kulturellen Einfluss auf die Rechnungslegungspraxis herauszustellen.[263]

Als „Pionierarbeit"[264] gilt dabei die Studie von Gray (1988),[265] in der vier rechnungslegungsspezifische Wertdimensionen (Werte der Rechnungslegung, „accounting values") identifiziert werden, die sich aus den ursprünglichen Wertdimensionen („societal values") ableiten.[266] Im Einzelnen handelt es sich um die folgenden rechnungslegungsspezifischen Wertdimensionen, die mit den Wertdimensionen von Hofstede verknüpft werden:[267]

1. Berufsständische Selbstregulierung versus staatliche Regulierung;
2. Einheitliche Rechnungslegungsmethoden versus flexible Methodengestaltung;
3. Vorsichtige versus optimistische Rechnungslegung;
4. Zurückhaltende versus transparente Berichterstattung.

---

260 Vgl. d'Arcy (1999), S. 33. Eine aktuelle Übersicht der Scorewerte und Ränge für die damals in die Untersuchung einbezogenen Länder sowie für später durch Wiederholungsstudien ergänzte Länder findet sich in Jödicke (2009), S. 232-235 sowie unter: http://geert-hofstede.com/countries.html (Stand: 01.01.2012).

261 Zu einem Überblick der einschlägigen Kritik vgl. stellvertretend Ding/Jeanjean/Stolowy (2005), S. 332-333; Jödicke (2009), S. 23-25.

262 Vgl. Søndergaard (1994), S. 453-454; Ding/Jeanjean/Stolowy (2005), S. 332.

263 Vgl. d'Arcy (1999), S. 33.

264 Jödicke (2009), S. 27.

265 Vgl. Ding/Jeanjean/Stolowy (2005), S. 333.

266 Vgl. Gray (1988), S. 6-8.

267 Vgl. Gray (1988), S. 8-11 sowie zu einer Erläuterung der einzelnen Werte d'Arcy (1999), S. 36-38; Radebaugh/Gray/Black (2006), S. 45-48; Jödicke (2009), S. 31-34.

Gray (1988) stellt heraus, dass die Ausgestaltung des Rechungslegungssystems in einem Land von seinen formulierten Wertdimensionen direkt beeinflusst wird.[268] Darüber hinaus werde das Rechnungslegungssystem durch institutionelle Faktoren wie das Finanzierungs-, Rechts- und Steuersystem in einem Land beeinflusst, die ihrerseits von den kulturellen Werten abhängen. Somit verdeutlicht Gray (1988), dass die Kultur eines Landes über zwei Kanäle in die Ausgestaltung eines Rechnungslegungssystems eingeht: einerseits direkt anhand der formulierten Werte der Rechnungslegung und andererseits indirekt anhand institutioneller Faktoren mit den dahinter stehenden kulturellen Wertdimensionen. Aufbauend auf diesem Modell leitet Gray (1988) verschiedene Hypothesen über den Zusammenhang der einzelnen Wertdimensionen Hofstedes und seiner rechnungslegungsspezifischen Wertdimensionen ab,[269] um Länder hinsichtlich ihrer Rechnungslegungssysteme gruppieren zu können.[270] Vereinfachend ist diesbezüglich festzuhalten, dass sich vor allem eine angelsächsische Gruppe (z.B. Australien, Kanada, UK und USA) und eine kontinentaleuropäische, germanische Gruppe (z.B. Deutschland, Österreich und Schweiz) gegenüberstehen und in der Ausprägung der Wertdimensionen deutlich unterscheiden.[271] Während letztere Gruppe insbesondere anhand einer vorsichtigen und zurückhaltenden, weniger transparenten Rechnungslegung charakterisiert werden kann, zeichnet sich die angelsächsische Gruppe durch eine eher optimistische und transparente Rechnungslegung aus.

Auch wenn sich Gray (1988) in seiner Untersuchung dabei nur mit den kulturellen Einflüssen auf die Ausgestaltung des Rechnungslegungssystems befasst, zeigt sich schon an dieser Stelle, dass Kultur und von der Kultur beeinflusste institutionelle Faktoren (z.B. Finanzierungs-, Rechts- und Steuersystem) länderspezifisch ausgeprägt sind und daher auch länderspezifische Auswirkungen auf die Rechnungslegungssysteme haben. Da in der vorliegenden Arbeit die Auswirkungen der IFRS auf die Rechnungslegungspraxis untersucht werden, stellt sich jedoch die Frage, inwiefern die auf die Rechnungslegungssysteme bezogenen Erkenntnisse auch auf die Rechnungslegungspraxis übertragbar sind. Diesbezüglich leiten zeitlich nach Gray (1988) angesiedelte Studien ein geringfügig modifiziertes Modell ab, das kulturelle Einflüsse auf die Rechnungslegungspra-

---

268 Vgl. Gray (1988), S. 7.

269 Vgl. Jödicke (2009), S. 27-28 sowie zu einer Übersicht der Zusammenhänge zwischen den Wertdimensionen nach Hofstede und den rechnungslegungsspezifischen Wertdimensionen d'Arcy (1999), S. 36; Radebaugh/Gray/Black (2006), S. 49; Roberts/Weetman/Gordon (2008), S. 243; Jödicke (2009), S. 35.

270 Vgl. Gray (1988), S. 12-13. Salter/Niswander (1995) testen die von Gray aufgestellten Hypothesen empirisch und bestätigen diese mit gewissen Einschränkungen.

271 Vgl. d'Arcy (1999), S. 38.

xis abbildet.[272] Somit können die früheren auf die Rechnungslegungssysteme bezogenen Erkenntnisse auf die Rechnungslegungspraxis übertragen werden.

Zusammenfassend kann sich Kultur direkt auf die Rechnungslegungspraxis auswirken, indem sich rechnungslegungsspezifische Wertdimension einerseits direkt in der Rechnungslegungspraxis niederschlagen. Kultur kann andererseits indirekten Einfluss auf die Rechnungslegungspraxis nehmen, indem sie auf die zuvor genannten sozioökonomischen Faktoren einwirkt, welche sich dann entsprechend auf die Rechnungslegungspraxis auswirken.[273] Folglich kann Kultur als „one of the background factors leading to more direct causes of accounting differences (such as the financing system)"[274] gesehen werden. Nicht zuletzt aufgrund von Schwierigkeiten, die mit der Messung direkter kultureller Einflüsse verbundenen sind, wird daher häufig die Meinung vertreten, dass Kultur nicht als einzelner Einflussfaktor auf die Rechnungslegungspraxis, sondern vor allem als ein die übrigen institutionellen Einflussfaktoren hervorrufender Faktor gesehen werden sollte.[275] Dieser Argumentation folgt auch diese Arbeit, wonach „more direct potential influences"[276] wie das Finanzierungs-, Rechts- und Steuersystem als bedeutende Faktoren gesehen werden, welche die Rechnungslegungspraxis unmittelbar beeinflussen. Die Kultur eines Landes stellt damit insgesamt einen wichtigen, grundlegenden Einflussfaktor dar, da sie bestimmte Verhaltensweisen einer Gesellschaft konditioniert und den Entscheidungsspielraum der handelnden Individuen einschränkt.[277]

Dass sich Kultur vor diesem Hintergrund in den institutionellen Faktoren niederschlägt, wird schnell ersichtlich, wenn die typischen Unterscheidungsmerkmale des Finanzierungs-, Rechts- und Steuersystems betrachtet werden.[278] So kann das Finanzierungssystem, also die Beschaffenheit und Bedeutung des nationalen Kapitalmarktes sowie die Zusammensetzung der Eigentümerstrukturen,[279] traditionell in zwei wesentliche Formen der Finanzmittelbeschaffung un-

---

272 Vgl. Jödicke (2009), S. 39 sowie zu dem auf die Rechnungslegungspraxis übertragbaren Modell stellvertretend Tsakumis (2007), S. 31-32. Zu einem Überblick über Gray (1988) zeitlich nachgelagerte Studien vgl. außerdem d'Arcy (1999), S. 39-41; Jödicke (2009), S. 43-50; Nobes/Parker (2010), S. 31.

273 Vgl. Nobes (1998), S. 175; Stulz/Williamson (2003), S. 316; Nobes (2006), S. 235; Roberts/Weetman/Gordon (2008), S. 241.

274 Nobes (1998), S. 175.

275 Vgl. stellvertretend Nobes (2006), S. 235 m.w.N.

276 Nobes/Parker (2010), S. 31.

277 Vgl. d'Arcy (1999), S. 31 mit Bezug auf Jones (1995), S. 271.

278 Eine ausführliche Betrachtung dieser Faktoren findet in Kapitel 3.5 bezogen auf die in die Untersuchung einbezogenen Länder statt. Im Folgenden werden die wesentlichen Unterscheidungsmerkmale der genannten Faktoren kurz skizziert.

279 Vgl. Achleitner/Behr/Schäfer (2009), S. 12.

terschieden werden: die Finanzierung über öffentlich organisierte Kapitalmärkte mit überwiegend anonymen Investoren („arm's length"-, „shareholder"- oder „outsider"-Finanzierung) und die Finanzierung über institutionelle Eigen- und Fremdkapitalgeber wie z.B. Banken, sonstige Finanzinstitutionen und Investoren oder auch den Staat („relationship-based"-, „stakeholder"- oder „insider"-Finanzierung).[280] Erstere Finanzierungsform wird in der Regel mit Unternehmen in angelsächsischen Ländern wie z.B. UK verbunden, während sich Unternehmen in kontinentaleuropäischen Ländern klassischerweise unter der Kontrolle des Staates (z.B. in Frankreich) oder im Einflussbereich von institutionellen Fremdkapitalgebern (z.B. in Deutschland) befinden.[281]

Ein Rechtssystem legt fest, inwiefern Institutionen und Individuen miteinander interagieren.[282] Es stellt eine Reflexion nationaler kultureller Traditionen dar und ist mit dem politischen und wirtschaftlichen System eines Landes eng verzahnt.[283] Entsprechend wird das Rechtssystem eines Landes auch als ein Maßstab für den politischen Einfluss auf die Rechnungslegungspraxis gesehen.[284] Eine mögliche und traditionelle Unterscheidung von Rechtssystemen ist erneut die dichotome Unterteilung in angelsächsische Common Law- und kontinentaleuropäische Code Law-Systeme.[285] Wie in Kapitel 3.5.2 konkret anhand der in die Untersuchung einbezogenen Länder aufgezeigt wird, legen beide Formen von Rechtssystemen unterschiedliche Prinzipien für Falllösungen zugrunde, was sich auch in der Ausgestaltung der nationalen Rechnungslegungssysteme widerspiegelt.

Für eine grobe Unterscheidung des Steuersystems kann erneut zwischen angelsächsischen und kontinentaleuropäischen Ländern unterschieden werden.[286]

280 Vgl. Joos/Lang (1994), S. 144; Nobes (1998), S. 166-167; Leuz/Wüstemann (2004), S. 453; Lindemann (2006), S. 984; Nobes (2006), S. 234.

281 Vgl. Rost (1991), S. 89-90; Joos/Lang (1994), S. 144; Hayn (1997), S. 31; Ding/Stolowy (2006), S. 96; Achleitner/Behr/Schäfer (2009), S. 12; Pellens et al. (2011), S. 40.

282 Vgl. Choi/Meek (2008), S. 36.

283 Vgl. Rost (1991), S. 86; Hayn (1997), S. 24.

284 Vgl. Ball/Kothari/Robin (2000), S. 2-3.

285 Vgl. David/Brierley (1985); Meek/Saudagaran (1990), S. 150; Rost (1991), S. 86; Perlewitz (1995), S. 2; La Porta et al. (1998), S. 1118; Nobes (1998), S. 173 sowie zu einem Überblick Wagenhofer (2009), S. 34-35; Pellens et al. (2011), S. 38. Kritisch sowie zur Konvergenz beider Systeme vgl. Rost (1991), S. 89; Hayn (1997), S. 25; Flower (2004), S. 77.

286 Vgl. Achleitner/Behr/Schäfer (2009), S. 11-12. Dabei bilden insbesondere die Niederlande eine Ausnahme. Vgl. Hoogendoorn (1996a), S. 785-786; Born (2007), S. 3 sowie zum niederländischen Steuersystem Hoogendoorn (1996b), S. 871-882. Zu einer Übersicht der steuerrechtlichen Regeln in den EU-Mitgliedstaaten vgl. Endres et al. (2007), S. 159-168.

Maßgebend für eine Differenzierung ist dabei die Verknüpfung zwischen der steuer- und handelsrechtlichen Rechnungslegung.[287] Während Interdependenzen zwischen der steuer- und handelsrechtlichen Rechnungslegung in angelsächsischen Ländern kaum gegeben sind, weisen viele kontinentaleuropäische Länder eine relativ starke Verknüpfung zwischen der steuer- und handelsrechtlichen Gewinnermittlung infolge eines Maßgeblichkeitsprinzips auf.[288]

Schließlich wird der Einfluss der Kultur auch anhand der Ausrichtung der nationalen Rechnungslegungssysteme deutlich. Aus dem Common Law hervorgegangene Rechnungslegungsregeln wie z.B. die UK GAAP verfolgen vor allem eine „true and fair view"-Sichtweise, bei der ein Fokus auf einer verstärkten Bewertung zum Fair Value liegt. Während die Unterschiede zu den IFRS eher gering sind, weisen dem Code Law historisch entsprungene Rechnungslegungsregeln wie z.B. das deutsche oder französische Handelsrecht deutlichere Unterschiede zu den IFRS auf. Die Rechnungslegungsvorschriften in diesen Ländern legen das Vorsichtsprinzip als vorherrschenden Rechnungslegungsgrundsatz zugrunde, was sich u.a. auch daran zeigt, dass das historische Anschaffungskostenprinzip der vorherrschende Bewertungsmaßstab ist.[289]

3.3.2 Implikationen

Insgesamt verdeutlichen die vorausgehenden Ausführungen, dass sich die Rechnungslegungspraxis aus einer komplexen Interaktion von historischen, kulturellen und institutionellen Faktoren sowie den Rechnungslegungsregeln ergibt.[290] Dabei ist aufgezeigt worden, dass es keine einheitliche Definition von Kultur gibt und es sich als schwierig erweist, Kultur zu operationalisieren. Auf Basis der von Hofstede durchgeführten Befragungsstudie ist es in den 1980er Jahren erstmalig gelungen, Kultur anhand verschiedener Wertdimensionen allgemein zu operationalisieren. Ein konkreter Zusammenhang zur Rechnungslegung konnte anschließend durch rechnungslegungsspezifische Wertdimensionen nach Gray (1988) erklärt werden. Der Einflussfaktor Kultur spielt damit eine besondere Rolle, denn Kultur beeinflusst die Rechnungslegungspraxis auf unterschiedlichen Wegen. Sie prägt das Verhalten der Individuen in einer Gesell-

287 Vgl. Hoogendoorn (1996a), S. 785.

288 Vgl. Pellens et al. (2011), S. 41. Zu einer definitorischen Abgrenzung des Maßgeblichkeitsprinzips in Bezug auf Deutschland vgl. Coenenberg/Haller/Schultze (2009), S. 21; Baetge/Kirsch/Thiele (2011), S. 178-180 sowie zu einer Diskussion Haller (1992).

289 Vgl. dazu näher Kapitel 3.5.5.

290 Vgl. Choi/Meek (2008), S. 36 sowie Kapitel 2.2.1.

schaft und fördert in einem Land die Bildung von Institutionen, welche sich unmittelbar auf die Rechnungslegungspraxis auswirken.

Ein kurzer Überblick über Differenzierungsmerkmale der wesentlichen institutionellen Faktoren, nämlich des Finanzierungs-, Rechts- und Steuersystems, sowie der nationalen Rechnungslegungssysteme hat vor diesem Hintergrund bereits gezeigt, dass verschiedene Ländergruppen zu unterscheiden sind. Eine häufig vorzufindende, aber zugleich auch oft diskutierte Differenzierung basiert auf einer dichotomen Unterscheidung in zwei Ländergruppen, namentlich den angelsächsischen Ländern und den kontinentaleuropäischen Ländern.[291]

In Bezug auf eine Untersuchung in der EU ist daher zu beachten: Auch wenn seit 2005 ein einheitliches Rechnungslegungssystem in den Mitgliedstaaten anzuwenden ist, unterscheiden sich die Länder nach wie vor in ihren institutionellen Rahmenbedingungen. Da diese Faktoren einen wesentlichen Einfluss auf die Rechnungslegungspraktiken der Unternehmen haben, ist bei deren Analyse nicht immer geboten, Beobachtungen über Ländergrenzen hinweg zusammenzulegen, da sich die institutionellen Umfelder gerade zwischen Ländergruppen oder auch einzelnen Ländern unterscheiden können.[292] Andernfalls würde die Gefahr bestehen, wichtige, möglicherweise unterschiedliche Einflüsse auf die Rechnungslegungspraxis nicht hinreichend zu berücksichtigen. Diesem Aspekt ist folglich bei der Auswahl der Untersuchungsstichprobe für eine spätere empirische Untersuchung besondere Beachtung zu schenken. Im folgenden Kapitel werden vor diesem Hintergrund mögliche Untersuchungsstichproben diskutiert, um anschließend auf Basis der gewonnen Erkenntnisse die eigene Auswahl der in die Untersuchung einbezogenen Länder zu treffen und zu begründen.

3.4 Mögliche Untersuchungsstichproben und Länderauswahl

3.4.1 Untersuchung anhand von Klassifikationen

Eine Vielzahl von Studien zur Auswirkung der IFRS auf die praktische Anwendung der Rechnungslegung basiert auf Klassifikationsstudien oder verwendet ein breites Untersuchungssample mit sehr vielen Ländern. Klassifikationen können dazu beitragen, eine große Datenmenge hinreichend zu strukturieren und somit Untersuchungen trennschärfer auszugestalten. Dabei wird für gewöhnlich

291 Vgl. Nobes (2008), S. 192.

292 Vgl. Schipper (2005), S. 109; Devalle/Onali/Magarini (2010), S. 86-87.

davon ausgegangen, dass sich die Mitglieder einer klassifizierten Gruppe innerhalb dieser Gruppe in Bezug auf einen bestimmten Sachverhalt ähnlich verhalten bzw. ähneln.[293] Ziel vergleichender Untersuchungen ist es dabei, zunächst Unterschiede und Gemeinsamkeiten von Objekten festzulegen und hieran anknüpfend Zusammenhänge bzw. allgemeine Muster aufzuzeigen.[294] Eine derartige Komplexitätsreduktion sollte der theoretischen Fundierung der Zusammenhänge dienen und folglich formulierte theoretische Ansätze validieren. Im Rahmen von Länderuntersuchungen in Verbindung mit Rechnungslegungssystemen und -praktiken steht somit häufig die Identifikation von Gemeinsamkeiten und Unterschieden der Länder im Vordergrund. Dabei werden die generierten Informationen zu bestimmten Mustern (z.B. Ländergruppen mit ähnlichen Rechnungslegungspraktiken) verdichtet bzw. Zusammenhänge zwischen den Ausprägungen ausgewählter Eigenschaften aufgezeigt.[295] Zu beachten ist hierbei jedoch zugleich, dass Klassifikationen weder richtig noch falsch, sondern vielmehr aussagekräftig oder weniger aussagekräftig zur Beantwortung spezifischer Fragestellungen sein können.[296] Damit hängt die Aussagekraft der Zusammenhänge nachhaltig von der Qualität des fallspezifischen Vergleichs ab.[297]

Dies ist jedoch dann problematisch, wenn Beobachtungen über Ländergrenzen hinweg zusammengelegt werden, obwohl sich die Länder innerhalb einer Gruppe in relevanten Merkmalen unterscheiden. Ergebnisse aus solchen Untersuchungen können daher einer gewissen Verzerrung unterliegen, da ihnen häufig die eher unrealistische Annahme zugrunde liegt, dass Länder gleiche institutionelle Rahmenbedingungen aufweisen.[298] Weiterhin ist zu berücksichtigen, dass mögliche Veränderungen in der Rechnungslegungspraxis nicht allein durch die Umstellung des Rechnungslegungssystems generiert werden. So können sich unmittelbar auf die Rechnungslegung auswirkende Änderungen wie z.B. die Einführung eines strengeren Enforcement-Systems Erklärungsansätze für mögliche Veränderungen in der Rechnungslegungspraxis sein.[299] Da aber zumindest die Einführung eines Enforcements in gewisser Weise ein nationales Anliegen ist und somit in der Umsetzung im internationalen Vergleich sehr unterschied-

293 Vgl. hierzu sowie zu einer Übersicht von Klassifikationen in der Rechnungslegung d'Arcy (1999), S. 54-74; Nobes (2008), S. 191-192; Nobes/Parker (2010), S. 59-74.

294 Vgl. Roberts (1995), S. 641.

295 Vgl. d'Arcy (1999), S. 17-18 m.w.N.

296 Vgl. Roberts (1995), S. 641.

297 Vgl. d'Arcy (1999), S. 18.

298 Vgl. Paglietti (2009), S. 102.

299 Vgl. hierzu näher Brüggemann/Hitz/Sellhorn (2011), S. 20-21 sowie zu einer Beschreibung der Enforcement-Systeme in den Ländern Deutschland, Frankreich und UK Kapitel 3.5.4.

lich ausgeprägt sein kann,[300] erscheint die Frage berechtigt, inwiefern generelle Verallgemeinerungen in Form von Ländergruppen gebildet werden sollten. Vielmehr erscheint es stattdessen erforderlich, spezifische Untersuchungsszenarien zu bilden, um bestimmte Entwicklungen und Besonderheiten besser interpretieren zu können und damit die interne Validität der Untersuchung zu erhöhen.[301] Eine Untersuchung ausgewählter Länder ermöglicht es daher, einzelne institutionelle Einflussfaktoren näher zu betrachten[302] und somit ein besseres Verständnis dafür zu entwickeln, wie sich Rechnungslegungspraktiken bei einem Wechsel des Rechnungslegungssystems verändern können.

3.4.2 Untersuchung ausgewählter Länder

Untersuchungen, die nur ausgewählte Länder betrachten, geben einen näheren Einblick in die verschiedenen institutionellen Umfelder, in welche die Unternehmen in einem Land eingebettet sind. Somit können Unterschiede in den Rechnungslegungspraktiken von Unternehmen in einzelnen Ländern besser erklärt werden, auch wenn sich betrachtete Länder z.B. aus der Vogelperspektive augenscheinlich ähneln. Aus diesem Grund unterziehen Cascino/Gassen (2010) neben einer breit ausgelegten Untersuchung von 40 Ländern (davon 22 IFRS-Anwender und 18 Nicht-IFRS-Anwender) die Länder Deutschland und Italien einer zusätzlichen Untersuchung. Die Auswahl dieser beiden Länder wird damit begründet, dass sie zwar das Code Law-System als Ursprung ihres jeweiligen Rechtssystems aufweisen, sich jedoch in einigen anderen institutionellen Rahmenbedingungen voneinander unterscheiden. So konnten z.B. Unternehmen in Deutschland im Gegensatz zu den Unternehmen in Italien bereits vor 2005 freiwillig nach IFRS bilanzieren. Die Länder unterscheiden sich zudem erheblich in ihren nationalen Rechnungslegungssystemen. Bei einer näheren Betrachtung der institutionellen Umfelder in den Ländern stellen Cascino/Gassen (2010) daher insgesamt fest, dass die betrachteten Länder ein Bündel an unterschiedlichen institutionellen Rahmenbedingungen aufweisen.[303]

In einer Untersuchung von nach IFRS berichteten Gewinngrößen und des Eigenkapitals analysieren Liao/Sellhorn/Skaife (2011) das Bilanzierungsverhalten deutscher und französischer Unternehmen nach der IFRS-Umstellung. Ihre Länderauswahl begründen die Autoren damit, dass die Länder bezogen auf den Währungsraum des Euros die beiden größten Volkswirtschaften und Kapital-

300 Zur Rechtsdurchsetzung der IFRS in der EU vgl. Kapitel 2.3.2.3.

301 Vgl. Brüggemann/Hitz/Sellhorn (2011), S. 22-23.

302 Vgl. Cascino/Gassen (2010), S. 6.

303 Vgl. Cascino/Gassen (2010), S. 6.

märkte aufweisen. Obwohl beide Länder hinsichtlich einzelner sozioökonomischer Faktoren Ähnlichkeiten haben, machen die Autoren zugleich auf eine Vielzahl von Unterschieden in den institutionellen Umfeldern der beiden Länder aufmerksam und begründen hiermit unterschiedliches Bilanzierungsverhalten.[304] Unterschiede werden dabei vor allem durch den Ursprung der Rechtssysteme begründet. Zwar entspringen beide Länder dem Code Law-System, allerdings unterscheiden sich ihre Rechtssysteme bei näherer Betrachtung. Ausgehend von La Porta/Lopez-de-Silanes/Shleifer/Vishny (1998) stehen sich demnach sogenannte „French-civil-law-“ und „German-civil-law“-Länder und damit zwei durchaus verschiedene Länder gegenüber,[305] wodurch eine differenzierte Betrachtung dieser Länder begründet wird.

In ähnlicher Weise rechtfertigt Platikanova (2009) ihre Untersuchung von Unternehmen in Deutschland, Frankreich, Schweden und UK hinsichtlich der Auswirkungen der IFRS-Umstellung auf deren Marktliquiditäten. Die Auswahl der vier Länder wird erneut anhand einer Unterscheidung der Rechtssysteme, wie sie von La Porta/Lopez-de-Silanes/Shleifer/Vishny (1998) vorgeschlagen wird, begründet. Dabei rechtfertigt die Verfasserin die Auswahl damit, dass eine lediglich in Ländergruppen vorgenommene Unterscheidung wichtige länderspezifische Unterschiede in den institutionellen Umfeldern vernachlässigt und somit hinsichtlich ihrer Rahmenbedingungen eigentlich unterschiedliche Länder gemeinsam betrachtet werden.[306]

Mit Blick auf die verpflichtende IFRS-Einführung in 2005 untersuchen Devalle/Onali/Magarini (2010) die Veränderung der Wertrelevanz in Europa. Dabei setzen die Autoren bewusst einen Schwerpunkt auf ausgewählte Länder der EU, namentlich auf die Länder Deutschland, Frankreich, Italien, Spanien und UK, da sich diese Länder in ihren Rechtssystemen und der Bedeutung der Kapitalmärkte besonders voneinander abgrenzen. Die Verfasser folgen hierbei ebenfalls der Argumentation, dass Studien, die sehr viele Länder gemeinsam untersuchen, den Einfluss bestimmter länderspezifischer Faktoren vernachlässigen.[307] Ähnlich argumentieren Jeanjean/Stolowy (2008), indem sie in ihrer Studie anstatt vieler Länder die ausgewählten Länder Australien, Frankreich und UK untersuchen. Während Australien aufgrund seiner fehlenden EU-Zugehörigkeit eine Besonderheit in dieser Untersuchung darstellt, wird die Auswahl der Länder Frankreich und UK damit begründet, dass es sich um zwei grundlegend ver-

304 Vgl. Liao/Sellhorn/Skaife (2011), S. 2.

305 Vgl. zu einer Untersuchung der Ursprünge der Rechtssysteme von insgesamt 49 Ländern und einer Einteilung in „English origin“, „French origin“, „German origin“ sowie „Scandinavian origin“ La Porta et al. (1998) sowie Kapitel 3.5.2.

306 Vgl. Platikanova (2009), S. 11.

307 Vgl. Devalle/Onali/Magarini (2010), S. 86-87.

schiedene Länder hinsichtlich ihres institutionellen Systems handelt und beide Länder – anders als zum Beispiel Deutschland – keine freiwillige IFRS-Anwendung vor 2005 zuließen. Erneut wird die Argumentation mit den von La Porta/Lopez-de-Silanes/Shleifer/Vishny (1998) ausgearbeiteten Unterschieden in den Rechtssystemen zementiert.[308]

Zusammenfassend zeigt sich, dass Länderklassifikationen wie z.B. eine dichotome Unterscheidung in angelsächsische und kontinentaleuropäische Länder nicht immer unproblematisch sind. Zwar ist aus einer Vogelperspektive häufig darauf zu schließen, dass die in einer Gruppe zusammengefassten Länder ähnliche Charakteristika zum Beispiel hinsichtlich ihres Rechtssystems aufweisen. Wie die beschriebenen Studien jedoch aufzeigen, können bei näherem Hinschauen auch signifikante Unterschiede in wesentlichen institutionellen Rahmenbedingungen der Länder existieren, was allerdings in vielen Studien vernachlässigt wird.[309] Anhand einer gezielten Analyse ausgewählter Länder können also die institutionellen Gemeinsamkeiten und Unterschiede der betrachteten Länder trennschärfer dargestellt und somit im Rahmen einer empirischen Untersuchung die Ergebnisse in Abhängigkeit der formulierten Forschungsfragen fundierter interpretiert werden. Aufgrund der Zielsetzung der vorliegenden Arbeit, den relativen Einfluss der institutionellen Rahmenbedingungen bzw. Rechnungslegungsanreize und IFRS auf die Rechnungslegungspraxis in der EU näher zu untersuchen, werden daher auch hier gezielt ausgewählte Länder betrachtet. Mit der Auswahl der in die Untersuchung einbezogenen Länder befasst sich der folgende Abschnitt.

3.4.3 Auswahl der untersuchten Länder

Um den relativen Einfluss der institutionellen Rahmenbedingungen und IFRS auf die Rechnungslegungspraxis zu untersuchen, sollten Länder mit möglichst eindeutig abgrenzbaren institutionellen Rahmenbedingungen analysiert werden.[310] Dabei ist sicherzustellen, dass für eine empirische Untersuchung ein ausreichendes Maß an Rechnungslegungs- und Kapitalmarktdaten zur Verfügung steht. Dies spricht dafür, besonders solche Länder in die Untersuchung einzubeziehen, die eine hinreichende Anzahl von Unternehmen pro Land bieten. Gleichzeitig sollten die relevanten Kapitalmärkte ein hinreichendes und vergleichbares Maß an Informationseffizienz aufweisen, um die Validität der in die Untersu-

---

308 Vgl. Jeanjean/Stolowy (2008), S. 481.

309 Vgl. Cascino/Gassen (2010), S. 6; Devalle/Onali/Magarini (2010), S. 88-89.

310 Vgl. ähnlich Devalle/Onali/Magarini (2010), S. 87.

chung einzubeziehenden Daten zu gewährleisten.[311] Letzteres begründet nicht zuletzt die Vorteilhaftigkeit der Untersuchung ausgewählter Länder mit möglichst hoch entwickelten Kapitalmärkten und einheitlichen Graden an Informationseffizienz.

Um den genannten Anforderungen gerecht zu werden, konzentriert sich die vorliegende Arbeit auf eine Untersuchung der Länder Deutschland, Frankreich und UK, deren volkswirtschaftliche Statistik in Tabelle 4 dargestellt wird. Eine Auswahl dieser Länder lässt sich zunächst dadurch begründen, dass sie, gemessen am Bruttoinlandsprodukt, die größten Volkswirtschaften in der EU darstellen. Hinsichtlich des Bruttoinlandsprodukts machen sie in 2009 zusammen beinahe 50 % und damit einen wesentlichen Teil des gesamten Bruttoinlandsprodukts (11.791 Mrd. EUR) in der EU aus.[312] Gleichzeitig sind die Eigenkapitalmärkte in den betrachteten Ländern sehr ausgeprägt, was sich darin konkretisiert, dass die Länder die jeweils höchsten Marktkapitalisierungen in Europa haben.[313] Die jeweiligen Börsenplätze weisen in einem internationalen Vergleich innerhalb der EU weiterhin die wertmäßig höchsten Börsenumsätze auf, wobei an der London Stock Exchange die vergleichsweise intensivste Inanspruchnahme des Kapitalmarkts festzustellen ist.[314] Die Anzahl gelisteter Unternehmen verdeutlicht darüber hinaus, dass in den Ländern eine hohe Anzahl an Unternehmen an den jeweiligen Kapitalmärkten notiert ist und somit gewährleistet wird, dass eine entsprechend hohe Anzahl an Unternehmen ihre Konzernrechnungslegung nach IFRS vornimmt.[315] Darüber hinaus nehmen die ausgewählten Länder insofern einen besonderen Stellenwert ein, als sie in empirischen Untersuchungen zur Rechnungslegungsqualität regelmäßig die meisten Beobachtungen – nicht selten sogar mehr als 50 % der Gesamtbeobachtungen – ausmachen, während die übrigen EU-Mitgliedstaaten lediglich geringere Anteile an der jeweiligen Gesamtstichprobe haben.[316] Eine ausreichende Datenverfügbarkeit für die empirische Untersuchung wird somit sichergestellt.

---

311 Zur Notwendigkeit einer hinreichenden und möglichst einheitlichen Informationseffizienz vgl. Kapitel 4.4.2.2.2.

312 Vgl. dazu sowie zu einem Überblick über die Bruttoinlandsprodukte in der EU Eurostat (2011), S. 46.

313 Vgl. ähnlich Kvaal/Nobes (2010), S. 175-176 sowie in Bezug auf Deutschland und UK Nobes (2006), S. 234 bzw. Deutschland und Frankreich Liao/Sellhorn/Skaife (2011), S. 2.

314 Vgl. World Federation of Exchanges (2010), S. 78.

315 Vgl. dazu Schipper (2005), S. 110.

316 Vgl. exemplarisch Capkun et al. (2008), S. 46, Table 1; Morais/Curto (2009), S. 135 sowie S. 136, Table 2; Chen et al. (2010), S. 240, Table 1.

Tabelle 4: Volkswirtschaftliche Statistik der ausgewählten Länder[317]

	Deutschland	**Frankreich**	**UK**
BIP in 2009 (in Mrd. EUR)	2.397	1.907	1.563
Börsenplatz	Deutsche Börse	NYSE Euronext	London Stock Exchange
Marktkapitalisierung in 2010 (in Mrd. EUR)	1.103	2.260	2.786
Börsenumsatz in 2010 (in Mrd. EUR)	1.259	1.559	2.121
Anzahl gelisteter Unternehmen in 2010	765	1.135	2.966

Eine Untersuchung der Länder Deutschland, Frankreich und UK bietet sich auch deswegen an, weil die institutionellen Rahmenbedingungen in diesen Ländern besonders deutlich voneinander abgrenzbar sind. Dabei sind die Unternehmen neben einigen Gemeinsamkeiten – namentlich zutreffend auf Deutschland und Frankreich – auch sehr unterschiedlichen institutionellen Rahmenbedingungen – insbesondere zutreffend auf UK verglichen mit den übrigen Ländern – ausgesetzt.[318] Zugleich können die Länder in gewisser Weise als Stellvertreter der aus Klassifikationen hervorgehenden Gruppen gesehen werden.[319] So lassen sich die Länder zunächst nach der häufig verwendeten dichotomen Klassifikation in kontinentaleuropäische (Deutschland und Frankreich) und angelsächsische Länder (UK) unterteilen.[320] Werden die Länder darüber hinaus hinsichtlich ihres Ursprungs des Rechtssystems, einer vielfach als wesentlich betrachteten Ein-

317 Zu den Angaben des BIP vgl. Eurostat (2011), S. 46 sowie zu den Angaben hinsichtlich des Eigenkapitalmarktes World Federation of Exchanges (2010), S. 74-78. Die Angaben zur Marktkapitalisierung und zum Börsenumsatz sind dabei von US-Dollar in EUR umgerechnet worden (Stand des Wechselkurses: 01.01.2012). Eine gesonderte Angabe der Daten zur französischen Börse ist nicht möglich, da die Pariser Börse in dem Euronext aufgegangen ist. Hierin sind neben der Pariser Börse die Börsenbetreiber der Börsen in Amsterdam, Brüssel, Lissabon sowie der Londoner Terminbörse enthalten. Vgl. hierzu NYSE Euronext (2008), S. 2; Roberts/Weetman/Gordon (2008), S. 211.

318 Vgl. in Bezug auf Deutschland und Frankreich Liao/Sellhorn/Skaife (2011), S. 2, in Bezug auf Deutschland und UK Nobes (2006), S. 234 sowie in Bezug auf Frankreich und UK Jeanjean/Stolowy (2008), S. 481. Vgl. außerdem allgemein Maijoor/Vanstraelen (2006), S. 34-35.

319 Vgl. Platikanova (2009), S. 2.

320 Vgl. ähnlich dazu Platikanova (2009), S. 11. Zur Verwendung von Klassifikationen in empirischen Untersuchungen vgl. Kapitel 3.4.1.

flussgröße auf die Rechnungslegungspraxis, klassifiziert, kann diese dichotome Unterscheidung weiter aufgeteilt werden. Demnach fällt Deutschland hinsichtlich seines Ursprungs des Rechtssystems in die kontinentaleuropäisch-deutsche Gruppe, Frankreich in die kontinentaleuropäisch-französische Gruppe und UK in die angelsächsische Gruppe mit englischem Ursprung.[321] Während insbesondere Deutschland und UK bei einer solchen Einteilung als die Begründer des kontinentaleuropäischen und angelsächsischen Systems gesehen werden, nimmt Frankreich nach klassischem Verständnis eine eher dazwischen liegende Position ein.[322]

Eine Auswahl der genannten Länder lässt sich schließlich auch damit begründen, dass dadurch eine Untersuchung von Ländern ermöglicht wird, die über die vor 2005 eingeräumte Möglichkeit einer freiwilligen IFRS-Anwendung unterschiedlich entschieden haben. Während in Frankreich und UK eine alleinige vorzeitige Anwendung der IFRS nicht zulässig war und somit sämtliche kapitalmarktorientierte Unternehmen ab 2005 ihre Konzernrechnungslegung verpflichtend auf IFRS umstellen mussten, konnten deutsche Unternehmen bereits vor 2005 ihrer Konzernrechnungslegung die IFRS zugrunde legen.[323] Hierdurch wird in der vorliegenden Arbeit eine weitere Forschungsmöglichkeit eröffnet, denn im Rahmen der empirischen Untersuchung ist somit zu berücksichtigen, dass sich verpflichtete IFRS-Anwender hinsichtlich ihrer Eigenschaften und auch Anreize zur Rechnungslegung durchaus unterscheiden können. Während in Deutschland einige Unternehmen Anreize hatten, vorzeitig auf die IFRS umzustellen, war potentiell vergleichbaren Unternehmen in Frankreich und UK eine freiwillige IFRS-Anwendung vor 2005 nicht gestattet, obwohl sie – getrieben durch möglicherweise ähnliche Motive – einen Anreiz gehabt haben könnten, ebenfalls vorzeitig auf die IFRS umzustellen. Es sollte somit nicht nur differenziert werden, welche Länder, sondern auch welche Unternehmensgruppen betrachtet werden und inwiefern firmenspezifische Anreize zu einer hochwertigen Rechnungslegung bestehen.

Insgesamt zeigt sich, dass die Auswahl der Länder Deutschland, Frankreich, und UK eine besondere Konstellation für eine Untersuchung des relativen Einflusses der sich aus institutionellen Rahmenbedingungen ergebenden Unternehmensanreize und der IFRS auf die Rechnungslegungspraxis darstellt. Neben

321 Vgl. La Porta et al. (1998), S. 1130-1131; Soderstrom/Sun (2007), S. 677 und Kapitel 3.5.2.

322 Vgl. Joos/Lang (1994), S. 141-142.

323 Vgl. Jeanjean/Stolowy (2008), S. 481; Beuselinck/Joos/Van der Meulen (2007), S. 11, Fn. 4. Zur Anwendung internationaler Rechnungslegungsregeln vor 2005 vgl. Pellens et al. (2011), S. 49-51 sowie zu einer Übersicht in der EU http://iasplus.de/documents/ias-use-of-options.pdf (Stand: 01.01.2012).

dem unterschiedlichen Umgang mit einer freiwilligen IFRS-Anwendung stehen sich einerseits zwei häufig untersuchte Gruppen, nämlich die angelsächsischen und kontinentaleuropäischen Länder, gegenüber, bei denen die Unterschiede in den institutionellen Rahmenbedingungen weitgehend offensichtlich sind. Andererseits werden gleichzeitig Länder wie Deutschland und Frankreich untersucht, die in dichotomen, aggregierten Klassifikationen häufig als ähnlich betrachtet werden, bei genauerer Betrachtung jedoch ebenfalls teilweise deutliche Unterschiede in den institutionellen Rahmenbedingungen aufweisen. Im Folgenden sollen solche ausgewählten Einflussfaktoren in den betrachteten Ländern dargestellt werden, die sich besonders intensiv auf die Rechnungslegungspraxis auswirken können. Hierzu zählen vor allem das Finanzierungs-, Rechts- und Steuersystem.[324] Darüber hinaus wird auf das Enforcement-System in den Ländern eingegangen, da dieses aufgrund der Ausgestaltung auf nationaler Ebene vergleichsweise unterschiedlich ausgeprägt ist, für eine regelkonforme IFRS-Anwendung aber eine bedeutende Rolle spielt.[325] In Abhängigkeit der beschriebenen Einflussfaktoren werden diese dabei auf einer zusammengefassten Ebene oder gesondert zwischen den Ländern dargestellt. Da außerdem die Umstellung der jeweiligen nationalen Rechnungslegungssysteme auf die IFRS Untersuchungsgegenstand dieser Arbeit ist, wird schließlich auch auf die Unterschiede der nationalen Rechnungslegungssysteme eingegangen.[326]

3.5 Institutioneller Rahmen in den untersuchten Ländern

3.5.1 Einfluss des Finanzierungssystems

Als ein Haupteinflussfaktor auf die Rechnungslegungspraxis in einem Land kann das Finanzierungssystem gesehen werden.[327] Grundsätzlich können sich Unternehmen über viele verschiedene Wege Finanzmittel beschaffen. So können

324 Vgl. Nobes (2006), S. 234-235. Obwohl Untersuchungen zu den wesentlichen Einflussfaktoren auf die Rechnungslegungspraxis zeitlich bereits vor der IFRS-Anwendung durchgeführt wurden, ist davon auszugehen, dass diese Einflussfaktoren auch für ein die IFRS anwendendes Umfeld nach wie vor bedeutend sind. Vgl. Kvaal/Nobes (2010), S. 174.

325 Vgl. zum Enforcement in der EU Kapitel 2.3.2.3 sowie zur Bedeutung des Enforcements in Bezug auf die Rechnungslegungspraxis Saudagaran (2004), S. 7.

326 Vgl. ähnlich Jödicke (2009), S. 143 und S. 150.

327 Vgl. Nobes (1998), S. 166; Born (2007), S. 5; Achleitner/Behr/Schäfer (2009), S. 12.

Eigen- und Fremdkapital auf unterschiedlichste Weise aufgenommen und im Gegenzug auch von unterschiedlichen Arten von Kapitalgebern zur Verfügung gestellt werden.[328] Neben privaten Anteilseignern (z.B. Aktionären) treten die institutionellen Investoren – insbesondere in Form von Pensions- und Investmentfonds – sowie Banken, hinter Unternehmen stehende Familien und der Staat in Erscheinung.

Wie bereits in Kapitel 3.3.1 beschrieben wurde, kann zwischen einer „outsider"- und einer „insider"-Finanzierung der Unternehmen unterschieden werden. Bei der besonders in angelsächsischen Ländern wie UK vorzufindenden „outsider"-Finanzierung beschaffen sich Unternehmen ihr Eigen- und Fremdkapital überwiegend über öffentlich organisierte Kapitalmärkte.[329] Der Anteilsbesitz an den Unternehmen ist deshalb vergleichsweise breit gestreut und zwischen den Unternehmen und ihren Anteilseignern besteht eine „arm's length"-Beziehung im Sinne einer weitgehend anonymen Bindung.[330] Dies impliziert jedoch zugleich, dass ein Großteil der Anteilseigner keinen oder nur eingeschränkten direkten Zugang zu Unternehmensinformationen hat.[331] Um den Informationsbedürfnissen der Kapitalgeber dennoch nachzukommen, fordert diese Form der Unternehmensfinanzierung eine möglichst zeitnahe Offenlegung von Informationsmengen, z.B. anhand von Rechnungslegungsinformationen.[332] Folglich stellt der Jahresabschluss das zentrale Instrument dar, um den Kapitalgebern ein den tatsächlichen Verhältnissen entsprechendes Bild der Vermögens-, Finanz- und Ertragslage zu vermitteln.[333] Auf diese Weise wird den Kapitalgebern eine Überwachung des Managements in der Umsetzung ihrer Interessen sowie eine bessere Einschätzung der künftigen Zahlungsströme und Risiken ermöglicht und schließlich die Funktionsfähigkeit der Kapitalmärkte gewährleistet.[334] Die Anreize für die Unternehmen zu einer informativen und hochwertigen Rechnungslegungspraxis dürften daher bei dieser insbesondere in UK vorherrschenden Form der Unternehmensfinanzierung dementsprechend hoch sein.[335]

Während öffentlich organisierte Kapitalmärkte in angelsächsischen Ländern traditionell eine vergleichsweise hohe Bedeutung haben, erscheint ihre Bedeutung bei einer „insider"-Finanzierung in kontinentaleuropäischen Ländern wie

328 Vgl. Roberts/Weetman/Gordon (2008), S. 210.
329 Vgl. Leuz/Wüstemann (2004), S. 453; Pellens et al. (2011), S. 40.
330 Vgl. Nobes (1998), S. 166; Leuz/Wüstemann (2004), S. 453.
331 Vgl. Ball/Kothari/Robin (2000), S. 14; Leuz/Wüstemann (2004), S. 453.
332 Vgl. Nobes (1998), S. 167; Lindemann (2006), S. 984.
333 Vgl. Achleitner/Behr/Schäfer (2009), S. 12.
334 Vgl. Leuz/Wüstemann (2004), S. 454; Choi/Meek (2008), S. 36.
335 Vgl. Doupnik/Salter (1995), S. 196; Achleitner/Behr/Schäfer (2009), S. 12; Wagenhofer (2009), S. 37; Nobes/Parker (2010), S. 35-36.

z.B. in Deutschland und Frankreich immer noch eher untergeordnet.[336] Eine Finanzierung der Unternehmen erfolgt– trotz einer Kapitalmarktorientierung – hier traditionell vielmehr über eine enge Verbindung zu institutionellen Fremdkapitalgebern wie (Haus-) Banken (z.B. in Deutschland), dem Staat (z.B. in Frankreich) oder anderen Finanzintermediären und basiert stärker auf Innenfinanzierungen wie z.B. leistungsorientierten Pensionszusagen.[337] Institutionelle Kapitalgeber können dabei einerseits wichtige Kapitalgeber sein, sie können andererseits aber auch bedeutende Anteile des Eigenkapitals von Unternehmen entweder direkt oder indirekt über ein Depotstimmrecht kontrollieren.[338] Es ist daher davon auszugehen, dass der Anteilsbesitz an Unternehmen bei einer „insider“-Finanzierung eine höhere Konzentration aufweist als bei einer primären Finanzierung über öffentlich organisierte Kapitalmärkte.[339]

Wegen der relativ engen Beziehung zwischen Unternehmen und ihren wesentlichen Kapitalgebern ist es nicht verwunderlich, dass Informationen zwischen den Akteuren häufig über nicht-öffentliche Informationskanäle getauscht werden und somit vielmehr ein bilateraler Austausch zwischen den Akteuren stattfindet.[340] Dies wird z.B. dadurch ermöglicht, dass bedeutende Kapitalgeber mit hohen Unternehmensanteilen in wesentliche unternehmerische Entscheidungen involviert sind, indem sie z.B. in Aufsichtsräten vertreten sind und auf diesem Weg Zugang zu nicht-öffentlichen Informationen erhalten.[341] Gleichfalls würde ein Kreditinstitut anlässlich einer durchzuführenden Bonitätsprüfung bei einer Kreditvergabe meist umfangreiche Unternehmensinformationen verlangen und auch während der Kreditlaufzeit werden dann spezifische, vertraglich fixierte Unternehmensinformationen als Kreditvereinbarungsklauseln gefordert.[342] Öffentliche Rechnungslegungsdaten werden daher im Rahmen der Finanzmittelbeschaffung insgesamt weniger dringend benötigt, um Informationsasymmetrien abzubauen.[343] Die Anreize zu einer informativen und hochwertigen Rech-

---

336 Vgl. Pellens et al. (2011), S. 40.

337 Vgl. Leuz/Wüstemann (2004), S. 453; Wagenhofer (2009), S. 37; Pellens et al. (2011), S. 40.

338 Vgl. Glaum (2001), S. 126; Leuz/Wüstemann (2004), S. 454.

339 Vgl. Roberts/Weetman/Gordon (2008), S. 214-215.

340 Vgl. Ball/Robin/Kothari (2000), S. 15; Ding/Stolowy (2006), S. 96; Lindemann (2006), S. 984; Sellhorn/Gornik-Tomaszewski (2006), S. 190; Achleitner/Behr/Schäfer (2009), S. 12; Pellens et al. (2011), S. 40.

341 Vgl. Leuz/Wüstemann (2004), S. 454; Wagenhofer (2009), S. 37-38.

342 Vgl. Achleitner/Behr/Schäfer (2009), S. 12. Allerdings sollte beachtet werden, dass interne Ratings allgemein auch auf den veröffentlichten, testierten Unternehmensabschlüssen aufbauen, wodurch dieser Aspekt gewissermaßen zu relativieren ist.

343 Vgl. Nobes (1998), S. 167; Ball/Kotahri/Robin (2000), S. 15; Pellens et al. (2011), S. 40.

nungslegungspraxis dürften bei dieser Finanzierungsform folglich insgesamt geringer sein als bei einer überwiegend auf öffentlich organisierten Kapitalmärkten basierenden Unternehmensfinanzierung.

Aus den Finanzierungsformen und den daraus resultierenden unterschiedlichen Anreizen zur Veröffentlichung hochwertiger Rechnungslegungsdaten geht hervor, dass die nationalen Kapitalmärkte in den Ländern unterschiedlich hohe Stellenwerte aufweisen und unterschiedlich weit entwickelt sind.[344] Während zwar alle drei Länder im internationalen Vergleich grundsätzlich eher ausgeprägte Kapitalmärkte aufweisen, deuten – wie in Kapitel 3.4.3 bereits aufgezeigt – die Marktkapitalisierung, der Börsenumsatz und die Anzahl der gelisteten Unternehmen an der London Stock Exchange dennoch darauf hin, dass der Kapitalmarkt in UK eine besonders hohe Bedeutung für die Unternehmensfinanzierung hat.[345] Unterstellen die voraus stehenden Ausführungen dabei noch historisch erwachsene und prinzipiell unterschiedliche Formen der Unternehmensfinanzierung in angelsächsischen und kontinentaleuropäischen Ländern, ist dem entgegenzuhalten, dass sich die Finanzierungsformen seit einiger Zeit kontinuierlich aufeinander zubewegen und somit mittlerweile nicht mehr immer eindeutig voneinander unterschieden werden können. So versuchen Unternehmen in angelsächsischen Ländern wie UK zunehmend, ihre langfristigen Geschäftsbeziehungen mit den verschiedenen Stakeholdern zu intensivieren, so dass die Unterschiede zwischen „outsider"- und „insider"-Finanzierung weiter abgebaut werden.[346] Darüber hinaus lässt sich insbesondere seit den 1990er Jahren in den kontinentaleuropäischen Ländern wie Deutschland und Frankreich infolge einer zunehmenden Internationalisierung eine verstärkte kapitalmarktorientierte Unternehmensfinanzierung beobachten.[347] Waren nämlich bis in die 1970er Jahre die nationalen Kapitalmärkte durch staatliche Regulierungen und hohe Informations- und Transaktionskosten im Wesentlichen voneinander abgeschottet, gelten heutzutage zumindest die Kapitalmärkte der bedeutenden Industriestaaten als weitgehend integriert.[348] Die Bedeutung insbesondere von institutionellen Investoren scheint dabei deutlich zuzunehmen.[349] Diese Entwicklungen

344 Vgl. Achleitner/Behr/Schäfer (2009), S. 12.

345 Vgl. im Ergebnis Jödicke (2009), S. 144.

346 Vgl. Roberts/Weetman/Gordon (2008), S. 214-215.

347 Vgl. Achleitner/Behr/Schäfer (2009), S. 14 sowie außerdem in Bezug auf Deutschland Leuz/Wüstemann (2004), S. 455; Choi/Meek (2008), S. 15; Roberts/Weetman/Gordon (2008), S. 215; Böschen (2011), S. 86; Gerum/Mölls/Shen (2011), S. 541; Kaserer (2011), S. 65. Ausführlich zum aktuellen Stand in Deutschland, Frankreich und UK vgl. Roberts/Weetman/Gordon (2008), S. 515-517 sowie S. 563-566.

348 Vgl. Glaum (2001), S. 127.

349 Vgl. Achleitner/Behr/Schäfer (2009), S. 14; Nobes/Parker (2010), S. 36.

würden daher einen erhöhten Informationsanspruch von Investoren nahelegen und dementsprechend eine tendenziell informativere und höherwertige Rechnungslegung bewirken.[350] Allerdings ist festzustellen, dass z.B. deutsche Unternehmen an organisierten Kapitalmärkten nach wie vor unterrepräsentiert sind.[351]

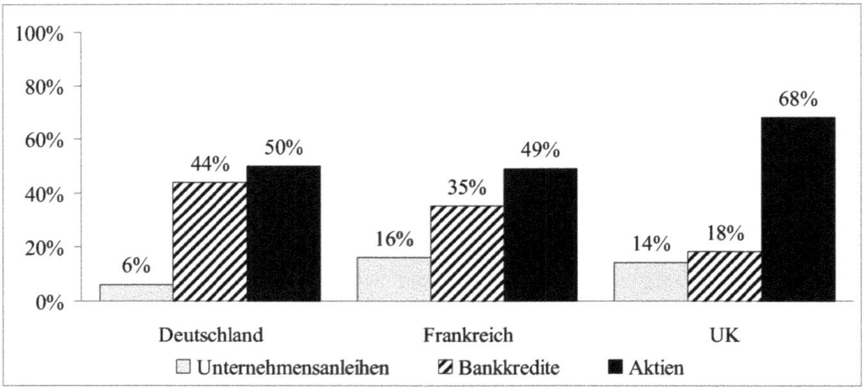

Abbildung 4: Anteile der Finanzierungsquellen am Markt für Unternehmensfinanzierung[352]

Bei einem Vergleich verschiedener Finanzierungsquellen anhand von Abbildung 4 fällt in diesem Zusammenhang auf, dass bei Unternehmen in UK im Vergleich zu deutschen und französischen Unternehmen ein weitaus höherer Anteil ihrer Finanzierung über Aktien erfolgt. Demgegenüber haben fremdfinanzierte Bankkredite in Deutschland und Frankreich eine wesentlich höhere Bedeutung als in UK. Anleihen haben in Deutschland die geringste Bedeutung, während Frankreich und UK hier ein ähnliches Niveau aufweisen.[353]

Offenbar sind also die traditionellen Finanzierungsformen trotz der jüngeren Entwicklungen in den betrachteten Ländern nach wie vor noch verankert, auch wenn sich dieses Bild künftig weiter verändern dürfte. Eine Unterteilung in eine „outsider“- und „insider“-Finanzierung in Bezug auf angelsächsische und kontinentaleuropäische Länder scheint trotz der beschriebenen Entwicklungen jedoch immer noch zutreffend zu sein und soll auch für die weiteren Untersuchungszwecke unterstellt werden.[354] Da in dieser Arbeit vor allem solche Unternehmen

350 Vgl. ähnlich Choi/Meek (2008), S. 16-18.

351 Vgl. Kaserer (2011), S. 65-66; Pellens et al. (2011), S. 40 sowie zu einer Untersuchung der Bedeutung des Kapitalmarkts in Deutschland Gerum/Mölls/Shen (2011).

352 Vgl. Kaserer (2011), S. 65.

353 Vgl. Böschen (2011), S. 86; Kaserer (2011), S. 66.

354 Vgl. Nobes/Parker (2010), S. 36.

eine besondere Rolle spielen, die erst seit 2005 nach IFRS bilanzieren, dürften die vorausgehenden Ausführungen über die traditionellen Finanzierungsformen außerdem besonders auf die verpflichteten IFRS-Anwender in Deutschland zutreffen. Schließlich hat sich diese Unternehmensgruppe bewusst gegen eine vorzeitige Berichterstattung nach den IFRS entschieden. Dies würde implizieren, dass eine „insider"-Finanzierung trotz einer Kapitalmarktorientierung dort nach wie vor besonders ausgeprägt sein dürfte und somit die Anreize zu einer informativen sowie hochwertigen Rechnungslegung möglicherweise noch nicht entsprechend ausgereift sind.[355] Damit zeigt sich auch, dass neben den länderspezifischen Faktoren auch firmenspezifische Faktoren die Anreize zu einer hochwertigen Berichterstattung bestimmen können.

3.5.2 Einfluss des Rechtssystems

Das Rechtssystem eines Landes gilt deshalb als ein wesentlicher Einflussfaktor auf die nationale Rechnungslegungspraxis,[356] da vor allem historische Entwicklungen nationaler Rechtssysteme die Ausprägungen von Rechnungslegungspraktiken in den jeweiligen Ländern begründen können.[357] Das angelsächsische Common Law-System hat seinen Ursprung in England und ist vornehmlich in englischsprachigen Ländern wie z.B. Australien, Kanada, UK und USA vertreten.[358] Das System basiert in seinem Ursprung auf einer eher begrenzten Anzahl gesetzlicher Regelungen, da die konkrete Ausgestaltung von Rechtsbeziehungen ursprünglich den Vertragspartnern zugesprochen wurde. Die zentrale Rechtsquelle stellt die auf richterlichen Einzelfallentscheidungen basierende Rechtsprechung der Gerichtsbarkeit dar,[359] weshalb diese Form von Rechtssystem häufig auch als Case Law-System bezeichnet wird.[360] Demzufolge bildet in einem Rechtsstreit eher ein Präzedenzfall, also ein vergleichbarer Sachverhalt, statt einer gesetzlichen Norm die Grundlage für Urteile.[361] Diese besonderen Eigenschaften des Common Law-Systems haben sich traditionell auch entsprechend auf die Rechnungslegung ausgewirkt. So existieren in Common Law-Ländern – in Bezug auf die nationale Rechnungslegung – zwar Gesellschafts-

355 Vgl. ähnlich Nobes (2006), S. 234.
356 Vgl. Rost (1991), S. 86; Achleitner/Behr/Schäfer (2009), S. 10.
357 Vgl. Rost (1991), S. 86.
358 Vgl. Rost (1991), S. 86; Roberts/Weetman/Gordon (2008), S. 206; Achleitner/Behr/Schäfer (2009), S. 11; Nobes/Parker (2010), S. 32.
359 Vgl. Achleitner/Behr/Schäfer (2009), S. 11.
360 Vgl. etwa Born (2007), S. 4; Choi/Meek (2008), S. 36.
361 Vgl. Fikentscher (1980), S. 166; Hayn (1997), S. 25; La Porta et al. (1998), S. 1119.

rechte bzw. Handelsgesetze, diese geben jedoch nur einen grundlegenden Rahmen der Rechnungslegung vor und werden dann für gewöhnlich durch flexible und praxisorientierte Verlautbarungen insbesondere von privatrechtlichen Organisationen und Institutionen weiter ausgelegt.[362] Einen wesentlichen Einfluss auf die Ausgestaltung der Rechnungslegungsnormen haben daher u.a. der Berufsstand der Wirtschaftsprüfer, Börsenaufsichtsbehörden oder die Wissenschaft. Die Rechnungslegung orientiert sich demzufolge traditionell vor allem an den Bedürfnissen der Praxis und entwickelt sich daher ständig weiter, um sich an ein fortwährend wandelndes Umfeld anzupassen.[363]

Demgegenüber geht das in kontinentaleuropäischen Ländern wie Deutschland und Frankreich existierende Code Law-System auf das Römische Recht zurück und hat sich über mehrere Jahrhunderte entwickelt.[364] Dieser Form von Rechtssystem liegt im Ursprung ein umfassendes gesetzliches Regelwerk, also eine ausgeprägte Kodifizierung des Rechts, zugrunde, das möglichst alle Spezialfälle auf vergleichsweise hohem Abstraktionsniveau abdeckt.[365] Die allgemeine Zielsetzung des Code Law-Systems besteht entsprechend darin,[366] „möglichst viel für möglichst viele möglichst einheitlich zu regeln."[367] Im Gegensatz zum Common Law-System wird dabei das Richterrecht grundsätzlich nicht als Rechtsquelle anerkannt, sondern dient vielmehr der Interpretation bestehender Gesetzeslücken oder der Präzisierung unbestimmter Rechtsbegriffe.[368] Aufgrund der hohen Bedeutung des kodifizierten Rechts wird die Rechnungslegung kontinentaleuropäischer Länder – bezogen auf die nationale Rechnungslegung – im Wesentlichen durch detaillierte Gesellschafts- und Handelsrechte geregelt. Die Einflussmöglichkeiten von an der Rechnungslegung interessierten Gruppen auf die Gestaltung der Rechnungslegungsregeln sind beim Code Law-System dabei eher begrenzt.[369] Veränderungen in den Rechnungslegungsregeln erfolgen durch Gesetzgebungsakte,[370] wobei Gesetzesanpassungen vergleichsweise selten und langwierig sind. Folglich finden Gesetzesanpassungen an Weiterentwicklungen im wirtschaftlichen Umfeld üblicherweise nur mit zeitlicher Verzögerung statt.[371]

---

362 Vgl. Hayn (1997), S. 26 sowie zu solchen privatrechtlichen Organisationen S. 36-40.

363 Vgl. Achleitner/Behr/Schäfer (2009), S. 11.

364 Vgl. Rost (1991), S. 87; Glaum (2001), S. 127.

365 Vgl. Wagenhofer (2009), S. 35; Pellens et al. (2011), S. 38.

366 Vgl. Hayn (1997), S. 27.

367 Fikentscher (1980), S. 164.

368 Vgl. Hayn (1997), S. 27.

369 Vgl. Achleitner/Behr/Schäfer (2009), S. 11.

370 Vgl. Glaum (2001), S. 28.

371 Vgl. Achleitner/Behr/Schäfer (2009), S. 11.

Im Zuge dieser dichotomen Unterscheidung lässt sich auch zwischen dem Finanzierungs- und Rechtssystem ein systematischer Zusammenhang herstellen.[372] So bieten Common Law-Länder ihren Aktionären und Kreditgebern traditionell einen vergleichsweise hohen Anlegerschutz, während dieser in Ländern mit einem Code Law-System üblicherweise als geringer eingestuft wird.[373] Dies hat zur Folge, dass sich historisch gut entwickelte Kapitalmärkte in Common Law- und eher schwach entwickelte Kapitalmärkte in Code Law-Ländern herausbilden.[374] Ein hohes Maß an Anlegerschutz fördert demnach die Entwicklung von Kapitalmärkten.[375] Das Code Law-System kann dabei weiter unterteilt werden, indem in drei Rechtsfamilien unterschieden wird, nämlich in das Rechtssystem deutschen, französischen und skandinavischen Ursprungs.[376] La Porta/Lopez-de-Silanes/Shleifer/Vishny (1998) weisen nach, dass das Rechtssystem französischen Ursprungs den schwächsten Anlegerschutz gewährt, während das Rechtssystem deutschen Ursprungs einen höheren Anlegerschutz bietet, auch wenn dieser immer noch niedriger als im Common Law-System ist.[377] Da die Ausprägung des Anlegerschutzes auch die Anteilseignerkonzentration beeinflussen kann, wird ferner nachgewiesen, dass Code Law-Länder französischen Ursprungs die vergleichsweise höchste Anteilseignerkonzentration aufweisen, was als eine konsequente Anpassung an den schwachen Anlegerschutz gedeutet wird.[378] Dementsprechend ist davon auszugehen, dass die Nachfrage nach öffentlichen Rechnungslegungsdaten in Ländern mit einer hohen Anteilseignerkonzentration tendenziell auch eher niedrig ist.[379]

Es stellt sich nun die Frage, welche Auswirkungen ein Rechtssystem bei Anwendung einheitlicher Rechnungslegungsstandards auf die Rechnungslegungspraxis hat. Zwar beziehen sich die vorstehenden Ausführungen zunächst vor allem auf nationale Rechnungslegungssysteme und dürften damit insbesondere für die Erstellung der Einzelabschlüsse ausschlaggebend sein. Dennoch können vor dem Hintergrund der verschiedenen Rechtssysteme z.B. unterschiedliche Überwachungsmechanismen,[380] Börsenaufsichten und -gesetze oder auch

372 Vgl. Nobes (2006), S. 234.

373 Vgl. La Porta et al. (1998), S. 1116.

374 Vgl. La Porta et al. (1997), S. 1146; Choi/Meek (2008), S. 43.

375 Vgl. La Porta et al. (2000), S. 15.

376 Vgl. dazu ausführlich La Porta et al. (1998), S. 1118-1119; Jaggi/Low (2000), S. 500; La Porta et al. (1998), S. 1118-1119 sowie zu einer Übersicht der diesen Rechtsfamilien zugeordneten Länder Choi/Meek (2008), S. 37.

377 Vgl. La Porta et al. (1998), S. 1126-1140; Devalle/Onali/Magarini (2010), S. 88.

378 Vgl. La Porta et al. (1998), S. 1148.

379 Vgl. Choi/Meek (2008), S. 44; Liao/Sellhorn/Skaife (2011), S. 9.

380 Vgl. dazu Kapitel 3.5.4.

Berufsstände der Wirtschaftsprüfer dazu beitragen, dass sich traditionelle Ausprägungen und Gewohnheiten des Rechtssystems trotz IFRS-Anwendung auf die Rechnungslegungspraxis auswirken.[381] Dies dürfte insbesondere für Länder mit einem Code Law-System gelten, denn die IFRS weisen deutliche Charakterzüge des Common Law-Systems auf.[382] Es ist daher nicht auszuschließen, dass nationale Rechnungslegungspraktiken vor allem in Ländern mit einem Code Law-System in die IFRS-Anwendung einfließen. Die Anreize zu einer hochwertigen Rechnungslegung könnten vor dem Hintergrund der vorausgehenden Ausführungen bei Anwendung der IFRS daher in diesen Ländern möglicherweise geringer sein.

3.5.3 Einfluss des Steuersystems

Neben dem Finanzierungs- und Rechtssystem kann sich auch das Steuersystem auf die Rechnungslegungspraxis auswirken.[383] Nationale Steuersysteme sind verschiedenartig ausgeprägt und können die externe Rechnungslegung in unterschiedlichem Maße beeinflussen.[384] Wie bereits dargestellt wurde, werden Steuersysteme hinsichtlich ihrer Verknüpfung zwischen der steuer- und handelsrechtlichen Rechnungslegung differenziert.[385] In UK liegen kaum Interdependenzen zwischen der steuer- und handelsrechtlichen Rechnungslegung vor. Der steuerpflichtige Gewinn ergibt sich dort ausgehend vom buchmäßigen Gewinn des Einzelabschlusses nach UK GAAP oder wahlweise IFRS durch festgelegte Anpassungen, wie z.B. festgelegten Aufwendungen und steuerlichen Abschreibungen. Aufgrund einer nur schwachen Verbindung zwischen den Rechnungslegungsregeln und dem Steuersystem bestehen daher augenscheinlich kaum steuerliche Motive.[386] Demgegenüber leitet sich der steuerpflichtige Gewinn in

381 Vgl. Nobes (2006), S. 235.

382 Vgl. Wagenhofer (2009), S. 37; Devalle/Onali/Magarini (2010), S. 89.

383 Vgl. Perlewitz (1995), S. 3; Wagenhofer (2009), S. 36.

384 Vgl. Nobes/Schwencke (2006), S. 63; Born (2007), S. 3; Choi/Meek (2008), S. 466; Roberts/Weetman/Gordon (2008), S. 208; Achleitner/Behr/Schäfer (2009), S. 11; Alexander/Nobes (2010), S. 75; Gee/Haller/Nobes (2010), S. 97.

385 Vgl. Kapitel 3.3.1.

386 Vgl. Lamb (1996), S. 939-940; Giner/Rees (2001), S. 1296-1297; Roberts/Weetman/Gordon (2008), S. 562-563. Anderer Ansicht Diethmayr (1994), S. 49. Zu einem Überblick der steuerlichen Gewinnermittlung, aufbauend auf dem Wahlrecht zur Verwendung eines UK GAAP- oder IFRS-Einzelabschlusses, vgl. die Übersicht der britischen Steuererhebungsbehörde HMRC unter: http://www.hmrc.gov.uk/practitioners/int_accounting.htm (Stand: 01.01.2012). Zu einer Untersuchung der Wahlrechtsausübung in UK vgl. Ng (2010).

Deutschland und Frankreich zwar ebenfalls aus einer zu erstellenden Steuerbilanz ab, die steuer- und handelsrechtlichen Rechnungslegungen sind allerdings unter Beachtung des Maßgeblichkeitsprinzips miteinander verknüpft. Demnach hat die inhaltliche Ausgestaltung der Rechnungslegung unmittelbare Konsequenzen für die steuerliche Gewinnermittlung der Unternehmen.[387] Aufgrund der engen Verknüpfung von Handels- und Steuerbilanz wird die Anwendung von Ansatz- und Bewertungsvorschriften in den nach nationalen Rechnungslegungsregeln erstellten Einzelabschlüssen daher oftmals von steuerlichen Motiven geleitet, um etwa das zu versteuernde Einkommen und somit die Steuerbelastung zu minimieren.[388]

Da eine Verknüpfung der steuerrechtlichen Gewinnermittlung lediglich mit den nach den nationalen Rechnungslegungsregeln erstellten Einzelabschlüssen besteht,[389] stellt sich die Frage, ob sich von einem Steuersystem auch Auswirkungen auf die der Informationsfunktion dienenden IFRS-Konzernabschlüsse ergeben können. Zwar scheint der direkte Einfluss der steuerrechtlichen Gewinnermittlung auf die Konzernrechnungslegung zunächst begrenzt zu sein.[390] Dennoch können unterschiedliche Ursachen auch einen Einfluss des Steuersystems auf die Konzernrechnungslegung begründen.[391] Die folgenden drei Beispiele zeigen dies auf:

Beispiel 1: An den IFRS-Konzernabschluss geknüpfte Konsequenzen

In Einzelfällen kann ein Einfluss des Steuersystems damit begründet werden, dass steuerliche Konsequenzen an den IFRS-Konzernabschluss geknüpft werden.[392] Dies trifft in Deutschland z.B. auf die durch die Unternehmenssteuerreform 2008 implementierte Zinsschranke nach § 4h EStG i.V.m. § 8a KStG zu, die eine Beschränkung des Betriebsausgabenabzugs von Zinsaufwendungen vorsieht.[393] Im Rahmen einer „Escape-Klausel" greift die Zinsschranke in Ab-

---

387 Vgl. Giner/Ress (2001), S. 1295-1296; Pellens et al. (2011), S. 41. Ausführlich zur Verknüpfung der handels- und steuerrechtlichen Gewinnermittlung in Deutschland und Frankreich vgl. Roberts/Weetman/Gordon (2008), S. 520-521 sowie im Einzelnen für Deutschland Pfaff/Schröer (1996), S. 963-979 und Frankreich Frydlender/Pham (1996), S. 845-857.

388 Vgl. Haller (1992), S. 320; Hoogendoorn (1996a), S. 785; Lamb/Nobes/Roberts (1998), S. 184.

389 Vgl. Hoogendoorn (1996a), S. 785; Jödicke (2009), S. 148.

390 Vgl. Brüggemann/Hitz/Sellhorn (2011), S. 32.

391 Vgl. Nobes (2006), S. 235.

392 Vgl. Brüggemann/Hitz/Sellhorn (2011), S. 32.

393 Vgl. ausführlich zur Zinsschranke Schulz (2008); Blaufus/Lorenz (2009); Lenz/Dörfler (2010); Arnold/Lahmann/Schwetzler (2011).

hängigkeit von bestimmten am IFRS-Konzernabschluss gemessenen Kriterien bezüglich des Verschuldungsgrads nicht. Dies könnte jedoch Anreize im Rahmen der Konzernrechnungslegung generieren, den Verschuldungsgrad im IFRS-Konzernabschluss entsprechend zu gestalten. Folglich hätte das Steuersystem einen indirekten Einfluss auf die IFRS-Bilanzierungspraxis.[394]

Beispiel 2: Planmäßige Abschreibung von Sachanlagen nach IAS 16

Darüber hinaus kann die Ausnutzung von Freiräumen innerhalb der IFRS z.B. in Form von Wahlrechten und Ermessensspielräumen einen Einfluss des Steuersystems auf die IFRS-Konzernrechnungslegung begründen. Beispielsweise verlangt IAS 16.50 eine planmäßige Abschreibung von Sachanlagen über die zu schätzende voraussichtliche Nutzungsdauer, wobei eine eindeutige Präferenz für ein Abschreibungsverfahren nicht erfolgt, sondern in IAS 16.62 lediglich die lineare, degressive oder leistungsabhängige Methode vorgeschlagen wird.[395] Wird nun unterstellt, dass die Schätzung der Abschreibungsdauer z.B. in Deutschland durch steuerliche Motive beeinflusst wird, könnte die in der Steuerbilanz kürzeste zulässige Nutzungsdauer gewählt werden, um etwa den Abschreibungsaufwand zur Erreichung eines niedrigen Periodenergebnisses möglichst hoch zu halten. Wird diese Abschreibungspraxis nun auch in den Konzernabschluss übernommen, z.B. weil hiermit ein geringerer Aufwand und weniger Kosten bei der Konzernabschlusserstellung verbunden sind und die IFRS zu dem Sachverhalt keine konkreten Vorgaben machen, wird die IFRS-Konzernrechnungslegung indirekt durch das Steuersystem beeinflusst.[396]

Beispiel 3: Selbsterstellte immaterielle Vermögenswerte nach IAS 38

Ein weiteres Beispiel stützt sich auf die Einschätzung, dass die Bilanzierungspraktiken innerhalb eines Konzerns bei der Erstellung von Einzelabschlüssen und Konzernabschluss ähnlich sind. Dies lässt sich am Beispiel der Behandlung von Forschungs- und Entwicklungskosten nach IAS 38.57 in UK nachvollziehen.[397] Werden dort in einem Konzernverbund die jeweiligen Einzelabschlüsse der Konzernunternehmen wahlweise nach IFRS aufgestellt, könnten auf Ebene der Einzelabschlüsse – da diese auch den Ausgangspunkt für Anpassungen zur steuerrechtlichen Gewinnermittlung darstellen – Anreize bestehen, die Aktivierungsvoraussetzungen von Entwicklungskosten so auszulegen, dass diese als

394 Vgl. Brüggemann/Hitz/Sellhorn (2011), S. 32.
395 Vgl. Pellens et al. (2011), S. 349.
396 Vgl. Nobes (2006), S. 241.
397 Zur Diskussion des impliziten Wahlrechts in Bezug auf IAS 38.57 vgl. Kapitel 2.3.3.5.

Aufwand erfasst werden, um damit den Steueraufwand zu minimieren. Unter der Annahme einer weitgehend konzerneinheitlichen Bilanzierungspraxis ist somit zu vermuten, dass sich Bilanzierungsentscheidungen auf der Ebene des Einzelabschlusses auch auf den Konzernabschluss übertragen.[398] Unerwünschte steuerliche Konsequenzen könnten damit vermieden werden, was sich dann auch in der Konzernrechnungslegung niederschlagen kann.[399]

Es zeigt sich, dass die IFRS-Konzernrechnungslegung nicht vollkommen unabhängig von steuerlichen Einflüssen zu sein scheint, obwohl sie aufgrund einer alleinigen Informationsfunktion eigentlich davon losgelöst sein sollte. Allerdings ist auch zu konstatieren, dass Wertansätze in IFRS-Konzernabschlüssen sicherlich nicht allein von steuerlichen Motiven getrieben werden.[400] Insofern ist der Einfluss des Steuersystems auf die IFRS-Rechnungslegungspraxis in gewisser Weise zu relativieren, was auch empirische Bestätigung findet.[401] Dennoch können sich Einflüsse des Steuersystems in solchen Situationen ergeben, in denen beispielsweise die Ausübung von Wahlrechten auf Ebene des Einzelabschlusses von steuerlichen Motiven geleitet wird und dies auch in die Konzernrechnungslegung eingeht oder in denen speziell an den IFRS-Konzernabschluss geknüpfte Vorschriften Anreize generieren.[402]

3.5.4 Einfluss des Enforcements

Das Enforcement-System kann eine wesentliche Rolle dabei einnehmen, wie sich die IFRS-Anwendung auf die Rechnungslegungspraxis in einem Land auswirkt.[403] Demnach hat die Überwachung der ordnungsgemäßen Anwendung der IFRS einen besonderen Stellenwert,[404] denn „[as] standards are only as good as they are applied and interpreted by those who present financial statements, there is a necessity to implement a common system which enforces that standards are applied correctly, equally and entirely."[405] Enforcement kann in diesem Kontext

398 Vgl. Nobes (2006), S. 235.

399 Vgl. Nobes (2006), S. 935; Jödicke (2009), S. 149.

400 Vgl. Alexander/Archer (2003), S. 9; Jödicke (2009), S. 149.

401 Vgl. Nobes/Parker (2010), S. 546. Zu einer Untersuchung des Einflusses auf Konzernabschlüsse nach nationalen Rechnungslegungsregeln vgl. Lamb/Nobes/Roberts (1998) sowie in Bezug auf IFRS-Konzernabschlüsse in Deutschland und UK Gee/Haller/Nobes (2010).

402 Vgl. Nobes/Parker (2010), S. 546.

403 Vgl. Saudagaran (2004), S. 7; Holthausen (2009), S. 456; Gebhardt/Novotny-Farkas (2011), S. 304.

404 Vgl. Pellens et al. (2011), S. 108; Pope/McLeay (2011), S. 246-247.

405 Haller (2002), S. 177.

als eine von mehreren Maßnahmen zur Gewährleistung der Einhaltung der IFRS gesehen werden,[406] denn es stellt neben internen Instanzen und externen Wirtschaftsprüfungsleistungen die dritte Säule zur Überwachung der Ordnungsmäßigkeit der Rechnungslegung dar und gilt somit als ein wesentlicher Mechanismus der Corporate Governance.[407] Es ist daher zu betonen, dass das Enforcement genau genommen keinen Einflussfaktor wie die vorausgehend beschriebenen Faktoren auf die Rechnungslegungspraxis darstellt, sondern vielmehr eine regelkonforme Anwendung der IFRS sicherstellen soll. Somit ist allgemein davon auszugehen, dass ein Enforcement einen positiven Effekt auf die Rechnungslegungspraxis haben sollte.

Das von der EU implementierte Enforcement der IFRS soll eine möglichst einheitliche sowie strenge Anwendung und Interpretation der Standards sicherstellen. Wie in Kapitel 2.3.2.3 beschrieben wurde, soll durch die Institution der ESMA eine konsistente Durchsetzung der IFRS auf internationaler Ebene gewährleistet werden. Da eine Rechtsdurchsetzung allein auf internationaler Ebene jedoch wenig praktikabel erscheint, bestehen außerdem auf der Ebene der Mitgliedstaaten nationale Enforcement-Systeme zur Überwachung der IFRS-Anwendung. Den Mitgliedstaaten ist dabei freigestellt worden, wie sie ihre nationalen Enforcement-Systeme im Detail ausgestalten möchten. Demnach kann z.B. eine staatliche Aufsichtsbehörde oder eine private Organisationsform gewählt werden, wobei in diesem Fall die Aufsicht über eine private Organisation jedoch bei einer öffentlichen Behörde liegen muss.[408] Entsprechend unterschiedlich sind die Enforcement-Systeme in der EU ausgestaltet worden: Staatliche Aufsichtsbehörden finden sich z.B. in Belgien, Frankreich, Italien, Portugal und Spanien. Demgegenüber folgen die Niederlande und UK dem Weg einer privatrechtlichen Organisationsform. In Deutschland besteht hingegen ein zweistufiges Enforcement-System, das die Varianten der staatlichen Aufsichtsbehörde und privaten Organisationsform kombiniert, und dessen Vorbild etwa auch Österreich folgt.[409] Aufgrund dieser unterschiedlichen Ausgestaltungen der Enforcement-Systeme ist zu erwarten, dass die IFRS-Anwendung wegen einer möglicherweise unterschiedlichen Intensität und Qualität der Rechtsdurchsetzung in den einzelnen Ländern unterschiedliche Einflüsse auf die Rechnungslegungspraktiken hat. Im Folgenden sollen daher die Enforcement-Systeme in Frankreich, UK und Deutschland näher betrachtet werden.[410]

---

406 Vgl. Niederhuemer/Niedermayr (2007), S. 303.

407 Vgl. Eiselt/Pleitner (2010), S. 302.

408 Vgl. Eiselt/Pleitner (2010), S. 302.

409 Vgl. Niederhuemer/Niedermayr (2007), S. 306-307.

410 Vgl. dazu insbesondere Wüstemann/Kierzek (2006), S. 19-21; Niederhuemer/Niedermayr (2007), S. 306-315; Eiselt/Pleitner (2010), S. 302-307.

i) Staatliche Institution: Enforcement in Frankreich

In Frankreich ist die französische Börsenaufsichtsbehörde „Autorité des Marchés Financiers“ (AMF) für die Durchsetzung der IFRS zuständig.[411] Die AMF ist eine öffentliche, unabhängige Behörde und gilt als klassisches Beispiel für eine staatliche Enforcement-Institution in der EU.[412] Sie geht aus der Zusammenfassung der „Commission des opérations de bourse“ (COB), des „Conseil des marchés financiers“ (CMF) und des „Conseil de discipline de la gestion financière“ (CDGF) durch die Regelungen des „LOI n° 2003-706 du 1er août 2003 de sécurité financière“ hervor.[413] Dabei lehnt sich die Ausgestaltung der AMF an die US-amerikanische „Securities and Exchange Commission“ (SEC) an.[414] Sie setzt sich im Wesentlichen aus einem Board (mit 16 Mitgliedern) und einem Enforcement Committee (mit 12 Mitgliedern) zusammen. Zur Erfüllung der gesetzlich auferlegten Aufgaben greift die AMF dabei auf die fachliche Kompetenz und Unterstützung von fünf Beratungsausschüssen, einem wissenschaftlichen Beirat und einem umfassenden Mitarbeiterstab des „Secretary General“ zurück.[415]

Da die AMF als staatliche Institution ausgestaltet ist, deckt sie den kompletten Prozess von der Überwachung des Finanzmarktes bis hin zur Sanktionserteilung ab. In einem ersten Schritt führt das „Secretary General“ Untersuchungen durch, die aus Marktüberwachungen oder Überwachungen von börsennotierten Unternehmen resultieren oder die eine Reaktion auf eingegangene Beschwerden darstellen.[416] Die aus der Untersuchung zusammengefassten Ergebnisse leitet das „Secretary General“ an das Board weiter, wobei die Ergebnisse zu diesem Zeitpunkt nicht öffentlich zugänglich gemacht werden. Wird durch das Board ein möglicher Verstoß festgestellt, wird dieser aufgrund der Gewaltenteilung innerhalb der AMF an das Enforcement Committee weitergeleitet.[417] Damit entscheidet das Board darüber, ob ein Sanktionsprozess angestoßen wird, während die nachgelagerte Ausführung dann dem Enforcement Committee unterliegt.[418]

---

411 Vgl. Eiselt/Pleitner (2010), S. 304. Zu einem Überblick des Enforcements der AMF vgl. AMF (2009a), S. 10-13; Dao (2005), S. 111-123. Zu einer Zusammenfassung der Aktivitäten in 2009 vgl. AMF (2009b).

412 Vgl. AMF (2009a), S. 2; Eiselt/Pleitner (2010), S. 304.

413 Vgl. Niederhuemer/Niedermayr (2007), S. 309.

414 Vgl. Nobes/Parker (2010), S. 231.

415 Vgl. AMF (2009a), S. 2-4; Eiselt/Pleitner (2010), S. 304-305. In 2009 waren für die AMF insgesamt 383 Mitarbeiter tätig. Vgl. AMF (2009a), S. 2.

416 Vgl. Eiselt/Pleitner (2010), S. 305; ähnlich Wüstemann/Kierzek (2006), S. 19-20.

417 Vgl. AMF (2009a), S. 11-13.

418 Vgl. Eiselt/Pleitner (2010), S. 305.

Im Rahmen dieses Sanktionsprozesses findet zunächst ein Austausch zwischen dem betroffenen Unternehmen und dem Enforcement Committee z.B. in Form von Anhörungen statt. Im Anschluss entscheidet das Enforcement Committee dann über mögliche Sanktionen und deren Ausgestaltung (z.B. Verwarnungen, Verweise oder Geldstrafen), die in Abhängigkeit des Urteils auch durch die AMF (z.B. im Internet) veröffentlicht werden.[419]

Hinsichtlich der Auswirkungen des französischen Enforcement-Systems auf die Rechnungslegungspraxis ist eine Beurteilung insofern schwierig, als detaillierte Berichte über die Ergebnisse der Enforcement-Aktivitäten des AMF kaum vorliegen. Damit bietet das französische Enforcement-System den Adressaten allgemein wenig Transparenz.[420] Da die Einführung der IFRS aufgrund der vergleichsweise großen Unterschiede des nationalen Rechnungslegungssystems und der IFRS mit hohem Aufwand verbunden war,[421] könnte die Umstellung auch für die AMF im Rahmen ihrer Prüfungen und Untersuchungen Schwierigkeiten bereitet haben. Auch wenn grundsätzlich davon auszugehen ist, dass ein Enforcement-Mechanismus eigentlich eine höherwertige Rechnungslegungspraxis herbeiführen sollte, könnte dieser Effekt in Frankreich vor dem skizzierten Hintergrund eine gewisse Dauer in Anspruch nehmen. Positiv zu beurteilen sind hingegen die umfangreichen Sanktionsmöglichkeiten der AMF, welche zugleich eine Präventivfunktion haben dürften.[422] Darüber hinaus bietet die AMF den bilanzierenden Unternehmen die Klärung fallbezogener Voranfragen („Pre-Clearance“) bei Auslegungsfällen an.[423]

ii) Privatrechtliche Organisation: Enforcement in UK

Das in der UK für das Enforcement zuständige Financial Reporting Review Panel (FRRP) ist eine privatrechtliche Organisation. Sie wurde 1991 als unabhängige Überwachungs- und Durchsetzungsinstanz unter Bezugnahme auf den „Companies Act 1985“ gegründet und galt aufgrund vorausgehender Bilanzskandale mit einer verbreiteten „Creative-Accounting Mentalität“[424] sowie plötzlichen Unternehmenszusammenbrüchen als eine „Reaktion auf eine Krise des

419 Vgl. AMF (2009a), S. 13; Eiselt/Pleitner (2010), S. 305.

420 Vgl. Eiselt/Pleitner (2010), S. 306. Dies zeigt sich auch daran, dass die Fehlermeldungen nur in französischer Sprache auf der Internetseite der AMF abrufbar sind: http://www.amf-france.org/documents/general/9652_1.pdf?lang=en&Id_Tab=0 (Stand: 01.01.2012).

421 Vgl. zu den nationalen Rechnungslegungssystemen Kapitel 3.5.5.

422 Vgl. Eiselt/Pleitner (2010), S. 306.

423 Vgl. Wüstemann/Kierzek (2006), S. 20.

424 Eiselt/Pleitner (2010), S. 302.

Vertrauens in die Rechnungslegung“[425]. Dachorganisation des FRRP ist der „Financial Reporting Council“ (FRC), welcher mit der Förderung einer qualitativ hochwertigen Rechnungslegung in den UK beauftragt ist.[426] Das FRRP wird auf Grundlage eines risikobasierten Ansatzes hinsichtlich der Nichteinhaltung von IFRS und deren Konsequenzen sowie bei Vorliegen eingegangener Beschwerden tätig.[427] Bei ersterem Ansatz wird das FRRP durch das britische Aufsichtsamt für Finanzdienstleistungen („Financial Services Authority“, FSA) unterstützt. Darüber hinaus kann das FRRP auch infolge von Hinweisen der HMRC, der britischen Steuerbehörde, tätig werden.[428] Insgesamt erfolgt eine Auswahl der Prüfungen damit sowohl proaktiv als auch reaktiv.[429] Hingegen bietet das FRRP keine direkte Klärung fallbezogener Voranfragen an.[430]

Entgegen früheren Regelungen, wonach das FRRP auf eine freiwillige Kooperation der überprüften Unternehmen angewiesen war, hat es im Rahmen einer Prüfung nunmehr ein Auskunftsrecht gegenüber den überprüften Unternehmen, Mitarbeitern, Behörden und Wirtschaftsprüfern. Jedoch wird seitens des FRRP hervorgehoben, dass nach wie vor eine Kooperationsbereitschaft im Vordergrund steht.[431] Stellt das FRRP Berichtigungsbedarf fest, ist der betroffene Bericht zu korrigieren. Aufgrund eines damit verbundenen unverhältnismäßig hohen Aufwands kann häufig eine separate Berichtigung oder eine Korrektur in den folgenden Zwischenberichten und dem folgenden Jahresabschluss vorgenommen werden, wobei eine Entscheidung über die Alternativen fallabhängig getroffen wird.[432] Davon losgelöst veröffentlicht das FRRP eine Pressemitteilung über die Gründe und das Untersuchungsergebnis. Folglich setzt es insbesondere auf indirekte Sanktionsmechanismen der adversen Publizität bzw. auf ein „naming and shaming“[433] und die daraus resultierenden ökonomischen Kon-

---

425 Schildbach/Straßer (2003), S. 1721. Vgl. zur Entstehung des FRRP Haller/Eierle/Evans (2001), S. 1673; Page (2001), S. S34-S35; Brown/Tarca (2007), S. 447-450.

426 Vgl. Page (2001), S34-S35. Zur Gesetzesgrundlage und den nachfolgenden Ausführungen vgl. insbesondere FRRP (2008) sowie zum FRC Roberts/Weetman/Gordon (2008), S. 570.

427 Vgl. FRRP (2008), Tz. 3.

428 Vgl. Eiselt/Pleitner (2010), S. 303. Die Zusammenarbeit geht aus dem „Memorandum of Understanding“ zwischen dem FRRP und der britischen Steuerbehörde HMRC hervor, abrufbar unter: http://www.frc.org.uk/frrp/publications/category.cfm?cat=162&subcat=30 (Stand: 01.01.2012).

429 Vgl. Nobes/Parker (2010), S. 237.

430 Vgl. Berger (2010), S. 24.

431 Vgl. Niederhuemer/Niedermayr (2008), S. 308.

432 Vgl. FRRP (2008), Tz. 32-33; Eiselt/Pleitner (2010), S. 303.

433 Pope/McLeay (2011), S. 247.

sequenzen auf dem Kapitalmarkt.[434] Direkte Sanktionsmöglichkeiten fehlen dem FRRP zwar, allerdings leitet es seine Untersuchungsergebnisse regelmäßig an das FSA weiter, das seinerseits zu Sanktionsmaßnahmen (z.B. Geldbußen) berechtigt ist.[435]

Eine Beurteilung der genauen Auswirkungen des FRRP auf die Rechnungslegungspraxis erweist sich wie bei der AMF als schwierig.[436] Ein dem FRRP häufig zugesprochener Nachteil bezieht sich auf dessen Ausgestaltung als privatrechtliche Organisation, die keine weitreichenden Sanktionsmöglichkeiten besitzt. Diesem Nachteil ist nicht zuletzt aufgrund der langjährigen Erfahrungen mit einer hohen fachlichen Kompetenz des Panels zu begegnen, was wesentlich dazu beiträgt, dass ein Großteil an Konflikten einvernehmlich gelöst wird.[437] Eine Präventivfunktion wird indirekt durch Rückgriff auf die FSA und deren Sanktionsmöglichkeiten erfüllt. Darüber hinaus bindet das FRRP explizit eingegangene Beschwerden in seinen Untersuchungsprozess ein und kann bei Bedarf mittels eines eingeräumten Budgets auch gerichtlich seinen Anspruch auf Fehlerkorrektur durchsetzen. Somit werden eine Beschwerde- und Korrektivfunktion erfüllt,[438] was darauf hindeutet, dass sich die Tätigkeit der FRRP positiv auf die Rechnungslegungsqualität auswirkt. Empirische Befunde stützen diese Vermutung und weisen nach, dass von der FRRP ein positiver Effekt ausgeht und zugleich die Unabhängigkeit der Wirtschaftsprüfung gestärkt wird.[439] In Bezug auf die IFRS-Anwendung ist ferner zu vermuten, dass gerade die Aktivitäten des FRRP einen positiven Effekt auf die IFRS-Anwendung haben dürften, da – wie im nachfolgenden Kapitel gezeigt wird – zwischen dem nationalen Rechnungslegungssystem in UK und den IFRS geringere Unterschiede bestehen als in Ländern wie Deutschland und Frankreich. Die Umstellung auf die IFRS dürfte damit der Enforcement-Institution in UK weniger Schwierigkeiten bereitet haben als in den anderen Ländern.

---

434 Vgl. Niederhuemer/Niedermayr (2007), S. 309; Eiselt/Pleitner (2010), S. 303 m.w.N. Im Fall einer verweigerten Korrektur festgestellter Fehler hat das FRRP zwar grundsätzlich die Möglichkeit, die Korrektur gerichtlich durchzusetzen, indem hierfür ein sog. „Fighting Fund" mit einem Budget von bis zu 2 Mio. GBP zur Verfügung steht, jedoch ist bislang nicht bekannt, dass hiervon Gebrauch gemacht wurde. Vgl. Eiselt/Pleitner (2010), S. 303.

435 Vgl. Eiselt/Pleitner (2010), S. 303-304.

436 Vgl. Eiselt/Pleitner (2010), S. 304.

437 Vgl. Niederhuemer/Niedermayr (2007), S. 309.

438 Vgl. Eiselt/Pleitner (2010), S. 304.

439 Vgl. Fearnley et al. (2002), S. 110.

iii) Zweistufiges System: Enforcement in Deutschland

Mit dem Bilanzkontrollgesetz (BilKoG) ist im Dezember 2004 in Deutschland erstmalig ein Enforcement-System für die Rechnungslegung kapitalmarktorientierter Unternehmen eingeführt worden, das als ein zweistufiges Enforcement-Modell ausgestaltet wurde.[440] Demnach wird auf der ersten Stufe die Deutsche Prüfstelle für Rechnungslegung (DPR) tätig, die vom BMJ im Einvernehmen mit dem BMF durch § 342b HGB anerkannt wird und am 01. Juli 2005 als Verein ihre Arbeit aufgenommen hat.[441] Auf der zweiten, übergeordneten Stufe greift die Bundesanstalt für Finanzdienstleistungsaufsicht (BaFin) ein, die über hoheitliche Rechte verfügt und gem. §§ 37n-u WpHG nur unter bestimmten Voraussetzungen tätig wird.[442] Durch diese bis dahin einmalige Ausgestaltung als zweistufiges Modell sollten die Nachteile einer staatlichen Enforcement-Institution wie der SEC oder der AMF und einer privatrechtlichen Organisation wie dem FRRP vermieden bzw. deren Vorteile kombiniert werden.[443]

Das zweistufige Verfahren ist so ausgerichtet, dass ein Großteil der Fälle auf der ersten Enforcementstufe abgewickelt wird.[444] Auf dieser ist zunächst die DPR dazu ermächtigt, die veröffentlichten Rechnungslegungsinformationen der Unternehmen zu prüfen.[445] Anders als die FRRP in UK ist die DPR dabei auf die freiwillige Zusammenarbeit der Unternehmen angewiesen, denn sie hat keinerlei direkte Sanktionsmöglichkeiten.[446] Da die Tätigkeit der DPR ein eigenständiges Prüfverfahren darstellt, greift die BaFin auf der zweiten Stufe nur in bestimmten Fällen ein, wie z.B. zu Sanktionszwecken oder um etwa Prüfungsbefugnisse durchzusetzen.[447] Eine Prüfung durch die DPR wird dann eingeleitet, wenn konkrete Hinweise für einen Verstoß gegen Rechnungslegungsvorschriften vorliegen (Anlassprüfung,[448] § 342b Abs. 2 Satz 3 Nr. 1 HGB), wenn die BaFin bei Vorliegen von Anhaltspunkten dies verlangt (Verlangensprüfung,[449] § 342b Abs. 2 Satz 3 Nr. 2 HGB) oder wenn ein Unternehmen Gegenstand einer stichpro-

440 Vgl. Scheffler (2009), S. 654; Heinz (2010), S. 41-42.

441 Ausführliche Informationen zur DPR finden sich unter: http://www.frep.info/ (Stand: 01.01.2012). Zu einem ausführlichen Überblick über das Prüfverfahren der DPR vgl. insbesondere DPR (2009a).

442 Vgl. Delvaille/Ebbers/Saccon (2005), S. 144; Scheffler (2009), S. 654-655; Eiselt/Pleitner (2010), S. 306.

443 Vgl. Baetge/Thiele/Matena (2004), S. 209; Böcking (2004), S. 269; Heinz (2010), S. 41.

444 Vgl. Scheffler (2009), S. 655.

445 Vgl. Pellens et al. (2011), S. 111.

446 Vgl. Eiselt/Pleitner (2010), S. 306.

447 Vgl. Scheffler (2009), S. 655-656.

448 Vgl. dazu ausführlich Scheffler (2009), S. 668-669; Heinz (2010), S. 72 ff.

449 Vgl. dazu ausführlich Heinz (2010), S. 93 ff.

benartigen Prüfung ist (Stichprobenprüfung,[450] § 342b Abs. 2 Satz 3 Nr. 3 HGB).[451] Eine Anlassprüfung beschränkt sich zunächst auf den zugrunde liegenden Sachverhalt der Anlassprüfung, bei Stichprobenprüfungen stehen ausgewählte Sachverhalte (sog. Prüfungsschwerpunkte), bei denen Fehler vermutet werden, im Fokus.[452]

Stellt die DPR bei einer Prüfung einen Fehler fest, kommt es auf dieser Ebene zunächst zu einem bilateralen Austausch zwischen der DPR und dem betroffenen Unternehmen.[453] Signalisiert das Unternehmen sein Einverständnis zur Fehlerfeststellung, wird der festgestellte Fehler auf Anordnung der BaFin gem. § 37q Abs. 2 WpHG im Regelfall elektronisch publiziert.[454] Können sich die DPR und das Unternehmen hingegen nicht einigen, d.h. verweigert das Unternehmen z.B. die Mitarbeit oder möchte es den Fehler nicht korrigieren, schaltet sich die BaFin auf der zweiten Stufe ein und prüft dort den Sachverhalt erneut. In diesem Fall kann die BaFin ggf. erforderliche Berichtigungen mit staatlichem Zwang durchsetzen und fallspezifisch zusätzliche Sanktionen verhängen. Sofern die BaFin dabei den Fehler ebenfalls feststellt, wird dessen Veröffentlichung angeordnet.[455] Um ihre Präventivfunktion zu stärken und bei den Unternehmen mögliche Fehler in der Rechnungslegung bereits im Vorfeld der Abschlusserstellung zu vermeiden, bietet die DPR seit November 2009 zusätzlich an, fallbezogene Voranfragen zu beantworten (Pre-Clearance).[456]

Das deutsche Enforcement-System wird hinsichtlich seiner Tätigkeit grundsätzlich als positiv beurteilt,[457] da es sich in seinen ersten Jahren insbesondere durch ein hohes Aktivitätsniveau ausgezeichnet hat.[458] Jedoch kommen Zweifel

---

450 Vgl. dazu ausführlich Scheffler (2006), S. 6; DPR (2009b); Heinz (2010), S. 81 ff.

451 Vgl. DPR (2009a), S. 1 sowie ausführlich zum Prüfungsanlass Freisleben/Brinkmann (2007), S. 102; Eiselt/Pleitner (2010), S. 206-307; Müller (2010), S. 483.

452 Vgl. Pellens et al. (2011), S. 111. Die Prüfungsschwerpunkte werden jährlich auf der Homepage der DPR bekannt gegeben. Zum Ablauf des konkreten Prüfverfahrens vgl. DPR (2005), S. 9-10; DPR (2009c).

453 Vgl. Zülch (2005b), S. 6; Pellens et al. (2011), S. 111.

454 Die Fehlerfeststellungen werden u.a. im elektronischen Bundesanzeiger veröffentlicht. Vgl. ausführlich zur Fehlerveröffentlichung Hein (2010), S. 2266 ff.; Heinz (2010), S. 132 ff.

455 Vgl. dazu DPR (2009a), S. 3-4; Eiselt/Pleitner (2010), S. 307 sowie weitergehend zu den Folgen von Fehlerfeststellungen Scheffler (2009), S. 675-677.

456 Vgl. DPR (2009d).

457 Vgl. Eiselt/Pleitner (2010), S. 307 m.w.N.

458 Vgl. Pellens et al. (2011), S. 113 sowie zu einer Auswertung vergangener Fehlerfeststellungen durch die DPR Meyer (2010); von Keitz/Wenk (2010). Zu einer Analyse der Kapitalmarkteffekte infolge der Fehlerfeststellungen sowie deren ökonomischen Konsequenzen vgl. Ernstberger/Stich/Vogler (2011); Ernstberger/Hitz/Stich (2011).

auf, wie „vertrauensbildend“[459] die Rechnungslegung in Deutschland tatsächlich ist, wenn die vergangenen Tätigkeitsberichte der DPR betrachtet werden.[460] Demnach fallen etwa die in 2010 festgestellten Fehlerhäufigkeiten mit 26 % überraschend hoch aus.[461] Ohne Zweifel dürfte sich durch die Tätigkeiten von DPR und BaFin damit jedoch ein positiver Effekt auf eine regelkonforme Rechnungslegungspraxis ergeben. Insgesamt kann angenommen werden, dass die Qualität der Rechnungslegung durch die Enforcement-Aktivitäten in Deutschland gesteigert wird.[462] Die vermeintlich hohe Anzahl an festgestellten Fehlerhäufigkeiten deutet jedoch auch darauf hin, dass offenbar noch viele Schwierigkeiten im Umgang mit den IFRS bei den Abschlusserstellern bestehen und somit auch nationale Rechnungslegungspraktiken nach wie vor Einzug in die IFRS-Rechnungslegungspraxis erhalten können.

Zusammenfassend zeigt sich, dass die Enforcement-Systeme in den betrachteten Ländern sehr unterschiedlich ausgeprägt sind.[463] In Abhängigkeit von der Wirksamkeit des nationalen Enforcement-Systems, aber auch in Abhängigkeit davon, wie stark sich das nationale Rechnungslegungssystem von den IFRS unterscheidet, dürfte zu erwarten sein, dass nationale Rechnungslegungspraktiken trotz IFRS-Anwendung weiterhin existent sind.[464] Kritisch kann dabei die Gefahr einer unterschiedlichen Auslegung und Interpretation der IFRS gesehen werden,[465] die sich an nationalen Gepflogenheiten orientieren könnten. Dabei dürfte dies auf UK aufgrund der langjährigen Enforcement-Erfahrungen und der Ähnlichkeiten zwischen den UK GAAP und IFRS weniger zutreffen als auf Deutschland oder Frankreich. Im Folgenden sollen nun die nationalen Rechnungslegungsvorschriften der drei Länder beschrieben und den IFRS gegenübergestellt werden.

---

459 Pellens et al. (2011), S. 113.

460 Die jährlichen Tätigkeitsberichte werden auf der Homepage der DPR veröffentlicht.

461 Als Haupttreiber für die hohe Fehlerquote in 2010 nennt die DPR insbesondere den Umfang und die Komplexität der IFRS sowie die Auswirkungen der Finanz- und Wirtschaftskrise. Letztere spiegeln sich vor allem in fehlerhaften Risiko- und Prognoseberichten wider. Vgl. DPR (2011), S. 2 sowie zu den Vorjahren Meyer/Naumann (2009), S. 807.

462 Vgl. Kämpfer (2005), S. 16; Wente (2010), S. 1080.

463 Vgl. Niederhuemer/Niedermayr (2007), S. 316; Eiselt/Pleitner (2010), S. 308.

464 Vgl. Haller (2002), S. 178; Küting/Wohlgemuth (2002), S. 266; Niederhuemer/Niedermayr (2007), S. 316.

465 Vgl. Eiselt/Pleitner (2010), S. 308.

3.5.5 Nationale Rechnungslegungsvorschriften

3.5.5.1 Institutioneller Hintergrund

Vor der verpflichtenden IFRS-Umstellung in 2005 mussten die in einem Land ansässigen Unternehmen – sofern nicht die Möglichkeit zu einer vorzeitigen IFRS-Anwendung bestand[466] – die jeweils geltenden nationalen Regelungen zur Konzernabschlusserstellung beachten. Je nach Ausgestaltung des nationalen Rechnungslegungssystems sind die nationalen Vorschriften auch heute noch für den Einzelabschluss anzuwenden und weisen teilweise erhebliche Unterschiede, insbesondere hinsichtlich der Ansatz- und Bewertungsfragen sowie auch der erforderlichen Angaben, untereinander und im Vergleich zu den IFRS auf. Dies kommt vor allem auch in den historischen Entwicklungen und den jeweiligen inhaltlichen Ausgestaltungen zum Ausdruck.[467]

Im Folgenden werden die nationalen Rechnungslegungsvorschriften in den Ländern Deutschland, Frankreich und UK beschrieben und deren konzeptionelle Unterschiede zu den IFRS zusammenfassend dargestellt. Dabei nimmt der Einzelabschluss eine wichtige Rolle ein. So ist dieser etwa in Deutschland und Frankreich weiterhin nach nationalen Vorschriften aufzustellen,[468] während in UK angesiedelten Unternehmen das Wahlrecht eingeräumt wird, den Einzelabschluss nach UK GAAP oder IFRS aufzustellen. Folglich wird von einem Großteil der Unternehmen in den jeweiligen Ländern auf Ebene des Einzelabschlusses künftig weiterhin nach nationalem Bilanzrecht bilanziert. Ferner basierten die nationalen Regeln zur Konzernabschlusserstellung meist auf den nationalen Regeln zur Einzelabschlusserstellung, so dass auch darin enthaltene Grundsätze und Prinzipien zum Teil auf die früheren nationalen Konzernabschlüsse übertragen wurden. In Konsequenz dessen sind die Unterschiede zwischen der damaligen Konzernrechnungslegung auf Basis von nationalen Vorschriften und der heutigen Konzernrechnungslegung nach IFRS in Abhängigkeit des nationalen Rechnungslegungssystems unterschiedlich groß.

---

466 Zu einer Übersicht der Möglichkeit zu einer vorzeitigen IFRS-Anwendung in der EU vgl. http://iasplus.de/documents/ias-use-of-options.pdf (Stand: 01.01.2012).

467 Vgl. am Beispiel von IAS 40 Muller/Riedl/Sellhorn (2011), S. 1140-1141.

468 Für Offenlegungszwecke dürfen deutsche Unternehmen gem. § 325 Abs. 2a HGB zusätzlich einen Einzelabschluss nach IFRS erstellen, der den handelsrechtlichen Einzelabschluss jedoch nicht ersetzt. Vgl. Pellens et al. (2011), S. 52-53.

3.5.5.2 Nationale Rechnungslegungsvorschriften im Überblick

3.5.5.2.1 Deutschland

Der Ursprung des deutschen Handelsrechts wird auf das Jahr 1861 datiert, in dem das „Allgemeine Deutsche Handelsgesetzbuch" herausgegeben wurde.[469] Die heutigen Regelungen basieren auf den 4. und 7. EG-Richtlinien, welche 1985 durch das BiRiLiG in deutsches Recht transformiert wurden. In der Folge haben sich die Normen mehrfach verändert, wobei die umfangreichste Veränderung seit dem BiRiLiG im BilMoG in 2009 gesehen wird.[470]

Die handelsrechtliche Rechnungslegung ist im Wesentlichen im dritten Buch in den §§ 238 bis 342e HGB kodifiziert. Es wird zwischen Regelungen, die von allen Kaufleuten zu beachten sind (§§ 238 bis 263 HGB), und Regelungen, die nur von Kapitalgesellschaften und bestimmten Personengesellschaften anzuwenden sind (§§ 264 bis 335b HGB), differenziert.[471] Die Vorschriften des HGB werden um weitere rechtsformspezifische Vorschriften insbesondere im AktG, GmbHG, GenG und PublG ergänzt. Die Regelungen zum Konzernabschluss werden in §§ 290 bis 315a HGB konkretisiert. Dabei sind die Regelungen des handelsrechtlichen Einzelabschlusses auch für den Konzernabschluss zu beachten, sofern es in § 298 HGB explizit ausgeführt wird.[472]

Der formale Aufbau sowie die sachliche Ausgestaltung des handelsrechtlichen Einzel- und Konzernabschlusses werden durch die in § 238 Abs. 1 HGB aufgegriffenen Grundsätze ordnungsmäßiger Buchführung (GoB) bestimmt. Diese werden zumeist deduktiv aus den Rechnungslegungszwecken des Einzel- und auch Konzernabschlusses abgeleitet.[473] Die handelsrechtliche Rechnungslegung erfüllt drei Zwecke: An den Einzelabschluss sind Rechtsfolgen zur Zahlungsbemessung, nämlich zur steuerlichen Gewinnermittlung und zur Gewinnverteilung, welche durch die gesetzlich regulierte Mindest- und Höchstausschüttung flankiert wird, sowie sonstige Rechtsfolgen (z.B. Haftungsbemessung und

---

469 Zu einer Darstellung der historischen Entwicklung des deutschen Handelsrechts vgl. Barth (1953), S. 65 ff.; Ballwieser (2001), S. 1224-1227; Haller (2003), S. 91-93; Eierle (2005), S. 283 ff.; Coenenberg/Haller/Schultze (2009), S. 9 ff.

470 Vgl. Küting/Weber (2010), S. 4-5. Zu den Änderungen des Handelsrechts durch das BilMoG vgl. Kemper (2011), S. 113-114 m.w.N.

471 Hinzu treten besondere Vorschriften für Genossenschaften sowie branchenspezifische Vorschriften für Banken und Versicherungen.

472 Vgl. Küting/Weber (2010), S. 5. Zur Aufstellung eines Konzernabschlusses vgl. Coenenberg/Haller/Schultze (2009), S. 599 ff.; Küting/Weber (2010), S. 117 ff.; Pellens et al. (2011), S. 148 ff.

473 Vgl. Pellens (2011), S. 406 sowie ausführlich zu den GoB Coenenberg/Haller/Schultze (2009), S. 36-46; Baetge/Kirsch/Thiele (2011), S. 102-142.

Verlustanzeigepflichten) geknüpft. Sowohl der handelsrechtliche Einzel- als auch der Konzernabschluss erfüllen darüber hinaus eine Informationsfunktion, die in den § 264 Abs. 2 HGB bzw. § 297 Abs. 2 HGB konkretisiert wird.[474] Zur Erstellung des Konzernabschlusses werden die GoB um die vom DRSC herausgegebenen Deutschen Rechnungslegungsstandards (DRS) ergänzt, welche insbesondere solche im HGB nicht oder nur kaum geregelten Bereiche der Konzernrechnungslegung aufgreifen (z.B. Kapitalflussrechnung nach DRS 2 und Segmentberichterstattung nach DRS 3).[475]

Die Rechnungslegungszwecke des deutschen Handelsrechts werden durch den Gläubigerschutz geprägt.[476] Der Gläubigerschutzgedanke kommt im deutschen Handelsrecht vor allem durch das in § 252 Abs. 1 Nr. 4 HGB kodifizierte Vorsichtsprinzip zum Ausdruck, wonach allgemein vorsichtig zu bewerten ist. Ausprägungen des Vorsichtsprinzips sind etwa das Realisationsprinzip und das Imparitätsprinzip.[477] Nach allgemeinem Verständnis wird davon ausgegangen, dass das Vorsichtsprinzip als Bewertungsprinzip in Deutschland im Vergleich zu anderen (insbesondere angelsächsischen) Ländern sehr stark ausgeprägt ist.[478] Daher wird das deutsche Handelsrecht wesentlich durch das historische Anschaffungskostenprinzip als vorherrschendem Bewertungsmaßstab geprägt.[479] Zwar treten traditionelle Prinzipien wie das Vorsichtsprinzip des deutschen Handelsrechts in Bezug auf die (IFRS-) Konzernrechnungslegung und die dadurch allein bedeutsame Informationsfunktion zwangsläufig in den Hintergrund,[480] dennoch kann daraus nicht geschlossen werden, dass die Konzernrechnungslegung gänzlich unabhängig von den übrigen Rechnungslegungszwecken und damit auch den obigen Prinzipien ist. So wird dem Konzernabschluss derzeit zwar „de jure“ keine Ausschüttungsbemessungsfunktion zugesprochen, al-

474 Vgl. Pellens et al. (2011), S. 13-14. Zu den Funktionen des handelsrechtlichen Einzel- und Konzernabschlusses vgl. außerdem Pooten (1994), S. 312 ff.; Coenenberg/Haller/Schultze (2009), S. 16 ff.; Baetge/Kirsch/Thiele (2011), S. 92 ff.; Pellens (2011), S. 406 ff.

475 Zu einem Überblick der Aufgaben und Arbeitsschwerpunkte des DRSC mit Bezug auf die DRS vgl. statt vieler Pellens/Crasselt/Kemper (2009), S. 241-242.

476 Zu einer definitorischen Abgrenzung und Ausgestaltung des Gläubigerschutzes in Deutschland vgl. Pellens/Kemper/Schmidt (2008), S. 384-389.

477 Vgl. Coenenberg/Haller/Schultze (2009), S. 40; Busse von Colbe/Crasselt/Pellens (2011), S. 327-328 und S. 842.

478 Vgl. Evans/Nobes (1996), S. 361; Haller (2003), S. 126; Leuz/Wüstemann (2004), S. 460; Beckman/Brandes/Eierle (2007), S. 253.

479 Vgl. Choi/Meek (2008), S. 70; Devalle/Onali/Magarini (2010), S. 90.

480 Vgl. Coenenberg/Haller/Schultze (2009), S. 48.

lerdings knüpfen „de facto“ nahezu alle Mutterunternehmen ihre Gewinnverwendungspolitik an das Konzernergebnis.[481]

3.5.5.2.2 Frankreich

Die nationale Rechnungslegung in Frankreich hat ihren Ursprung in dem Jahr 1673 mit Erlass des „Ordonnance de Commerce“, „dem ersten Handelsgesetz der Welt“[482] von Jacques Savary.[483] Auf dem Gesetz aufbauend veröffentlichte Savary 1675 das Lehr- und Nachschlagewerk „Le parfait négociant“ über das kaufmännische Wissen, welches auf den Grundgedanken des „Ordonnance de Commerce“ aufsetzte und „eine erste Formulierung von Bilanzzwecken und des Grundsatzes der Verlustvorwegnahme bei der Gewinnermittlung“[484] enthielt. Das Werk erlangte international einen hohen Bekanntheitsgrad und wurde beinahe über ein Jahrhundert nachgedruckt.[485] In der Folge wurden in 1807 die Grundzüge des „Ordonnance de Commerce“ in den „Code de Commerce“, das von Napoléon eingeführte und auch als „Code Napoléon“ bezeichnete Handelsgesetzbuch, eingebunden.[486] Damit haben die bis in das 17. Jahrhundert zurückgehenden Grundzüge zur kaufmännischen Rechnungslegung auch heute noch Bedeutung für die französische Rechnungslegung bzw. das französische Rechtssystem, die sich seitdem fortwährend weiterentwickelt haben.[487]

Aufgrund verschiedener rechtlicher Grundlagen des französischen Bilanzrechts ist es aus externer Sicht oftmals schwierig zu beurteilen, inwiefern und wo ein konkreter Sachverhalt rechtlich geregelt wird.[488] Das heutige französische Bilanzrecht basiert vor allem auf Gesetzen und Verordnungen einschließlich dazugehöriger Erlasse sowie auf Fachgutachten und Empfehlungen von privaten und öffentlichen Verbänden oder Kommissionen.[489] Bilanzrechtliche Vor-

481 Vgl. Pellens (2011), S. 408.

482 Schwandtner (1994), S. 167.

483 Vgl. Scheid/Walton (1992), S. 26. Häufig wird der „Ordonnance de Commerce“ in Anlehnung an seinen Verfasser auch „Savary Order“ genannt. Vgl. Barth (1953), S. 66; Scheid/Walton (2003), S. 305.

484 Schneider (1995), S. 220.

485 Vgl. Howard (1932), S. 93; Schneider (1995), S. 219-220; Gélard (2001), S. 1019.

486 Vgl. Howard (1932), S. 95.

487 Vgl. Gélard (2001), S. 1019. Da die Ansätze Savarys direkt oder auch indirekt über den “Code Napoléon” von anderen Ländern teilweise übernommen wurden, gelten sie auch als ein „fundamental building block of the continental European family of legally based accounting systems.“ Scheid/Walton (2003), S. 305.

488 Vgl. Küting/Altmeier/Günther (1997), S. 521.

489 Vgl. Schwandtner (1994), S. 169.

schriften zur französischen Rechnungslegung sind im Wesentlichen in den folgenden Regelwerken verankert:[490]

- „Code de Commerce" (Art. 8-17) sowie den entsprechenden Anwendungsvorschriften (Verordnung vom 29. November 1983) in Ergänzung zu dem Gesetz über die Handelsgesellschaften „Loi sur les Sociétés Commerciales" (LSG) vom 27. Juli 1966 sowie der dazugehörigen Verordnung vom 23. März 1967;

- „Plan Comptable Général" (PCG) vom 27. April 1982.

Neben dem Code de Commerce nimmt der PCG[491] eine wichtige Rolle im französischen Bilanzrecht ein. Hierbei handelt es sich um einen detaillierten Kontenplan, der gleichfalls Gesetzesrang besitzt und neben den Kontenbezeichnungen auch detaillierte Vorschriften zur Bewertung enthält, so dass eine landesweit einheitliche Buchungstechnik ermöglicht wird.[492]

Die Regelungen zur Erstellung von Einzel- und Konzernabschluss können in Frankreich – bezogen auf die Situation vor 2005 – erheblich voneinander abweichen. Der Einzelabschluss steht in engem Zusammenhang zur steuerlichen Gewinnermittlung, wobei im Kern die gesetzlichen Vorschriften des PCG zugrunde zu legen sind.[493] Konkrete Regelungen für den Konzernabschluss wurden in Frankreich in 1986 vergleichsweise spät durch die Umsetzung der 7. EG-Richtlinie in französisches Landesrecht übernommen, indem der PCG um ein Kapitel für konsolidierte Abschlüsse erweitert wurde.[494] Jedoch umfasste die Umsetzung keine allzu konkreten Vorgaben zur Regelbefolgung bei der Konzernabschlusserstellung, was dazu führte, dass die französischen Regeln zur Konzernabschlusserstellung nicht vollends beachtet werden mussten.[495] Damit wurden den französischen Unternehmen bei der Konzernrechnungslegung fakti-

---

490 Vgl. Perlewitz (1995), S. 6; Schwandtner (1994), S. 170-172; Küting/Altmeier/Günther (1997), S. 521; Gélard (2001), S. 1021. Zu Regelungen vergleichbarer Sachverhalte im deutschen und französischen Bilanzrecht vgl. Küting/Altmeier/Günther (1997), S. 522-526.

491 Vgl. ausführlich zum PCG Standish (1990); Scheid/Walton (1992), S. 114-129; Küting/Altmeier/Günther (1998), S. 532-533; Wagner (2000); Gélard (2001), S. 1020-1021.

492 Vgl. Grünberger (1999), S. 543. Der Kontenplan ist verbindlich für alle Industrie- und Handelsunternehmen; für Kreditinstitute und Versicherungsgesellschaften sind überdies umfangreiche Sonderregelungen zu beachten. Vgl. Perlewitz (1995), S. 6.

493 Vgl. Schwandtner (1994), S. 168-169; Grünberger (1999), S. 543.

494 Vgl. Schwandtner (1994), S. 169.

495 Vgl. Scheid/Walton (2003), S. 312.

sche Wahlmöglichkeiten zwischen verschiedenen Rechnungslegungssystemen eingeräumt, da schließlich auch Abschlüsse nach IFRS oder US GAAP geduldet wurden und 1998 explizit erwogen wurde, die Anforderungen an die Erstellung des Konzernabschlusses dahingehend anzupassen.[496] Aufgrund einer daraus resultierenden Bilanzierungsvielfalt legte die in 1998 gegründete „Comité de la Réglementation Comptable“ (CRC)[497], zentrale Ministeriumskommission für Rechnungslegungsregeln, in der Folge jedoch fest, dass fortan nur noch die französischen Rechnungslegungsregeln anzuwenden waren. Eine alleinige vorzeitige IFRS-Anwendung – wie sie in Deutschland seit 1998 ermöglicht wurde – war damit trotz zwischenzeitlicher „Duldung“ bis zuletzt nicht möglich. Somit waren die französischen Unternehmen bis 2004 dazu veranlasst, ihre Konzernabschlüsse nach nationalen Vorschriften zu erstellen.[498] Auf Drängen der „Conseil Nationale de la Compatibilité“ (CNC)[499], einer Kommission zur Entwicklung der Rechnungslegungsregeln, wurde allerdings eine Harmonisierung der französischen Rechnungslegungsregeln mit den IFRS verfolgt. Dies führte seit 2000 zwar zu einer Annäherung an die IFRS, jedoch verblieben weiterhin (erhebliche) Unterschiede zwischen den Rechnungslegungssystemen.[500]

Während auf Ebene des Konzernabschlusses auch in Frankreich allein die Informationsfunktion im Vordergrund steht, wird der weiterhin nach nationalen Bilanzierungsvorschriften aufzustellende Einzelabschluss – ähnlich wie in Deutschland – neben informativen Zwecken insbesondere zur steuerrechtlichen Gewinnermittlung sowie zu Ausschüttungszwecken herangezogen.[501] Es verwundert daher nicht, dass auch in Frankreich das Vorsichtsprinzip („principe de prudence“) eine bedeutende Rolle spielt und gesetzlich im „Code de Commerce“ und PCG kodifiziert ist,[502] auch wenn zugleich konstatiert wird, dass das „Vorsichtsprinzip gegenüber dem Leitmotiv ‚image fidèle…’, dem getreuen Bild der

496 Vgl. Schwandtner (1994), S. 212; Scheid/Walton (2003), S. 312; Delvaille/Ebbers/Saccon (2005), S. 157; Jödicke (2009), S. 151.

497 Vgl. ausführlich zur CRC Küting/Altmeier/Günther (1998), S. 540-542; Gélard (2001), S. 1023; Choi/Meek (2008), S. 61.

498 Vgl. Delvaille/Ebbers/Saccon (2005), S. 158.

499 Vgl. ausführlich zur CNC Küting/Altmeier/Günther (1998), S. 538-540; Gélard (2001), S. 1023-1024; Choi/Meek (2008), S. 61-62.

500 Vgl. stellvertretend Jödicke (2009), S. 152 mit Verweis auf Scheid/Walton (2003).

501 Vgl. Diethmayr (1994), S. 45; Gélard (2001), S. 1036-1037 sowie S. 1040-1042; Hoarau (2003), S. 129; Scheid/Walton (2003), S. 312; Choi/Meek (2008), S. 64; Nobes/Parker (2010), S. 367. Zu einem Überblick des französischen Steuerrechts vgl. Küting/Altmeier/Günther (1998), S. 533-534.

502 Vgl. Perlewitz (1995), S. 8; Gélard (2001), S. 1036 und S. 1068-1069; Devalle/Onali/Magarini (2010), S. 90; Nobes/Parker (2010), S. 367.

Vermögens-, Finanz- und Ertragslage, deutlich in den Hintergrund“[503] rückt. Hinsichtlich der Bewertungsprinzipien lassen sich ebenfalls Analogien zu Deutschland nachweisen: Abgesehen von einzelnen Ausnahmen stellt auch in Frankreich das historische Anschaffungskostenprinzip einen vorherrschenden Bewertungsmaßstab dar.[504] Damit weist das französische Bilanzrecht bereits aufgrund dieser Tatsachen einige Unterschiede zu den IFRS auf.

3.5.5.2.3 UK

Das Bilanzrecht in UK ist in verschiedenen Gesetzen kodifiziert, welche einander teilweise ergänzend oder ersetzend wirken. Darüber hinaus entfalten vor allem die vom Berufsstand der Wirtschaftsprüfer erlassenen Empfehlungen faktische Rechtsgültigkeit.[505] Einen Großteil dieser Regelungen deckt der im 19. Jahrhundert implementierte, seitdem mehrfach modifizierte und auch heute noch maßgebliche „Companies Act“ (CA) ab.[506] Da mehrere in der Vergangenheit erlassene Companies Acts nebeneinander Bestand haben können, kann dies zur Folge haben, dass nicht überarbeitete Regelungen weiterhin rechtsgültig sind.[507] Während bis 1981 die bis dahin geltenden Companies Acts aus den Jahren 1948, 1967, 1976 und 1980 lediglich ansatzweise allgemeine Buchführungspflichten, jedoch kaum konkrete Vorschriften zur Bilanzierung und Bewertung aufwiesen, umfasst das Gesetzesrecht insbesondere seit 1981 durch Umsetzung der 4. EG Richtlinie ausführliche Bilanzierungs- und Bewertungsvorschriften.[508] Weiterhin wurde durch den 1985 verabschiedeten Companies Act das bis dahin vorhandene Nebeneinander bestehender Companies Acts aufgelöst und damit das britische Gesellschaftsrecht neu geordnet, indem die Companies Acts aus den Jahren 1948 bis 1981 konsolidiert wurden. Durch den anschließend in 1989 erlassenen Companies Act wurden schließlich auch die 7. und 8. EG-Richtlinie in nationales Recht transformiert, wobei der Companies Act von 1985 teilweise ersetzt

503 Grünberger (1999), S. 546.

504 Vgl. Gélard (2001), S. 1068; Devalle/Onali/Magarini (2010), S. 90. Zur Abweichung vom Anschaffungskostenprinzip zugunsten der Neubewertungsmethode vgl. Grünberger (1999), S. 545. Jedoch wird von dieser Ausnahmemöglichkeit in der Praxis kaum Gebrauch gemacht. Vgl. Choi/Meek (2008), S. 64.

505 Vgl. Küting/Hayn (1995), S. 112; Lamb (2003), S. 958.

506 Vgl. Lamb (2003), S. 958. Der Companies Act wurde 1844 erstmalig erlassen und trug gemeinsam mit dem in 1855 eingeführten „Joint Stock Companies Act“ in der Folgezeit dazu bei, dass die Zahl neu gegründeter Unternehmen in UK deutlich anstieg. Vgl. dazu Lamb (2003), S. 958 sowie ausführlich zur historischen Entwicklung des Bilanzrechts in UK Gordon/Gray (1994), S. 70-84; Cooke/Choudhury/Wallace (2001), S. 2579-2583.

507 Vgl. Nieland/Scott (1997), S. 348.

508 Vgl. Küting/Hayn (1995), S. 112-113; Nieland/Scott (1997), S. 348.

und ergänzt wurde.[509] Der Companies Act 2006 hat das britische Gesellschaftsrecht als letzte Neuerung abermals reformiert. In ihm werden die wesentlichen Teile des Gesellschaftsrechts kodifiziert und die bisherigen gesellschaftsrechtlichen Regelungen, vor allem die des Companies Acts 1985, nahezu vollständig ersetzt.[510] Eine in Bezug auf das Bilanzrecht markante Regelung des Companies Acts 2006 ist die Möglichkeit, den Einzelabschluss nach den eigentlichen Bilanzierungsregeln des Companies Acts oder wahlrechtlich nach IFRS aufzustellen.[511]

Der Berufsstand der Wirtschaftsprüfer hat in den vergangenen Jahrzehnten einen entscheidenden Einfluss auf die nationale Rechnungslegung in UK ausgeübt.[512] Da bis zur Umsetzung der 4. EG-Richtlinie in 1981 konkrete Vorschriften zur Bilanzierung kaum gesetzlich kodifiziert waren, wurde zwecks materieller Ausgestaltung der bis dahin geltenden Companies Acts und aufgrund einiger Finanzskandale 1970 das damalige Accounting Standards Committee (ASC) gegründet. Aufgabe des ASC war es, möglichst verbindliche Richtlinien, die sogenannten „Statements of Standard Accounting Practice“ (SSAP), die auf gängigen Rechnungslegungspraktiken basieren und Wahlrechte einschränken sollten, herauszugeben, um somit die Jahresabschlüsse zu vereinheitlichen.[513] Durch Gründung des „Financial Reporting Council“ (FRC) übernahm das dem FRC untergeordnete und unabhängige „Accounting Standards Board“ (ASB) ab 1990 schließlich die Aufgaben des ASC. Das ASB hat dabei die Funktion seiner Vorgängerorganisation zunächst übernommen und veröffentlicht Richtlinien, die nunmehr Financial Reporting Standards (FRS) genannt werden. Wie zuvor bei den SSAP handelt es sich um verbindliche Verlautbarungen zur Rechnungsle-

509 Vgl. Köhler/Rotter (1994), S. 376; Küting/Hayn (1995), S. 113; Cooke/Choudhury/Wallace (2001), S. 2583.

510 Vgl. hierzu sowie zu einem Überblick des Companies Acts 2006 Meyer (2007), S. 645-649; Davies/Rickford (2008a); Davies/Rickford (2008b).

511 Vgl. Nobes/Parker (2010), S. 374.

512 Vgl. Nieland/Scott (1997), S. 348.

513 Vgl. Gordon/Gray (1994), S. 79; Köhler/Rotter (1994), S. 378; Küting/Hayn (1995), S. 113-114. Das ASC war eine Teilorganisation des „Consultive Committee of Accountancy Bodies Limited“ (CCAB). Es veröffentlichte seit seiner Gründung bis 1990 insgesamt 25 SSAP. Vgl. zu einer Übersicht der veröffentlichten SSAP Köhler/Rotter (1994), S. 379 sowie darüber hinaus zum ASC Cooke/Choudhury/Wallace (2001), S. 2584-2585.

gungspraxis, wobei die früheren SSAP weiterhin Gültigkeit haben, sofern sie nicht von einem FRS ersetzt oder außer Kraft gesetzt werden.[514]

Hinsichtlich der allgemeinen Bilanzierungs- und Bewertungsgrundsätze stellt der Grundsatz des „true and fair view" das „overriding principle" sowohl für den Einzel- als auch den Konzernabschluss in UK dar.[515] Bezogen auf den Einzelabschluss kommt dieser – anders als in Deutschland und Frankreich – also primär einer Informationsfunktion nach und dient etwa nicht direkt als Bemessungsgrundlage für steuerliche Zwecke, da hierfür fest vorgegebene, spezifische Anpassungsrechnungen vorgesehen sind.[516] Ein entscheidendes Merkmal der nationalen Rechnungslegung ist damit, dass es auch auf Ebene des Einzelabschlusses „weniger um die Bestimmung einkommensabhängiger Zahlungen, als vielmehr um einen informativen Ausweis wirtschaftlicher Sachverhalte"[517] geht. Folglich wird dem Vorsichtsprinzip in UK ein vergleichsweise niedrigerer Stellenwert eingeräumt als in Deutschland und Frankreich.[518] Die Betonung eines möglichst informativen Abschlusses schlägt sich auch in den konkreten Bewertungsprinzipien der nationalen Rechnungslegungsregeln in UK nieder. Während grundsätzlich auch hier das Prinzip der historischen Anschaffungskosten gilt, besteht überdies die Möglichkeit zu einer hiervon abweichenden Bewertung, dem sogenannten „modified historical cost accounting", indem es möglich ist, anhand von Neubewertungen die Grenze der historischen Anschaffungskosten zu überschreiten.[519]

Die beschriebenen Eckpunkte des Rechnungslegungssystems in UK deuten an, dass dieses gewisse Ähnlichkeiten zu den IFRS aufweist. Schon in den 1990er Jahren konnten starke materielle Übereinstimmungen zwischen den Rechnungslegungsvorschriften in wesentlichen Bereichen festgestellt werden.[520] Dieser Zustand dürfte sich in den vergangenen Jahren zunehmend verstärkt haben, was sich auch daran zeigt, dass sich das ASB seit 2002 – dem Jahr, in dem die IAS-Verordnung erlassen wurde – im Rahmen seines Aufgabenspektrums

---

514 Vgl. Köhler/Rotter (1994), S. 378; Nieland/Scott (1997), S. 348; Lamb (2003), S. 971-972. Die FRS werden außerdem um zusätzliche Verlautbarungen insbesondere der „Urgent Issues Task Force", einer dem ASB untergeordneten Kommission, sowie weiteren Kommissionen des ASB ergänzt. Vgl. Küting/Hayn (1995), S. 114.

515 Vgl. Schwandtner (1994), S. 387; Küting/Hayn (1995), S. 115-116; Walton (2003), S. 162; Alexander/Nobes (2010), S. 56.

516 Vgl. Küting/Hayn (1995), S. 113 sowie zum Steuersystem in UK Kapitel 3.5.3.

517 Gebhardt (1981), S. 248.

518 Vgl. Evans/Nobes (1996), S. 361; Devalle/Onali/Magarini (2010), S. 90.

519 Vgl. ausführlich zu den Bewertungsprinzipien in UK Schwandtner (1994), S. 390-394; Küting/Hayn (1995), S. 126-129.

520 Vgl. Küting/Hayn (1995), S. 133.

zunehmend der Annäherung von nationalen Standards (SSAP, FRS) und internationalen Standards (IFRS) zugewendet hat.[521]

3.5.5.3 Wesentliche Unterschiede zu den IFRS

Die Darstellungen der nationalen Rechnungslegungsvorschriften lassen erkennen, dass sie sich konzeptionell unterschiedlich stark von den IFRS unterscheiden. Da die nationalen Vorschriften unterschiedlichen Rechtssystemen entsprungen sind, kann dies wenig überraschen. Da die IFRS in ihrer Ausgestaltung außerdem maßgeblich von einer für das angelsächsische System typischen Shareholder-Orientierung beeinflusst wurden,[522] verwundert es überdies kaum, dass die Unterschiede zwischen den UK GAAP und IFRS weitaus geringer sind als die Unterschiede zwischen den französischen bzw. deutschen Regelungen und den IFRS. Dies zeigt sich auch an den wesentlichen Eckpunkten der Systeme:[523] Während den aus dem Code Law-System hervorgegangenen deutschen und französischen Rechnungslegungsvorschriften das Vorsichtsprinzip als vorherrschender Rechnungslegungsgrundsatz zugrunde liegt, setzen die UK GAAP, welche ebenfalls wie die IFRS dem Common Law-System entspringen, ähnlich wie die IFRS einen Fokus auf eine „true and fair view"-Sichtweise. Darüber hinaus gilt in Deutschland und Frankreich das historische Anschaffungskostenprinzip als vorherrschender Bewertungsmaßstab, während in UK daneben auch ein modifiziertes historisches Anschaffungskostenprinzip zur Anwendung kommt und somit eine verstärkte Bewertung zum Fair Value Einzug in die Bilanzierung erhalten kann. Folglich weisen auch diesbezüglich die UK GAAP eine stärkere Ähnlichkeit zu den IFRS auf.[524]

Entsprechend dieser wesentlichen Eckpunkte bestehen zwischen den nationalen Rechnungslegungssystemen auch in unterschiedlichem Maße Abweichungen zu konkreten Bilanzierungsvorschriften der IFRS. Da es schwierig ist, eine

---

521 Vgl. Choi/Meek (2008), S. 80; Alexander/Nobes (2010), S. 56; Nobes/Parker (2010), S. 350.

522 Vgl. Hung/Subramanyam (2007), S. 624; Devalle/Onali/Magarini (2010), S. 89; Brown (2011), S. 271. Eine angelsächsische Prägung des IASB begründen Coenenberg/Haller/Schultze (2009) damit, dass die Mehrzahl der Mitglieder seit Gründung des IASB aus angelsächsischen Ländern stammt. Vgl. Coenenberg/Haller/Schultze (2009), S. 52.

523 Vgl. zu den folgenden Ausführungen Devalle/Onali/Magarini (2010), S. 90, Table 1.

524 Zur Verwendung von Fair Values nach UK GAAP und IFRS vgl. Cairns (2006), S. 6.

allumfassende Übersicht dieser Unterschiede zu geben, wird nachfolgend exemplarisch auf einige ausgewählte Bilanzierungsvorschriften eingegangen.[525]

Als erstes Beispiel sind diesbezüglich Bewertungsvereinfachungsverfahren im Rahmen der Vorratsbewertung zu nennen:[526] Während in Deutschland die Durchschnittsmethode, das FIFO-Verfahren oder das LIFO-Verfahren als Bewertungsvereinfachungsverfahren angewendet werden können,[527] sehen die Regelungen in Frankreich und UK wie die IFRS eine Anwendung der Durchschnittsmethode oder des FIFO-Verfahrens vor (IAS 2.25).[528] Unterschiede ergeben sich auch bei der Bilanzierung von Fertigungsaufträgen.[529] So sehen die UK GAAP ähnlich wie IAS 11.22 bei mehrperiodigen Fertigungsaufträgen eine unterjährige Gewinnrealisation entsprechend des Fertigstellungsgrades vor (Percentage of Completion-Methode), was auch in Frankreich empfohlen wird. Wahlweise kann der gesamte Gewinn dort jedoch auch erst bei Fertigstellung des Projekts realisiert werden (Completed Contract-Methode), wovon reger Gebrauch gemacht wird.[530] In Deutschland ist hingegen ausschließlich die Completed Contract-Methode erlaubt.[531] Da diese Methode aufgrund der nicht gestatteten vorzeitigen Gewinnrealisierung als typische Interpretation des Vorsichtsprinzips verstanden werden kann, kommen bei diesem Beispiel die in den Ländern verankerten Rechnungslegungsgrundsätze besonders zum Ausdruck.

Unterschiede können auch bei der Bilanzierung selbst erstellter immaterieller Vermögenswerte identifiziert werden: Während IAS 38.57 einen verpflichtenden Ansatz von Entwicklungskosten bei Vorliegen bestimmter Kriterien vorsieht, ermöglichen die nationalen Rechnungslegungssysteme in allen drei Ländern ihren Unternehmen den wahlrechtlichen Ansatz von Entwicklungskosten.[532] Ein weiteres Beispiel für einen Unterschied zwischen den nationalen Rechnungslegungsvorschriften und den IFRS ist schließlich die Folgebewertung des Goodwills. Diesbezüglich sehen die nationalen Rechnungslegungssysteme

525 Vgl. Nobes/Parker (2010), S. 368. Ein umfassender länderspezifischer Überblick ausgewählter Unterschiede findet sich u.a. in Jaafar/McLeay (2007), S. 166-170; Choi/Meek (2008), S. 64-65 (Frankreich), S. 69-70 (Deutschland) und S. 82-83 (UK) sowie zu einer Übersicht S. 84; Devalle/Onali/Magarini (2010), S. 88-93; Nobes/Parker (2010), S. 368-369 (Frankreich), S. 371-373 (Deutschland) und S. 374-375 (UK).

526 Vgl. Choi/Meek (2008), S. 84; Devalle/Onali/Margarini (2010), S. 91.

527 Vgl. Nobes/Parker (2010), S. 372-373.

528 Vgl. Choi/Meek (2008), S. 65 und S. 82.

529 Vgl. Nobes/Parker (2010), S. 368-369 und S. 373.

530 Vgl. Nobes/Parker (2010), S. 368.

531 Vgl. Pellens et al. (2011), S. 279.

532 Vgl. Choi/Meek (2008), S. 65 in Bezug auf Frankreich; Nobes/Parker (2010), S. 375 in Bezug auf UK sowie Pellens et al. (2011), S. 333 in Bezug auf Deutschland.

in allen drei Ländern im Wesentlichen eine Amortisation sowie gegebenenfalls eine außerplanmäßige Wertminderung des Goodwills vor,[533] wohingegen IAS 36.90 einen Wertminderungstest vorschreibt. In UK kann allerdings von einer Amortisation abgesehen werden, wenn ein jährlicher Wertminderungstest des Goodwills durchgeführt wird.[534]

Die skizzierten Unterschiede zwischen den nationalen Rechnungslegungssystemen und den IFRS werden auch in Untersuchungen insbesondere zu Ansatz- und Bewertungsfragen sowie zu Regelungen der Anhangangaben nachgewiesen. In einer umfassenden Untersuchung zeigt Nobes (2001) die Unterschiede zwischen den nationalen Rechnungslegungsvorschriften und damaligen IAS anhand einer Befragungsstudie in 62 Ländern auf und listet die festgestellten Unterschiede für jedes Land einzeln auf.[535] Eine Zusammenfassung dieser Studie gibt Street (2002), welche die Ergebnisse zugleich weiter auswertet. Anhand eines prägnanten Überblicks zeigt sich, dass Deutschland und Frankreich in ihren nationalen Vorschriften insgesamt ähnlich viele und deutlich mehr Unterschiede zu den IFRS aufweisen als UK.[536] Nachfolgende Untersuchungen bauen auf den Ergebnissen von Nobes (2001) weiter auf, wobei sich die Forschungsbemühungen bislang im Wesentlichen auf die Untersuchungen von Ding/Hope/Jeanjean/Stolowy (2007) und Bae/Ten/Welker (2008) beschränken.[537] Ding/Hope/Jeanjean/Stolowy (2007) legen die Ergebnisse der damaligen Befragungsstudie zugrunde und untersuchen, wie ausgeprägt die Unterschiede zwischen nationalen Rechnungslegungssystemen und den IFRS in 30 ausgewählten Ländern tatsächlich sind, anhand welcher Einflussfaktoren dies zu erklären ist und welche Konsequenzen sich daraus ergeben können. Bae/Ten/Welker (2008) messen die Unterschiede der Rechnungslegungssysteme in einem Ländervergleich, um die Auswirkungen der Unterschiede auf die Analystenreaktionen und Prognosegenauigkeiten für Finanzanalysen im Ausland zu untersuchen. Als Vorstufe dieser Untersuchung prüfen die Autoren in 49 Ländern, inwiefern bei 21 ausgewählten Sachverhalten zu Ansatz, Bewertung und Anhangangaben nach

533 Vgl. Choi/Meek (2008), S. 84; Devalle/Onali/Margarini (2010), S. 91.

534 Vgl. Choi/Meek (2008), S. 82.

535 Vgl. ausführlich zur Vorgehensweise der auch „GAAP 2001" genannten Studie Nobes (2001), S. 3-7. Zu den Unterschieden in Deutschland, Frankreich und UK vgl. konkret Nobes (2001), S. 46-48 (Frankreich), S. 49-51 (Deutschland) und S. 142-143 (UK).

536 Vgl. Street (2002), S. 80. Allerdings sollte nicht allein anhand der bloßen Anzahl an Unterschieden auf deren Bedeutung geschlossen werden, da die Unterschiede z.B. von weniger bedeutenden Anhangangaben bis hin zum Fehlen einer Segmentberichterstattung reichen können. Dennoch leitet sich hieraus ein erster Indikator für die Unterschiede der Rechnungslegungssysteme ab. Vgl. ähnlich Street (2002), S. 81.

537 Vgl. Pope/McLeay (2011), S. 248.

IFRS auch Vorschriften in den jeweiligen nationalen Systemen existieren. Bezogen auf die Länder Deutschland, Frankreich und UK kommen beide Untersuchungen zu ähnlichen Ergebnissen: Während in Deutschland und Frankreich vergleichsweise viele Unterschiede zu den IFRS bestehen, weisen die UK GAAP kaum Unterschiede zu den IFRS auf.[538]

Insgesamt wird anhand der ausgewählten Beispiele sowie der beschriebenen Studien deutlich, dass zwischen den nationalen Rechnungslegungssystemen und den IFRS Abweichungen in unterschiedlichem Maße bestehen. Während die UK GAAP und IFRS vergleichsweise weniger Unterschiede aufweisen, sind die Unterschiede zu den IFRS in Deutschland und Frankreich (noch) vergleichsweise stark ausgeprägt.[539] Angesichts des historischen Ursprungs und der Ausrichtung der nationalen Rechnungslegungssysteme ist dies jedoch kaum überraschend. Dabei gilt in Bezug auf die UK GAAP, dass „the difference between IFRS and UK GAAP is limited given the early influence of the UK on international standards“[540]. Allerdings ist davon auszugehen, dass sich auch die Bilanzrechte in den anderen Ländern durch Reformbestrebungen immer mehr den IFRS annähern, wie es zuletzt etwa in Deutschland durch das BilMoG der Fall war.

3.6 Kapitelfazit

Die Regelungen zur IFRS-Anwendung in der EU eröffnen ein breites Forschungsfeld, um den relativen Einfluss der sich aus institutionellen Rahmenbedingungen ergebenden Bilanzierungsanreize der Unternehmen und der IFRS auf die Rechnungslegungspraxis zu untersuchen. Dabei weist die in der EU vorliegende Situation einige günstige Eigenschaften für derartige Untersuchungen auf: Mehr als 9.000 Unternehmen müssen ihre Konzernrechnungslegung nach IFRS vornehmen und wenden diese Vorschriften nun schon seit einigen Jahren an. Hieraus können verschiedene Untersuchungsszenarien abgeleitet werden. Ein mögliches und in dieser Arbeit zugrunde gelegtes Untersuchungsszenario ist, inwiefern der Wechsel von nationalen Rechnungslegungsvorschriften auf die IFRS bei zumindest weitgehend konstanten institutionellen Rahmenbedingungen

538 Vgl. im Einzelnen Ding et al. (2007), S. 9; Bae/Ten/Welker (2008), S. 599-602. Allerdings basieren die genannten Untersuchungen im Wesentlichen auf einem Rechtsstand von 2001. Dies sollte die Untersuchungsergebnisse allenfalls nur geringfügig relativieren: Die nationalen und auch internationalen Vorschriften wurden seitdem zwar weiter entwickelt, jedoch weisen die nationalen Rechnungslegungssysteme, wie zuvor exemplarisch aufgezeigt wurde, auch gegenwärtig noch teilweise deutliche Unterschiede zu den IFRS auf.

539 Vgl. Nobes/Parker (2010), S. 365.

540 Nobes/Parker (2010), S. 375.

einen Einfluss auf die Rechnungslegungspraxis hat und inwiefern sich die Rechnungslegungsqualität innerhalb der Länder verändert.

Untersuchungsgegenstand dieser Arbeit sind für diese Zwecke die Länder Deutschland, Frankreich und UK. Trotz seit 2005 einheitlich anzuwendender Rechnungslegungsvorschriften sind die Unternehmen in diesen Ländern keineswegs in ein gleiches institutionelles Umfeld eingebettet. Vielmehr unterscheiden sie sich in ihren länderspezifischen Rahmenbedingungen zum Teil deutlich, was unterschiedliche Anreizwirkungen zu einer hochwertigen Rechnungslegung hervorrufen kann. So wird der Rechnungslegung als einem Kommunikationsmittel z.B. in UK aufgrund einer vergleichsweise ausgeprägten Kapitalmarktfinanzierung traditionell eine hohe Bedeutung beigemessen, wohingegen Informationen in den beiden anderen Ländern nicht selten auch über nicht-öffentliche Kommunikationswege getauscht werden.[541] Der höhere Informationsbedarf der meist anonymen Kapitalgeber in UK dürfte aus Unternehmenssicht jedoch stärkere Anreize zu einer informativen Rechnungslegung generieren. Diese Überlegung lässt sich anhand der Rechnungslegungsgrundsätze der nationalen Rechnungslegungssysteme bekräftigen: Die aus dem Code Law-System hervorgegangenen deutschen und französischen Rechnungslegungsvorschriften legen das Vorsichtsprinzip als vorherrschenden Rechnungslegungsgrundsatz zugrunde, wohingegen die dem Common Law entsprungenen UK GAAP ebenso wie die IFRS eine „true and fair view"-Sichtweise fokussieren.

Neben Unterschieden in den institutionellen Rahmenbedingungen und daraus hervorgehenden unterschiedlichen Anreizen zu einer hochwertigen Rechnungslegung sind die Länder auch unterschiedlich mit der Umsetzung der IAS-Verordnung umgegangen. Demnach gestattete Deutschland als einziges der drei Länder seinen Unternehmen bereits vor 2005 eine alleinige freiwillige IFRS-Anwendung.[542] Entsprechend machten dort eine Reihe von Unternehmen von dieser Möglichkeit Gebrauch und stellten ihre Konzernrechnungslegung schon vor 2005 auf IFRS um. Dabei dürften vor allem solche Unternehmen vorzeitig auf die IFRS umgestellt haben, die besondere Anreize zu einer hochwertigen Rechnungslegung haben. Obwohl auch in Frankreich und UK ein Teil der Unternehmen aufgrund solcher Anreize eine vorzeitige IFRS-Anwendung möglicherweise ebenfalls präferiert hätte, bestand dort keine explizite Möglichkeit zur freiwilligen IFRS-Anwendung. Dieser Umstand wirft daher im Hinblick auf eine empirische Untersuchung die Frage auf, inwiefern ein Teil der verpflichteten IFRS-Anwender in Frankreich und UK besonders ausgeprägte Anreize zu einer hochwertigen Rechnungslegung hat.

541 Vgl. Lindemann (2006), S. 984.

542 Zur Möglichkeit der freiwilligen IFRS-Anwendung in der EU vgl. Kapitel 3.2.

4 Beurteilung der Rechnungslegungspraxis anhand der Eigenschaften von Ergebnisgrößen

4.1 Kapitelüberblick

Zur Beurteilung der Auswirkungen der IFRS auf die Rechnungslegungspraxis ist ein geeignetes Beurteilungskriterium festzulegen. Eine direkte Beurteilung der Rechnungslegungspraxis gestaltet sich in praxi schwierig, so dass in der Forschung meist auf indirekte Beurteilungsmaßstäbe zurückgegriffen wird. Als eine für viele Adressaten bedeutende Größe aus dem Konzernabschluss lassen sich für diesen Zweck Ergebnisgrößen heranziehen, die aus Adressatensicht eine Reihe wünschenswerter Eigenschaften mit sich bringen sollten. In der Rechnungslegungsforschung werden diese Eigenschaften von Ergebnisgrößen („earnings attributes")[543] anhand einzelner empirischer Modelle identifiziert. Im vorliegenden Kapitel soll dieses häufig auch als Konzept der „earnings quality"[544] bezeichnete Forschungsfeld näher erläutert werden. Für diese Zwecke ist in einem ersten Schritt auf den theoretischen Hintergrund des Konzepts einzugehen. Dabei wird neben dessen Grundidee skizziert, inwiefern das Konzept einen Rückschluss auf die Rechnungslegungsqualität ermöglichen kann. Im weiteren Verlauf werden ausgewählte Eigenschaften von Ergebnisgrößen thematisiert. Neben einer theoretischen Betrachtung steht dabei deren methodische Abbildung anhand empirischer Modelle im Vordergrund. In einem Literaturüberblick werden schließlich die bisherigen Rückschlüsse aus Untersuchungen, die sich mit den verschiedenen Eigenschaften von Ergebnisgrößen befassen, zur IFRS-Anwendung in der EU aufgezeigt.

---

543 Die Terminologie „Eigenschaften von Ergebnisgrößen" wird als deutsche Übersetzung von „earnings attributes" neben dieser englischen Terminologie verwendet.

544 „Earnings quality" wird im weiteren Verlauf auch als „Qualität der Ergebnisgrößen" bzw. „Ergebnisqualität" übersetzt und neben den deutschen Übersetzungen als eigene Terminologie verwendet.

4.2 Bedeutung von Ergebnisgrößen zur Beurteilung von Rechnunungslegungsqualität

Eine qualitative Beurteilung der Rechnungslegungspraxis fällt insofern schwer, als Rechnungslegung allgemein unterschiedlichen Zwecken dienen kann.[545] Ball/Robin/Wu (2003) definieren Qualität allgemein als das Ausmaß, mit dem Rechnungslegungsinformationen die einem Unternehmen zugrunde liegende ökonomische Situation reflektieren. Gleichzeitig wird allerdings ausgeführt, dass sich eine qualitative Beurteilung von Rechnungslegung als schwierig erweist.[546] Folglich erscheint es auf den ersten Blick zwecklos, ein allumfassendes Kriterium zur qualitativen Beurteilung von Rechnungslegungspraxis festzulegen.[547] Ein geeignetes Beurteilungskriterium kann allerdings gefunden werden, indem eine Hauptaufgabe der Finanzberichterstattung darin gesehen wird, den Adressaten möglichst entscheidungsnützliche Informationen zur Verfügung zu stellen.[548] Einen konkreten Hinweis auf diese Hauptaufgabe liefert das Rahmenkonzept des IASB:

> "The objective of general purpose financial reporting is to provide financial information about the reporting entity that is useful to existing and potential investors, lenders and other creditors in making decisions about providing resources to the entity. Those decisions involve buying, selling or holding equity and debt instruments, and providing or settling loans and other forms of credit."[549]

Demnach sollen die Adressaten mit entscheidungsnützlichen Informationen über das berichtende Unternehmen versorgt werden, um sich ein Bild über die wirtschaftliche Lage des Unternehmens machen und hieraus Entscheidungen ableiten zu können.[550] Dabei ist im Wesentlichen zwischen zwei verschiedenen Perspektiven hinsichtlich der zu treffenden Entscheidungen zu differenzieren: Einerseits betrifft dies die Allokation des zur Verfügung gestellten Eigen- und Fremdkapitals sowie andererseits Entscheidungen für Zwecke der Vertragsgestaltung, Verhaltenssteuerung und Rechenschaftslegung.[551] Das IASB stellt in seinem Rahmenkonzept die Perspektive der Entscheidungsnützlichkeit zur Allokation des zur Verfügung gestellten Kapitals in den Vordergrund, welches auch

545 Vgl. hierzu Kapitel 2.2.2 sowie Ball/Robin/Wu (2003), S. 236.

546 Vgl. Ball/Robin/Wu (2003), S. 236-237.

547 Vgl. Gassen/Sellhorn (2006), S. 366.

548 Vgl. Francis/Olsson/Schipper (2006), S. 11-12.

549 IASB Framework, Tz. OB2.

550 Vgl. zu diesem Aspekt Kapitel 2.3.1.

551 Vgl. Schipper/Vincent (2003), S. 98-99; Francis/Olsson/Schipper (2006), S. 12; Wagenhofer/Dücker (2007), S. 266-267.

in empirischen Untersuchungen regelmäßig mit Rechnungslegungsqualität in Verbindung gebracht wird.[552] Bezogen auf die Anforderungen an ein qualitatives Beurteilungskriterium lässt sich also zunächst festhalten, dass eine qualitativ hochwertige Finanzberichterstattung für die Allokation des Kapitals entscheidungsnützlich ist.[553]

Da eine qualitative Beurteilung der Finanzberichterstattung per se schwierig zu erfassen[554] bzw. die Qualität der Rechnungslegungspraxis nicht direkt beobachtet werden kann,[555] ist im nächsten Schritt ein alternatives Beurteilungskriterium heranzuziehen, welches Rückschlüsse auf die Auswirkungen der IFRS auf die Rechnungslegungspraxis ermöglicht. Diesbezüglich bietet sich eine Untersuchung von Ergebnisgrößen an, da diese sowohl aus Sicht der Adressaten als auch der Unternehmensmanager für die unterschiedlichsten Zwecke als entscheidungsnützliche Informationen angesehen werden und folglich hohe praktische Relevanz besitzen.[556] So werden Ergebnisgrößen von Anteilseignern z.B. dazu verwendet, die Performance eines betrachteten Unternehmens möglichst genau einzuschätzen und künftige Cashflows zu prognostizieren. Kreditgeber verwenden Ergebnisgrößen z.B. bei Kreditvergaben zur vertraglichen Fixierung von sogenannten Covenants, also der vertraglich bindenden Zusicherung eines Kreditnehmers, während der Kreditlaufzeit bestimmte Vereinbarungen wie z.B. Finanzkennzahlen einzuhalten.[557] Doch auch andere Stakeholder ziehen Ergebnisgrößen in ihre Entscheidungskalküle mit ein: So nutzen etwa Kunden und Lieferanten berichtete Ergebnisse, um die Fortsetzung ihrer Geschäftsbeziehungen mit dem betrachteten Unternehmen einschätzen zu können. Arbeitnehmer können aus Ergebnissen Rückschlüsse über die künftige Entwicklung des Unternehmens und damit über ihre Jobsicherheiten ableiten. Nicht zuletzt werden Ergebnisgrößen wie EBITDA, EBIT oder Jahresüberschuss auch speziell im Rahmen verschiedener Verfahren der Unternehmensbewertung, z.B. in Multiplikatorverfahren und in Residualgewinnmodellen, verwendet, oder sie dienen den Abschlusserstellern als Ausgangspunkt für Prognosen und Risikoangaben in

552 Vgl. etwa Francis/Olsson/Schipper (2006), S. 12; Gassen/Sellhorn (2006), S. 366; Wagenhofer/Dücker (2007), S. 267.

553 Vgl. Francis/Olsson/Schipper (2006), S. 12.

554 Ball/Robin/Wu (2003) formulieren diesen Gedanken mit der im Englischen zutreffenden Aussage: „'Financial reporting quality' is an elusive concept, particularly in view of the multiplicity of uses of financial statement information.“ Ball/Robin/Wu (2003), S. 236.

555 Vgl. hierzu sowie im Folgenden Goncharov (2005), S. 5.

556 Vgl. Francis et al. (2004), S. 968; Goncharov (2005), S. 5.

557 Zu Covenants vgl. ausführlich Hahn/Ortner (2006), S. 357-360; Haghani/Voll/Holzamer (2008), S. 3-22; Gaber/Kandel (2008), S. 9-11; Jöhnk/Jöhnk (2011).

der Berichterstattung.[558] Insbesondere bei der Bewertung von Unternehmen haben Ergebnisgrößen aus Sicht der Finanzanalysten schließlich insofern eine hohe Bedeutung, als diese dazu verwendet werden, Rückschlüsse auf künftige Performanceentwicklungen abzuleiten, um darauf aufbauend zu beurteilen, inwiefern der gegenwärtige Aktienkurs eines Unternehmens seinem tatsächlichen Wert entspricht.[559] Insgesamt ist daher im Interesse sämtlicher Stakeholder zu gewährleisten, dass die generierten und veröffentlichten Informationen entscheidungsnützlich sind. Bezogen auf Ergebnisgrößen geht damit die Anforderung einher, dass diese eine entsprechend hohe Qualität aufweisen sollten,[560] um daraus einen allgemeinen „summary indicator of financial reporting quality"[561] zu generieren.

Wenig verwunderlich ist es vor diesem Hintergrund, dass Ergebnisgrößen in der Rechnungslegungsforschung vielfach im Fokus von Untersuchungen stehen.[562] Infolgedessen findet das Konzept der Ergebnisqualität häufige Anwendung, dessen Grundgedanke allerdings oft nur vage verstanden wird.[563] Es meint eine Untersuchung verschiedener, aus Adressatensicht wünschenswerter Eigenschaften von Ergebnisgrößen.[564] Dabei ermöglicht die Untersuchung der Eigenschaften von Ergebnisgrößen einen Rückschluss auf die allgemeine Qualität der Finanzberichterstattung.[565]

Das Konzept der Ergebnisqualität ist als ein mehrdimensionales Konzept zu verstehen, für das bislang jedoch keine einheitliche Definition existiert.[566] Es überrascht daher kaum, dass unterschiedliche Erklärungsansätze nebeneinander existieren. So lässt sich Ergebnisqualität aus theoretischer Sicht etwa mit den Zwecken der Rechnungslegung verbinden.[567] Beispielsweise sehen Dechow/ Schrand (2004) die Ergebnisqualität als ein Maß dafür, inwiefern das Ergebnis eines Unternehmens dessen tatsächliche Performance reflektiert. Dies umfasst nach Auffassung der Autoren die Verwendung des Ergebnisses als ein Maß für

---

558 Vgl. Pronobis et al. (2010a), S. 93.

559 Vgl. hierzu ausführlich Dechow/Schrand (2004), S. 5.

560 Vgl. Goncharov (2005), S. 5.

561 Francis/Olsson/Schipper (2006), S. 13.

562 Vgl. Gassen/Sellhorn (2006), S. 368.

563 Vgl. Dücker/Wagenhofer (2007), S. 343.

564 Vgl. Francis et al. (2004), S. 968; Goncharov (2005), S. 5. Zu ausgewählten Eigenschaften von Ergebnisgrößen vgl. außerdem Kapitel 4.4.

565 Vgl. Francis/Olsson/Schipper (2006), S. 14.

566 Vgl. Penman/Zhang (2002), S. 237; Teets (2002), S. 355; Goncharov (2005), S. 6; Boonlert-U-Thai/Meek/Nabar (2006), S. 329; Francis/Olsson/Schipper (2006), S. 37; Dechow/Ge/Schrand (2010), S. 344-345.

567 Vgl. Wagenhofer/Dücker (2007), S. 267.

die gegenwärtige sowie als einen guten Indikator für die künftige operative Performance und als genaue Annuisierung des fundamentalen Unternehmenswerts.[568] Dechow/Ge/Schrand (2010) leiten eine Definition von Ergebnisqualität aus dem US-amerikanischem SFAC No. 1 ab und halten fest, dass qualitativ hochwertige Ergebnisse mehr Informationen über die Eigenschaften der finanziellen Performance, die für einen bestimmten Adressaten zu dessen Entscheidungsfindung relevant sind, zur Verfügung stellen.[569] In einem anderen Erklärungsansatz verwenden Schipper/Vincent (2003) den ökonomischen Gewinn[570] nach Hicks (1946) als Grundlage zur Definition von Ergebnisqualität. Demnach liegt ein qualitativ hochwertiges Ergebnis dann vor, wenn es möglichst glaubwürdig den ökonomischen Gewinn reflektiert.[571] Entsprechend würde eine niedrige Ergebnisqualität dann vorliegen, wenn lediglich eine schwache Übereinstimmung zwischen dem beobachtbaren Ergebnis der Rechnungslegung und dem ökonomischen Gewinn vorliegt.[572] Problematisch ist allerdings, dass der ökonomische Gewinn nicht beobachtbar ist und dieser Erklärungsansatz daher allenfalls nur mögliche konzeptionelle Begründungen für Ergebnisqualität bietet, jedoch wenig operationalisierbar ist.[573] Ungeachtet dieser verschiedenen Erklärungsansätze wird jedoch eins deutlich: Es ist stets die Perspektive ausschlaggebend, aus der Ergebnisqualität betrachtet wird.[574] Für Zwecke dieser Arbeit soll die Perspektive der Entscheidungsnützlichkeit eingenommen werden, da diese auch expliziter Bestandteil der Rechnungslegung nach IFRS ist. Wie sich das Konzept der Ergebnisqualität konkret anwenden lässt, wird im nachfolgenden Abschnitt aufgezeigt.

---

568 Vgl. Dechow/Schrand (2004), S. 2.

569 Vgl. Dechow/Ge/Schrand (2010), S. 344-345. Dabei betonen die Autoren in ihrem Erklärungsansatz allerdings auch, dass deren Definition von Qualität nicht zwingend auf das Kriterium der Entscheidungsnützlichkeit im Zusammenhang mit der Bewertung von Eigenkapital einzuschränken ist.

570 Der ökonomische Gewinn ist der Betrag, der einem Unternehmen in einer Periode entnommen werden kann, ohne dass sich der Barwert aller künftigen Einzahlungen abzüglich aller künftigen Auszahlungen bzw. das Erfolgskapital vermindert. Vgl. dazu Busse von Colbe/Crasselt/Pellens (2011), S. 312 sowie im Ursprung Hicks (1946), S. 176.

571 Vgl. Schipper/Vincent (2003), S. 98.

572 Vgl. Bhattacharya/Daouk/Welker (2003) S. 642.

573 In diesem Zusammenhang führen Schipper/Vincent (2003) aus, dass eine so definierte Ergebnisqualität nur innerhalb eines bestimmten Entscheidungszusammenhangs (Entscheidungsträger und Entscheidungsproblem) festgelegt werden kann. Dennoch dient der ökonomische Gewinn nach Auffassung der Verfasser als ein möglichst neutraler Maßstab für Ergebnisqualität. Vgl. hierzu Schipper/Vincent (2003), S. 98 und S. 107 sowie Wagenhofer/Dücker (2007), S. 267.

574 Vgl. Goncharov (2005), S. 6; Francis/Olsson/Schipper (2006), S. 37.

4.3 Eigenschaften von Ergebnisgrößen im Überblick

In der empirischen Rechnungslegungsforschung haben sich zahlreiche, vielfach modifizierte Maßgrößen zur Messung der Ergebnisqualität herausgebildet. Ein Großteil der empirischen Studien legt dabei regelmäßig eine im Ursprung von Francis/LaFond/Olsson/Schipper (2004) vorgenommene Einteilung der Maßgrößen zugrunde.[575] Demzufolge können die untersuchten Eigenschaften von Ergebnisgrößen in rechnungslegungs- und marktbasierte Eigenschaften unterschieden werden. Eine solche Differenzierung wird einerseits mit den verwendeten Daten sowie andererseits mit den Annahmen und Zielfunktionen, die den Eigenschaften von Ergebnisgrößen zugrunde liegen, begründet.[576] Die Eigenschaften orientieren sich dabei u.a. an den im Rahmenkonzept des IASB fixierten qualitativen Charakteristika.[577]

Abbildung 5 gibt einen Überblick über die in der empirischen Forschung regelmäßig betrachteten Eigenschaften von Ergebnisgrößen, die auch Untersuchungsgegenstand in der vorliegenden Arbeit sind.[578] Als rechnungslegungsbasierte Eigenschaften können die Eigenschaften Persistenz („persistence“), Vorhersagbarkeit („predictability“), Qualität der Periodenabgrenzungen („accrual quality“) sowie Glättung und Volatilität („smoothness“ und „volatility“) klassifiziert werden. Zur Ermittlung dieser Eigenschaften werden ausschließlich Rechnungslegungsdaten in Form von Ergebnisgrößen oder Zahlungsströmen verwendet. Den rechnungslegungsbasierten Eigenschaften liegt dabei die Annahme zugrunde, dass Ergebnisgrößen der periodengerechten Verteilung von

575 Vgl. Francis et al. (2004), S. 967-969.

576 Vgl. Francis et al. (2004), S. 969; Goncharov (2005), S. 6; Francis/Olsson/Schipper (2006), S. 38. Diese Unterscheidung der Eigenschaften ist nicht als abschließend zu betrachten. Eine alternative Unterscheidung teilt die Eigenschaften etwa dahingehend ein, ob sie als Zeitreihen, hinsichtlich ihrer Beziehungen zwischen Ergebnisgröße, Cashflow und Periodenabgrenzung oder aus Sicht der Standardsetter bzw. hinsichtlich den in deren Frameworks manifestierten qualitativen Charakteristika abgeleitet werden. Vgl. dazu im Ursprung Schipper/Vincent (2003), S. 99-106 sowie darauf aufbauend Gassen/Sellhorn (2006), S. 369-370; Dücker (2009a), S. 7-12.

577 Vgl. Wagenhofer/Dücker (2007), S. 271. Zu den qualitativen Charakteristika des Rahmenkonzepts vgl. IASB Framework, Tz. QC4-QC34.

578 Nicht im Fokus stehen hingegen Erklärungsansätze für mögliche Einflussfaktoren der einzelnen Eigenschaften, da Untersuchungsgegenstand der vorliegenden Arbeit vielmehr die Auswirkungen der IFRS-Anwendung auf die Rechnungslegungspraxis sind, anstatt die empirischen Erklärungsansätze zu hinterfragen und Einflussfaktoren zu analysieren. Zu einem ausführlichen Überblick über Einflussfaktoren der verschiedenen Eigenschaften vgl. stellvertretend Dechow/Ge/Schrand (2010), S. 350-376 und 379-386.

Zahlungsströmen durch Periodenabgrenzungen dienen.[579] Dabei können Periodenabgrenzungen als etwaige Abgrenzungsbuchungen von Zahlungsströmen auf die Perioden, denen die zugrunde liegenden Geschäftsvorfälle zuordenbar sind, verstanden werden, d.h. Periodenabgrenzungen verteilen stoßweise anfallende Cashflows auf die jeweiligen Perioden.[580]

Zu den marktbasierten Eigenschaften zählen Wertrelevanz („value relevance"), bedingte Vorsicht („conditional conservatism") und Zeitnähe („timeliness"). Sie berücksichtigen einen Zusammenhang zwischen Ergebnisgrößen und Kapitalmarktrenditen und resultieren folglich aus Rechnungslegungs- sowie Kapitalmarktdaten. Annahmegemäß besteht bei marktbasierten Eigenschaften die Funktion eines Ergebnisses darin, den durch Kapitalmarktrenditen dargestellten ökonomischen Gewinn möglichst genau abzubilden.[581] Damit stellen Marktpreise in gewisser Weise einen Maßstab für die Ergebnisqualität dar.[582]

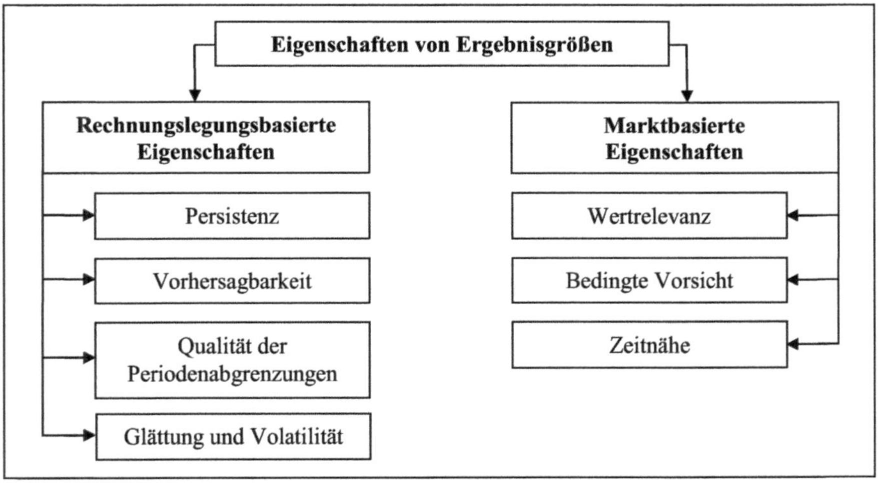

Abbildung 5: Eigenschaften von Ergebnisgrößen im Überblick[583]

579 Vgl. Francis et al. (2004), S. 969.

580 Hierzu zählt z.B. die Aktivierung von Anlagevermögen zum Zweck künftig anfallender Abschreibungen, die Bildung von Rückstellungen oder die Bildung eines aktiven oder passiven Abgrenzungspostens. Vgl. dazu Pronobis et al. (2010a), S. 94; Dechow/ Schrand (2004), S. 10-15; Wagenhofer/Dücker (2007), S. 268. Zu dem Konzept der Periodenabgrenzung vgl. allgemein Nobach (2006), S. 83; Wagenhofer/Dücker (2007), S. 268-270; Pellens et al. (2011), S. 123.

581 Vgl. Francis et al. (2004), S. 969.

582 Vgl. Pronobis et al. (2010b), S. 165.

583 Eigene Darstellung.

Neben diesen einschlägigen, auch im folgenden Abschnitt näher thematisierten Eigenschaften von Ergebnisgrößen werden in der empirischen Rechnungslegungsforschung häufig weitere Eigenschaften untersucht. Hierzu zählen etwa rechnungslegungsbasierte Eigenschaften wie die Verlustvermeidung („loss avoidance") oder die Übereinstimmung von Finanzberichterstattung und Steuerbilanzierung („book-tax conformity").[584] Darüber hinaus wird häufig auch Bilanzpolitik („earnings management") explizit in Untersuchungen zur Ergebnisqualität eingebunden. Bilanzpolitik kann in einer allgemeinen Definition als ein gezieltes Ergreifen von Maßnahmen beschrieben werden, das Auswirkungen auf die Finanzberichterstattung hat, um damit Bilanzadressaten oder Rechtsfolgen zu beeinflussen.[585] Dabei umfasst Bilanzpolitik nicht zwingend illegale Maßnahmen wie z.B. die Bilanzverfälschung, sondern vielmehr Handlungen im Regelungsbereich der erlassenen Normen.[586] Während die Eigenschaft Glättung häufig mit Bilanzpolitik in Verbindung gebracht wird, existieren darüber hinaus einige weitere Möglichkeiten, um Bilanzpolitik empirisch zu messen.[587]

Obwohl eine Reihe weiterer Messkonstrukte und zahlreiche Abwandlungen der genannten Eigenschaften in der Literatur existieren, konzentriert sich die vorliegende Arbeit im weiteren Verlauf bewusst auf die zuvor genannten und im Wesentlichen auf Francis/LaFond/Olsson/Schipper (2004) zurückgehenden Eigenschaften von Ergebnisgrößen.[588] Hinsichtlich der Auswirkungen der Eigenschaften auf die Kapitalkosten von Unternehmen weisen empirische Untersuchungen dabei nach, dass die rechnungslegungsbasierten Eigenschaften einen tendenziell stärkeren Effekt als marktbasierte Eigenschaften haben und aus Adressatensicht als relevanter erachtet werden.[589]

Trotz eines im Schrifttum ausgeprägten Rückgriffs auf das Instrumentarium der Eigenschaften von Ergebnisgrößen sollte stets beachtet werden, dass Rückschlüsse auf die Qualität der Finanzberichterstattung grundsätzlich nicht aus-

584 Vgl. dazu näher Goncharov (2005), S. 12-14.

585 Vgl. Healy/Wahlen (1999), S. 368; Wagenhofer/Ewert (2007), S. 237.

586 Vgl. Nobach (2006), S. 151; Detert/Sellhorn (2007), S. 247.

587 Zur Bilanzpolitik im Zusammenhang mit Glättung und Volatilität vgl. Kapitel 4.4.1.3. Auf weitere Konstrukte zur Messung von Bilanzpolitik soll im weiteren Verlauf nicht näher eingegangen werden. Zu Studien, die Bilanzpolitik empirisch untersuchen, vgl. stattdessen u.a. Leuz/Nanda/Wysocki (2003), S. 509-511; Burgstahler/Hail/Leuz (2006), S. 990-992. Grundlegend zum Zusammenhang zwischen Bilanzpolitik und Ergebnisqualität vgl. Goncharov (2005), S. 26-35.

588 Vgl. Francis et al. (2004), S. 969 sowie in gleicher oder ähnlicher Form u.a. Gassen/Sellhorn (2006), S. 376-380; Dücker/Wagenhofer (2007), S. 344-348; Wagenhofer/Dücker (2007), S. 270-282; Pronobis et al. (2010a), S. 94-95; Pronobis et al. (2010b), S. 165-166.

589 Vgl. Francis et al. (2004), S. 970; Schipper (2005), S. 109.

schließlich aus einer Untersuchung der Eigenschaften von Ergebnisgrößen abgeleitet werden sollten. So stellen berichtete Ergebnisse häufig stark verdichtete Abschlussgrößen dar, aus denen allein nicht immer zwingend entscheidungsnützliche Informationen herausgefiltert werden können.[590] Auch wenn das Konzept der Ergebnisqualität also eine wesentliche Rolle in der empirischen Rechnungslegungsforschung einnimmt und in dieser Arbeit Anwendung findet, sollte es zugleich hinreichend objektiv und kritisch betrachtet werden. Folglich ist zu betonen, dass es ein mögliches Instrument neben weiteren, hier nicht im Mittelpunkt stehenden Instrumenten darstellt, um Rückschlüsse auf die Qualität der Finanzberichterstattung zu ziehen. Einen Überblick über die in dieser Arbeit untersuchten Eigenschaften von Ergebnisgrößen und deren empirische Umsetzung gibt der nachfolgende Abschnitt.

4.4 Ermittlung ausgewählter Eigenschaften von Ergebnisgrößen

4.4.1 Rechnungslegungsbasierte Eigenschaften

4.4.1.1 Persistenz und Vorhersagbarkeit

Die Eigenschaften Persistenz und Vorhersagbarkeit[591] werden in der Literatur mit Zeitreiheneigenschaften von Ergebnisgrößen verbunden.[592] Es handelt sich um zwei verschiedene Eigenschaften,[593] die sich speziell auf die Innovationskraft von Ergebnissen,[594] d.h. auf den Anteil von neuen Informationen in den Ergebnissen,[595] beziehen. In diesem Zusammenhang können Ergebnisgrößen in permanente und transitorische, also lediglich vorübergehende Komponenten zerlegt werden. Permanente Ergebnisgrößen resultieren aus Geschäftsvorfällen, die zu Innovationen in den Ergebnissen führen und damit hinsichtlich ihrer Zeitreiheneigenschaften dauerhaft in einer Ergebnisreihe verbleiben. Demgegenüber bilden transitorische Ergebnisgrößen lediglich einmalige Geschäftsvorfälle ab,

590 Vgl. hierzu kritisch Francis/Olsson/Schipper (2006), S. 14.

591 Die Bezeichnungen Persistenz und Vorhersagbarkeit werden aus dem Englischen von „persistence“ bzw. „sustainability“ sowie „predictability“ abgeleitet. Andere gängige deutsche Bezeichnungen hierfür sind Beständigkeit und Prognosefähigkeit. Vgl. etwa Wagenhofer/Dücker (2007), S. 271-272; Pronobis et al. (2010a), S. 94.

592 Vgl. Schipper/Vincent (2003), S. 99.

593 Vgl. Lipe (1990), S. 52.

594 Vgl. Schipper/Vincent (2003), S. 99.

595 Vgl. Kormendi/Lipe (1987), S. 324.

wie z.B. die Erfassung von Gewinnen und Verlusten aus dem Verkauf von Sachanlagen.[596] Transitorische Komponenten in Ergebnissen haben folglich keinen nachhaltigen Einfluss auf die Ergebniserwartungen.[597]

Die Eigenschaft Persistenz kann als ein Maß dafür interpretiert werden, in welchem Umfang gegenwärtige Ergebnisse Auswirkungen auf die künftige Ergebnisreihe, respektive zu welchem Anteil Innovationen einer laufenden Periode nachhaltigen Einfluss auf die künftige Ergebnisreihe haben.[598] Annahmegemäß folgen perfekt persistente Ergebnisse einem sogenannten „random walk".[599] Dieser ruft Erwartungen über künftige Ergebnisse hervor, die ausschließlich von den zuletzt beobachteten Ergebnissen abhängen. Ein einfaches Random Walk-Modell lässt sich wie folgt darstellen:[600]

$$e_t = e_{t-1} + \varepsilon_t \qquad (1)$$

mit:

e_t = Ergebnis zum Zeitpunkt t;
e_{t-1} = Ergebnis zum Zeitpunkt t-1.

Bezogen auf die Eigenschaft Persistenz fließen also Innovationen bei Vorliegen eines perfekt persistenten Ergebnisses dauerhaft in eine künftige Ergebnisreihe ein.[601] Folglich stellen persistente Ergebnisse einen geeigneten Indikator für künftige Ergebnisse dar und werden somit als eine wünschenswerte Eigenschaft von Ergebnisgrößen gesehen,[602] da gegenwärtige Ergebnisse stabil, nachhaltig erzielbar und weniger risikoreich erscheinen.[603] Ergebnisgrößen mit hoher Persistenz sind aus Analystensicht deshalb zum Beispiel auch für Bewertungsverfahren besonders geeignet, weil sie etwaige Anpassungen wie zum Beispiel die Bereinigung um einmalige Komponenten erleichtern oder unter Umständen gar nicht erfordern.[604] Vor diesem Hintergrund ist es zugleich wenig verwunderlich, dass in verschiedenen Fällen versucht wird, transitorische Effekte von wiederkehrenden, also persistenten Effekten zu trennen. In diesem Sinne werden einmalige Effekte bei der Ermittlung von sogenannten „Pro Forma Earnings"[605]

---

596 Vgl. Goncharov (2005), S. 8.
597 Vgl. Ali/Zarowin (1992), S. 250.
598 Vgl. Baginski et al. (1999), S. 110; Schipper/Vincent (2003), S. 99.
599 Vgl. Schipper/Vincent (2003), S. 99 sowie zum Grundgedanken des „random walk" Watts/Zimmerman (1986), S. 137.
600 Vgl. Watts/Zimmerman (1986), S. 137.
601 Vgl. Schipper/Vincent (2003), S. 99.
602 Vgl. Penman/Zhang (2002), S. 237-238; Bissessur (2008), S. 40.
603 Vgl. Wagenhofer/Dücker (2007), S. 271.
604 Vgl. Schipper/Vincent (2003), S. 99; Goncharov (2005), S. 8.
605 Vgl. ausführlich zu „Pro Forma Earnings" Gronewold/Sellhorn (2009), S. 107-111.

häufig herausgerechnet. Weiterhin versuchen Analysten, sogenannte „Core Earnings“[606] zu ermitteln, um besondere Ergebniseinflüsse nach Möglichkeit zu eliminieren.[607]

Empirisch wird die Eigenschaft Persistenz für gewöhnlich anhand eines autoregressiven Modells erster Ordnung gemessen, indem eine Ergebnisgröße der betrachteten Periode auf eine Ergebnisgröße der vorausgehenden Periode regressiert wird:[608]

$$X_{i,t} = ß_0 + ß_1 X_{i,t-1} + \varepsilon_{i,t} \tag{2}$$

mit:

$X_{i,t}$ = Ergebnis des Unternehmens i zum Zeitpunkt t;

$X_{i,t-1}$ = Ergebnis des Unternehmens i zum Zeitpunkt t-1.

Die Eigenschaft Persistenz wird durch den Steigungskoeffizienten $ß_1$ aus Gleichung (2) ausgedrückt.[609] Dabei können als Parameter für das Ergebnis unterschiedliche Ergebnisgrößen wie z.B. das Betriebsergebnis, das Ergebnis der gewöhnlichen Geschäftstätigkeit oder auch der Jahresüberschuss in dem Modell verwendet werden.[610] In empirischen Untersuchungen wird vielfach auf das Ergebnis vor außergewöhnlichen Positionen zurückgegriffen.[611] Der Steigungskoeffizient aus Gleichung (2) kann Werte zwischen null und eins annehmen. Unter der Annahme, dass persistente Ergebnisse einem Random Walk folgen, bedeutet ein Koeffizient nahe eins hohe Persistenz, während ein Koeffizient nahe null ein Anzeichen für lediglich niedrige Persistenz ist.[612] Folglich kann ein Steigungskoeffizient, der einen Wert nahe eins annimmt, als ein Indikator für eine hohe Qualität der Ergebnisgrößen interpretiert werden, während Werte nahe null aufgrund überwiegender transitorischer Effekte in den Ergebnissen eine niedrigere Qualität anzeigen.[613]

Eine gängige Erweiterung des beschriebenen Modells aus Gleichung (2) lässt sich über die Zusammensetzung des Ergebnisses herleiten. Dieses setzt sich definitionsgemäß aus der Summe des Cashflows aus der betrieblichen Tätigkeit und den Periodenabgrenzungen in der Periode zusammen, so dass ein Ergebnis

606 Vgl. hierzu ausführlich Blitzer/Friedman/Silverblatt (2002), S. 4-13.

607 Vgl. Wagenhofer/Dücker (2007), S. 271.

608 Vgl. Lev (1983), S. 44; Ali/Zarowin (1992), S. 252. Zur Verwendung autoregressiver Modelle höherer Ordnungen vgl. darüber hinaus Baginski et al. (1999).

609 Vgl. Kormendi/Lipe (1987), S. 329-330; Francis/Olsson/Schipper (2006), S. 43.

610 Vgl. Wagenhofer/Dücker (2007), S. 271.

611 Vgl. hierzu Francis/Olsson/Schipper (2006), S. 43.

612 Vgl. Kormendi/Lipe (1987), S. 330.

613 Vgl. Francis/Olsson/Schipper (2006), S. 43.

aus der Periodisierung von Zahlungsströmen konstruiert wird.[614] Entsprechend kann in einem erweiterten Modell das Ergebnis in den Cashflow aus der betrieblichen Tätigkeit und den Periodenabgrenzungen unterteilt und wie folgt dargestellt werden:[615]

$$X_{i,t} = ß_0 + ß_1 CFO_{i,t-1} + ß_2 PA_{i,t-1} + \varepsilon_{i,t} \quad (3)$$

mit:

$X_{i,t}$ = Ergebnis des Unternehmens i zum Zeitpunkt t;

$CFO_{i,t-1}$ = Cashflow aus der betrieblichen Tätigkeit des Unternehmens i zum Zeitpunkt t-1;

$PA_{i,t-1}$ = Periodenabgrenzungen des Unternehmens i zum Zeitpunkt t-1.

Dabei zeigt sich üblicherweise, dass der Koeffizient $ß_1$ signifikant größer ist als $ß_2$, was impliziert, dass die Cashflow-Komponente in dem Ergebnis persistenter ist als die Komponente der Periodenabgrenzungen.[616] Eine mögliche Erklärung für diese Erkenntnis ist, dass die Fehler bei Periodenabgrenzungen – nicht zuletzt aufgrund des Ausgleichs in den späteren Perioden – höher sind als bei den zugrunde liegenden Cashflows aus der betrieblichen Tätigkeit.[617] Nicht eindeutig ist allerdings, inwiefern $ß_2$ oder eine Kombination von $ß_1$ und $ß_2$ als Maßgröße für Ergebnisqualität zu interpretieren sind.[618] Für Zwecke einer empirischen Untersuchung wird daher das ursprüngliche Modell verwendet.

Die Eigenschaft Vorhersagbarkeit bedeutet allgemein, dass Rechnungslegungsinformationen aus Vorperioden die Fähigkeit der Rechnungslegungsadressaten verbessern, künftig für sie relevante Positionen besser schätzen zu können.[619] In Bezug auf Ergebnisgrößen wird unter Vorhersagbarkeit dabei konkret die Eignung verstanden, aus Ergebnissen vergangener Perioden eine künftige Ergebnisreihe möglichst treffgenau prognostizieren zu können.[620] Vorhersagbarkeit wird deshalb als eine wünschenswerte Eigenschaft von Ergebnisgrößen betrachtet.[621] Dabei handelt es sich um eine Eigenschaft, die zugleich Bestandteil

614 Vgl. Dechow/Dichev (2002), S. 37; Dobler (2008), S. 260.

615 Vgl. Sloan (1996), S. 297.

616 Vgl. Sloan (1996), S. 297.

617 Vgl. Wagenhofer/Dücker (2007), S. 272 sowie ausführlich zu weiteren Erklärungsansätzen Dechow/Schrand (2004), S. 18-24; Dechow/Ge/Schrand (2010), S. 353.

618 Vgl. Wagenhofer/Dücker (2007), S. 272 sowie zu einer weiteren Entwicklung des Modells Dechow/Ge/Schrand (2010), S. 352.

619 Vgl. Schipper/Vincent (2003), S. 100.

620 Vgl. Lipe (1990), S. 50.

621 Vgl. Francis et al. (2004), S. 972.

des Kriteriums der Relevanz in dem Rahmenkonzept des IASB ist und dort konkret wie folgt beschrieben wird:[622]

> "Financial information has predictive value if it can be used as an input to processes employed by users to predict future outcomes. Financial information need not be a prediction or forecast to have predictive value. Financial information with predictive value is employed by users in making their own predictions."[623]

Darüber hinaus schätzen auch Finanzanalysten diese Eigenschaft, da vorhersagbare Ergebnisse das Risiko einer verfehlten Analystenschätzung verringern bzw. Analystenschätzungen verbessern.[624] Ferner sollten Ergebnisse vorhersagbar sein, um bei Unternehmensbewertungen ein sachgerechtes Bild der künftigen wirtschaftlichen Lage des Unternehmens zu vermitteln und damit in Bewertungen verwendet werden zu können.[625] Wie die Eigenschaft Persistenz steht auch die Eigenschaft Vorhersagbarkeit in einem engen Zusammenhang mit den Innovationskomponenten in den Ergebnissen.[626] Demnach sind Ergebnisse dann vorhersagbar, wenn sie zum einen persistenten Charakter und zum anderen ein lediglich geringes Maß an Schocks in den Ergebnissen, den sogenannten „earnings shocks", aufweisen.[627] Unter der Annahme, dass solche „earnings shocks" durch die Varianz in den Innovationskomponenten abgebildet werden können, wird die Eigenschaft Vorhersagbarkeit als umso besser beurteilt, je geringer die Varianz, je stabiler also der Ergebnisverlauf ist.[628]

Die Vorhersagbarkeit von Ergebnissen kann vor diesem Hintergrund auf Basis der Regression, die auch der Messung von Persistenz zugrunde gelegt wurde, gemessen werden. Als Maßgröße lässt sich Vorhersagbarkeit daher formal als die Wurzel der Fehlervarianz aus Gleichung (2) darstellen:[629]

$$\text{Vorhersagbarkeit} = \sqrt{\sigma^2(\varepsilon_{i,t})} \qquad (4)$$

mit:

$\varepsilon_{i,t}$ = Störterm aus Gleichung (2).

Eine niedrige Fehlervarianz impliziert hierbei ein hohes Maß an Vorhersagbarkeit und damit zugleich eine hohe Qualität der Ergebnisgrößen, während eine

622 Vgl. dazu IASB Framework, Tz. QC7-QC10.

623 IASB Framework, Tz. QC 8.

624 Vgl. Wagenhofer/Dücker (2007), S. 272; Dichev/Tang (2009), S. 161; Pronobis et al. (2010a), S. 94.

625 Vgl. Dichev/Tang (2009), S. 161.

626 Vgl. Schipper/Vincent (2003), S. 99.

627 Vgl. Lipe (1990), S. 50.

628 Vgl. Schipper/Vincent (2003), S. 100.

629 Vgl. Francis et al. (2004), S. 972; Francis/Olsson/Schipper (2006), S. 44.

steigende Fehlervarianz deren Qualität verringert.[630] Alternativ zur Fehlervarianz lässt sich auch das (adjustierte) Bestimmtheitsmaß R^2 als Maßgröße zur Messung der Eigenschaft Vorhersagbarkeit verwenden.[631] Das Bestimmtheitsmaß berücksichtigt neben der Varianz der Residuen die gesamte Varianz der abhängigen Variablen.[632] Bei dessen Verwendung deutet ein höheres Bestimmtheitsmaß daher auf eine entsprechend höhere Qualität der Ergebnisgrößen hin.[633]

Fraglich ist dann, welche Maßgröße der beschriebenen Alternativen zur Untersuchung der Vorhersagbarkeit infolge der Umstellung auf die IFRS herangezogen werden sollte. Für einen Vergleich von Stichproben aus unterschiedlichen Grundgesamtheiten ist die Standardabweichung der Residuen vielfach besser geeignet,[634] da das Bestimmtheitsmaß auch von anderen Eigenschaften einer Stichprobe beeinflusst wird und somit formal nicht zwingend für einen Stichprobenvergleich geeignet scheint.[635] Hingegen ist dieses Problem in einer reinen Zeitreihenanalyse weniger gegeben. Weiterhin hat das Bestimmtheitsmaß für sich genommen den Vorteil, dass es sich um eine relative Größe handelt, die insbesondere für Analystenschätzungen von Bedeutung und intuitiver nachvollziehbar ist.[636] Aufgrund der ökonometrischen Schwierigkeiten der Verwendung des Bestimmtheitsmaßes insbesondere bei Querschnittsvergleichen wird in der vorliegenden Arbeit dennoch die Standardabweichung der Residuen verwendet.[637]

Obwohl die Eigenschaften Persistenz und Vorhersagbarkeit aus dem gleichen Modell abgeleitet werden, handelt es sich um grundlegend verschiedene Konzepte. Während sich Persistenz auf die Zeitreihenbeziehung von gegenwärtigen und künftigen Ergebnissen bezieht, legt die Eigenschaft Vorhersagbarkeit die Variation der „earnings shocks", d.h. der Innovationskomponenten, in den Ergebnisreihen zugrunde.[638] Dies kann zu widersprüchlichen Aussagen der Eigenschaften führen. So können Ergebnisse mit hoher Persistenz, die einem Ran-

630 Vgl. Lipe (1990), S. 52.

631 Vgl. zu dieser alternativen Verwendung Wagenhofer/Dücker (2007), S. 272.

632 Zur Verwendung von Bestimmtheitsmaßen vgl. Bauer/Fertig/Schmidt (2009), S. 210-215.

633 Vgl. Wagenhofer/Dücker (2007), S. 272.

634 Vgl. Wagenhofer/Dücker (2007), S. 272.

635 Zur Kritik an der Verwendung des Bestimmtheitsmaßes bei Stichproben aus unterschiedlichen Grundgesamtheiten vgl. Gu (2007), S. 1073-1079 sowie Hope (2007), S. 144-145.

636 Vgl. Wagenhofer/Dücker (2007), S. 272.

637 Eine weitere Möglichkeit, um Vorhersagbarkeit zu messen, wenden Gassen/Sellhorn (2006) an, indem die Residuen aus Gleichung (2) mit deren abhängiger Variable skaliert werden und hieraus das Mittel gebildet wird. Vgl. Gassen/Sellhorn (2006), S. 379.

638 Vgl. Lipe (1990), S. 52.

dom Walk folgen, ein niedriges Maß an Vorhersagbarkeit aufweisen, wenn die Ergebnisreihe einen wenig stabilen Verlauf bzw. eine hohe Variation der Innovationskomponente aufweist.[639] Als Konsequenz können daher irreführende Interpretationen abgeleitet werden. Beispielsweise könnten zwei miteinander zu vergleichende Ergebnisreihen die gleiche Variation an Innovationskomponenten haben. Während allerdings die eine Ergebnisreihe einem Random Walk folgt, liegt der anderen Ergebnisreihe ein eher zufälliges Rauschen („white-noise series") zugrunde. In diesem Fall würde die erste Ergebnisreihe auf persistentere Ergebnisse hindeuten, während die Vorhersagbarkeit aufgrund gleicher Standardabweichungen der Residuen bei beiden Ergebnisreihen als gleich eingeschätzt würde. Alternativ wäre es denkbar, dass zwei Ergebnisreihen einem Random Walk folgen, die eine Ergebnisreihe allerdings ein hohes Maß an Innovationskomponenten, also einen weniger stabilen Verlauf, und die andere Ergebnisreihe ein niedriges Maß an Innovationskomponenten, also einen eher stabilen Verlauf, aufweist. Unter diesen Bedingungen wären beide Ergebnisreihen ähnlich persistent, allerdings würde nur die Ergebnisreihe mit dem eher stabilen Verlauf als vorhersagbar eingestuft werden.[640]

Auch andere Gründe sprechen dafür, dass die reinen Maßgrößen nicht zwingend einen eindeutigen Rückschluss auf die Ergebnisqualität ermöglichen müssen. So kann etwa die Vorhersagbarkeit von Ergebnissen durch bilanzpolitisches Verhalten der Unternehmen zumindest in kurzer Hinsicht erhöht werden, indem z.B. eine bilanzierte Ergebnisreihe durch Intervention des Managements geglättet wird. Dies wirft die Frage auf, ob bilanzpolitisches Verhalten in diesem Zusammenhang die Ergebnisqualität erhöht und somit einen positiven Einfluss hat.[641] Zumindest empirisch lässt sich nachweisen, dass die Eigenschaft Vorhersagbarkeit negativ mit volatilen Ergebnissen korreliert, was ein Indiz dafür sein könnte, dass möglichst glatte Ergebnisreihen die Vorhersagbarkeit von Ergebnissen positiv beeinflussen.[642] Konzeptionell ist ferner festzustellen, dass die Eigenschaft Vorhersagbarkeit als Maßgröße für Ergebnisqualität den Nachteil hat, dass ein höheres Maß an Vorhersagbarkeit im Rahmen einer Querschnittsanalyse tendenziell mit einem geringeren marginalen Informationsgehalt der Rechnungslegung einhergeht. Des Weiteren ist anzumerken, dass die modellierte Eigenschaft Persistenz sowohl die Persistenz der Performance des betrachteten Unternehmens als auch die der Rechnungslegung erfasst.[643] Um daher eine Aus-

---

639 Vgl. Schipper/Vincent (2003), S. 101; Boonlert-U-Thai/Meek/Nabar (2006), S. 330.

640 Vgl. Lipe (1990), S. 52.

641 Vgl. hierzu Schipper/Vincent (2003), S. 101. Zu bilanzpolitischem Verhalten in Verbindung mit der Untersuchung von Glättung bzw. Volatilität vgl. Kapitel 4.4.1.3.

642 Vgl. dazu Dechow/Schrand (2004), S. 37; Dichev/Tang (2009), S. 161-162.

643 Vgl. Dechow/Schrand (2004), S. 6.

sage über die Eigenschaften eines Rechnungslegungssystems zu treffen, sollten diese beiden Komponenten voneinander getrennt werden,[644] indem z.B. die Auswirkungen des Wechsels des Rechnungslegungssystems analysiert werden. Schließlich ergibt sich ein weiteres Problem daraus, dass nicht immer eindeutig ist, inwiefern Vorhersagbarkeit allein auf den Zeitreiheneigenschaften der Ergebnisse basiert. So gibt es für gewöhnlich Zusatzinformationen, die komplementär oder substitutiv zu der Zeitreihe früherer Ergebnisse sind. Folglich könnte die Vorhersagbarkeit der Ergebnisse durch zusätzliche Informationen womöglich völlig anders zu beurteilen sein.[645] Trotz aller Kritik werden die Eigenschaften Persistenz und Vorhersagbarkeit in der empirischen Rechnungslegungsforschung regelmäßig in empirische Untersuchungen eingebunden. Hinsichtlich der Auswirkungen auf andere Eigenschaften von Ergebnisgrößen ist dabei festzustellen, dass persistente bzw. vorhersagbare Ergebnisse wertrelevant sein können, sich also ein stärkerer Zusammenhang zwischen Ergebnissen und Aktienkursen bei stärkerer Persistenz und Vorhersagbarkeit feststellen lässt.[646]

4.4.1.2 Qualität der Periodenabgrenzungen

Eine Analyse der Periodenabgrenzungen basiert auf dem Grundgedanken, dass solche Ergebnisse als besonders wünschenswert erachtet werden, bei denen die Periodenabgrenzungen eine möglichst gute Verbindung zu den Cashflows des betrachteten Unternehmens herstellen.[647] Aufgabe von Periodenabgrenzungen soll also eine möglichst zutreffende Abbildung der wirtschaftlichen Leistung eines Unternehmens unter Einbezug von nicht zur betrachteten Rechnungslegungsperiode gehörenden Cashflows sein.[648] Die Bedeutung von Periodenabgrenzungen wird auch in dem Rahmenkonzept des IASB hervorgehoben:

> "Accrual accounting depicts the effects of transactions and other events and circumstances on a reporting entity's economic resources and claims in the periods in which those effects occur, even if the resulting cash receipts and payments occur in a different period. This is important because information about a reporting entity's economic resources and claims and changes in its economic resources and claims during a period provides a better basis for assessing the entity's past and future per-

---

644 Vgl. Wagenhofer/Dücker (2007), S. 272.

645 Vgl. Wagenhofer/Dücker (2007), S. 272-273.

646 Vgl. Goncharov (2005), S. 8; Bissessur (2008), S. 40; Hanlon/Maydew/Shevlin (2008), S. 295 sowie ausführlich dazu Kormendi/Lipe (1987); Easton/Zmijewski (1989); Lipe (1990).

647 Vgl. Dechow/Dichev (2002), S. 36.

648 Vgl. Dechow/Dichev (2002), S. 35.

formance than information solely about cash receipts and payments during that period.“[649]

Dabei resultieren Periodenabgrenzungen aus dem Rechnungslegungsprozess und sind somit ein unvermeidbarer Bestandteil eines jeden Rechnungslegungssystems.[650] Auch wenn eine Untersuchung der Periodenabgrenzungen auf den ersten Blick von Cashflows abstrahiert, da augenscheinlich allein aus der Rechnungslegung gewonnene Zusatzinformationen einbezogen werden, ist ein wichtiger Ausgangspunkt zur Untersuchung der Periodenabgrenzungen, dass diese eine unmittelbare Folge von Cashflows sind – und zwar derselben betrachteten Periode sowie früherer und/oder späterer Perioden. Folglich kann ein materieller Zusammenhang hergestellt werden, der bei einer isolierten Betrachtung der Periodenabgrenzungen unbeachtet bleiben würde.[651]

Periodenabgrenzungen können in zwei Komponenten unterschieden werden: „Normale“ Periodenabgrenzungen („normal accruals“) sind Periodenabgrenzungen, die dazu beitragen, die wirtschaftliche Leistung eines Unternehmens möglichst zutreffend abzubilden, und weitgehend frei von bilanzpolitischen Maßnahmen sind. Abnormale Periodenabgrenzungen („abnormal accruals“) umfassen hingegen Verzerrungen, welche durch die Anwendung von Rechnungslegungsregeln, respektive sich daraus ergebenden bilanzpolitischen Möglichkeiten, hervorgerufen werden.[652] Weder normale noch abnormale Periodenabgrenzungen können direkt beobachtet werden und sind daher anhand von Rechnungslegungsdaten zu ermitteln. Es gibt zahlreiche Ansätze, die Periodenabgrenzungen in ihre Komponenten zerlegen und unterschiedliche Abwandlungen der zugrunde liegenden Modelle vornehmen. Abnormale Periodenabgrenzungen werden hierbei am häufigsten in empirischen Untersuchungen betrachtet.[653] Ein hoher Anteil an abnormalen Periodenabgrenzungen wird mit einer niedrigen Qualität der Ergebnisgröße assoziiert, wobei gleichzeitig eine hohe Korrelation zwischen abnormalen Periodenabgrenzungen und Periodenabgrenzungen im Allgemeinen festzustellen ist. Ein Unternehmen, das also ein hohes Maß an Periodenabgrenzungen aufweist, wird demnach zugleich ein hohes Maß an abnormalen Periodenabgrenzungen aufweisen.[654]

Zwei grundlegende, im Zeitablauf mehrfach modifizierte Ansätze zur Untersuchung der Qualität von Periodenabgrenzungen gehen auf Jones (1991) und

---

649 IASB Framework, Tz. OB 17.

650 Vgl. Goncharov (2005), S. 9.

651 Vgl. Wagenhofer/Dücker (2007), S. 274.

652 Vgl. Dechow/Ge/Schrand (2010), S. 358.

653 Vgl. Goncharov (2005), S. 10.

654 Vgl. Dechow/Ge/Schrand (2010), S. 358.

Dechow/Dichev (2002) zurück.[655] Ausgangspunkt des Modells nach Jones (1991) ist der Gedanke, dass Periodenabgrenzungen von den spezifischen, fundamentalen Rahmenbedingungen eines Unternehmens abhängen, welche modelltheoretisch durch die Veränderung der Umsatzerlöse und die Sachanlagen angenähert werden. Erstere werden als Treiber der Periodenabgrenzungen innerhalb des Working Capitals gesehen, während letztere den Umfang der Abschreibungen bestimmen.[656] Abnormale Periodenabgrenzungen als Maßgröße für Ergebnisqualität resultieren dann aus der Variation solcher Periodenabgrenzungen des nachfolgenden Modells, die nicht durch das Umsatzwachstum und die Sachanlagen erklärt werden können:[657]

$$PA_{i,t} = ß_0 + ß_1 \Delta UE_{i,t} + ß_2 SAV_{i,t} + \varepsilon_{i,t} \qquad (5)$$

mit:

$PA_{i,t}$	=	Periodenabgrenzungen des Unternehmens i zum Zeitpunkt t;
$\Delta UE_{i,t}$	=	Veränderung der Umsatzerlöse des Unternehmens i zwischen t und t-1;
$SAV_{i,t}$	=	Sachanlagevermögen des Unternehmens i zum Zeitpunkt t.

Der Anteil der abnormalen Periodenabgrenzung leitet sich nach Gleichung (5) aus dem Störterm ab. Unter der Annahme, dass der Störterm den Anteil abnormaler Periodenabgrenzungen abdeckt, besteht somit ein inverser Zusammenhang zwischen der Höhe des Störterms und der Ergebnisqualität: Je höher der Störterm, desto niedriger ist also die Qualität dieser Eigenschaft.[658]

Der Ansatz von Dechow/Dichev (2002) basiert auf der Idee, dass Periodenabgrenzungen im Zeitablauf anfallende Cashflows derart abgrenzen, dass die von den Rechnungslegungsregeln abhängigen Ergebnisgrößen in einem Unternehmen dessen wirtschaftliche Leistung in einer betrachteten Periode möglichst zutreffend abbilden. So bildet etwa der Ansatz einer Forderung aus Lieferungen und Leistungen den künftigen Anfall eines Zahlungsmittelzuflusses ab, obwohl der wirtschaftliche Nutzen bereits zum Zeitpunkt des Ansatzes der Forderung gewinn- und verlustwirksam in den Umsatzerlösen erfasst wird. Allerdings ist bei dem Prozess der Periodenabgrenzungen zu beachten, dass diese sehr häufig auf Annahmen und Schätzungen basieren, die ihrerseits in den meisten Fällen

655 Zu einem Überblick verbreiteter Modelle vgl. Dechow/Ge/Schrand (2010), S. 358-360.

656 Vgl. Jones (1991), S. 211-212.

657 Vgl. Jones (1991), S. 211. Dechow/Sloan/Sweeney (1995) nehmen eine Abwandlung in dem häufig auch als modifiziertes Jones-Modell bezeichneten Ansatz vor, indem nicht die reine Veränderung des Umsatzes berücksichtigt, sondern hiervon zusätzlich die Veränderung der Forderungen in Abzug gebracht wird. Vgl. dazu Dechow/Sloan/Sweeney (1995), S. 199; Schipper/Vincent (2003), S. 102 sowie kritisch Francis et al. (2005), S. 302 m.w.N.

658 Vgl. Jones (1991), S. 212.

gewinn- und verlustwirksam anzupassen sind, sofern sich zu einem späteren Zeitpunkt herausstellt, dass die Annahmen und Schätzungen nicht zutreffend waren. Folglich schränken falsche Annahmen und Schätzungen die Qualität der Periodenabgrenzungen und damit die Qualität der Ergebnisgrößen ein.[659] Periodenabgrenzungen nach dem Modell von Dechow/Dichev (2002) haben daher die Funktion, solche z.B. durch fehlerhafte Schätzungen induzierten Schwankungen der Cashflows wegzufiltern. Die Qualität der Periodenabgrenzungen wird dann daran gemessen, inwiefern es tatsächlich gelingt, die auf diese Weise induzierten Schwankungen zu eliminieren. Je besser dies gelingt, desto höher ist die Qualität der Periodenabgrenzungen.[660]

Für Untersuchungszwecke werden ausschließlich operative Periodenabgrenzungen betrachtet, indem die Veränderungen des Working Capitals[661] modelltheoretisch eingebunden werden. Dabei handelt es sich üblicherweise um operative Periodenabgrenzungen wie Forderungen, Vorräte, kurzfristige Verbindlichkeiten, kurzfristige Rückstellungen und Rechnungsabgrenzungsposten.[662] Hintergrund der Beschränkung auf das Working Capital ist, dass es sich um kurzfristige Periodenabgrenzungen handelt, die sich innerhalb eines Jahres umkehren. Korrespondierend zu dieser kurzfristigen Sichtweise werden neben dem Working Capital die Cashflows aus der betrieblichen Tätigkeit, also die operativen Cashflows, in das Modell eingebunden.[663] Dies geschieht, indem die operativen Cashflows dahingehend in drei Gruppen unterteilt werden, ob sie erstens in der Vorperiode, zweitens in der betrachteten Periode oder drittens in der Folgeperiode zu einer gewinn- und verlustwirksamen Erfassung führen.[664] Basierend

---

659 Vgl. Dechow/Dichev (2002), S. 35-36.

660 Vgl. Dechow/Dichev (2002), S. 36; Wagenhofer/Dücker (2007), S. 274.

661 Das Working Capital lässt sich ermitteln aus der Differenz zwischen den kurzfristigen Vermögenswerten und kurzfristigen Verbindlichkeiten und stellt den Überschuss des kurzfristig in einem Unternehmen gebundenen Umlaufvermögens über das kurzfristige Fremdkapital dar. Andere Bezeichnungen für das Working Capital sind z.B. Reinumlaufvermögen und Betrag der Netto-Umlaufmittel. Vgl. Perridon/Steiner/Rathgeber (2009), S. 572-573.

662 Vgl. Wagenhofer/Dücker (2007), S. 274. Rechnungsabgrenzungsposten sind in den IFRS als eigenständiger Gliederungsbegriff unbekannt. Allerdings werden nach dem Grundsatz der Periodenabgrenzungen Abgrenzungen vorgenommen, sobald die Merkmale eines Vermögenswerts bzw. einer Schuld erfüllt sind. Vgl. dazu Küting/Weber (2010), S. 451.

663 Vgl. Dechow/Dichev (2002), S. 36-37.

664 Vgl. Wagenhofer/Dücker (2007), S. 274.

auf diesen theoretischen Überlegungen wird die Qualität der Periodenabgrenzungen dann anhand des nachfolgenden Modells gemessen:[665]

$$\Delta WC_{i,t} = ß_0 + ß_1 CFO_{i,t-1} + ß_2 CFO_{i,t} + ß_3 CFO_{i,t+1} + \varepsilon_{i,t} \qquad (6)$$

mit:

$\Delta WC_{i,t}$	=	Veränderung des Working Capitals des Unternehmens i zwischen t und t-1;
$CFO_{i,t-1}$	=	Operativer Cashflow des Unternehmens i zum Zeitpunkt t-1;
$CFO_{i,t}$	=	Operativer Cashflow des Unternehmens i zum Zeitpunkt t;
$CFO_{i,t+1}$	=	Operativer Cashflow des Unternehmens i zum Zeitpunkt t+1.

Hierbei sollten die Periodenabgrenzungen mit den Cashflows der vergangenen (t - 1) und künftigen Periode (t + 1) positiv korrelieren, während eine negative Korrelation zu dem Cashflow der gegenwärtigen Periode (t) bestehen sollte. Damit sollten die Koeffizienten $ß_1$ und $ß_3$ positiv sein, während der Koeffizient $ß_2$ ein negatives Vorzeichen aufweisen sollte, denn höhere Cashflows in Periode t, die früheren oder späteren Perioden zuzurechnen sind, gehen – unter der Annahme sonst konstanter Prämissen – mit einem sinkenden Working Capital einher. Als Maß für die Qualität der Periodenabgrenzungen verwenden Dechow/Dichev (2002) die Standardabweichung der Residuen aus obiger Gleichung:[666]

$$\text{Qualität der Periodenabgrenzungen} = \sigma(\varepsilon_{i,t}) \qquad (7)$$

mit:

$\varepsilon_{i,t}$	=	Störterm aus Gleichung (6).

665 Vgl. Dechow/Dichev (2002), S. 40. Die Verfasser schätzen ihr Modell jeweils firmenspezifisch, industriespezifisch sowie anhand einer gepoolten Regression. Zwar präferieren sie eine firmenspezifische Schätzung, da die Koeffizienten ihrer Ansicht nach wesentlich durch die firmenspezifische Situation beeinflusst werden, allerdings sind die Ergebnisse für die übrigen Schätzungen konsistent mit den Ergebnissen aus der firmenspezifischen Schätzung. Vgl. Dechow/Dichev (2002), S. 43-45. Eine Abwandlung des ursprünglichen Modells nach Dechow/Dichev (2002) nehmen McNichols (2002) sowie Francis/LaFond/Olsson/Schipper (2005) vor, indem sie das Modell um die Veränderung der Umsätze und das Sachanlagevermögen erweitern. Vgl. McNichols (2002), S. 65-67; Francis et al. (2005), S. 301-303; Boonlert-U-Thai/Meek/Nabar (2006), S. 330-331.

666 Vgl. Dechow/Dichev (2002), S. 40-41; Wagenhofer/Dücker (2007), S. 275. Eine alternative Maßgröße leitet sich anstelle der Standardabweichung der Residuen aus den absoluten Residuen, skaliert um die abhängige Variable ab. Vgl. Gassen/Sellhorn (2006), S. 377-379.

Dabei wird von einer höheren Qualität der Periodenabgrenzungen ausgegangen, je niedriger die Standardabweichung der Residuen ist.[667]

Beide Modelle zur Messung der Qualität der Periodenabgrenzungen finden in empirischen Untersuchungen regelmäßig in ursprünglicher sowie auch in abgewandelter Form Anwendung.[668] Nicht zuletzt aufgrund dieser breiten Anwendung werden die Modelle gleichzeitig kritisch betrachtet. Ein Kritikpunkt an dem Modell nach Jones (1991) ist, dass es eine zutreffende Identifikation von „accounting fundamentals", also den spezifischen, fundamentalen Rahmenbedingungen eines Unternehmens, erfordert und diese darüber hinaus frei von etwaigen bilanzpolitischen Einflüssen sein sollten.[669] Ein weiterer Kritikpunkt bezieht sich auf die Annahme, dass von einer opportunistischen Verwendung der Periodenabgrenzungen ausgegangen wird und diese die Adressaten der Finanzberichterstattung in deren Nutzenfunktion beeinträchtigt.

Dieser damit eher bilanzpolitischen Sichtweise, bei der Fehler in den Periodenabgrenzungen primär durch bilanzpolitisches Verhalten begründet werden, begegnen Dechow/Dichev (2002), indem bewusst nicht zwischen beabsichtigten, aus bilanzpolitischem Verhalten hervorgerufenen, und nicht beabsichtigten Fehlern in den Periodenabgrenzungen unterschieden wird, da folglich beide Fehlerarten eine niedrige Ergebnisqualität verursachen.[670] Ein Problem dieses Ansatzes besteht jedoch darin, dass nicht zwischen Informationsgehalt der Periodenabgrenzungen und zufällig auftretenden Fehlern unterschieden wird. So wird etwa eine zusätzliche Wertberichtigung einer Forderung oder eine Abwertung von Vorräten stets als Abweichung und somit als ein Fehler in den Periodenabgrenzungen interpretiert. Dies kann zwar zunächst zutreffend sein, die Anpassungen können aber ebenso positiv zu beurteilende Zusatzinformationen signalisieren.[671] Weiterhin wird kritisiert, dass in dem Modell ein lediglich geringer Anteil an Periodenabgrenzungen – nämlich kurzfristige Periodenabgrenzungen anhand der Veränderung des Working Capitals – im Vergleich zu den gesamten Periodenabgrenzungen betrachtet wird. So werden längerfristige Abgrenzungen wie z.B. Pensionsverpflichtungen, Abschreibungen und latente Steuern ausgeblendet. Diese sind aufgrund ihrer Langfristigkeit im Rahmen empirischer Untersuchungen allerdings schwierig zu operationalisieren und gehen somit mit

---

667 Vgl. Dechow/Dichev (2002), S. 40.

668 Vgl. z.B. Francis et al. (2004), S. 979-980; Gassen/Sellhorn (2006), S. 377-379; Chen et al. (2010), S. 235-236. Zu einem Überblick über einschlägige Abwandlungen vgl. Dechow/Ge/Schrand (2010), S. 359 sowie auf das Modell nach Jones (1991) bezogen vgl. Goncharov (2005), S. 54.

669 Vgl. Schipper/Vincent (2003), S. 102.

670 Vgl. Dechow/Dichev (2002), S. 36; Schipper/Vincent (2003), S. 102-103.

671 Vgl. Wagenhofer/Dücker (2007), S. 275.

einer beschränkten Datenverfügbarkeit einher. Auch wenn also die Berücksichtigung sämtlicher und damit zugleich kurz- und langfristiger Periodenabgrenzungen konzeptionell richtig wäre, erscheint die Verwendung kurzfristiger Periodenabgrenzungen eine sachgerechte Annäherung hierfür zu sein, was auch empirisch nachgewiesen wird.[672]

4.4.1.3 Glättung und Volatilität

Die Eigenschaft Glättung und Volatilität[673] steht eng mit den in Kapitel 4.4.1.1 beschriebenen Eigenschaften Persistenz und Vorhersagbarkeit im Zusammenhang.[674] Nach allgemeinem Verständnis können Ergebnisse – in Anlehnung an das Konzept der Periodenabgrenzungen – über die Zeit hinweg anhand des Instrumentariums der Periodenabgrenzungen geglättet werden, um somit Schwankungen in den berichteten Ergebnissen zu reduzieren.[675] Ein höheres Maß an Ergebnisglättung könnte daher also die Vorhersagbarkeit von Ergebnissen steigern.[676] Ergebnisglättung wird typischerweise in Verbindung mit Cashflowgrößen gemessen. Dabei wird davon ausgegangen, dass Cashflowgrößen weitgehend frei von Manipulationseinflüssen sind und somit ein Referenzobjekt für ungeglättete Ergebnisse darstellen.[677] Wenig verwunderlich ist es daher, dass Ergebnisgrößen im Vergleich zu Cashflowgrößen für gewöhnlich als die für die Adressaten informativere Größe gesehen werden, um die Unternehmensperformance möglichst zutreffend einzuschätzen.[678]

Im Schrifttum gibt es verschiedene Auffassungen darüber, ob Ergebnisglättung als eher wünschenswerte oder unerwünschte Eigenschaft gesehen wird. Der Grund hierfür liegt in der bereits angesprochenen Unklarheit darüber, inwiefern ein Unternehmensmanagement seine Ermessensspielräume als opportunistisches Instrument oder als Signalling-Instrument einsetzt.[679] Wird Ergebnisglättung als opportunistische Handlung ausgelegt, wird sie vielfach als ein Maß für niedrige

---

672 Vgl. Francis/Olsson/Schipper (2006), S. 40 sowie zu einem empirischen Nachweis Ecker et al. (2005).

673 Glättung („smoothness“) und Volatilität („volatility“) werden häufig als gegensätzliche Synonyme verwendet. Zur verbesserten Übersicht wird nachfolgend der Begriff Glättung bzw. Ergebnisglättung verwendet, was zugleich den konträren Begriff Volatilität impliziert.

674 Vgl. Schipper/Vincent (2003), S. 101.

675 Vgl. Leuz/Nanda/Wysocki (2003), S. 509.

676 Vgl. Schipper/Vincent (2003), S. 101.

677 Vgl. Francis/Olsson/Schipper (2006), S. 44.

678 Vgl. Dechow/Ge/Schrand (2010), S. 361.

679 Vgl. Goncharov (2005), S. 12.

Ergebnisqualität interpretiert.[680] Demnach setzt ein Management seine Ermessensspielräume bewusst dazu ein, um die wahre Unternehmensperformance zu verbergen und damit vermutlich bestimmte, in Verbindung mit geglätteten Ergebnissen stehende Kapitalmarkteffekte hervorzurufen. Dies kann dazu führen, dass die berichteten, geglätteten Ergebnisse weniger informativ sind und die Adressaten somit das Geschäftsmodell und das wirtschaftliche Umfeld eines Unternehmens nicht richtig einschätzen können.[681] Diese Sichtweise wird häufig in Zusammenhang mit Studien zur Bilanzpolitik vertreten. Anreize zur Bilanzpolitik ergeben sich insbesondere aus einem Interessenkonflikt zwischen den Insidern und Outsidern von Unternehmen.[682] Eine asymmetrische Informationsverteilung mit üblicherweise besser informierten Unternehmensinsidern eröffnet diesen Spielräume bei der Rechnungslegung, wobei die Anreize zur Nutzung dieser Spielräume vielseitig sein können.[683] Konsequenz dieser Spielräume kann eine Darstellung der wirtschaftlichen Leistung eines Unternehmens sein, die nicht den tatsächlichen Verhältnissen entspricht und in der Folge den Informationsgehalt berichteter Ergebnisse tendenziell verringern kann. Wird Ergebnisglättung demgegenüber als Signalling-Instrument eingesetzt, handelt es sich um eine wünschenswerte Eigenschaft, die mit höherer Ergebnisqualität assoziiert wird. Dabei wird davon ausgegangen, dass ein Management im Rahmen von dessen bilanziellen Ermessensspielräumen seine privaten Informationen über künftige Ergebnisentwicklungen einfließen lässt, um transitorische Fluktuationen in den Ergebnissen herauszufiltern und somit ein Ergebnis zu berichten, das einen geeigneten Indikator für die Unternehmensperformance darstellen und entscheidungsnützlich für die Adressaten sein soll.[684] Angesichts dieser konträren Sichtweisen stellt sich die Frage, welche Sichtweise die Adressaten einnehmen. So sehen z.B. Finanzanalysten und Anteilseigner die Glättung von Ergebnissen als eine wünschenswerte Ergebniseigenschaft an, was zugleich eine häu-

---

680 Vgl. hierzu im Ursprung Leuz/Nanda/Wysocki (2003), S. 509.

681 Vgl. Bhattacharya/Daouk/Welker (2003), S. 649; Schipper/Vincent (2003), S. 101.

682 Als Insider werden u.a. das Management und kontrollierende Anteilseigner eines Unternehmens bezeichnet, die von spezialisierten Mitarbeitern, den Rechnungslegern, unterstützt werden. Zu den Outsidern zählen die sonstigen Rechnungslegungsadressaten. Vgl. dazu Pellens et al. (2011), S. 4-6.

683 Vgl. Leuz/Nanda/Wysocki (2003), S. 506.

684 Vgl. Givoly/Ronen (1981), S. 175; Subramanyam (1996), S. 249-250; Francis et al. (2004), S. 972; Francis/Olsson/Schipper (2006), S. 44. Zu einem empirischen Nachweis vgl. Sankar/Subramanyam (2001), S. 365-386. Zur Bilanzpolitik in Verbindung mit einem gezielten Abbau von Informationsasymmetrien vgl. Sellhorn (2004), S. 87; Detert/Sellhorn (2007), S. 247.

fige Meinung im Schrifttum widerspiegelt.[685] Diesbezüglich weisen empirische Befunde nach, dass geglättete Ergebnisse aus Sicht der Kapitalmarktteilnehmer eine wünschenswerte Eigenschaft darstellen und mit niedrigeren Kapitalkosten verbunden werden.[686]

Es gibt grundsätzlich verschiedene Möglichkeiten, Ergebnisglättung zu messen. Davon finden insbesondere zwei Maßgrößen regelmäßige Anwendung in empirischen Untersuchungen. Zum einen lässt sich Ergebnisglättung unternehmensspezifisch als Quotient aus der Volatilität des Ergebnisses und der Volatilität des operativen Cashflows wie folgt ermitteln:[687]

$$\text{Ergebnisglättung}_{\text{I}} = \frac{\sigma(X_{i,t})}{\sigma(CFO_{i,t})} \qquad (8)$$

mit:

$X_{i,t}$ = Ergebnis des Unternehmens i zum Zeitpunkt t;
$CFO_{i,t}$ = Operativer Cashflow des Unternehmens i zum Zeitpunkt t.

Ergebnisglättung lässt sich zum anderen anhand der (Spearman-) Korrelation zwischen den Änderungen der Periodenabgrenzungen und des operativen Cashflows messen:[688]

$$\text{Ergebnisglättung}_{\text{II}} = \rho(\Delta PA_{i,t}; \Delta CFO_{i,t}) \qquad (9)$$

mit:

$\Delta PA_{i,t}$ = Veränderung der Periodenabgrenzungen des Unternehmens i zwischen t und t-1;
$\Delta CFO_{i,t}$ = Veränderung des operativen Cashflows des Unternehmens i zwischen t und t-1.

Wird davon ausgegangen, dass es eine Hauptaufgabe der Rechnungslegung ist, die Cashflows durch Periodenabgrenzungen sachgerecht auf die entsprechenden Perioden zu verteilen und somit Zufallsschwankungen herauszufiltern, sollte die Volatilität der Ergebnisse folglich geringer sein als die Volatilität der korrespondierenden operativen Cashflows. Dies impliziert zugleich, dass die Maßgröße Ergebnisglättung nach Gleichung (8) einen Wert kleiner als 1 und nach Gleichung (9) eine negative Korrelation annehmen sollte. Dabei gilt für

685 Vgl. Gaio (2010), S. 699.

686 Vgl. Francis et al. (2004), S. 1006-1007; Francis/Olsson/Schipper (2006), S. 45. Zu einer weiteren Übersicht vgl. auch Dechow/Ge/Schrand (2010), S. 362.

687 Vgl. Leuz/Nanda/Wysocki (2003), S. 509; Francis et al. (2004), S. 980; Gaio (2010), S. 699.

688 Vgl. Leuz/Nanda/Wysocki (2003), S. 510.

beide Messkonstrukte: Je kleinere Werte die jeweilige Maßgröße annimmt, desto mehr Glättung liegt vor und desto höher ist die Ergebnisqualität.[689]

Problematisch bei einer solchen Interpretation ist allerdings, dass besonders niedrige Werte auch als ein Maß für Bilanzpolitik interpretiert werden können. Vor dem Hintergrund der vorausgehenden Diskussion zur Bilanzpolitik wären dann sehr ausgeprägte niedrige Werte als niedrige Ergebnisqualität auszulegen. Hieraus resultiert allerdings gleichzeitig die an dieser Stelle nicht beantwortbare Frage, wie ein möglicher Grenzwert, der erwünschte von unerwünschter respektive bilanzpolitischer Ergebnisglättung hinreichend trennt, quantifiziert werden könnte.[690] Damit wird ein nahezu unlösbares Problem der empirischen Analyse deutlich: Zwar eignen sich die beiden Maßgrößen aus Gleichung (8) und Gleichung (9), um Ergebnisglättung zu messen, allerdings ist nicht unmittelbar nachvollziehbar, inwiefern aus den Konstrukten ableitbare Ergebnisse auf den Informationsgehalt der Rechnungslegung oder auf Bilanzpolitik seitens des Unternehmens zurückzuführen sind. Während Ersteres mit etwas Positivem, Letzteres allerdings mit etwas Negativem assoziiert wird, kann im Prinzip nur anhand von weitergehenden Analysen abgeleitet werden, inwiefern eine niedrige oder eine hohe Glättung zugleich eine hohe Ergebnisqualität bedeutet.[691] Nicht zuletzt können im Rahmen einer periodengerechten Zuordnung der Cashflows anhand des Konzepts der Periodenabgrenzungen unabhängig von etwaigem opportunistischem Verhalten Bewertungs- und Schätzfehler durch den Bilanzierenden gemacht werden. Derartige Zielkonflikte werden insbesondere im Rahmen von Untersuchungen zur Bilanzpolitik thematisiert und stellen ein erweitertes Forschungsfeld dar, das aufgrund seiner eigenen Komplexität im weiteren Verlauf jedoch nicht betrachtet wird. Stattdessen soll für Zwecke der vorliegenden Arbeit davon ausgegangen werden, dass Ergebnisglättung eine wünschenswerte Eigenschaft von Ergebnisgrößen darstellt.[692]

---

689 Vgl. Francis et al. (2004), S. 972; Wagenhofer/Dücker (2007), S. 273. Alternativ zu dem dargestellten Vorgehen ließen sich die Maßgrößen anhand eines zweistufigen Ansatzes ermitteln, indem zunächst ein Zwischenschritt durchgeführt wird, bei dem die verwendeten Variablen auf ausgewählte Kontrollvariablen regressiert werden. Anstatt der ursprünglichen Variablen werden dann die Residuen aus den Regressionen zur Bildung der Maßgrößen verwendet. Vgl. ausführlich zu diesem Vorgehen Dücker (2009a), S. 62-70 m.w.N.

690 Vgl. Bhattacharya/Daouk/Welker (2003), S. 649.

691 Vgl. Wagenhofer/Dücker (2007), S. 274.

692 Vgl. ähnlich Gaio (2010), S. 700.

4.4.2 Marktbasierte Eigenschaften

4.4.2.1 Wertrelevanz

Grundgedanke des Konzepts der Wertrelevanz ist, dass Marktteilnehmer ihre ökonomischen Entscheidungen – z.B. über den Kauf oder Verkauf von Unternehmensanteilen – auf Informationen über die künftige wirtschaftliche Leistung eines Unternehmens stützen und ihnen somit entscheidungsnützliche Informationen zur Verfügung gestellt werden. In die Entscheidungen der Marktteilnehmer fließen jedoch nur solche Informationen ein, die von ihnen als relevant und hinreichend glaubwürdig erachtet werden. Zwar lässt sich eine derartige Beziehung nicht unmittelbar beobachten, allerdings können Marktpreise das Resultat eines solchen Informationsprozesses abbilden, d.h. Marktpreise stellen gewissermaßen einen Maßstab für die Wertrelevanz von Ergebnisgrößen dar.[693] Studien zur Wertrelevanz überprüfen infolgedessen, inwiefern die vergangenheitsbezogenen Daten der Rechnungslegung tatsächlich informativen Charakter haben und sich in den Aktienkursen bzw. -renditen der betrachteten Unternehmen niederschlagen.[694]

Eine empirische Umsetzung dieses Grundgedankens kann anhand von Regressionsverfahren erfolgen, indem untersucht wird, ob sich ein statistisch signifikanter Zusammenhang zwischen Rechnungslegungs- und Kapitalmarktdaten nachweisen lässt.[695] Auf Basis einer solchen Assoziation wird also beurteilt, inwiefern Rechnungslegungsdaten systematisch mit Größen verknüpft sind, die von den Adressaten im Rahmen ihrer Entscheidungen tatsächlich verwendet werden.[696] Dabei kann eine empirische Umsetzung auf Basis von Assoziationsstudien („association studies“)[697] erfolgen. Gegenüber Ereignisstudien („event studies“)[698], welche für gewöhnlich einen relativ kurzen Zeitraum um ein bestimmtes Ereignis analysieren,[699] unterstellen die auf längeren Zeiträumen basie-

693 Vgl. Wagenhofer/Dücker (2007), S. 279; Wagenhofer/Ewert (2007), S. 105.

694 Vgl. Barth/Beaver/Landsman (2001), S. 79-80.

695 Vgl. Barth/Beaver/Landsman (2001), S. 79; Bonse (2004), S. 177; Lindemann (2004), S. 117.

696 Vgl. Wagenhofer/Ewert (2007), S. 105.

697 Zu Assoziationsstudien und deren Anwendung im Rahmen von Untersuchungen zur Wertrelevanz vgl. u.a. Collins/Kothari (1989), S. 144; Kothari (2001), S. 116-118; Holthausen/Watts (2001), S. 5-6; Lindemann (2004), S. 117-140; Lindemann (2006), S. 971-972.

698 Zu Ereignisstudien vgl. Collins/Kothari (1989), S. 144; MacKinlay (1997), S. 13-39; Kothari (2001), S. 116-117; Holthausen/Watts (2001), S. 6; Bonse (2004), S. 171-177; Lindemann (2004), S. 110-116; Bartov/Goldberg/Kim (2005), S. 105.

699 Vgl. Bonse (2004), S. 177; Lindemann (2006), S. 972.

renden Assoziationsstudien normalerweise keinen ursächlichen Zusammenhang zwischen der Veröffentlichung von Rechnungslegungsinformationen und Kursreaktionen.[700] Stattdessen wird geprüft, ob ein statistischer Zusammenhang zwischen Rechnungslegungs- und Kapitalmarktdaten vorliegt,[701] d.h. inwiefern Rechnungslegungsdaten die Informationen reflektieren, die in Aktienkursen bzw. -renditen enthalten sind, ohne zwangsweise die kausale Richtung der Assoziation festzulegen.[702] Eine Rechnungslegungsgröße gilt angesichts dessen als umso wertrelevanter, je höher ihr Beitrag zur Erklärung von Aktienkursen bzw. -renditen ist.[703] Entsprechend wird die damit gemessene Wertrelevanz als eine wünschenswerte Eigenschaft von Ergebnisgrößen gesehen.[704]

Wertrelevanz wird häufig auch als ein Beurteilungsmaß für die vom IASB in seinem Rahmenkonzept als Zielsetzung der Finanzberichterstattung verankerte Entscheidungsnützlichkeit gesehen.[705] Um vor diesem Hintergrund Rechnungslegung zu beurteilen, sollte das Kriterium der Entscheidungsnützlichkeit weiter konkretisiert werden.[706] Das IASB tut dies, indem es die qualitativen Kriterien „relevance“ und „faithful representation“ im Sinne einer relevanten und glaubwürdigen Darstellung in seinen Rechnungslegungsgrundsätzen aufgreift:

> „If financial information is to be useful, it must be relevant and faithfully represent what it purports to represent.“[707]

Nach Ansicht des IASB sind Informationen dann relevant, wenn sie die wirtschaftlichen Entscheidungen der Adressaten beeinflussen.[708] Von einer glaubwürdigen Darstellung ist auszugehen, wenn die Darstellung der Informationen vollständig, neutral und fehlerfrei ist.[709] Da die beiden Kriterien jedoch kaum

---

700 Vgl. Lindemann (2004), S. 117.

701 Vgl. Bonse (2004), S. 177.

702 Vgl. Collins/Kothari (1989), S. 144; Lindemann (2004), S. 117.

703 Vgl. Barth/Beaver/Landsman (2001), S. 79; Lang/Smith Ready/Wilson (2006), S. 264; Hung/Subramanyam (2007), S. 639.

704 Vgl. Wagenhofer/Ewert (2007), S. 105.

705 Vgl. Lev/Zarowin (1999), S. 354-355; Francis et al. (2004), S. 972.

706 Vgl. Wagenhofer/Ewert (2007), S. 105.

707 IASB Framework, Tz. QC4. Im Ursprung wurden die qualitativen Kriterien „relevance“ und „reliability“ als Konkretisierung der Entscheidungsnützlichkeit herangezogen. Durch die jüngste Überarbeitung des Rahmenkonzepts legt das IASB nunmehr jedoch die beiden qualitativen Kriterien „relevance“ und „faithful representation“ fest, wobei diese Kriterien inhaltlich an die ursprünglichen Kriterien anlehnen. Vgl. näher IASB Framework, Tz. QC6-QC16. Die im Folgenden eingearbeiteten Quellen beziehen sich im Kern zwar überwiegend auf die früheren Kriterien „relevance“ und „reliability“, sind aber auf die geltenden Kriterien „relevance“ und „faithful representation“ übertragbar.

708 Vgl. IASB Framework, Tz. QC6.

709 Vgl. IASB Framework, Tz. QC12.

einzeln messbar sind, sollten sie zu einer genaueren Beurteilung der Entscheidungsnützlichkeit empirisch operationalisiert werden.[710] Wertrelevanzstudien werden infolgedessen häufig als ein möglicher Vorstoß verstanden, die von Standardsettern festgelegten qualitativen Kriterien einer relevanten und glaubwürdigen Darstellung messbar zu machen.[711] Folglich lassen sich Rechnungslegungsgrößen mit einer hohen Wertrelevanz als ein Indikator für eine relevante und glaubwürdige Finanzberichterstattung auffassen und bedeuten daher zugleich ein höheres Maß an entscheidungsnützlichen Informationen für die Adressaten der Rechnungslegung.[712] Dabei lässt sich die Wertrelevanz der Finanzberichterstattung für den Kapitalmarkt durch eine Vielzahl empirischer Studien nachweisen. Gleichzeitig lässt auch das Verhalten von Kapitalmarktteilnehmern auf eine hohe Bedeutung der Rechnungslegung für Anlageentscheidungen schließen. So geht aus Befragungen hervor, dass Analysten und Investoren die Rechnungslegung als wichtigste Informationsquelle für deren Anlageempfehlungen bzw. -entscheidungen betrachten.[713]

Zur Messbarkeit von Wertrelevanz anhand von Assoziationsstudien ist zwischen Preis- und Renditemodellen zu unterscheiden.[714] Die Wahl des Modelltyps hängt im Wesentlichen von der untersuchten Forschungsfrage ab. Da Renditemodelle tendenziell geeigneter sind, Rückschlüsse auf die Entscheidungsnützlichkeit zu ermöglichen[715] und zudem vergleichsweise weniger ökonometrische Probleme wie z.B. Heteroskedastizität mit sich bringen,[716] verwenden Untersuchungen zur Ergebnisqualität typischerweise ein Renditemodell, bei dem eine Renditegröße als abhängige Variable auf das Periodenergebnis sowie dessen Veränderung als erklärende Variablen regressiert wird:[717]

---

710 Vgl. Barth//Beaver/Landsman (2001), S. 80-81; Schipper/Vincent (2003), S. 103; Wagenhofer/Ewert (2007), S. 105.

711 Vgl. Lindemann (2004), S. 104.

712 Vgl. Barth//Beaver/Landsman (2001), S. 80.

713 Vgl. Lindemann (2006), S. 968 sowie zu einer Befragung über das Verhalten und die Präferenzen deutscher Aktionäre Ernst/Gassen/Pellens (2005); Ernst/Gassen/Pellens (2009).

714 Vgl. ausführlich zu dieser Unterscheidung Kothari/Zimmerman (1995), S. 155-192 sowie zu einem Überblick Lindemann (2006), S. 973.

715 Vgl. Barth/Beaver/Landsman (2001), S. 95-96.

716 Vgl. Kothari/Zimmerman (1995), S. 183.

717 Vgl. Easton/Harris (1991), S. 29; Joos/Lang (1994), S. 149; Francis/Schipper (1999), S. 332; Lev/Zarowin (1999), S. 355; Bushman et al. (2004), S. 173; Francis et al. (2004), S. 981. Eine alternative Schätzung kann anhand der Assoziation der Rendite und des absoluten Werts des Ergebnisses, also ohne zusätzliche Berücksichtigung der Veränderung des Ergebnisses, erfolgen. Vgl. Wagenhofer/Ewert (2007), S. 107-108 sowie dazu auch Holthausen/Watts (2001), S. 53; Lindemann (2004), S. 123.

$$RET15_{i,t} = ß_0 + ß_1 X_{i,t} + ß_2 \Delta X_{i,t} + \varepsilon_{i,t} \quad (10)$$

mit:
$RET15_{i,t}$ = 15-Monats Buy-and-Hold-Rendite des Unternehmens i zum Zeitpunkt t, endend drei Monate nach Geschäftsjahresende;
$X_{i,t}$ = Ergebnis des Unternehmens i zum Zeitpunkt t;
$\Delta X_{i,t}$ = Ergebnisveränderung des Unternehmens i zwischen t und t-1.

Als Beurteilungskriterium für Wertrelevanz wird auf die Stärke des Zusammenhangs zwischen den Rechnungslegungs- und Kapitalmarktdaten anhand des adjustierten Bestimmtheitsmaßes zurückgegriffen:[718]

$$\text{Wertrelevanz} = \text{adj. } R^2 \quad (11)$$

mit:
adj. R^2 = adjustiertes Bestimmtheitsmaß aus Gleichung (10).

Ein höheres Maß an Wertrelevanz deutet dabei grundsätzlich auf eine höhere Qualität der Ergebnisgrößen hin.[719] Das hier zugrunde gelegte Modell verwendet 15-Monats Renditen, um sicherzustellen, dass Informationen über Ergebnisgrößen, die häufig erst nach Geschäftsjahresende veröffentlicht werden, in den Renditen enthalten sind.[720] Die Verwendung des adjustierten Bestimmtheitsmaßes als prozentualer Wert erleichtert für gewöhnlich die Interpretation dieser Maßgröße. Jedoch kann der Maßgröße dahingehend Kritik entgegengebracht werden, als dies bei vergleichenden Studien aus ökonometrischer Sicht nicht unproblematisch ist, wenn der Untersuchung unterschiedliche Stichproben

718 Alternativ lassen sich die beiden Koeffizienten des Ergebnisses bzw. der Veränderungen des Ergebnisses, häufig auch als „earnings response coefficients“ bezeichnet, als Indikatoren für Wertrelevanz heranziehen. Vgl. hierzu etwa Guenther et al. (2009), S. 22. Unklar ist dabei allerdings, wie die beiden Koeffizienten relativ zueinander zu interpretieren sind. Vgl. Wagenhofer/Ewert (2007), S. 108. Um dieses Problem zu lösen, besteht die Möglichkeit, die Summe aus beiden Koeffizienten zu bilden. Vgl. Lev/Zarowin (1989), S. 356.

719 Vgl. Holthausen/Watts (2001), S. 56; Francis et al. (2004), S. 981.

720 Vgl. Wagenhofer/Ewert (2007), S. 108; ähnlich dazu Joos/Lang (1994), S. 149. In ihrer Studie verwenden Joos/Lang (1994) 18-Monats Renditen, um sicherzustellen, dass die Geschäftsberichte für die Investoren verfügbar sind. Eine grundlegende Diskussion zu Renditen und passenden Renditefenstern findet sich in Lev (1989), S. 159 ff.

zugrunde liegen.[721] Demnach kann ein Vergleich von Bestimmtheitsmaßen in solchen Fällen möglicherweise nur eingeschränkte Aussagekraft besitzen.[722]

Neben den empirischen Schwierigkeiten der Messbarkeit von Wertrelevanz finden sich im Schrifttum einige weitere Kritikpunkte. Dies betrifft etwa die Verwendung von 15-Monats Renditen und die damit verbundene Annahme, dass die Rechnungslegungsinformationen innerhalb von drei Monaten nach Geschäftsjahresende veröffentlicht werden. Problematisch hieran wird gesehen, dass innerhalb dieser drei Monate neben der Veröffentlichung von Rechnungslegungsinformationen weitere die Renditen beeinflussende Ereignisse auftreten können, die allerdings in einem Abschluss des betrachteten Geschäftsjahres nicht erfasst werden. Dies dürfte insbesondere auf wertbegründende, also nicht werterhellende Tatsachen zutreffen.[723] Da das Verhältnis von Ergebnisgrößen und Renditen außerdem nicht näher spezifiziert wird, ist weiterhin nicht eindeutig, was genau mit Wertrelevanz gemessen wird.[724] Ursache dafür, dass die kausalen Zusammenhänge zwischen den Rechnungslegungs- und Kapitalmarktdaten nicht unmittelbar ersichtlich sind, ist der Umstand, dass die Marktteilnehmer neben den veröffentlichten Rechnungslegungsinformationen über weitere Informationsquellen verfügen, die ihre Erwartungsbildung über künftige Zahlungsströme beeinflussen.[725]

Kritisch zu hinterfragen ist außerdem eine Beziehung zwischen Wertrelevanz und den Annahmen zur Informationseffizienz.[726] Zur Durchführung von Wertrelevanzstudien ist die Annahme informationseffizienter Kapitalmärkte grundsätzlich nicht erforderlich.[727] Allerdings wird im Zusammenhang mit Rechnungslegungsdaten oft davon ausgegangen, dass Marktpreise alle öffentlich verfügbaren Informationen vollständig reflektieren. Folglich lässt sich im Zusammenhang mit der Rechnungslegung eine mittelstrenge Informationseffizienz der Kapitalmärkte unterstellen, da Rechnungslegung immerhin „zum Prototyp

---

721 Vgl. Bartov/Goldberg/Kim (2005), S. 105, Fn. 14 sowie bereits Kapitel 4.4.1.1.

722 Vgl. hierzu ausführlich Gu (2007), S. 1073-1079. In Anlehnung an die alternative Maßgröße zur Qualität der Periodenabgrenzungen (Kapitel 4.4.1.2) können auch hier die absoluten, um die abhängige Variable skalierten Residuen als alternatives Maß für Wertrelevanz herangezogen werden. Vgl. dazu Gassen/Sellhorn (2006), S. 380.

723 Vgl. Wagenhofer/Ewert (2007), S. 108. Zum Wertaufhellungsprinzip vgl. Avella/Brinkmann (2010), S.485-488.

724 Vgl. Wagenhofer/Dücker (2007), S. 279 sowie zu einer ausführlichen Diskussion Wagenhofer/Ewert (2007), S. 117-120.

725 Vgl. Kothari (2001), S. 116.

726 Vgl. hierzu Wagenhofer/Ewert (2007), S. 120. Zu einem Überblick über das Konzept der Informationseffizienz vgl. Lindemann (2004), S. 9-42 sowie im Ursprung Fama (1970), S. 383-417.

727 Vgl. Barth/Beaver/Landsman (2001), S. 94-95.

von Informationen zählt, die man als öffentlich verfügbar ansieht."[728] Indirekt sollte ein in eine Untersuchung einbezogener Kapitalmarkt also ein Mindestmaß an Informationseffizienz aufweisen. Denn je informationseffizienter ein Kapitalmarkt ist, desto besser können Rückschlüsse auf die Wertrelevanz und damit die Entscheidungsnützlichkeit der Rechnungslegung gezogen werden.[729]

Kritik an Wertrelevanzstudien wird auch dahingehend geäußert, dass sie als eine empirische Operationalisierung der von den Standardsettern verankerten Kriterien Relevanz und glaubwürdige Darstellung formuliert werden. Solange eine Rechnungslegungsinformation empirisch auf Wertrelevanz hindeutet, werden die genannten Kriterien zumindest zu einem bestimmten Grad erfüllt. Unklarheiten ergeben sich allerdings dann, wenn eine lediglich geringe oder möglicherweise gar nicht vorhandene Wertrelevanz einer Rechnungslegungsinformation entweder auf fehlende Relevanz oder eine nicht vorhandene glaubwürdige Darstellung zurückzuführen ist. Da empirische Studien zur Wertrelevanz lediglich eine gemeinsame Untersuchung der Kriterien Relevanz und glaubwürdige Darstellung darstellen, ist eine getrennte Überprüfung dieser Kriterien empirisch kaum möglich.[730] Die Kritikpunkte machen deutlich, dass Studien zur Wertrelevanz in der Rechnungslegungsforschung nicht unumstritten sind und mitunter kritisch gesehen werden. Insbesondere die vielfach kritisierte methodische Vorgehensweise sowie die Verwendung von Kapitalmarktdaten könnten eine Interpretation von Ergebnissen damit erschweren oder zumindest eine hinreichend vorsichtige Interpretation erfordern. Dennoch wird die Wertrelevanz in empirischen Untersuchungen regelmäßig als ein Beurteilungskriterium für Rechnungslegungsqualität zugrunde gelegt.

728 Wagenhofer/Ewert (2007), S. 94.

729 Vgl. Lindemann (2006), S. 972.

730 Vgl. Barth/Beaver/Landsman (2001), S. 80-81; Schipper/Vincent (2003), S. 103-104; Lindemann (2004), S. 104.

4.4.2.2 Vorsicht und Zeitnähe

4.4.2.2.1 Unbedingte Vorsicht

Obwohl „Conservatism"[731] eine zentrale Rolle in Theorie und Praxis der Rechnungslegung einnimmt, überrascht es, dass keine einheitliche Definition für Conservatism existiert.[732] Die empirische Rechnungslegungsforschung trennt den Begriff Conservatism in zwei verschiedenartige Konzepte. Demnach wird zwischen der in diesem Abschnitt thematisierten unbedingten Vorsicht („unconditional" Conservatism) und der im nachfolgenden Abschnitt behandelten bedingten Vorsicht („conditional" Conservatism) unterschieden.[733]

Unbedingte Vorsicht bedeutet nach allgemeiner Auffassung eine bilanzielle Unterbewertung der Aktiva und Überbewertung der Passiva,[734] woraus ein im Vergleich zum Marktwert unterbewertetes bilanzielles Nettovermögen resultiert.[735] Diese Art von Conservatism wird häufig auch als „news-independent"-, „ex ante"- oder „balance sheet"-Conservatism bezeichnet.[736] Dabei wird unbedingte Vorsicht vor allem durch Ansatz- und Bewertungsregeln hervorgerufen, so dass eine Unterbewertung des Nettovermögens unabhängig vom Eintreffen nachfolgender wertrelevanter Ereignisse oder Informationen bewirkt wird.[737] Das Konzept wird häufig mit dem in Deutschland kodifizierten Vorsichtsprinzip assoziiert,[738] welches eine vorsichtige Bewertung als Ausdruck der in der han-

---

731 Eine konsequente Übersetzung des Begriffs „Conservatism" wäre „Konservatismus", welche allerdings wenig zutreffend erscheint, da sie kaum einen Zusammenhang zur Rechnungslegung herstellt. Treffende Übersetzungen bezogen auf die Rechnungslegung sind stattdessen u.a. „vorsichtige Rechnungslegung" bzw. „vorsichtige Bilanzierung", „vorsichtige Rechnungslegungsinformationen" oder auch „vorsichtig verzerrte Rechnungslegung". Vgl. dazu Fülbier/Gassen/Sellhorn (2008), S. 1336, Fn. 1. Die englische Terminologie soll im weiteren Verlauf jedoch situationsbedingt beibehalten werden.

732 Vgl. Givoly/Hayn/Natarajan (2007), S. 67; Fülbier/Gassen/Sellhorn (2008), S. 1318.

733 Eine Unterscheidung anhand dieser Begrifflichkeiten geht auf Ball/Shivakumar (2005) zurück, deren Unterscheidung in nachfolgenden Studien vielfach aufgegriffen wird. Vgl. Ball/Shivakumar (2005), S. 89-90; Beaver/Ryan (2005), S. 269-270; Brown/He/Teitel (2006), S. 607; Gassen/Fülbier/Sellhorn (2006), S. 530; Ryan (2006), S. 511; Fülbier/Gassen/Sellhorn (2008), S. 1318; Pellens/Sellhorn/Strzyz (2008), S. 170. Im Folgenden werden die deutschen (unbedingte und bedingte Vorsicht) und englischen („unconditional" und „conditional" Conservatism) Bezeichnungen synonym verwendet.

734 Vgl. Ball/Shivakumar (2005), S. 89-90; Beaver/Ryan (2005), S. 269; Ryan (2006), S. 513.

735 Vgl. Brown/He/Teitel (2006), S. 607; Ryan (2006), S. 513.

736 Vgl. Beaver/Ryan (2005), S. 269; Pae/Thornton/Welker (2005), S. 697.

737 Vgl. Beaver/Ryan (2005), S. 269; Wagenhofer/Ewert (2007), S. 143.

738 Vgl. Giner/Rees (2001), S. 1295; Ball/Shivakumar (2005), S. 89-90.

delsrechtlichen Rechnungslegung üblichen Gläubigerschutzorientierung verlangt.[739]

Aufgrund der für unbedingte Vorsicht typischen Unterbewertung des Nettovermögens wird häufig konstatiert, das Marktwert-Buchwert-Verhältnis sei ein geeignetes Instrument, um unbedingte Vorsicht zu messen.[740] Tatsächlich verwenden viele frühere Studien das Marktwert-Buchwert-Verhältnis.[741] Dabei wird in den Studien allerdings von einem Nachrichtenbezug weitgehend abstrahiert, da sich dieser Argumentationsstrang insbesondere erst durch eine Unterscheidung in „unconditional" und „conditional" Conservatism herausgebildet hat. In der Folge wird deshalb vielmehr die Sichtweise vertreten, dass das Marktwert-Buchwert-Verhältnis eher einen allgemeinen Indikator für Conservatism darstellt und nicht allein als ein Indikator für unbedingte Vorsicht im Sinne einer nachrichtenunabhängigen Vorsicht verwendet werden sollte.[742]

4.4.2.2.2 Bedingte Vorsicht

Im Gegensatz zu „unconditional" Conservatism nimmt „conditional" Conservatism konkreten Bezug auf die sich in Ergebnissen auswirkenden Nachrichten und wird daher auch häufig als „news dependent"-, „ex post"- oder „earnings/ income statement"-Conservatism bezeichnet.[743] Grundgedanke des Konzepts der bedingten Vorsicht ist, dass schlechte Nachrichten zeitlich schneller als gute Nachrichten in den Ergebnissen erfasst werden.[744] Dieses grundlegend auf Basu (1997) zurückzuführende Konzept wird häufig mit der Redewendung „Anticipate no profit, but anticipate all losses."[745] umschrieben. Eine solche zeitlich asymmetrische Erfassung von (wertrelevanten) Ereignissen in den Ergebnissen („asymmetric timeliness of earnings"[746]) hat ihren Ursprung in dem Gedanken, dass Rechnungslegungsersteller zur bilanziellen Erfassung guter Nachrichten einen höheren Grad an Verifikationen bedürfen als zur Erfassung schlechter Nachrichten.[747] Als Beispiele für bedingte Vorsicht in der Rechnungslegung sind etwa außerplanmäßige Wertminderungen im Anlage- oder Umlaufvermö-

739 Vgl. zum Vorsichtsprinzip in Deutschland Kapitel 3.5.5.2.1.

740 Vgl. García Lara/Mora (2004), S. 264; Brown/He/Teitel (2006), S. 615; Wagenhofer/ Ewert (2007), S. 146; Jödicke (2009), S. 93.

741 Vgl. zu einem Überblick vergangener Studien Gassen/Sellhorn (2006), S. 536; Givoly/ Hayn/Natarajan (2007), S. 66.

742 Vgl. hierzu ausführlich Fülbier/Gassen/Sellhorn (2008), S. 1332-1334.

743 Vgl. Pae/Thornton/Welker (2005), S. 698; Gassen/Fülbier/Sellhorn (2006), S. 530.

744 Vgl. Basu (1997), S. 4.

745 Bliss (1924), S. 110.

746 Basu (1997), S. 3.

747 Vgl. Basu (1997), S. 7.

gen zu nennen. So kann im Fall bedingter Vorsicht der Eintritt eines ungünstigen Ereignisses die Wertminderung eines Vermögenswertes hervorrufen, während der Eintritt eines günstigen Ereignisses hingegen zu keiner Zuschreibung oder Aufwertung führen würde.[748]

In Anbetracht der vielfältigen Verwendung des Konzepts der bedingten Vorsicht in empirischen Untersuchungen ist der Frage nachzugehen, woraus sich in der Rechnungslegung Anreize zu und Bedarf an „conditional" Conservatism ergeben und inwiefern es sich um eine wünschenswerte Eigenschaft von Ergebnisgrößen handelt. Allgemein ist festzustellen, dass aus dem Schrifttum zahlreiche ökonomische Erklärungsansätze für „conditional" Conservatism hervorgehen und daraus im Wesentlichen die Schlussfolgerung gezogen wird, dass die Adressaten Nutzen aus dieser Form von Verhalten ziehen können.[749] Im Einklang mit weiten Teilen der Literatur wird bedingte Vorsicht demnach durch ökonomische Erklärungsansätze wie z.B. Vertragsbindungen zwischen den Marktteilnehmern im Sinne einer Vertragskoordination zwischen dem Unternehmensmanagement als Informations-Insidern und den Informations-Outsidern eines Unternehmens, aber auch durch Klagemöglichkeiten der Anteilseigner, Maßgeblichkeiten zwischen Rechnungslegung und steuerlicher Gewinnermittlung sowie durch Anreize der Standardsetter und Gesetzgeber erklärt.[750] Dabei werden insbesondere die Vertragsbindungen als ein Anreiz für ein Unternehmensmanagement zu „conditional" Conservatism-Verhalten aufgefasst,[751] deren Sichtweise sich eng an die Rechenschaftslegung des Managements gegenüber Unternehmensexternen („stewardship"[752]) anlehnt.[753] Beispielsweise beinhalten ergebnisabhängige Verträge wie z.B. Entlohnungs- oder Kreditverträge regelmäßig Vereinbarungen, die ein Verhalten bedingter Vorsicht des Unternehmensmanagements erzwingen, um somit ein opportunistisches Verhalten des Managements in Form verzerrender Gewinnerfassung zu vermeiden.[754] Neben

---

748 Vgl. Wagenhofer/Ewert (2007), S. 143-144.

749 Vgl. Watts (2003), S. 209; Francis/Olsson/Schipper (2006), S. 49 sowie kritisch dazu Holthausen (2003), S. 279-280.

750 Vgl. dazu grundlegend Watts (2003), S. 209-210. Die Erklärungsansätze von Watts (2003) werden in späteren Studien vielfach aufgegriffen und teilweise um weitere Ansätze ergänzt. Vgl. z.B. Ball/Shivakumar (2005), S. 89-92; Gassen/Fülbier/Sellhorn (2006), S. 531; Grambovas/Giner/Christodoulou (2006), S. 357-360; Guay/Verrechia (2006), S. 156-160; Fülbier/Gassen/Sellhorn (2008), S. 1319; Pellens/Sellhorn/Strzyz (2008), S. 178-180.

751 Vgl. Beaver/Ryan (2005), S. 270.

752 Vgl. hierzu Kapitel 2.3.1.

753 Vgl. Fülbier/Gassen/Sellhorn (2008), S. 1319.

754 Vgl. Watts (2003), S. 212-213; Grambovas/Giner/Christodoulou (2006), S. 357-358; Guay/Verrechia (2006), S. 156-157.

dem Erklärungsansatz der Vertragskoordination werden andere Erklärungsansätze aus der Informationsfunktion der Rechnungslegung („decision usefulness") abgeleitet.[755] Insgesamt kommen die verschiedenen Erklärungsansätze dabei zu dem Ergebnis, dass bedingte Vorsicht eine wünschenswerte Eigenschaft darstellt.

Während einige empirische Untersuchungen die Beziehung zwischen „unconditional" und „conditional" Conservatism insbesondere in Ländervergleichen analysieren und dabei im Ergebnis einen negativen Zusammenhang zwischen den beiden Konzepten vermuten,[756] wird im Rahmen von Untersuchungen zu Eigenschaften von Ergebnisgrößen aufgrund des konkreten Ergebnisbezugs vorzugsweise auf das Konzept der bedingten Vorsicht zurückgegriffen.[757] Deren empirischer Messung liegt üblicherweise eine auf Basu (1997) zurückgehende, im Vergleich zur Wertrelevanz umgekehrte Regression des Ergebnisses auf die Aktienrendite zugrunde. Dabei wird die Regressionsgerade durch die Verwendung von Interaktionen in zwei Teile für schlechte und gute Nachrichten gegliedert:[758]

$$X_{i,t} = \beta_0 + \beta_1 NEG_{i,t} + \beta_2 RET_{i,t} + \beta_3 NEG_{i,t} \cdot RET_{i,t} + \varepsilon_{i,t} \qquad (12)$$

mit:

$X_{i,t}$	=	Ergebnis des Unternehmens i zum Zeitpunkt t;
$NEG_{i,t}$	=	Dummyvariable zum Zeitpunkt t, mit $NEG_{i,t} = 1$, wenn $RET_{i,t} < 0$, sonst $NEG_{i,t} = 0$;
$RET_{i,t}$	=	12-Monats Buy-and-Hold-Rendite zum Zeitpunkt t, endend zum Geschäftsjahresende.

In dem Modell stellt das Ergebnis die abhängige Variable dar und wird durch negative und positive Aktienrenditen, hier in Form von 12-Monats Buy-and-Hold-Renditen als stellvertretende Variable für ökonomische Verluste und

755 Vgl. Fülbier/Gassen/Sellhorn (2008), S. 1319.

756 Vgl. zu solchen Untersuchungen u.a. García Lara/Mora (2004), S. 261-292; Beaver/Ryan (2005), S. 269-309; Pae/Thornton/Welker (2005), S. 696-717; Roychowdhury/Watts (2007), S. 2-31. Zu einem in den Studien vermuteten negativen Zusammenhang vgl. außerdem konkret García Lara/Mora (2004), S. 285; Gassen/Fülbier/Sellhorn (2006), S. 557 sowie ausführlich und zu weitergehenden Analysen mit teilweise abweichenden Ergebnissen über längere Zeiträume Roychowdhurry/Watts (2007), S. 2-31.

757 Vgl. etwa Ball/Kothari/Robin (2000), S. 8; Ball/Robin/Wu (2003), S. 249; Francis et al. (2004), S. 981; Gassen/Sellhorn (2006), S. 380. Da die Untersuchung der Eigenschaften von Ergebnisgrößen auch in der vorliegenden Arbeit im Fokus steht, wird auch im weiteren Verlauf der Untersuchung ausschließlich das Konzept der bedingten Vorsicht thematisiert.

758 Vgl. statt vieler Francis/Olsson/Schipper (2006), S. 49, zurückgehend auf Basu (1997), S. 11-15.

Gewinne bzw. schlechte und gute Nachrichten über die ökonomische Entwicklung,[759] erklärt. Die Verwendung von Renditen setzt einen entsprechend hinreichenden Grad an Informationseffizienz voraus,[760] bei dem der Kapitalmarkt von den Rechnungslegungsgrößen unbeeinflusst bleibt.[761] Folglich ist mindestens halbstrenge Informationseffizienz zu unterstellen, was sich jedoch – wie noch zu diskutieren ist – zugleich als problematisch erweisen kann.[762]

Infolge der Vielzahl an Untersuchungen, die sich mit bedingter Vorsicht beschäftigen, überrascht es kaum, dass verschiedene empirische Maßgrößen entwickelt wurden, anhand derer bedingte Vorsicht gemessen wird. Der Interpretation dieser verschiedenen Maßgrößen ist dabei gemein, dass ein erhöhtes Maß an bedingter Vorsicht mit einer höheren Ergebnisqualität assoziiert wird.[763] In dem dargestellten Modell misst $ß_2$ den Einfluss von positiven Aktienrenditen bzw. guten Nachrichten auf das Ergebnis, während $ß_2 + ß_3$ den Einfluss von negativen Aktienrenditen bzw. schlechten Nachrichten messen.[764] Somit misst $ß_3$ den inkrementellen Einfluss von schlechten Nachrichten im Vergleich zu guten Nachrichten und kann folglich ein gebräuchliches Maß des für bedingte Vorsicht typischen, zeitlich asymmetrischen Einflusses negativer Nachrichten auf das Ergebnis darstellen:[765]

$$\text{Conservatism} = ß_3 \qquad (13)$$

mit:

$ß_3$ = Koeffizient aus Gleichung (12).

Sofern $ß_3$ einen Wert signifikant größer null aufweist, ist von einer zeitlich asymmetrischen Erfassung schlechter Nachrichten auszugehen. Je höhere Werte $ß_3$ dabei annimmt, desto höher ist annahmegemäß die Qualität der Ergebnisgrößen.

Eine ebenfalls gebräuchliche Alternative, aus Gleichung (12) ein Maß für bedingte Vorsicht abzuleiten, ergibt sich aus dem Verhältnis der beiden oben dargestellten Sensitivitäten $ß_2 + ß_3$ und $ß_2$:[766]

759 Vgl. Basu (1997), S. 11; Raonic/McLeay/Asimakopoulos (2004), S. 123; Ball/Shivakumar (2005), S. 89.

760 Vgl. Ball/Shivakumar (2005), S. 89.

761 Vgl. Wagenhofer/Ewert (2007), S. 147.

762 Vgl. Fülbier/Gassen/Sellhorn (2008), S. 1329.

763 Vgl. Wagenhofer/Dücker (2007), S. 279.

764 Vgl. Ball/Kothari/Robin (2000), S. 8.

765 Vgl. Gassen/Fülbier/Sellhorn (2006), S. 535; Givoly/Hayn/Natarajan (2007), S. 68; Fülbier/Gassen/Sellhorn (2008), S. 1328.

766 Vgl. Francis et al. (2004), S. 981; Guay/Verrechia (2006), S. 160; Givoly/Hayn/Natarajan (2007), S. 69, zurückgehend auf Pope/Walker (1999), S. 53-87.

$$\text{Conservatism} = \frac{\beta_2 + \beta_3}{\beta_2} \tag{14}$$

mit:
β_2 und β_3 = Koeffizienten aus Gleichung (12).

Sofern der Quotient einen Wert größer eins annimmt, ist erneut von einer zeitlich asymmetrischen Erfassung schlechter Nachrichten auszugehen.[767] Höhere Werte des beschriebenen Quotienten deuten dabei auf ein höheres Maß an bedingter Vorsicht hin. Einer Interpretation dieser Maßgröße ist allerdings mit Vorsicht zu begegnen. So sind Werte der Maßgröße wenig aussagekräftig, wenn der Koeffizient β_2 Werte nahe oder sogar kleiner null annimmt.[768]

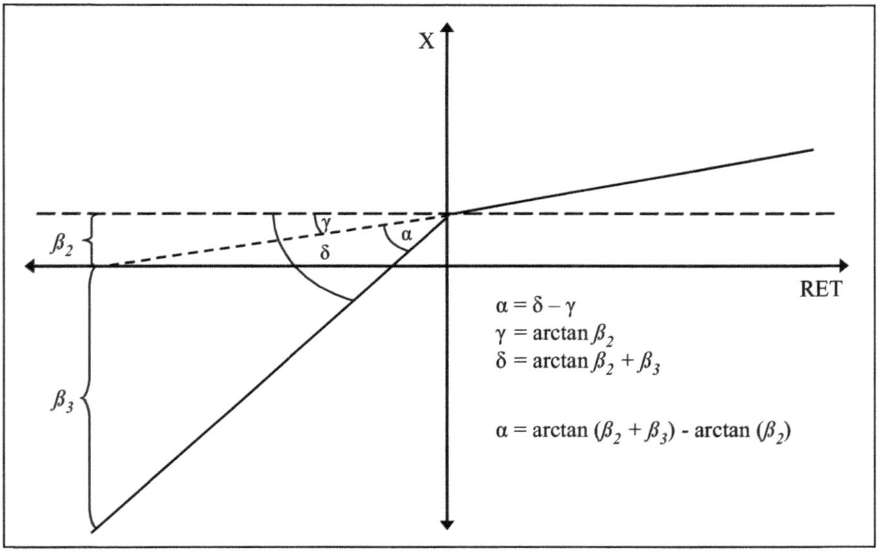

Abbildung 6: Trigonometrischer Zusammenhang der bedingten Vorsicht[769]

Eine weitere Alternative, bedingte Vorsicht zu messen, ergibt sich vor dem Hintergrund der genannten Schwächen schließlich aus dem in Grad umgerechneten Winkel α der aus Gleichung (12) resultierenden abknickenden Regressi-

767 Vgl. Raonic/McLeay/Asimakopoulos (2004), S. 124.
768 Vgl. Gassen/Fülbier/Sellhorn (2006), S. 535; Guay/Verrechia (2006), S. 161.
769 Vgl. Gassen/Fülbier/Sellhorn (2006), S. 536, zurückgehend auf Basu (1997), S. 12.

onsgerade.[770] Abbildung 6 verdeutlicht diesen trigonometrischen Zusammenhang. Bedingte Vorsicht lässt sich demnach formal wie folgt ermitteln:

$$\text{Conservatism} = \arctan(ß_2 + ß_3) - \arctan(ß_2) \quad (15)$$

mit:
$ß_2$ und $ß_3$ = Koeffizienten aus Gleichung (12).

Der Eigenschaft der bedingten Vorsicht wird im Schrifttum von vielen Seiten Kritik entgegengebracht.[771] Hauptkritikpunkt ist dabei, dass sich die Verwendung von Aktienrenditen als stellvertretende Variablen für gute und schlechte Nachrichten als problematisch erweisen kann.[772] So wird insbesondere die Annahme halbstrenger Informationseffizienz als problematisch betrachtet.[773] Weisen Kapitalmärkte nämlich keine halbstrenge Informationseffizienz auf, kann die Verwendung von Aktienrenditen nur eingeschränkt als zutreffende, stellvertretende Variable interpretiert werden.[774] Diese Kritik dürfte insbesondere auf Ländervergleiche mit sehr vielen unterschiedlichen Ländern zutreffen, denn hierbei führen unterschiedliche institutionelle Umfelder zu einer differenzierten Einbindung schlechter und guter Nachrichten in die Aktienrenditen. Folglich erscheint es gerade bei Ländervergleichen problematisch, grundsätzlich von einer einheitlichen Informationseffizienz auszugehen.[775] Weiterhin können Aktienrenditen selbst bei halbstrenger Informationseffizienz anfällig sein, wenn etwa die Offenlegungspolitik eines Unternehmens dazu neigt, ereignisabhängige Nachrichten bewusst früher oder später zu kommunizieren. Die Offenlegungspolitik würde damit zugleich die Messkonstrukte beeinflussen.[776] Schließlich könnten in den Aktienrenditen auch (noch) frühere Ergebnisse eingepreist sein, da der Aktienkurs mitunter verspätet auf Ergebnisnachrichten reagieren kann. Die Maßgrößen könnten damit durch den Informationsgehalt früherer Ergebnisse verzerrt sein.[777]

---

770 Vgl. dazu ausführlich Gassen/Fülbier/Sellhorn (2006), S. 535.

771 Zu einem umfassenden kritischen Überblick sowie den nachfolgenden Kritikpunkten vgl. insbesondere Ryan (2006), S. 515-517; Fülbier/Gassen/Sellhorn (2008), S. 1329-1331.

772 Vgl. Ryan (2006), S. 515.

773 Vgl. Wagenhofer/Ewert (2007), S. 147.

774 Vgl. Fülbier/Gassen/Sellhorn (2008), S. 1329.

775 Vgl. Holthausen (2003), S. 277-278 mit Verweis auf Morck/Yeung/Yu (2000), S. 215-260; Bushman/Piotroski (2006), S. 120.

776 Als möglicher Lösungsansatz könnte bedingte Vorsicht über einen längeren Zeitraum gemessen werden. Vgl. dazu ausführlich Roychowdhury/Watts (2007), S. 2-31.

777 Vgl. Fülbier/Gassen/Sellhorn (2008), S. 1329.

Problematisch kann weiterhin sein, dass die beschriebenen Messkonstrukte auf Größen wie der Aktienrendite und dem Ergebnis basieren, die ihrerseits naturgemäß lediglich den kumulativen Effekt ökonomischer Schocks wiedergeben. Auswirkungen von einzelnen, möglicherweise gegenläufigen Ereignissen werden damit nicht explizit eingebunden.[778] Ferner ist kritisch anzumerken, dass bilanzpolitisches Verhalten im Rahmen empirischer Messungen möglicherweise nicht hinreichend von bedingter Vorsicht unterschieden werden kann.[779] Beispielsweise könnte eine asymmetrische Erfassung von schlechten und guten Nachrichten im Ergebnis durch ein sogenanntes „big bath accounting" – nicht aber durch bedingte Vorsicht – mit dem Ziel verursacht werden, in späteren Perioden höhere oder geglättete Ergebnisse auszuweisen.[780] Kritik ist auch dahingehend anzubringen, dass anhand des definierten Modells nicht allein wie beabsichtigt bilanzielle Sachverhaltsabbildung, sondern auch vorsichtige realwirtschaftliche Sachverhaltsgestaltung als weitere Ausprägung bilanzpolitischen Verhaltens gemessen wird.[781] Darüber hinaus werden auch die Validität der zugrunde liegenden Messkonstrukte und deren Aussagegehälter als problematisch betrachtet,[782] wobei diese ökonometrische Kritik gleichzeitig umstritten ist.[783]

Ausgehend von den genannten Kritikpunkten an dem Basu-Modell zur asymmetrischen Erfassung von schlechten und guten Nachrichten gehen aus der empirischen Rechnungslegungsforschung unterschiedliche Ansätze zu Weiterentwicklungen des ursprünglichen Modells hervor.[784] Insgesamt ist allerdings festzuhalten, dass – auch wenn die angeführten Kritikpunkte im Einzelnen nicht unwesentlich erscheinen – eine Untersuchung der asymmetrischen Erfassung schlechter und guter Nachrichten trotz der genannten Einschränkungen als vorzuziehendes Messinstrument für bedingte Vorsicht betrachtet und damit auch in der folgenden empirischen Untersuchung berücksichtigt wird.

---

778 Vgl. Ryan (2006), S. 516 sowie ausführlich dazu Givoly/Hayn/Natarajan (2007), S. 69-77.

779 Vgl. Ball/Shivakumar (2008), S. 1330.

780 Vgl. Ryan (2006), S. 516; Wagenhofer/Ewert (2007), S. 147; Fülbier/Gassen/Sellhorn (2008), S. 1330.

781 Vgl. Fülbier/Gassen/Sellhorn (2008), S. 1330; Ryan (2006), S. 516. Zu einer Unterscheidung zwischen Sachverhaltsabbildung und Sachverhaltsgestaltung vgl. Detert (2008), S. 48-53.

782 Vgl. zu dieser Kritik ausführlich Dietrich/Muller/Riedl (2007).

783 Vgl. Ryan (2006), S. 517; Fülbier/Gassen/Sellhorn (2008), S. 1331. Für Zwecke der vorliegenden Arbeit wird daher davon ausgegangen, dass das definierte Modell hinreichend valide ist. Vgl. dazu Gassen/Fülbier/Sellhorn (2006), S. 559, Fn. 11 sowie Ryan (2006), S. 522.

784 Zu einer Übersicht vgl. Fülbier/Gassen/Sellhorn (2008), S. 1331-1332.

4.4.2.2.3 *Zeitnähe*

Da die marktbasierten Eigenschaften der bedingten Vorsicht und Zeitnähe konzeptionell ähnlich ausgeprägt sind, kann die Eigenschaft Zeitnähe vor dem Hintergrund der Ausführungen zur bedingten Vorsicht beschrieben werden. Während die Eigenschaft der bedingten Vorsicht die zeitlich asymmetrische Erfassung von schlechten Nachrichten in Ergebnissen betont, beschreibt die Eigenschaft Zeitnähe, inwiefern ein Ergebnis den ökonomischen Gewinn der laufenden Periode abbildet.[785] Ziel ist es also, dass sich Änderungen des ökonomischen Ergebnisses – unabhängig davon, ob es sich um einen ökonomischen Gewinn oder Verlust handelt – möglichst rasch im Periodenergebnis widerspiegeln. Aus Adressatensicht handelt es sich um eine wünschenswerte Eigenschaft, denn um ihre Entscheidungen treffen zu können, benötigen die Adressaten allgemein zeitnah die für sie entscheidungsnützlichen Informationen.[786] Dieser Gedanke kommt auch in dem Rahmenkonzept des IASB zum Ausdruck, in welchem Zeitnähe als ein unterstützendes qualitatives Kriterium genannt wird:

> „Timeliness means having information available to decision-makers in time to be capable of influencing their decisions. “[787]

Bedingte Vorsicht und Zeitnähe werden darüber hinaus nicht selten gemeinsam als Eigenschaften für Ergebnisqualität untersucht, da sie zusammen genommen mit einer transparenten Finanzberichterstattung assoziiert werden.[788]

Um die Eigenschaft Zeitnähe empirisch zu messen, wird für gewöhnlich auf das Basu-Modell aus Gleichung (12) zurückgegriffen. In Anlehnung an die gängigen Untersuchungen ergibt sich Zeitnähe aus der ökonometrischen Erklärung des Modells, indem das adjustierte Bestimmtheitsmaß verwendet wird:[789]

$$\text{Zeitnähe} = \text{adj. } R^2 \qquad (16)$$

mit:
adj. R^2 = adjustiertes Bestimmtheitsmaß aus Gleichung (12).

---

785 Vgl. Ball/Kothari/Robin (2000), S. 2; Ball/Robin/Wu (2003), S. 236; Bushman et al. (2004), S. 172; Raonic/McLeay/Asimakopoulos (2004), S. 120-123.

786 Vgl. Wagenhofer/Dücker (2007), S. 277.

787 IASB Framework, Tz. QC29.

788 Vgl. Ball/Kothari/Robin (2000), S. 2.

789 Vgl. Francis et al. (2004), S. 981; Hung/Subramanyam (2001), S. 646; Van der Meulen/Gaeremynck/Willekens (2007a), S. 128. Alternativ kann Zeitnähe anhand einer einfachen Regression der Ergebnisgröße auf die Rendite gemessen werden. Vgl. dazu stellvertretend Raonic/McLeay/Asimakopoulos (2004), S. 120-123; Ding/Stolowy (2006), S. 99.

Höhere Werte des adjustierten Bestimmtheitsmaßes deuten auf ein höheres Maß an Zeitnähe und somit auf eine höhere Ergebnisqualität hin.[790] Da sich die Eigenschaft Zeitnähe aus dem gleichen Modell wie die Eigenschaft der bedingten Vorsicht herleitet, gelten die gleichen Annahmen und Kritikpunkte.

4.5 Literaturüberblick

Die IFRS-Anwendung in der EU hat bislang eine kaum überschaubare Anzahl an Untersuchungen zu den Auswirkungen der IFRS auf die Rechnungslegungspraxis hervorgebracht. Bereits aus der freiwilligen IFRS-Anwendung vor 2005 resultierte eine Reihe von Studien. Die Anzahl dieser Studien hat sich spätestens durch die dann in 2005 verpflichtende Umstellung auf die IFRS erhöht und nimmt auch gegenwärtig weiter zu. Im Folgenden wird ein Überblick über die mit den Auswirkungen der IFRS in der EU im Zusammenhang stehende Literatur gegeben. Da ein allumfassender Überblick aufgrund der hohen Anzahl an Veröffentlichungen kaum möglich wäre, beschränkt sich der Überblick für Zwecke dieser Arbeit auf solche Untersuchungen, die sich mit einer Veränderung der Ergebnisqualität durch die IFRS-Anwendung in der EU befassen. Dabei bietet es sich an, zwischen Studien zur freiwilligen IFRS-Anwendung (Kapitel 4.5.1) und Studien zur verpflichtenden IFRS-Anwendung (Kapitel 4.5.2) zu unterscheiden,[791] da sich die Studien sowohl hinsichtlich ihres Untersuchungsgegenstands als auch der Erkenntnisse deutlich voneinander abgrenzen lassen.[792] Die Studien werden dahingehend zunächst allgemein inhaltlich eingeordnet, um daran anschließend die für Zwecke dieser Arbeit jeweils relevanten empirischen Erkenntnisse genauer herauszustellen.

4.5.1 Studien zur freiwilligen IFRS-Anwendung

4.5.1.1 Inhaltliche Einordnung

Studien zur freiwilligen IFRS-Anwendung setzen sich im Wesentlichen mit zwei Fragestellungen auseinander. Zum einen untersuchen sie solche Faktoren, welche die Unternehmen dazu veranlassen, ihre Rechnungslegung freiwillig auf

---

790 Vgl. Francis/Olsson/Schipper (2006), S. 49. Kritisch zur Verwendung des Bestimmtheitsmaßes vgl. Kapitel 4.4.2.1.

791 Vgl. Hail/Leuz/Wysocki (2010), S. 363.

792 Vgl. Chen et al. (2010), S. 226; Aubert/Grudnitski (2011), S. 4.

IFRS umzustellen. Zum anderen werden in einem nächsten Schritt die aus der freiwilligen IFRS-Anwendung resultierenden Effekte untersucht.[793]

Hinsichtlich der Fragestellung, welche möglichen Faktoren die Entscheidung einer freiwilligen IFRS-Anwendung beeinflussen, wird zunächst allgemein davon ausgegangen, dass sich solche Unternehmen für eine vorzeitige IFRS-Anwendung entscheiden, deren Nutzen aus einer freiwilligen Anwendung die daraus resultierenden Kosten übersteigt.[794] Fraglich ist jedoch, worin genau der Nutzen einer vorzeitigen IFRS-Anwendung für die Unternehmen liegt. Einerseits wird empirisch nachgewiesen, dass sich freiwillige IFRS-Anwender u.a. verstärkt anhand von Eigenkapital finanzieren und zudem einen erhöhten Bedarf an externen Finanzierungsmöglichkeiten haben. Darüber hinaus wird davon ausgegangen, dass sich solche Unternehmen zu einer freiwilligen IFRS-Anwendung entscheiden, die z.B. anhand der Marktkapitalisierung gemessen durchschnittlich größer sind. Weiterhin agieren die Unternehmen verstärkt international, indem etwa ein Cross-Listing, also ein zusätzliches Listing auf einem ausländischen Kapitalmarkt, vorhanden ist oder ein hoher Anteil der Umsätze international getätigt wird.[795] Bei besonders international agierenden Unternehmen kann eine freiwillige IFRS-Anwendung insofern den Nutzen erhöhen, als davon auszugehen ist, dass ein Großteil der Abschlussadressaten international angesiedelt ist und somit auch der Zugang zu ausländischem Kapital erleichtert wird.[796]

Festzuhalten ist, dass einige firmenspezifische Eigenschaften die Neigung von Unternehmen, freiwillig nach IFRS zu bilanzieren, positiv oder negativ beeinflussen. In Anbetracht dessen versuchen bestehende empirische Untersuchungen, solche Faktoren zu identifizieren, die charakteristisch für freiwillige IFRS-Anwender sind. Im Gesamtbild stellen die Untersuchungen fest, dass die Entscheidung der Unternehmen über eine freiwillige IFRS-Anwendung insbesondere von der finanziellen Performance, dem Verschuldungsgrad, der Unternehmensgröße, dem Bedarf an Kapital und einem möglichen Cross-Listing abhängt. Ferner können die Intensität der internationalen Aktivitäten und die Branchenzugehörigkeit Einfluss auf die Entscheidung nehmen.[797]

---

793 Vgl. ICAEW (2007), S. 55.

794 Vgl. ICAEW (2007), S. 56.

795 Vgl. ICAEW (2007), S. 55. Zu einer empirischen Befragung von IFRS-Anwendern in Deutschland vgl. Hane/Kreipl/Müller (2011), S. 123-124.

796 Vgl. ICAEW (2007), S. 55.

797 Vgl. Christensen/Lee/Walker (2007), S. 350 mit Bezug auf Harris/Muller (1999); Leuz/Verrechia (2000); Ashbaugh (2001); Leuz (2003); Tarca (2004); Cuijpers/Buijink (2005). Vgl. darüber hinaus in ähnlicher Weise Gassen/Sellhorn (2006), S. 371-376; Hung/Subramanyam (2007), S. 638-639; Soderstrom/Sun (2007), S. 687.

Hinsichtlich der Untersuchungen der Eigenschaften von Ergebnisgrößen bei einer freiwilligen IFRS-Anwendung fällt zunächst auf, dass sich die überwiegende Zahl an Studien primär mit dem deutschen Kapitalmarkt befasst.[798] Ein solcher Fokus auf Deutschland ist kaum verwunderlich, da nicht sämtliche Mitgliedstaaten der EU eine freiwillige IFRS-Anwendung vor 2005 zuließen.[799] Dabei haben in Deutschland vergleichsweise viele Unternehmen von dem Wahlrecht einer freiwilligen IFRS-Anwendung Gebrauch gemacht,[800] was somit eine geeignete Ausgangssituation für empirische Untersuchungen darstellt und die Vielzahl entsprechender Studien erklärt.

4.5.1.2 Empirische Erkenntnisse

Die überwiegende Anzahl der Studien zur freiwilligen IFRS-Anwendung in der EU stellt fest, dass sich die Ergebnisqualität nach der Umstellung auf die IFRS im Wesentlichen verbessert. Gassen/Sellhorn (2006) untersuchen in ihrer Studie, inwiefern sich ausgewählte Eigenschaften von Ergebnisgrößen zwischen freiwilligen IFRS-Anwendern und nach HGB bilanzierenden Unternehmen in Deutschland unterscheiden. Der Untersuchung liegen 354 Beobachtungen freiwilliger IFRS-Anwender für den Zeitraum 1998 bis 2004 zugrunde, die mit 354 auf Basis eines Propensity-Score Matchings[801] zugeordneten Beobachtungen von nach HGB bilanzierenden Unternehmen über denselben Zeitraum verglichen werden. Im Ergebnis stellen Gassen/Sellhorn (2006) unter Berücksichtigung einschränkender Anmerkungen fest, dass die freiwilligen IFRS-Anwender im Gesamtbild bessere Eigenschaften von Ergebnisgrößen aufweisen als die Gruppe nach HGB bilanzierender Unternehmen.[802]

Demgegenüber finden Van Tendeloo/Vanstraelen (2005) in ihrer Untersuchung auf Basis von 636 Beobachtungen in Deutschland für den Zeitraum 1999 bis 2001 heraus, dass freiwillige IFRS-Anwender in Deutschland im Wesentlichen ein vergleichbares Maß an bilanzpolitischem Verhalten wie Unternehmen aufweisen, die nach den handelsrechtlichen Vorschriften bilanzieren. Zwar stellen die Verfasser zunächst fest, dass die freiwilligen Anwender ein höheres Maß an abnormalen Periodenabgrenzungen sowie eine niedrigere Korrelation zwischen den Periodenabgrenzungen und dem operativen Cashflow aufweisen, allerdings wird diese Aussage signifikant relativiert, wenn solche Unternehmen

798 Vgl. Soderstrom/Sun (2007), S. 680; Paglietti (2009), S. 101.

799 Vgl. bereits Kapitel 3.2.

800 Vgl. Beuselinck/Joos/Van der Meulen (2007), S. 11.

801 Vgl. ausführlich zum Propensity Score-Matching Bauer/Fertig/Schmidt (2009), S. 167-168.

802 Vgl. Gassen/Sellhorn (2006), S. 380.

betrachtet werden, die von einer sogenannten „Big 4"-Wirtschaftsprüfungsgesellschaft[803] geprüft werden. Als Begründung hierfür wird angeführt, dass eine Prüfung durch eine „Big 4"-Gesellschaft das Ausmaß an Bilanzpolitik einschränkt.[804]

Hung/Subramanyam (2007) befassen sich mit einer Analyse von 80 deutschen Unternehmen, die ihre Rechnungslegung erstmalig zwischen 1998 und 2002 auf die IFRS umgestellt haben. Für ihre Stichproben sind sowohl Daten auf Basis von HGB als auch IFRS vorhanden, so dass ein unmittelbarer Vergleich zwischen den Rechnungslegungssystemen ermöglicht wird. Dabei finden die Verfasser heraus, dass sich die Wertrelevanz von Ergebnissen zwischen HGB und IFRS nicht wesentlich unterscheidet, die Unternehmen nach IFRS allerdings ein zumindest leicht höheres Maß an bedingter Vorsicht sowie vergleichsweise höheres Maß an Zeitnähe aufweisen. Gleichfalls weisen Hung/ Subramanyam (2007) trotz der gefundenen Ergebnisse indessen darauf hin, dass die Umstellung von HGB auf die IFRS keinen wesentlichen Einfluss auf die Wertrelevanz und Zeitnähe von Rechnungslegungsinformationen hat. Vielmehr gehen sie davon aus, dass die institutionellen Rahmenbedingungen eine wesentliche Rolle im Rechnungslegungsprozess spielen und somit auch Unterschiede in der Rechnungslegungspraxis zwischen Ländern erklären können.[805]

Ausgehend von den Erwartungen, dass freiwillige IFRS-Anwender bestimmte Anreize zu einer höherwertigen Berichterstattung haben, untersuchen Christensen/Lee/Walker (2008), inwiefern sich die Rechnungslegungsqualität für diese Gruppe von Unternehmen nach der Umstellung auf die IFRS verändert. Der Untersuchung liegt der Zeitraum 1998 bis 2004 zugrunde, wobei die relevante Stichprobe insgesamt 310 deutsche Unternehmen umfasst, von denen 133 Unternehmen bereits vor 2005 von HGB auf die IFRS gewechselt haben. Die Autoren finden heraus, dass Unternehmen, die freiwillig nach IFRS bilanzieren, vergleichsweise weniger Bilanzpolitik betreiben und ein höheres Maß an bedingter Vorsicht als solche Unternehmen aufweisen, die erst in 2005 erstmalig die IFRS angewendet haben. Erneut wird als Begründung angeführt, dass die festgestellte Verbesserung mit entsprechenden Anreizen der freiwilligen Anwender und nicht allein aufgrund der IFRS-Anwendung erklärt werden kann. Christensen/Lee/Walker (2008) kommen daher zu dem Ergebnis, dass eine IFRS-Anwendung nicht zwingend zu einer höherwertigen Rechnungslegungs-

---

803 Zu den „Big 4" werden für gewöhnlich die internationalen Wirtschaftsprüfungsgesellschaften Deloitte, Ernst & Young, KPMG und PwC gezählt. Vgl. Maijoor/Vanstraelen (2006), S. 33; Nobes/Parker (2010), 517-520. Häufig werden außerdem die Gesellschaften BDO und Grant Thornton hinzugezählt. Vgl. z.B. Street/Gray (2002), S. 55.

804 Vgl. Van Tendeloo/Vanstraelen (2005), S. 162.

805 Vgl. Hung/Subramanyam (2007), S. 652.

praxis führen muss. Konform mit den vorausgehenden Überlegungen halten sie vielmehr fest, dass die Rechnungslegungspraxis wesentlich von den institutionellen Rahmenbedingungen und daraus resultierenden Anreizen für die Unternehmen abhängt.[806]

Untersuchungsgegenstand einer sich auf 21 Länder erstreckenden Studie von Barth/Landsman/Lang (2008) für den Zeitraum 1994 bis 2003 ist schließlich die Frage, inwiefern die Umstellung von einem nationalen Rechnungslegungssystem auf die IFRS zu einer höherwertigen Rechnungslegungspraxis führt. Die zugrunde liegende Stichprobe umfasst 1.896 Beobachtungen und setzt sich zu einem Großteil aus freiwilligen IFRS-Anwendern in Deutschland zusammen. Für Vergleichszwecke wird die Stichprobe einer auf Basis eines Matchings zugeordneten Gruppe nach nationalen Rechnungslegungsregeln bilanzierenden Unternehmen gegenübergestellt. Die Autoren finden im Wesentlichen heraus, dass Unternehmen, die in dem betrachteten Untersuchungszeitraum auf die IFRS wechseln, eine vergleichsweise höherwertige Rechnungslegungspraxis – gemessen anhand von bilanzpolitischen Maßgrößen, bedingter Vorsicht und Wertrelevanz – aufweisen. Aus den Ergebnissen geht jedoch nicht eindeutig hervor, inwiefern die festgestellte Verbesserung in den untersuchten Eigenschaften auf die alleinige Umstellung auf die IFRS oder vielmehr auf die speziellen Anreize der freiwilligen IFRS-Anwender zu einer höherwertigen Berichterstattung zurückzuführen ist.[807]

Zusammenfassend lässt sich aus den beschriebenen Ergebnissen der vorstehenden Studien ableiten, dass freiwillige IFRS-Anwender nach der Umstellung auf die IFRS insgesamt offenbar bessere Eigenschaften von Ergebnisgrößen aufweisen.[808] Unklar ist allerdings oftmals, inwiefern die vielfach festgestellten Verbesserungen zwingend der alleinigen Anwendung der IFRS zugesprochen werden können oder ob die Veränderung nicht mit speziellen Anreizen der Unternehmen, die sich zu einer freiwilligen IFRS-Anwendung entschieden haben, zu erklären sind. Eine dahingehende Unterscheidung gestaltet sich bei Untersuchungen zur freiwilligen IFRS-Anwendung als sehr schwierig und wirft das Problem einer inhärenten Selbstselektion auf.[809] Dieses kann durch eine Analyse von verpflichteten IFRS-Anwendern vermieden werden, so dass sich seit der verpflichtenden IFRS-Anwendung eine wachsende Anzahl an Studien mit dieser Unternehmensgruppe befasst. Tabelle 5 fasst die wesentlichen Studien zur frei-

806 Vgl. Christensen/Lee/Walker (2008), S. 28.

807 Vgl. Barth/Landsman/Lang (2008), S. 496-497.

808 Vgl. ähnlich Jeanjean/Stolowy (2008), S. 485; Hail/Leuz/Wysocki (2010), S. 364.

809 Vgl. Hail/Leuz/Wysocki (2010), S. 364 sowie zum Problem der Selbstselektion u.a. Gassen/Sellhorn (2006), S. 374; Soderstrom/Sun (2007), S. 686; Capkun et al. (2008), S. 3.

willigen IFRS-Anwendung auf Basis von Untersuchungen zu den Eigenschaften von Ergebnisgrößen abschließend zusammen. Die Tabelle beinhaltet dabei nur die für Zwecke dieser Arbeit jeweils relevanten Untersuchungsmethodiken und wesentlichen Ergebnisse der aufgeführten Studien. Darüber hinausgehende Forschungsfragen der Untersuchungen werden bewusst ausgeblendet, um den Blick allein auf die hier relevante Thematik der Analyse der IFRS-Anwendung anhand der Eigenschaften von Ergebnisgrößen zu richten.

Tabelle 5: Untersuchungen zur freiwilligen IFRS-Anwendung[810]

Verfasser	Untersuchungsgegenstand	Datenbasis	Wesentliche Ergebnisse
Bartov/ Goldberg/ Kim (2005)	▪ Vergleich von HGB-, IFRS- und US GAAP-Abschlüssen von Unternehmen in Deutschland; ▪ Untersuchung anhand von Wertrelevanz auf Basis von Renditemodellen im Querschnitt und als Vorher-Nachher-Vergleich.	▪ 915 Beobachtungen deutscher Unternehmen; ▪ Zeitraum: 1998-2000.	▪ Freiwillige IFRS- und US GAAP-Anwender weisen eine vergleichsweise höhere Wertrelevanz der Ergebnisgrößen als nach HGB bilanzierende Unternehmen auf; ▪ Ein Vergleich zwischen IFRS- und US GAAP-Anwendern führt nicht zu wesentlichen Unterschieden in der Wertrelevanz.
Van Tendeloo/ Vanstraelen (2005)	▪ Vergleich von freiwilligen IFRS-Anwendern und nach HGB bilanzierenden Unternehmen in Deutschland; ▪ Untersuchung anhand von ausgewählten Kennzahlen zur Bilanzpolitik (Ausmaß abnormaler Periodenabgrenzungen nach Jones, Korrelation zwischen Periodenabgrenzungen und operativem Cashflow).	▪ 636 Beobachtungen deutscher Unternehmen; ▪ Zeitraum: 1999-2001.	▪ Freiwillige IFRS-Anwender weisen ein höheres Maß an abnormalen Periodenabgrenzungen sowie eine niedrigere Korrelation zwischen den Periodenabgrenzungen und dem operativen Cashflow auf; ▪ Ergebnisse werden relativiert, wenn Unternehmen betrachtet werden, die von einer „Big 4"-Gesellschaft geprüft werden; angeführte Begründung: Eine Prüfung durch eine „Big 4"-Gesellschaft schränkt das Ausmaß an Bilanzpolitik ein.
Gassen/ Sellhorn (2006)	▪ Vergleich von freiwilligen IFRS-Anwendern und nach HGB bilanzierenden Unternehmen in Deutschland; ▪ Untersuchung anhand von ausgewählten Eigenschaften von Ergebnisgrößen (Qualität der Periodenabgrenzungen, Persistenz und Vorhersagbarkeit, Wertrelevanz, bedingte Vorsicht); ▪ Untersuchung der Determinanten einer freiwilligen IFRS-Anwendung und deren Auswirkungen auf Informationsasymmetrien.	▪ 354 Beobachtungen freiwilliger IFRS-Anwender in Deutschland und 354 auf Basis eines Propensity-Score Matchings zugeordnete Beobachtungen von nach HGB bilanzierenden Unternehmen; ▪ Zeitraum: 1998-2004.	▪ Freiwillige IFRS-Anwender weisen ein höheres Maß an Persistenz und bedingter Vorsicht sowie ein niedriges Maß an Vorhersagbarkeit auf; die Verfasser sehen dies als ein Anzeichen dafür, dass die freiwillige IFRS-Anwendung insgesamt zu besseren Eigenschaften von Ergebnisgrößen führt als bei nach HGB bilanzierenden Unternehmen; ▪ Freiwillige IFRS-Anwender weisen vergleichsweise niedrigere Informationsasymmetrien auf als die Kontrollgruppe.

810 Eigene Darstellung.

Verfasser	Untersuchungsgegenstand	Datenbasis	Wesentliche Ergebnisse
Hung/ Subra-manyam (2007)	▪ Vergleich von IFRS- und HGB-Abschlüssen von Unternehmen in Deutschland; ▪ Untersuchung anhand von ausgewählten Eigenschaften von Ergebnisgrößen (Wertrelevanz, bedingte Vorsicht und Zeitnähe).	▪ 80 deutsche Unternehmen, die während des Untersuchungszeitraums auf die IFRS umgestellt haben; ▪ Zeitraum: 1998-2002.	▪ Freiwillige IFRS-Anwender weisen zwar keine höhere Wertrelevanz, dafür aber ein höheres Maß an bedingter Vorsicht und Zeitnähe auf; ▪ Hinsichtlich der Maßgröße zur bedingten Vorsicht finden die Verfasser allerdings keine signifikanten Unterschiede zwischen HGB und den IFRS, so dass die Aussage einer höheren bedingten Vorsicht in gewisser Weise relativiert wird.
Barth/ Landsman/ Lang (2008)	▪ Vergleich von freiwilligen IFRS-Anwendern mit nicht die IFRS anwendenden Unternehmen auf Basis einer weltweiten Untersuchung in 21 Ländern; ▪ Untersuchung anhand von ausgewählten Maßgrößen zur Bilanzpolitik, bedingten Vorsicht und Wertrelevanz.	▪ 1.896 Beobachtungen von 327 freiwilligen IFRS-Anwendern in 21 Ländern und einer auf Basis eines Matchings zugeordneten Stichprobe nicht die IFRS anwendender Unternehmen in gleicher Höhe; ▪ Zeitraum: 1994-2003.	▪ Freiwillige IFRS-Anwender weisen vergleichsweise weniger Ergebnisglättung sowie ein verstärktes Maß an bedingter Vorsicht und Wertrelevanz auf als nicht die IFRS anwendende Unternehmen; ▪ Die Ergebnisse werden durch einen reinen Vorher-Nachher-Vergleich der freiwilligen IFRS-Anwender im Gesamtbild bestätigt.
Christensen/ Lee/Walker (2008)	▪ Vergleich von freiwilligen IFRS-Anwendern mit verpflichteten IFRS-Anwendern; ▪ Untersuchung anhand von ausgewählten Maßgrößen zur Bilanzpolitik und bedingten Vorsicht.	▪ 310 deutsche Unternehmen, davon 133 freiwillige IFRS-Anwender und 177 verpflichtete IFRS-Anwender; ▪ Zeitraum: 1998-2005.	▪ Freiwillige IFRS-Anwender weisen vergleichsweise weniger Bilanzpolitik sowie ein höheres Maß an bedingter Vorsicht auf; ▪ Festgestellte Verbesserung in diesen Maßgrößen wird mit den Anreizen zu einer freiwilligen IFRS-Anwendung und damit mit den institutionellen Rahmenbedingungen anstatt einer alleinigen Umstellung auf die IFRS begründet.

4.5.2 Studien zur verpflichtenden IFRS-Anwendung

4.5.2.1 Inhaltliche Einordnung

Die verpflichtende IFRS-Anwendung hat die Forschung zur Untersuchung der Auswirkungen auf die Rechnungslegungspraxis anhand von Eigenschaften von Ergebnisgrößen in den letzten Jahren erheblich intensiviert und als Konsequenz eine beträchtliche Anzahl an empirischen Studien dazu hervorgebracht. Anders als Unternehmen, die sich freiwillig zu einer vorzeitigen IFRS-Anwendung entschieden haben, wird bei den verpflichteten IFRS-Anwendern vermutet, dass sie nicht die gleichen Anreize wie die freiwilligen IFRS-Anwender zu einer hochwertigen Berichterstattung aufweisen und somit die Rückschlüsse aus den Untersuchungen zur freiwilligen IFRS-Anwendung nicht ohne Weiteres auf die verpflichtende IFRS-Anwendung übertragen werden können.[811]

Hintergrund dieser Vermutung ist die Annahme, dass die alleinige Anwendung vermeintlich hochwertiger Standards zwar eine notwendige, aber nicht zwingend hinreichende Bedingung für eine höherwertige Rechnungslegungspraxis ist.[812] So ist unklar, ob allein der Wechsel bereits zu einer höherwertigen Rechnungslegungspraxis führt. Denn sofern die weitgehend unveränderten institutionellen Umfelder und die daraus hervorgehenden Anreize der Unternehmen zur Rechnungslegung tatsächlich einen wesentlichen Einfluss auf die Rechnungslegungspraxis haben, ist der Nettoeffekt der IFRS auf die Rechnungslegungspraxis nicht auf Anhieb eindeutig.[813] Vor diesem Hintergrund hat gerade die verpflichtende IFRS-Anwendung eine bedeutende Rolle in der Rechnungslegungsforschung eingenommen. Denn während die Schwierigkeit bei Untersuchungen zur freiwilligen IFRS-Anwendung in der dort vorhandenen inhärenten Selbstselektionsproblematik besteht,[814] löst sich dieses Problem bei einer Untersuchung der verpflichteten IFRS-Anwender automatisch auf. Studien, welche sich mit der verpflichtenden IFRS-Anwendung in der EU befassen, tragen somit dazu bei, den Einfluss der Unternehmensanreize und Rechnungslegungsregeln auf die Rechnungslegungspraxis besser zu verstehen und die tatsächlichen Effekte der IFRS-Anwendung besser zu isolieren.[815]

Es ist daher wenig verwunderlich, dass die dahingehenden Forschungsbemühungen seitdem sehr aktiv gewesen sind. Trotz einer vermeintlich hohen An-

---

811 Vgl. Ahmed/Neel/Wang (2010), S. 5.

812 Vgl. Ball/Robin/Wu (2003), S. 236; Christensen/Lee/Walker (2008), S. 3; Guenther et al. (2009), S. 4.

813 Vgl. Jeanjean/Stolowy (2008), S. 485.

814 Vgl. Kapitel 4.5.1.2.

815 Vgl. Schipper (2005), S. 107-108.

zahl bisheriger Studien befindet sich die Forschung in einer noch vergleichsweise frühen Phase,[816] da die IFRS erst seit ein paar Jahren verpflichtend anzuwenden sind und somit auch nur auf eine begrenzte Anzahl an Beobachtungen zurückgegriffen werden kann. Auch wenn augenscheinlich also bereits eine Vielzahl an Untersuchungen existiert, ist es aus wissenschaftlicher Sicht nach wie vor eine empirisch bedeutende Frage, inwiefern sich die verpflichtende IFRS-Anwendung in der EU auf die Rechnungslegungspraxis auswirkt.[817]

4.5.2.2 Empirische Erkenntnisse

Die bisherigen empirischen Erkenntnisse zeichnen kein eindeutiges Bild, inwiefern die verpflichtende Umstellung auf die IFRS tatsächlich zu einer höherwertigen Rechnungslegungspraxis führt.[818] In einer Untersuchung verpflichteter IFRS-Anwender in der EU kommen Beuselinck/Joos/Van der Meulen (2007) zu dem Ergebnis, dass die Unternehmen in dem Jahr nach der verpflichtenden Umstellung auf die IFRS keine verbesserte Qualität der Periodenabgrenzungen aufweisen als vor der Umstellung. Der Untersuchung liegen Unternehmen aus 14 EU-Mitgliedstaaten für den Zeitraum 1991 bis 2005 zugrunde. Die Verfasser begründen ihre Ergebnisse mit einem wesentlichen Einfluss institutioneller Rahmenbedingungen sowie auch konjunktureller Schwankungen auf die Rechnungslegungspraxis und kommen in Anlehnung an ähnliche Untersuchungen zu dem Ergebnis, dass ein bloßer Wechsel des Rechnungslegungssystems nicht notwendigerweise zu einer verbesserten Rechnungslegungspraxis innerhalb der EU führen muss.[819]

Während Christensen/Lee/Walker (2008) hinsichtlich der freiwilligen IFRS-Anwendung herausfinden, dass eine Umstellung auf die IFRS zu weniger Bilanzpolitik und einem höheren Maß an bedingter Vorsicht führt,[820] weichen die Ergebnisse im Hinblick auf die verpflichtende IFRS-Anwendung davon ab. Demnach weisen verpflichtete IFRS-Anwender in Deutschland in dem Zeitraum von 1998 bis 2005 keine verbesserte Rechnungsqualität, gemessen anhand bilanzpolitischer Maßgrößen sowie der Eigenschaft der bedingten Vorsicht, nach der Umstellung von HGB auf die IFRS auf. In einer weitergehenden Analyse stellen die Verfasser fest, dass die verpflichteten Anwender bestimmte Eigenschaften wie z.B. eine vergleichsweise ausgeprägte Insider-Orientierung aufwei-

816 Vgl. ICAEW (2007), S. 54.

817 Vgl. Chen et al. (2010), S. 226.

818 Vgl. Hail/Leuz/Wysocki (2010), S. 365-366.

819 Vgl. Beuselinck/Joos/Van der Meulen (2007), S. 34.

820 Zur Untersuchung der freiwilligen IFRS-Anwendung von Christensen/Lee/Walker (2008) vgl. bereits Kapitel 4.5.1.2.

sen. Als mögliche Erklärung hierfür wird angeführt, dass die verpflichteten Anwender in Deutschland aufgrund ihrer Insider-Orientierung keine Anreize zu einer freiwilligen Berichterstattung nach IFRS hatten und somit auch keine Verbesserung der Rechnungslegungsqualität bei diesen Unternehmen festzustellen ist. Christensen/Lee/Walker (2008) leiten schließlich zwei wesentliche Erkenntnisse aus ihrer Untersuchung ab: Zum einen muss eine Umstellung auf die IFRS nicht ohne Weiteres zu einer Verbesserung der Rechnungslegungspraxis führen, wenn Unternehmen nicht die entsprechenden Anreize hierzu haben. Zum anderen kann der Einfluss der Anreize zur Rechnungslegung offenbar den Einfluss der Rechnungslegungsregeln selbst dann überwiegen, wenn Unternehmen in ein gleiches institutionelles Umfeld eingebettet sind.[821] Letzteres hebt die Notwendigkeit hervor, in Untersuchungen näher zwischen verschiedenen Unternehmensgruppen zu unterscheiden.

In ihrer Untersuchung verpflichteter IFRS-Anwender in Frankreich und UK sowie in Australien finden Jeanjean/Stolowy (2008) heraus, dass das bilanzpolitische Verhalten der Unternehmen nach der Umstellung auf die IFRS nicht abnimmt bzw. in Frankreich sogar zunimmt. Die Untersuchung umfasst 1.146 verpflichtete IFRS-Anwender über einen Zeitraum von 2003 bis 2006. Ähnlich wie Beuselinck/Joos/Van der Meulen (2007) interpretieren die Verfasser ihre Ergebnisse hinsichtlich des untersuchten bilanzpolitischen Verhaltens in den Ländern damit, dass die institutionellen Rahmenbedingungen einen wesentlichen Einfluss auf die Rechnungslegungspraxis nehmen und eine bloße Umstellung auf die IFRS somit keine ausreichende Bedingung zu einer höherwertigen, vergleichbaren Rechnungslegungspraxis ist.[822]

Cascino/Gassen (2010) gehen der Frage nach, inwiefern durch die verpflichtende IFRS-Anwendung die internationale Vergleichbarkeit der Rechnungslegung gesteigert wird. In einer Untersuchung der Eigenschaften von Ergebnisgrößen können die Verfasser auf Basis einer weltweiten Untersuchung in 22 die IFRS anwendenden und 18 nicht die IFRS anwendenden Ländern keine eindeutigen Implikationen hinsichtlich der internationalen Vergleichbarkeit ableiten. Der Untersuchung liegen dabei 138.199 Beobachtungen für den Zeitraum 1998 bis 2008 zugrunde, wobei das Jahr 2005 von der Untersuchung ausgeschlossen wird, um unmittelbare, vorübergehende Effekte aus der erstmaligen Anwendung auszuschließen. Bezogen auf die Eigenschaften von Ergebnisgrößen und auf Basis weitergehender Untersuchungen zu Anhangangaben in Deutschland und Italien argumentieren Cascino/Gassen (2010), dass trotz der Umstellung auf die IFRS weiterhin institutionelle Rahmenbedingungen einen wesentlichen Einfluss

821 Vgl. Christensen/Lee/Walker (2008), S. 28.
822 Vgl. Jeanjean/Stolowy (2008), S. 493.

auf die Rechnungslegungspraxis haben und hierdurch die internationale Vergleichbarkeit der Rechnungslegung solange eingeschränkt wird, wie sich die institutionellen Rahmenbedingungen zwischen den Ländern wesentlich voneinander unterscheiden.[823]

Während jene Studien überwiegend zu dem Ergebnis kommen, dass die IFRS kaum einen Effekt auf die Rechnungslegungspraxis verpflichteter Anwender zu haben scheinen, finden andere Studien einen positiven inkrementellen Effekt der IFRS heraus. So kommen Chen/Tang/Jiang/Lin (2010) in ihrer Untersuchung anhand einer Stichprobe von 21.707 Beobachtungen in 15 EU-Ländern für den Zeitraum 2000 bis 2007 zu dem Ergebnis, dass die verpflichteten IFRS-Anwender nach der Umstellung eine überwiegend bessere Rechnungslegungsqualität aufweisen. Aus ihren Ergebnissen leiten die Verfasser ab, dass Rechnungslegungsregeln neben den Unternehmensanreizen einen wesentlichen Einfluss auf die Rechnungslegungspraxis haben.

Devalle/Onali/Magarini (2010) untersuchen in den Ländern Deutschland, Frankreich, Italien, Spanien und UK die Veränderung der Wertrelevanz für den Zeitraum 2002 bis 2007 für verpflichtete IFRS-Anwender. Auf der Grundlage von Preis- und Renditemodellen finden sie heraus, dass die Wertrelevanz auf Basis einer Gesamtstichprobe insgesamt steigt. Einzelne Länderbetrachtungen führen demgegenüber zu unterschiedlichen Ergebnissen. Dies veranlasst Devalle/Onali/Magarini (2010) zu der Aussage, dass im Gesamtbild nicht zwingend von einer Verbesserung der Wertrelevanz auszugehen ist und die Zielsetzung der IFRS damit möglicherweise nicht erfüllt wird. Hieraus leiten die Verfasser entsprechend weiteren künftigen Forschungsbedarf ab.[824]

Anders als die Erkenntnisse der Studien zur freiwilligen IFRS-Anwendung verdeutlichen die Erkenntnisse der vorausgehend beschriebenen Studien, dass die Effekte aus der verpflichtenden IFRS-Anwendung für die Rechnungslegungspraxis nicht eindeutig sind. Tabelle 6 gibt einen zusammenfassenden Überblick über die wesentlichen Untersuchungen und rundet dieses Gesamtbild ab.[825] Eine häufig angeführte Begründung für die unterschiedlichen Ergebnisse ist, dass die aus den institutionellen Umfeldern hervorgehenden Unternehmensanreize zur Rechnungslegung sehr unterschiedlich ausgeprägt sind und einen wesentlichen Einfluss auf die Rechnungslegungspraxis haben. Da sich die Forschung auf diesem Gebiet jedoch noch in einer frühen Phase befindet, sollten die

---

823 Vgl. Cascino/Gassen (2010), S. 36-37. In ihrer Studie betrachten die Verfasser also explizit die Vergleichbarkeit von Rechnungslegungsinformationen, jedoch stützt sich die Argumentation auch dabei auf einen wesentlichen Einfluss der institutionellen Rahmenbedingungen.

824 Vgl. Devalle/Onali/Magarini (2010), S. 115.

825 Zu einem weitergehenden Überblick vgl. Brüggemann/Hitz/Sellhorn (2011), S. 13-15.

bisherigen Ergebnisse zunächst lediglich als ein eingeschränkter Nachweis des Einflusses der IFRS interpretiert werden.[826] Dies lässt sich auch daran erkennen, dass die bisherigen Studien meist noch vergleichsweise kurze Zeiträume der IFRS-Anwendung umfassen und sich zudem nicht selten stark in den Methodiken und den zugrunde liegenden Stichproben unterscheiden.[827]

826 Vgl. ICAEW (2007), S. 57.
827 Vgl. Brown (2011), S. 275.

Tabelle 6: Untersuchungen zur verpflichtenden IFRS-Anwendung[828]

Verfasser	Untersuchungsgegenstand	Datenbasis	Wesentliche Ergebnisse
Beuselinck/ Joos/ Van der Meulen (2007)	▪ Analyse der Vergleichbarkeit von Unternehmen in 14 EU-Ländern sowie der Veränderung der Ergebnisqualität; ▪ Untersuchung anhand von Zusammenhängen zwischen Periodenabgrenzungen und Cashflowgrößen.	▪ 25.110 Beobachtungen in 14 EU-Ländern; ▪ Untersuchung von vier Zeiträumen: 1) 1991-1993, 2) 1997-1999, 3) 2001-2003 und 4) 2005.	▪ Hinsichtlich der verpflichtenden IFRS-Anwendung weisen die Unternehmen in 2005 keine verbesserte Qualität der Periodenabgrenzungen gegenüber der Zeit vor der Umstellung auf; ▪ Ergebnisse werden mit wesentlichem Einfluss institutioneller Rahmenbedingungen und konjunktureller Schwankungen begründet; ein bloßer Wechsel des Rechnungslegungssystems muss daher nicht notwendigerweise eine verbesserte Rechnungslegungspraxis innerhalb der IFRS hervorrufen.
Capkun/ Cazavan-Jeny/ Jeanjean/ Weiss (2008)	▪ Analyse verpflichteter IFRS-Anwender vor und nach der Umstellung auf die IFRS in neun EU-Ländern; ▪ Untersuchung anhand von ausgewählten Maßgrößen zur Bilanzpolitik und Wertrelevanz.	▪ 1.722 Unternehmen in neun EU-Ländern; ▪ Zeitraum: 2004-2005.	▪ Verpflichtete IFRS-Anwender weisen ein weitgehend unverändertes Maß an Bilanzpolitik, jedoch ein höheres Maß an Wertrelevanz nach der Umstellung auf die IFRS auf.
Christensen/ Lee/Walker (2008)	▪ Vergleich von freiwilligen IFRS-Anwendern mit verpflichteten IFRS-Anwendern; ▪ Untersuchung anhand von ausgewählten Maßgrößen zur Bilanzpolitik und bedingten Vorsicht.	▪ 310 deutsche Unternehmen, davon 133 freiwillige IFRS-Anwender und 177 verpflichtete IFRS-Anwender; ▪ Zeitraum: 1998-2005.	▪ Verpflichtete IFRS-Anwender weisen keine besseren Eigenschaften von Ergebnisgrößen nach der Umstellung auf die IFRS auf; ▪ Ergebnisse werden mit möglicher Insider-Orientierung und damit im Vergleich zu freiwilligen IFRS-Anwendern mit anderen Anreizen zur Rechnungslegung begründet.

828 Eigene Darstellung.

Verfasser	Untersuchungsgegenstand	Datenbasis	Wesentliche Ergebnisse
Jeanjean/ Stolowy (2008)	▪ Analyse verpflichteter IFRS-Anwender in Australien, Frankreich und UK; ▪ Untersuchung anhand einer ausgewählten Maßgröße zur Bilanzpolitik (Vermeidung von Verlusten).	▪ 1.146 Unternehmen (5.051 Beobachtungen) in Australien, Frankreich und UK; ▪ Zeitraum: 2002-2006.	▪ Verpflichtete IFRS-Anwender weisen in den untersuchten Ländern nicht weniger Bilanzpolitik auf als vor der Umstellung, in Frankreich wird sogar eine Zunahme an Bilanzpolitik gemessen; ▪ Ergebnisse werden mit wesentlichem Einfluss institutioneller Rahmenbedingungen begründet.
Paananen (2008)	▪ Analyse verpflichteter IFRS-Anwender vor und nach der Umstellung auf die IFRS in Schweden; ▪ Untersuchung anhand von ausgewählten Maßgrößen zur Bilanzpolitik, bedingten Vorsicht und Wertrelevanz.	▪ 314 schwedische Unternehmen (545 Beobachtungen), davon 290 Beobachtungen vor und 255 Beobachtungen nach der IFRS-Umstellung; ▪ Zeitraum: 1999-2001.	▪ Verpflichtete IFRS-Anwender weisen keine Verbesserung in den untersuchten Eigenschaften von Ergebnisgrößen nach der IFRS-Umstellung auf; ▪ Ergebnisse werden als Indikatoren interpretiert, dass ein Wechsel auf die IFRS in der EU nicht unbedingt zu einer Verbesserung der Rechnungslegungspraxis und effizienteren Kapitalmärkten führt.
Guenther/ Gegenfurtner/ Kaserer/ Achleitner (2009)	▪ Analyse freiwilliger und verpflichteter IFRS-Anwender vor und nach der Umstellung auf die IFRS in Deutschland; ▪ Untersuchung anhand von ausgewählten Maßgrößen zur Bilanzpolitik, bedingten Vorsicht und Wertrelevanz.	▪ 543 deutsche Unternehmen (3.697 Beobachtungen), davon 2.160 Beobachtungen freiwilliger und 1.537 Beobachtungen verpflichteter Anwender; ▪ Zeitraum: 1998-2008.	▪ Differenzierte Ergebnisse sowohl bei freiwilligen als auch bei verpflichteten IFRS-Anwendern; ▪ Bezogen auf verpflichtete Anwender wird ein höheres Maß an bedingter Vorsicht nachgewiesen; bezüglich des bilanzpolitischen Verhaltens ist keine eindeutige Richtungsänderung feststellbar; eine wesentliche Verbesserung der Wertrelevanz kann ebenfalls nicht nachgewiesen werden.
Morais/Curto (2009)	▪ Vergleich von verpflichteten mit freiwilligen IFRS-Anwendern und Anwendern nationaler Rechnungslegungsregeln in 14 EU-Ländern; ▪ Untersuchung anhand von Wertrelevanz auf Basis von Preismodellen.	▪ 6.977 Unternehmen (29.032 Beobachtungen) in 14 EU-Ländern; ▪ Zeitraum: 2000-2005.	▪ Verpflichtete IFRS-Anwender weisen im Gesamtbild nach der Umstellung ein höheres Maß an Wertrelevanz als vor der Umstellung auf.

Verfasser	Untersuchungsgegenstand	Datenbasis	Wesentliche Ergebnisse
Paananen/Lin (2009)	▪ Vergleich von verpflichteten mit freiwilligen IFRS-Anwendern aus unterschiedlichen Zeiträumen in Deutschland; ▪ Untersuchung anhand von ausgewählten Maßgrößen zur Bilanzpolitik, bedingten Vorsicht und Wertrelevanz.	▪ 759 deutsche Unternehmen (839 Beobachtungen); ▪ Untersuchung von drei Zeiträumen: 1) 2000- 2002, 2) 2003-2004 und 3) 2005-2006.	▪ In Zeiträumen vor der verpflichtenden IFRS-Umstellung wird eine sich verbessernde Ergebnisqualität nachgewiesen; ▪ Verpflichtende IFRS-Umstellung führt zu einer Verschlechterung der Eigenschaften von Ergebnisgrößen; als mögliche Erklärung wird eine erhöhte Komplexität der Standards im Zeitablauf genannt.
Paglietti (2009)	▪ Analyse verpflichteter IFRS-Anwender vor und nach der IFRS-Umstellung in Italien; ▪ Untersuchung anhand von ausgewählten Maßgrößen zur Bilanzpolitik, bedingten Vorsicht und Wertrelevanz.	▪ 92 italienische Unternehmen (552 Beobachtungen), davon 266 Beobachtungen vor und 266 Beobachtungen nach der IFRS-Umstellung; ▪ Zeitraum: 2002-2007.	▪ Differenzierte Ergebnisse: Bilanzpolitik und bedingte Vorsicht deuten auf eine niedrigere, Wertrelevanz auf eine höhere Ergebnisqualität hin; ▪ Ergebnisse werden mit wesentlichem Einfluss institutioneller Rahmenbedingungen begründet; ein Wechsel auf die IFRS muss nicht zwingend zu einer höherwertigen Rechnungslegungspraxis führen.
Ahmed/ Neel/ Wang (2010)	▪ Vergleich verpflichteter IFRS-Anwender und nicht die IFRS anwendender Unternehmen auf Basis einer weltweiten Untersuchungsstichprobe aus 33 Ländern vor und nach der IFRS-Umstellung; ▪ Untersuchung anhand von ausgewählten Maßgrößen zur Bilanzpolitik und bedingten Vorsicht.	▪ 19.632 Beobachtungen aus 21 die IFRS anwendenden und 12 nicht die IFRS anwendenden Ländern; ▪ Zeitraum: 2002-2007.	▪ Verpflichtete IFRS-Anwender in betrachteten Ländern weisen ein vergleichsweise höheres Maß an Bilanzpolitik und ein niedrigeres Maß an bedingter Vorsicht auf; ▪ Ergebnisse sind noch ausgeprägter, wenn nur Länder betrachtet werden, die anhand einer ausgeprägten Rechtsdurchsetzung charakterisiert werden.

Verfasser	Untersuchungsgegenstand	Datenbasis	Wesentliche Ergebnisse
Cascino/ Gassen (2010)	▪ Vergleich verpflichteter IFRS-Anwender und nicht die IFRS anwendender Unternehmen anhand einer Stichprobe aus 40 Ländern vor und nach der IFRS-Einführung; ▪ Untersuchung anhand von Maßgrößen zur Persistenz, Vorhersagbarkeit, Gewinnglättung, Zeitnähe, bedingten Vorsicht und Wertrelevanz.	▪ 138.199 Beobachtungen aus 22 die IFRS anwendenden und 18 nicht die IFRS anwendenden Ländern; ▪ Zeitraum: 1998-2008 (Ausschluss von 2005)	▪ Keine eindeutigen Ergebnisse zur verpflichtenden IFRS-Umstellung, bezogen auf die untersuchten Eigenschaften von Ergebnisgrößen; ▪ Auf Basis weitergehender Untersuchungen von Anhangsangaben in Deutschland und Italien wird gefolgert, dass institutionelle Rahmenbedingungen trotz IFRS einen wesentlichen Einfluss auf die Rechnungslegungspraxis haben und die internationale Vergleichbarkeit hierdurch eingeschränkt wird.
Chen/Tang/ Jiang/Lin (2010)	▪ Analyse verpflichteter IFRS-Anwender vor und nach der IFRS-Umstellung in 15 EU-Ländern; ▪ Untersuchung anhand von ausgewählten Maßgrößen zur Bilanzpolitik, bedingten Vorsicht und Wertrelevanz.	▪ 21.707 Beobachtungen in 15 EU-Ländern; ▪ Zeitraum: 2000-2007;	▪ Verpflichtete IFRS-Anwender weisen eine überwiegende Verbesserung in den untersuchten Eigenschaften von Ergebnisgrößen auf; ▪ Wechsel auf die IFRS führt zu einer höherwertigen Rechnungslegungspraxis und belegt damit den inkrementellen Einfluss der IFRS.
Devalle/ Onali/ Magarini (2010)	▪ Analyse verpflichteter IFRS-Anwender vor und nach der IFRS-Umstellung in Deutschland, Frankreich, Italien, Spanien und UK; ▪ Untersuchung der Wertrelevanz auf Basis von Preis- und Renditemodellen.	▪ 3.721 Unternehmen (13.849 Beobachtungen) in den Ländern Deutschland, Frankreich, Italien, Spanien und UK; ▪ Zeitraum: 2002-2007.	▪ Wertrelevanz steigt in einer Gesamtuntersuchung der Länder auf Basis einer Gesamtstichprobe; ▪ Einzelne Länderbetrachtungen führen zu abweichenden Ergebnissen, was eindeutige Rückschlüsse auf die Wirkung der IFRS auf die Rechnungslegungspraxis erschwert.
Aubert/ Grudnitski (2011)	▪ Analyse verpflichteter IFRS-Anwender vor und nach der IFRS-Umstellung in 13 EU-Ländern; ▪ Untersuchung anhand von Maßgrößen zur Wertrelevanz, Zeitnähe und Qualität der Periodenabgrenzungen.	▪ 3.530 Beobachtungen in 13 EU-Ländern; ▪ Zeitraum: 2004-2005.	▪ Keine eindeutigen Ergebnisse hinsichtlich der Untersuchung zur Wertrelevanz; Zeitnähe erhöht sich lediglich für die Gesamtstichprobe; Qualität der Periodenabgrenzungen steigt nur vereinzelt; ▪ IFRS haben lediglich in einzelnen Fällen positiven Effekt auf die Rechnungslegungspraxis.

4.6 Kapitelfazit

Um den Einfluss der IFRS auf die Rechnungslegungspraxis zu beurteilen, ist ein geeignetes Beurteilungskriterium heranzuziehen. Ergebnisgrößen stellen ein aus Adressatensicht wichtiges Element der Finanzberichterstattung dar und sollten eine Reihe wünschenswerter Eigenschaften mit sich bringen. Diese werden in der empirischen Rechnungslegungsforschung anhand unterschiedlicher empirischer Modelle spezifiziert. Dabei wird zwischen rechnungslegungs- und marktbasierten Eigenschaften unterschieden: Zu den rechnungslegungsbasierten Eigenschaften werden die Eigenschaften Persistenz, Vorhersagbarkeit, Qualität der Periodenabgrenzungen und auch die Glättung von Ergebnissen gezählt. Unter den marktbasierten Eigenschaften werden die Eigenschaften Wertrelevanz, bedingte Vorsicht sowie Zeitnähe subsumiert. Während sich eine Untersuchung dieser Eigenschaften bezogen auf die IFRS-Anwendung in der EU in vollem Umfang oder auch in Teilen sowie in verschiedenen Varianten großer Beliebtheit erfreut und somit eine kaum überschaubare Anzahl empirischer Studien hervorgebracht hat, sollte beachtet werden, dass die Eigenschaften im Einzelnen häufig Kritik ausgesetzt sind. Bei einer Untersuchung mehrerer Eigenschaften ist außerdem darauf zu achten, dass sich eine gesamtheitliche Beurteilung nicht immer einfach gestaltet, da sich einzelne Eigenschaften gegensätzlich zueinander entwickeln können. Umso wichtiger ist es jedoch, Untersuchungen nicht nur auf einzelne Eigenschaften zu beschränken, da sonst die Gefahr besteht, irrtümliche Aussagen abzuleiten. Vielmehr sollte daher darauf geachtet werden, ein Gesamtbild aus mehreren Eigenschaften und damit einen Rückschluss auf die Auswirkungen der IFRS-Anwendung auf die Rechnungslegungspraxis abzuleiten.

Bisherige empirische Erkenntnisse zur IFRS-Anwendung in der EU können in Studien zur freiwilligen IFRS-Anwendung und Studien zur verpflichtenden IFRS-Anwendung unterteilt werden. Während Studien zur freiwilligen IFRS-Anwendung im Wesentlichen einen positiven Einfluss der IFRS auf die Rechnungslegungspraxis nachweisen, zeichnen die bisherigen Studien zur verpflichtenden IFRS-Anwendung kein eindeutiges Bild. Der Grund hierfür wird vor allem darin gesehen, dass freiwillige IFRS-Anwender bestimmte Anreize zu einer hochwertigen Berichterstattung haben und sich daher freiwillig zur IFRS-Anwendung entscheiden. Demgegenüber sind die Anreize zu einer hochwertigen Berichterstattung für die verpflichteten IFRS-Anwender sehr unterschiedlich ausgeprägt und hängen insbesondere von dem institutionellen Umfeld ab, in das ein Unternehmen eingebettet ist. Entsprechend fallen auch die aus den Untersuchungen resultierenden Erkenntnisse zur verpflichtenden IFRS-Anwendung sehr unterschiedlich aus. Gleichzeitig variieren die Untersuchungen auch hinsichtlich der angewendeten Methoden sowie der Untersuchungszeiträume teilweise stark. Ein Großteil der Studien umfasst Untersuchungszeiträume, die sich gerade einmal auf ein bis zwei Jahre nach der verpflichtenden Umstellung beziehen. Da die Umstellung auf die IFRS jedoch ein längerer, mit Lerneffekten verbundener Prozess ist, befindet sich die Forschung auf diesem Gebiet noch in einer frühen Phase und liefert somit auch nur begrenzte Erkenntnisse. Die Frage des inkrementellen Einflusses der verpflichtenden IFRS-Anwendung auf die Rechnungslegungspraxis ist daher weiterhin eine bedeutsame Forschungsfrage. In diesen Kontext ist auch die nachfolgende empirische Untersuchung einzuordnen: Sie soll einen Beitrag zur Beantwortung der Forschungsfrage „Welchen Einfluss haben die IFRS auf die Rechnungslegungspraxis in der EU?“ leisten und den relativen Einfluss der institutionellen Rahmenbedingungen sowie der Rechnungslegungsregeln auf die Rechnungslegungspraxis weiter entflechten.

5 Empirische Untersuchung zum Einfluss der IFRS auf die Rechnungslegungspraxis

5.1 Hypothesenbildung

In den vorausgehenden theoretischen Betrachtungen ist deutlich geworden, dass die institutionellen Umfelder der Unternehmen in Deutschland, Frankreich und UK länderspezifische Besonderheiten aufweisen. Zusammenfassend weisen die organisierten Kapitalmärkte in den kontinentaleuropäischen Ländern Deutschland und Frankreich zumindest traditionell eine eher geringe Bedeutung auf, die Rechtssysteme sind als Code Law-Systeme mit unterschiedlichem Rechtsursprung und einem vergleichsweise ausgeprägten Gläubigerschutz zu klassifizieren und die handels- und steuerrechtlichen Rechnungslegungen sind zumindest auf Ebene des Einzelabschlusses relativ eng miteinander verknüpft. Das Enforcement-System ist in Deutschland als ein zweistufiges Enforcement-System ausgestaltet, während das Enforcement-System in Frankreich auf staatlicher Ebene angesiedelt ist. Die nationalen Rechnungslegungssysteme unterscheiden sich außerdem vergleichsweise stark von den IFRS. Demgegenüber lässt sich das institutionelle Umfeld in UK durch eine überwiegend auf organisierte Kapitalmärkte fokussierte Unternehmensfinanzierung, durch ein Common Law-System mit einem hohen Grad an Anlegerschutz und durch ein von der informationsorientierten Rechnungslegung weitgehend unabhängiges Steuersystem beschreiben. Für das Enforcement ist in UK ein privatwirtschaftliches Gremium zuständig, und das nationale Rechnungslegungssystem weist deutliche Ähnlichkeiten zu den IFRS auf. Das institutionelle Umfeld in UK wird somit von typischen angelsächsischen Einflüssen geprägt und unterscheidet sich vergleichsweise stark von den institutionellen Umfeldern in Deutschland und Frankreich.

Während Rechnungslegung als ein Kommunikationsmittel in UK eine sehr hohe Bedeutung hat, werden Informationen in den beiden anderen Ländern aufgrund einer engen Bindung zwischen Unternehmen und Kapitalgebern häufig über nicht-öffentliche Kommunikationskanäle ausgetauscht.[829] Aufgrund eines höheren Informationsbedarfs der überwiegend anonymen Kapitalgeber, die naturgemäß über vergleichsweise wenig spezifische Unternehmensinformationen verfügen, ergeben sich aus Unternehmenssicht in UK stärkere Anreize zu einer informativen und hochwertigen Rechnungslegung.[830]

829 Vgl. Lindemann (2006), S. 984.

830 Vgl. dazu ausführlich Kapitel 3.5.

Löst man sich zunächst von dem Gedanken, dass institutionelle Rahmenbedingungen bzw. daraus hervorgehende Bilanzierungsanreize einen wesentlichen Einfluss auf die Rechnungslegungspraxis haben, könnte vermutet werden, dass die IFRS-Anwendung insbesondere in Deutschland und Frankreich zu einer signifikanten Verbesserung der Rechnungslegungspraxis führt, da die nationalen Rechnungslegungssysteme vergleichsweise deutliche Unterschiede zu den IFRS aufweisen und hinsichtlich ihrer Qualität als niedriger eingestuft werden.[831] Hingegen würde ein Wechsel von UK GAAP auf die IFRS kaum eine Veränderung der Rechnungslegungspraxis in UK erwarten lassen. Dies lässt sich damit begründen, dass die IFRS in ihrem Entstehungsprozess vor allem durch angelsächsische Einflüsse geprägt sind,[832] so dass der „Nettoeffekt" einer Umstellung in UK nicht so groß sein dürfte wie in den kontinentaleuropäischen Ländern. Vor dem Hintergrund der dargestellten und vermuteten Einflüsse der institutionellen Rahmenbedingungen kann diesen Überlegungen jedoch entgegengehalten werden, dass eine alleinige Umstellung der Rechnungslegungsregeln nicht zwingend zu einer höherwertigen Rechnungslegungspraxis führen muss. In Bezug auf eine Untersuchung der Eigenschaften von Ergebnisgrößen kann daher die folgende Hypothese abgeleitet werden:

Hypothese 1: *Ein Wechsel von den nationalen Rechnungslegungsvorschriften auf die IFRS hat keinen positiven Einfluss auf die Eigenschaften von Ergebnisgrößen der verpflichteten Anwender innerhalb eines Landes.*

Eine Überprüfung dieser Hypothese zielt folglich darauf ab, die Veränderung der Rechnungslegungspraxis durch die Umstellung von den nationalen Rechnungslegungsvorschriften auf die IFRS innerhalb der Länder zu untersuchen. Um dabei eine Aussage über die Auswirkungen der IFRS auf die Rechnungslegungspraxis ableiten zu können, wird angenommen, dass die institutionellen Umfelder in den Ländern einen (weitgehend) konstanten Faktor und die Rech-

831 Vgl. Kapitel 3.5.5.3.

832 Vgl. Hung/Subramanyam (2007), S. 624.

nungslegungsregeln einen variierenden Faktor darstellen.[833] Damit kann der Effekt der IFRS-Umstellung isoliert und eine Aussage über die Veränderung der Eigenschaften von Ergebnisgrößen abgeleitet werden.

Aufgrund der unterstellten unterschiedlichen Anreize zu einer hochwertigen Rechnungslegung in den betrachteten Ländern erfordert Hypothese 1 in einem nächsten Schritt eine nach länderspezifischen Merkmalen differenzierte Betrachtung. Demnach könnte aufgrund der vergleichsweise deutlichen Unterschiede der nationalen Rechnungslegungssysteme in Deutschland und Frankreich zu den IFRS zunächst ein wesentlicher inkrementeller Effekt der IFRS-Anwendung in diesen Ländern vermutet werden. Dem ist allerdings entgegenzustellen, dass die Anreize zu einer hochwertigen Rechnungslegung aufgrund der Ausprägungen der dortigen institutionellen Umfelder traditionell vergleichsweise schwach ausgeprägt sein dürften. In UK sind die Anreize zu einer hochwertigen Rechnungslegung demgegenüber stärker ausgeprägt. Aufgrund der Ähnlichkeiten zwischen den UK GAAP und den IFRS ist jedoch kaum von einer Veränderung der Rechnungslegungspraxis infolge der Umstellung auszugehen. Für eine Untersuchung der Eigenschaften von Ergebnisgrößen kann Hypothese 1 daher anhand folgender Unterhypothesen spezifiziert werden:

Hypothese 1.1: *Ein Wechsel von einem nationalen Rechnungslegungssystem auf die IFRS hat keinen positiven Einfluss auf die Eigenschaften von Ergebnisgrößen der verpflichteten Anwender in Deutschland und Frankreich.*

Hypothese 1.2: *Ein Wechsel von dem nationalen Rechnungslegungssystem auf die IFRS hat kaum einen Einfluss auf die Eigenschaften von Ergebnisgrößen der verpflichteten Anwender in UK.*

Die Untersuchung von Hypothese 1 umfasst ausschließlich verpflichtete IFRS-Anwender, um die inhärente Selbstselektionsproblematik der freiwilligen IFRS-

833 Vgl. dazu ähnlich Schipper (2005), S. 110-111; Sellhorn/Gornik-Tomaszewki (2006), S. 206. Auch wenn die institutionellen Rahmenbedingungen in einem Land im Zeitablauf streng genommen nicht konstant sind, sondern sich langfristig verändern (z.B. zunehmende Kapitalmarktfokussierung in Deutschland), ist davon auszugehen, dass dieser Veränderungsprozess eher träge und langwierig sein dürfte. Vgl. ähnlich Schipper (2005), S. 110; Ahmend/Neel/Wang (2010), S. 10. Institutionelle Rahmenbedingungen, die im Zuge der IFRS-Einführung das Bündel an länderspezifischen Rahmenbedingungen ergänzen (z.B. Implementierung eines Enforcement-Systems in Deutschland), sollten außerdem einen möglichen (positiven) Effekt der IFRS-Rechnungslegung begünstigen und können somit zu dem Maßnahmekatalog „IFRS-Anwendung" gezählt werden. Vgl. Kapitel 3.5.4.

Anwendung zu vermeiden und damit den eigentlichen Maßnahmeeffekt des Rechnungslegungssystemwechsels möglichst genau zu isolieren.[834] Der Aspekt der freiwilligen IFRS-Anwendung spielt für die weitere Untersuchung dennoch eine wichtige Rolle. So ist zu bedenken, dass nur in Deutschland eine freiwillige IFRS-Anwendung explizit zugelassen wurde und dort einige Unternehmen von dieser Möglichkeit Gebrauch gemacht haben. Da dies vor allem auf solche Unternehmen zutreffen dürfte, die einen bestimmten Anreiz zur freiwilligen IFRS-Anwendung hatten,[835] umfasst die in Hypothese 1 zugrunde gelegte Stichprobe in Deutschland allein solche Unternehmen, die sich bewusst gegen eine freiwillige IFRS-Anwendung entschieden haben. Da Unternehmen in Frankreich und UK eine solche Möglichkeit zur alleinigen freiwilligen IFRS-Anwendung nicht hatten, trifft diese Argumentation auf diese Länder nicht zu. Die Stichproben umfassen dort vielmehr auch solche Unternehmen, die ihre Rechnungslegung möglicherweise vorzeitig auf die IFRS umgestellt hätten, falls die Möglichkeit zur freiwilligen IFRS-Anwendung in den Ländern bestanden hätte.

Es stellt sich daher die Frage, ob in Frankreich und UK Unterschiede in der Entwicklung der Eigenschaften von Ergebnisgrößen bei einer differenzierten Untersuchung der Unternehmen festzustellen sind.[836] So kann nämlich angenommen werden, dass – ähnlich wie in Deutschland – gerade solche Unternehmen, die bei der Möglichkeit einer freiwilligen IFRS-Anwendung potentiell vorzeitig auf die IFRS umgestellt hätten, besondere Motive zu einer möglichst hochwertigen Rechnungslegung haben, da sich die Unternehmen zum Beispiel besonders stark über Kapitalmärkte finanzieren. Vor dem Hintergrund, dass in Deutschland eine freiwillige IFRS-Anwendung offenbar zu einer höherwertigen Rechnungslegungspraxis geführt hat,[837] kann daher untersucht werden, ob sich ein solches Bild auch bei einer differenzierten Betrachtung der Unternehmen in Frankreich und UK herauskristallisiert. Die zweite zu untersuchende Hypothese lautet daher:

Hypothese 2: *Die Eigenschaften von Ergebnisgrößen haben sich in Frankreich und UK für solche Unternehmen, die Anreize zu einer freiwilligen IFRS-Anwendung gehabt hätten, stärker verbessert als für Unternehmen, die keine Anreize zu einer freiwilligen IFRS-Anwendung gehabt hätten.*

834 Vgl. zur Selbstselektionsproblematik der freiwilligen IFRS-Anwendung Kapitel 4.5.1.2.
835 Vgl. dazu Kapitel 4.5.1.1.
836 Vgl. ähnlich Christensen/Lee/Walker (2007), S. 342-343.
837 Vgl. zu einem Überblick empirischer Erkenntnisse Kapitel 4.5.1.2.

Eine Untersuchung von Hypothese 2 zielt darauf ab, die Anreize zur IFRS-Anwendung und einer hochwertigen Berichterstattung zu isolieren und der Vermutung nachzugehen, dass „mandatory IFRS adoption does not benefit all firms in a uniform way but results in relative winners and losers."[838] Demnach ist davon auszugehen, dass die Bereitschaft zu einer hochwertigen Berichterstattung bei Anwendung der IFRS insbesondere von firmenspezifischen Faktoren abhängt und nur solche Unternehmen eine höherwertige Rechnungslegungspraxis aufweisen, die sich hiervon einen besonderen Nutzen versprechen.[839] Zur Untersuchung von Hypothese 2 sind vor diesem Hintergrund jeweils zwei Gruppen von Unternehmen in Frankreich und UK zu identifizieren: Die eine Gruppe umfasst solche Unternehmen, die – sofern die Möglichkeit zu einer freiwilligen IFRS-Anwendung bestanden hätte – vorzeitig nach IFRS bilanziert hätten (potentiell freiwillige IFRS-Anwender). Die zweite Gruppe umfasst demgegenüber solche Unternehmen, die sich bewusst gegen eine vorzeitige IFRS-Anwendung entschieden hätten (potentiell verpflichtete IFRS-Anwender).

Um die Unternehmen in Frankreich und UK in diese zwei Gruppen zu unterteilen, wird auf die Merkmale freiwilliger und verpflichteter IFRS-Anwender in Deutschland zurückgegriffen. Ziel ist es, den hypothetischen Fall einer freiwilligen IFRS-Anwendung in Frankreich und UK zu simulieren und Rückschlüsse auf die Veränderung der Rechnungslegungspraxis in Abhängigkeit von firmenspezifischen Charakteristika abzuleiten. Die Notwendigkeit dieses Untersuchungsansatzes ergibt sich daraus, dass Untersuchungsergebnisse zur verpflichtenden Umstellung „typically 'on average' results"[840] sind und es erforderlich ist, bestimmte firmenspezifische Anreize zu einer hochwertigen IFRS-Rechnungslegungspraxis genauer zu untersuchen.[841] In Bezug auf die Analyse der Eigenschaften von Ergebnisgrößen leistet der in Hypothese 2 verfolgte Untersuchungsansatz damit einen besonders innovativen Beitrag und steuert dazu bei, „the world behind the observed average effects"[842] besser zu verstehen.[843]

838 Christensen/Lee/Walker (2007), S. 341.

839 Vgl. Christensen/Lee/Walker (2007), S. 377; Pope/McLeay (2011), S. 261.

840 Pope/McLeay (2011), S. 261.

841 Vgl. Pope/McLeay (2011), S. 262.

842 Pope/McLeay (2011), S. 261-262.

843 Vgl. ähnlich in Bezug auf die Analyse von ökonomischen Konsequenzen Christensen/ Lee/Walker (2007), S. 347.

5.2 Datenbasis

Grundlage der Untersuchung sind die für die empirischen Schätzungen erforderlichen Rechnungslegungs- und Kapitalmarktdaten der einzelnen Unternehmen. Während die Rechnungslegungsdaten aus der Datenbank Thomson Reuters Worldscope stammen, wurden die Kapitalmarktdaten der Datenbank Thomson Reuters Datastream entnommen. Die vorliegenden Daten umfassen die Geschäftsjahre 2000 bis 2009 und legen eine verpflichtende Umstellung auf die IFRS für das Geschäftsjahr 2005 zugrunde. Für die Ermittlung der jeweiligen Eigenschaften von Ergebnisgrößen werden dabei Daten aus den Vorjahren der jeweiligen Geschäftsjahre benötigt,[844] wobei sicherzustellen ist, dass die Daten auf dem gleichen Rechnungslegungssystem basieren. Diese Anforderung erweist sich für das Geschäftsjahr 2005 insofern als unproblematisch, als IFRS-Erstanwender durch IFRS 1 dazu verpflichtet werden, den ersten IFRS-Abschluss einschließlich der Vergleichszahlen des Vorjahres so aufzustellen, als wären die IFRS-Vorschriften schon immer angewendet worden.[845] Damit die Daten in der Untersuchung verwendet werden können, werden sie um die im Folgenden beschriebenen Schritte bereinigt.

Um den Umstellungseffekt zu isolieren und das Problem der Selbstselektion zu vermeiden, werden zur Überprüfung der Hypothesen die Veränderungen der Eigenschaften von Ergebnisgrößen von verpflichteten IFRS-Erstanwendern untersucht.[846] Ein Unternehmen gilt für Zwecke dieser Arbeit als verpflichteter Erstanwender, wenn in dem Zeitraum 31.12.2005 bis 30.12.2006 erstmalig ein IFRS-Konzernabschluss und in dem vorausgehenden Geschäftsjahr ein Konzernabschluss nach nationalen Rechnungslegungsregeln aufgestellt wurde.[847] Damit werden in der Datenbasis auch solche Unternehmen berücksichtigt, deren Geschäftsjahr nicht am 31.12. eines Jahres endet. Dies trifft vor allem auf eine

---

844 Bezogen auf das Geschäftsjahr 2000 wird daher zusätzlich das Geschäftsjahr 1999 einbezogen. Vgl. ähnlich Pronobis et al. (2010a), S. 95.

845 Vgl. IFRS 1.7 sowie zu den Besonderheiten von IFRS 1 bei der Umstellung Kapitel 2.3.3.7.

846 Für Zwecke einer in Hypothese 2 vorzunehmenden Differenzierung werden zwar auch die freiwilligen IFRS-Anwender in Deutschland einbezogen, allerdings werden diese nicht explizit im Hinblick auf ihre Eigenschaften von Ergebnisgrößen untersucht, sondern als Referenzgruppe für die Differenzierung in Frankreich und UK berücksichtigt. Zu Untersuchungen der freiwilligen IFRS-Anwender in Deutschland vgl. stattdessen Kapitel 4.5.1.

847 Zur Identifikation der in einem Geschäftsjahr verwendeten Rechnungslegungsregeln wird auf das Worldscope Item „Accounting Standards Followed" (WC07536) zurückgegriffen. Vgl. ähnlich dazu Beuselinck/Joos/Van der Meulen (2007), S. 43; Jeanjean/Stolowy (2008), S. 486-487.

Vielzahl von Unternehmen in UK zu. Aufgrund von Sonderregelungen zur IFRS-Anwendung und zusätzlichen institutionellen Rahmenbedingungen auf dem US-amerikanischen Kapitalmarkt sollte darüber hinaus grundsätzlich nicht nach US GAAP bilanziert worden sein.[848] Unternehmen, die in diesem Sinne keine Erstanwender sind, werden aus der Untersuchung ausgeschlossen. Da im Zuge der Finanzkrise insbesondere in den Jahren 2007 bis 2009 viele Unternehmen inaktiv wurden, die unter normalen Umständen möglicherweise fortbestanden hätten, werden ferner lediglich solche inaktiven Unternehmen entfernt, die vor dem 01.01.2007 inaktiv wurden. Da außerdem Rumpfgeschäftsjahre zu doppelten Unternehmensjahren in der Datenbasis führen können, werden derartige Beobachtungen ebenfalls entfernt. In die Untersuchung werden außerdem Banken, Versicherungen und sonstige Finanzinstitutionen nicht einbezogen, weil sie sich in ihrer Rechnungslegung grundlegend von anderen Unternehmen unterscheiden.[849]

Weiterhin werden solche Beobachtungen aus der Datenbasis entfernt, die in einem Geschäftsjahr nicht sämtliche für die Untersuchung benötigten Daten aufweisen. Da sich die Datenbasis durch diesen Bereinigungsschritt aufgrund der vergleichsweise hohen Anzahl an Variablen für die zu schätzenden Modelle deutlich reduzieren würde, wird im weiteren Verlauf zwischen Stichproben hinsichtlich der rechnungslegungsbasierten Eigenschaften und der marktbasierten Eigenschaften differenziert.[850]

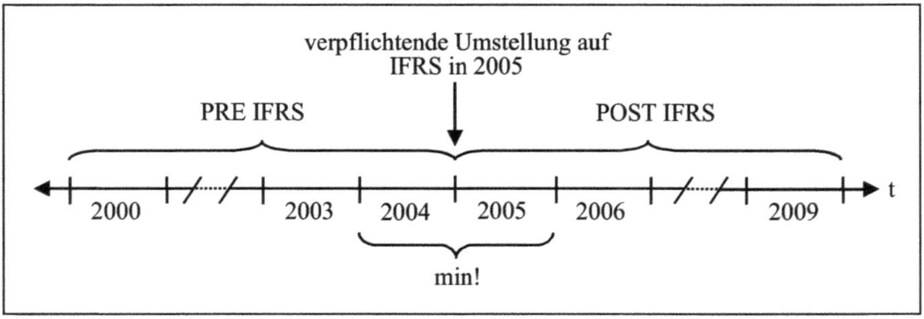

Abbildung 7: Datenbasis der Untersuchung

848 Vgl. Devalle/Onali/Magarini (2010), S. 101.

849 Vgl. Wagenhofer/Dücker (2007), S. 282; Pronobis et al. (2010a), S. 95. Ein Unternehmen fällt in die Kategorie Banken, Versicherungen und sonstige Finanzinstitutionen, wenn dessen SIC-Code zwischen 6000 und 6799 liegt. Zu einer Übersicht der SIC-Codes vgl. http://sec.gov/info/edgar/siccodes.htm (Stand: 01.01.2012).

850 Vgl. ähnlich Ahmed/Neel/Wang (2010), S. 23 und S. 41.

Ein Unternehmen wird schließlich in der Datenbasis berücksichtigt, wenn mindestens für das Geschäftsjahr unmittelbar vor und nach der verpflichtenden IFRS-Umstellung die für die Untersuchung erforderlichen Daten verfügbar sind. Mit dieser in Abbildung 7 dargestellten Mindestanforderung wird sichergestellt, dass die Eigenschaften von Ergebnisgrößen auf Basis der in Kapitel 4 dargestellten Modelle mindestens für das Jahr unmittelbar vor und nach der IFRS-Umstellung geschätzt werden können. Gleichzeitig führt dieser Bereinigungsschritt dazu, dass sowohl vor als auch nach der verpflichtenden Umstellung die gleichen Unternehmen in der Datenbasis enthalten sind, so dass sie ihre eigene Kontrollgruppe bilden.[851] Die Daten weisen insgesamt die Struktur eines (nicht ausgeglichenen) Paneldatensatzes auf.

Tabelle 7: Vorgehensweise bei der Datenbereinigung

	Anzahl der Beobachtungen		
	DE	**FR**	**UK**
Grundgesamtheit aus Datastream/Worldscope[852]	15.025	16.112	44.189
– nach US GAAP bilanzierende Unternehmen	-1.588	-100	-395
– Unternehmen, die nicht IFRS-Erstanwender sind	-2.897	-2.033	-5.843
– inaktive Unternehmen	-3.378	-2.137	-1.775
– Beobachtungen mit Rumpfgeschäftsjahr/Duplikaten	-247	-135	-1.008
– Banken, Versicherungen und sonst. Finanzinstitutionen	-1.993	-2.098	-9.236
= allgemein bereinigte Stichprobe	**4.922**	**9.609**	**25.932**
Rechnungslegungsbasierte Eigenschaften			
– Beobachtungen mit fehlenden Daten	-2.366	-5.035	-16.978
– Anpassung an spezifische Datenanforderung	-1.460	-981	-4.664
= Stichprobe rechnungslegungsbasierte Eigenschaften	**1.096**	**3.593**	**4.290**
Marktbasierte Eigenschaften			
– Beobachtungen mit fehlenden Daten	-2.109	-4.593	-15.894
– Anpassung an spezifische Datenanforderung	-1.668	-1.197	-5.236
= Stichprobe marktbasierte Eigenschaften	**1.145**	**3.819**	**4.802**

Tabelle 7 fasst die Vorgehensweise bei der Datenbereinigung sowie die daraus resultierenden Stichproben für Deutschland (DE), Frankreich (FR) und UK in den Jahren 2000 bis 2009 zusammen. Aus der Tabelle wird ersichtlich, dass

851 Vgl. ähnlich Bartov/Goldberg/Kim (2005), S. 106; Jeanjean/Stolowy (2008), S. 488.

852 Die ausgewiesenen Grundgesamtheiten aus Datastream/Worldscope stellen bereits insofern leicht modifizierte Stichproben dar, als im Zuge der Anpassung der Daten an die Paneldatenstruktur einzelne Beobachtungen entfernt wurden.

UK die größte Stichprobe umfasst. Frankreich liegt anzahlmäßig knapp darunter, allerdings liegt dieser Stichprobe eine deutlich kleinere Grundgesamtheit zugrunde. Die Stichprobe in Deutschland stellt damit die kleinste Stichprobe dar, obwohl die Grundgesamtheit in etwa der französischen Grundgesamtheit entspricht. Eine Erklärung hierfür ist u.a., dass Deutschland eine anteilsmäßig höhere Anzahl an freiwilligen IFRS-Anwendern sowie auch an nach US GAAP bilanzierenden Unternehmen aufweist. Insgesamt wird aufgrund der hohen Anzahl an Beobachtungen pro Land sichergestellt, dass sämtliche Modelle geschätzt werden können.

Tabelle 8: Untersuchungsstichproben vor und nach der IFRS-Einführung

	Anzahl der Beobachtungen					
	Rechnungslegungsbasierte Eigenschaften			**Marktbasierte Eigenschaften**		
	PRE	POST	Summe	PRE	POST	Summe
DE	552	544	1.096	583	562	1.145
FR	1.787	1.806	3.593	1.948	1.871	3.819
UK	2.215	2.075	4.290	2.524	2.278	4.802

Die Beobachtungen verteilen sich wie in Tabelle 8 dargestellt auf die Zeiträume vor (PRE) und nach (POST) der verpflichtenden IFRS-Einführung.[853] Dabei fällt auf, dass die Anzahl der Beobachtungen vor und nach der IFRS-Einführung in allen drei Ländern weitgehend gleich verteilt ist. Die dargestellten Stichproben in den Ländern Deutschland, Frankreich und UK bilden die Grundlage für die Überprüfungen von Hypothese 1 und Hypothese 2. Während im Rahmen der Untersuchung von Hypothese 1 auf die vollständigen Stichproben in den Ländern zurückgegriffen wird,[854] erfordert eine im Rahmen von Hypothese 2 durchzuführende Logit-Schätzung zur Differenzierung zwischen den potentiell freiwilligen und verpflichteten IFRS-Anwendern in den Ländern Frankreich

853 Eine erweiterte Übersicht über die Verteilung der Beobachtungen auf die einzelnen Geschäftsjahre 2000 bis 2009 findet sich zusätzlich im Anhang (Anlage 2). Dort ist zu erkennen, dass die meisten Unternehmen für mehrere Jahre, in den meisten Fällen sogar für alle Jahre, vor und nach der IFRS-Umstellung Beobachtungen aufweisen, was die Datenlage vor dem Hintergrund der Mindestanforderung insgesamt positiv beeinflusst.

854 Die Anzahl der Beobachtungen der Modelle kann jedoch im Einzelfall davon abweichen, da z.B. bei der Schätzung der Qualität der Periodenabgrenzungen der operative Cashflow der vergangenen, gegenwärtigen und künftigen Periode einbezogen wird. Dies schließt in diesem Fall den Einbezug der Jahre 2004 bzw. 2009 aufgrund der Datenstruktur aus.

und UK die Berücksichtigung zusätzlicher Variablen.[855] Dies führt dazu, dass sich die Stichproben in diesen beiden Ländern später noch verringern werden.[856]

Zur Berücksichtigung von Größeneffekten werden die verwendeten, auf Rechnungslegungsdaten basierenden Variablen bei den rechnungslegungsbasierten Eigenschaften mit dem Gesamtvermögen bzw. bei den marktbasierten Eigenschaften mit dem Marktwert des Eigenkapitals zu Beginn der jeweiligen Periode skaliert.[857] Um außerdem verzerrenden Einflüssen von Ausreißern zu begegnen, erfolgt schließlich eine Ausreißerbereinigung anhand eines „Winsorizing" auf Länderebene, indem sämtliche Verhältniszahlen und Renditen, die unterhalb des 1 %- und oberhalb des 99 %-Perzentils liegen, auf die jeweiligen Perzentile zurückgesetzt werden.[858]

5.3 Untersuchungsdesign und Auswahl der Regressionsmodelle

5.3.1 Allgemeines Untersuchungsdesign

Um die formulierten Hypothesen anhand der Veränderung der Eigenschaften von Ergebnisgrößen zu überprüfen und ein im folgenden Abschnitt zu spezifizierendes Logit-Modell zur Untersuchung von Hypothese 2 zu schätzen, gehen in die Untersuchung die in Tabelle 9 aufgelisteten Variablen ein. Eine Übersicht zur rechnerischen Ermittlung der Variablen sowie der zugrunde liegenden Datenquellen kann zusätzlich dem Anhang entnommen werden (Anlage 3).

Zur Überprüfung der Hypothesen ist eine geeignete Identifikationsstrategie zu wählen. Um die Veränderungen der Eigenschaften von Ergebnisgrößen der Unternehmen in Deutschland, Frankreich und UK (Hypothese 1) bzw. der potentiell freiwilligen und verpflichteten IFRS-Anwender in Frankreich und UK (Hypothese 2) zwischen den Zeiträumen vor und nach der IFRS-Einführung zu untersuchen, werden die Hypothesen im vorliegenden Fall anhand eines Vorher-Nachher-Vergleichs untersucht und auf signifikante Unterschiede zwischen den Zeiträumen überprüft.

---

855 Vgl. zum Untersuchungsdesign sowie der Variablen- und Modellauswahl Kapitel 5.3.

856 Eine Übersicht der finalen Stichproben in Frankreich und UK findet sich in Kapitel 5.5.2.1.

857 Vgl. Wagenhofer/Dücker (2007), S. 283.

858 Vgl. Francis et al. (2004), S. 981; Pronobis et al. (2010a), S. 95.

Tabelle 9: Übersicht der verwendeten Variablen

Variable	Bedeutung
NIBE	Net Income Before Extraordinary Items,[859] skaliert mit dem Gesamtvermögen bei den rechnungslegungsbasierten Eigenschaften bzw. mit dem Marktwert des Eigenkapitals bei den marktbasierten Eigenschaften jeweils zu Beginn der Periode.
ΔWC	Veränderung des Working Capitals zwischen t und t-1, skaliert mit dem Gesamtvermögen zu Beginn der Periode. Die Veränderung ergibt sich aus der Veränderung der kurzfristigen Vermögenswerte abzüglich der Veränderung der kurzfristigen Verbindlichkeiten abzüglich der Veränderung der liquiden Mittel zuzüglich der Veränderung des kurzfristigen Fremdkapitals.
CFO	Operativer Cashflow, skaliert mit dem Gesamtvermögen zu Beginn der Periode. Der operative Cashflow leitet sich indirekt aus dem Net Income Before Extraordinary Items zuzüglich Abschreibungen, Amortisationen und Wertminderungen abzüglich der Veränderung des Working Capitals her.
ΔCFO	Veränderung des operativen Cashflows zwischen t und t-1, skaliert mit dem Gesamtvermögen zu Beginn der Periode.
ΔPA	Veränderung der Periodenabgrenzungen zwischen t und t-1, skaliert mit dem Gesamtvermögen zu Beginn der Periode. Die Periodenabgrenzungen ergeben sich aus dem Working Capital abzüglich Abschreibungen, Amortisationen und Wertminderungen.
ΔNIBE	Veränderung des Net Income Before Extraordinary Items zwischen t und t-1, skaliert mit dem Marktwert des Eigenkapitals zu Beginn der Periode.
RET	12-Monats Buy-and-Hold-Rendite, endend zum Geschäftsjahresende.
RET15	15-Monats Buy-and-Hold-Rendite, endend drei Monate nach Geschäftsjahresende.
NEG	Dummyvariable mit NEG = 1, wenn RET < 0, sonst NEG = 0.
YEAR	Dummyvariable mit YEAR = 1 für jeweilige Periode, sonst YEAR = 0.
IFRS	Dummyvariable mit IFRS = 1 für IFRS-Anwender, sonst IFRS = 0.
EARLY	Dummyvariable mit EARLY = 1, wenn Unternehmen vor 2005 nach IFRS bilanziert, sonst EARLY = 0.
FS	Anteil der im Ausland erzielten Umsätze an den gesamten Umsätzen.
DTM	Langfristiges Fremdkapital, dividiert durch die Summe aus langfristigem Fremdkapital und der Marktkapitalisierung.
LMV	Natürlicher Logarithmus der Marktkapitalisierung.
IND	Dummyvariable mit IND = 1 für jeweiligen Industriezweig des Unternehmens, sonst IND = 0.

859 Die Variable NIBE ist ein Ergebnis nach Steuern und vor außerordentlichem Ergebnis, das für gewöhnlich in Untersuchungen der Eigenschaften von Ergebnisgrößen verwendet wird. Alternativ könnten andere Definitionen von Ergebnisgrößen wie z.B. EBIT oder EBITDA berücksichtigt werden. Vgl. Dücker/Wagenhofer (2007), S. 344-345.

Der Identifikationsstrategie eines Vorher-Nachher-Vergleichs liegt der Gedanke zugrunde, dass die untersuchten Unternehmen im Zeitablauf mit sich selbst verglichen werden.[860] Da also vor und nach der IFRS-Einführung jeweils die gleichen Unternehmen in der Datenbasis enthalten sind, stellen die Unternehmen jeweils ihre eigene Kontrollgruppe dar.[861] Die institutionellen Rahmenbedingungen werden dabei als (weitgehend) konstant unterstellt, so dass prinzipiell nur die Rechnungslegungsregeln über die Zeit variieren.[862] Der Maßnahmeeffekt der IFRS-Einführung lässt sich unter dieser Annahme isolieren, indem der Zeitraum vor der IFRS-Einführung als Kontrollzeitraum herangezogen wird.

Ein alternatives Untersuchungsdesign wäre der Rückgriff auf einen Differenz-von-Differenzen-Ansatz.[863] Zwar stellt ein solcher Ansatz eine häufig verwendete Untersuchungsmethodik dar,[864] allerdings erfordert er den Vergleich der Teilnehmergruppe mit einer passenden, eigens festzulegenden Kontrollgruppe. Problematisch an diesem Ansatz kann dann jedoch sein, dass die Identifikationsstrategie zu falschen Rückschlüssen auf den Erfolg einer Maßnahme führt, wenn konjunkturelle Entwicklungen oder andere Faktoren die Erfolgsgrößen von Teilnehmer- und Kontrollgruppe im Zeitablauf unterschiedlich beeinflussen.[865] Da in der vorliegenden Arbeit gezielt einzelne Länder untersucht werden, würde sich die Auswahl einer passenden Kontrollgruppe, die nicht nach IFRS bilanziert und daher außerhalb der EU angesiedelt wäre, als entsprechend schwierig erweisen. Sobald nämlich z.B. das institutionelle Umfeld der Kontrollgruppe von dem der Teilnehmergruppe abweicht, treten neben den Effekt der IFRS-Anwendung weitere, nicht kontrollierbare Effekte hinzu, die möglicherweise zu irreführenden Rückschlüssen auf den Maßnahmeeffekt führen könnten. In der Konsequenz würde ein Differenz-von-Differenzen-Ansatz damit nicht zwingend zu eindeutig interpretierbaren Ergebnissen führen.

---

860 Vgl. zum Vorher-Nachher-Vergleich ausführlich Bauer/Fertig/Schmidt (2009), S. 159-162 sowie diesen Ansatz hinsichtlich der Untersuchung der IFRS-Auswirkungen anhand verschiedener Methodiken und Stichproben anwendend u.a. Guenther et al. (2009); Chen et al. (2010); Karampinis/Hevas (2011), S. 304-332.

861 Vgl. Pope/McLeay (2011), S. 245.

862 Vgl. hierzu Kapitel 3.2 sowie Kapitel 5.1.

863 Bei einem Differenz-von-Differenzen-Ansatz werden die Teilnehmer einer Maßnahme ausgewählten Nicht-Teilnehmern als Kontrollgruppe gegenübergestellt, indem die Differenz der Erfolgsgröße zwischen Teilnehmern und Nicht-Teilnehmern vor der Maßnahme mit der Differenz zwischen beiden Gruppen nach der Maßnahme verglichen wird. Die Differenz dieser beiden Differenzen stellt dann den Maßnahmeeffekt dar. Vgl. Bauer/Fertig/Schmidt (2009), S. 162.

864 Vgl. Pope/McLeay (2011), S. 246.

865 Vgl. Bauer/Fertig/Schmidt (2009), S. 162; Pope/McLeay (2011), S. 246.

Mögliche Probleme eines Vorher-Nachher-Vergleichs können demgegenüber dann entstehen, wenn externe ökonomische Faktoren über den betrachteten Zeitraum nicht konstant bleiben, hierfür aber nicht kontrolliert werden kann.[866] Dies könnte dazu führen, dass eine Veränderung der Erfolgsgröße aufgrund veränderter externer Faktoren dem Maßnahmeeffekt zugerechnet wird.[867] Während konjunkturellen Einflüssen methodisch begegnet werden kann, könnte dies im vorliegenden Fall z.B. in Deutschland auf das in 2005 implementierte Enforcement-System zutreffen. Hingegen kann davon ausgegangen werden, dass die Einführung des Enforcement-Systems die Maßnahme der IFRS-Einführung positiv beeinflusst. Der Maßnahmeeffekt würde in diesem Fall zwar überschätzt werden, allerdings sollte das Enforcement i.w.S. zu dem Maßnahmekatalog „IFRS-Anwendung" gezählt werden, was die Problematik der Verzerrung zwar nicht vollständig beseitigt, diese jedoch zumindest in gewissem Maße relativiert.[868] Solange also sichergestellt werden kann, dass Änderungen von Faktoren, die nicht der Maßnahme zuzurechnen sind, mit ins Evaluationskalkül einbezogen werden, kann eine Untersuchung anhand eines Vorher-Nachher-Vergleichs durchaus plausible Rückschlüsse auf den Maßnahmeeffekt ermöglichen.[869] Da im vorliegenden Fall gezielt einzelne Länder untersucht werden, deren wesentliche institutionelle Rahmenbedingungen zuvor im Einzelnen betrachtet wurden und dort – mit Ausnahme einer Veränderung des Enforcementumfelds in Deutschland sowie allgemein der vergangenen Corporate Governance-Entwicklungen – für den untersuchten Zeitraum keine nennenswerten Veränderungen festgestellt werden konnten, erscheint ein Vorher-Nachher-Vergleich zur Überprüfung der formulierten Hypothesen angemessen.

Zur Überprüfung der Hypothesen finden die in Tabelle 10 dargestellten Modelle zur Schätzung der Eigenschaften von Ergebnisgrößen Anwendung.[870] Die Modelle werden jeweils für die Zeiträume vor und nach der IFRS-Einführung geschätzt, um die daraus resultierenden Ergebnisse gegenüberzustellen und auf signifikante Unterschiede zu überprüfen. Da eine unternehmens- oder industriespezifische Schätzung der Modelle hinreichend lange Zeitreihen bzw. große Stichproben erfordert, werden die Modelle, die auf Regressionen basieren, sowie das auf der Spearman-Korrelation basierende Modell (4) jeweils auf Stichpro-

---

866 Zu einer ausführlichen Diskussion möglicher Einschränkungen vgl. Kapitel 5.7.

867 Vgl. Bauer/Fertig/Schmidt (2009), S. 160; Pope/McLeay (2011), S. 245.

868 Vgl. dazu auch bereits Kapitel 5.1, im Speziellen Fußnote 833.

869 Vgl. Pope/McLeay (2011), S. 245.

870 Vgl. ähnlich z.B. Gassen/Sellhorn (2006), S. 377-378; Wagenhofer/Dücker (2007), S. 281.

benebene zusammengefasst („pooled") geschätzt.[871] Das auf den Volatilitäten der Ergebnisgröße und des operativen Cashflows basierende Modell (3) ist demgegenüber unternehmensspezifisch zu schätzen, um für die Volatilität des Geschäfts zu kontrollieren.[872]

Tabelle 10: Übersicht der Modelle

Modell	Eigenschaften	Modellierung
(1)	Persistenz und Vorhersagbarkeit	$NIBE_t = \sum_t^T \alpha_t YEAR_t + \beta_1 NIBE_{t-1} + \varepsilon_t$
(2)	Qualität der Periodenabgrenzungen	$\Delta WC_t = \sum_t^T \alpha_t YEAR_t + \beta_1 CFO_{t-1} + \beta_2 CFO_t + \beta_3 CFO_{t+1} + \varepsilon_t$
(3)	Ergebnisglättung I	$m\left|\frac{\sigma(NIBE_t)}{\sigma(CFO_t)}\right|$
(4)	Ergebnisglättung II	$\rho(\Delta PA_t; \Delta CFO_t)$
(5)	Wertrelevanz	$RET15_t = \sum_t^T \alpha_t YEAR_t + \beta_1 NIBE_t + \beta_2 \Delta NIBE_t + \varepsilon_t$
(6)	Bedingte Vorsicht und Zeitnähe	$NIBE_t = \sum_t^T \alpha_t YEAR_t + \beta_1 NEG_t + \beta_2 RET_t + \beta_2 NEG_t \cdot RET_t + \varepsilon_t$

Aufgrund des vorliegenden Paneldatensatzes sind dessen Besonderheiten bei den durchzuführenden Schätzungen zu beachten. So würden einfache OLS-Schätzungen den Panelcharakter der Daten nicht berücksichtigen, was schließlich zu verzerrten Schätzern führen kann. Fixed-Effects-Modelle berücksichtigen die Besonderheiten der Paneldatenstruktur und können das Problem verzerr-

871 Vgl. z.B. Gassen/Sellhorn (2006), S. 377; Wagenhofer/Dücker (2007), S. 283-284; Guenther et al. (2009), S. 20. In Bezug auf die Qualität der Periodenabgrenzungen kommen Dechow/Dichev (2002) trotz einer Präferenz für firmenspezifische Schätzungen zu dem Ergebnis, dass „results for firm-specific, industry, and pooled specifications are similar." Vgl. dazu Dechow/Dichev (2002), S. 45. Vgl. ähnlich in Bezug auf die Eigenschaft Wertrelevanz bzw. die Eigenschaft der bedingten Vorsicht Karampinis/Hevas (2011), S. 319 und S. 322; Chan/Lin/Strong (2011), S. 400. Dennoch sollten die Ergebnisse allgemein entsprechend vorsichtig interpretiert werden. Vgl. Gassen/Sellhorn (2006), S. 377.

872 Vgl. Wagenhofer/Dücker (2007), S. 273.

ter Schätzer infolge einfacher OLS-Schätzungen beheben.[873] Sie können in unterschiedlicher Form angewendet werden, wobei zu hinterfragen ist, welche fixen Effekte infolge der zugrunde liegenden Datenlage Verzerrungen hervorrufen können und welche fixen Effekte Teil der Evaluationsstrategie sind. Für diese Zwecke können fixe Effekte in periodenspezifische und unternehmensspezifische fixe Effekte unterschieden werden.[874]

Zu den unternehmensspezifischen fixen Effekten zählen zum Beispiel institutionelle Rahmenbedingungen oder auch Eigenschaften des Managements, die im Zeitablauf für ein Unternehmen weitgehend konstant sind.[875] Eine explizite Bereinigung um diese Form von fixen Effekten wäre zur Überprüfung der formulierten Hypothesen nicht zutreffend, weil hierdurch speziell aus den IFRS hervorgehende Bilanzierungsanreize (z.B. Fair Value-Bilanzierung) eliminiert werden, welche jedoch unternehmens- oder industriespezifisch ausgeprägt sein können. Da in der vorliegenden Arbeit aber genau der IFRS-Effekt evaluiert werden soll, würde die Bereinigung dieser Art von fixen Effekten unter Umständen einen Teil des IFRS-Effekts eliminieren, was zu potentiellen Verzerrungen der Ergebnisse führen kann.[876] Zu den periodenspezifischen fixen Effekten zählen demgegenüber makroökonomische Faktoren wie z.B. das Preis- und Zinsniveau, das konjunkturelle Umfeld, technischer Fortschritt oder auch sonstige externe Faktoren, die für alle Unternehmen identisch sind, jedoch im Zeitablauf variieren.[877] Weil solche periodenspezifischen fixen Effekte die Evaluation des Maßnahmeeffekts der IFRS-Anwendung verzerren können, sind diese Periodeneffekte zu eliminieren. Dies kann erfolgen, indem Dummyvariablen für sämtliche Perioden in die dargestellten Regressionsmodelle integriert werden.[878] Um dabei alle Perioden für eine vereinfachte Darstellung als Dummyvariablen in die Modelle aufzunehmen, wird keine gesonderte Konstante ausgewiesen, sondern auch die erste Periode, welche üblicherweise als Konstante den gewählten Referenzzeitpunkt darstellt, als Dummyvariable in die Modelle aufgenom-

---

873 Vgl. Cameron/Trivedi (2009), S. 697; Bauer/Fertig/Schmidt (2009), S. 348-350.

874 Vgl. Hsiao (2007), S. 27.

875 Vgl. ähnlich Hsiao (2007), S. 27; Gujarati/Porter (2009), S. 596; Wooldridge (2009), S. 462; Baltagi (2010), S. 13.

876 Von daher werden keine unternehmens- oder alternativ industriespezifischen Dummyvariablen in den Regressionsmodellen berücksichtigt.

877 Vgl. Hsiao (2007), S. 27; Gujarati/Porter (2009), S. 598; Baltagi (2010), S. 35.

878 Zur Berücksichtigung von Periodeneffekten vgl. Cameron/Trivedi (2009), S. 699-700; Gujarati/Porter (2009), S. 598; Bauer/Fertig/Schmidt (2009), S. 355-356; Wooldridge (2010), S. 301-302.

men.[879] Um schließlich für die Möglichkeit heteroskedastischer[880] und autokorrelierter[881] Störterme infolge des Paneldatensatzes zu kontrollieren, werden sämtliche Regressionsmodelle mit robusten Standardfehlern gebündelt nach Unternehmen („clustered standard errors") geschätzt.[882]

Die Eigenschaften von Ergebnisgrößen werden zwischen den Zeiträumen PRE und POST auf signifikante Unterschiede überprüft, indem in Abhängigkeit der jeweiligen Maßgröße auf unterschiedliche Testverfahren zurückgegriffen wird. Eine Übersicht über die gewählten Methoden zur Untersuchung signifikanter Unterschiede zwischen den Zeiträumen findet sich für alle untersuchten Eigenschaften im Anhang (Anlage 4).[883] Signifikante Unterschiede für die Eigenschaften Persistenz und bedingte Vorsicht, die sich jeweils als Koeffizient aus den Regressionen (Modelle (1) und (6)) ableiten, werden demnach auf Basis interagierter Regressionen unter Berücksichtigung der zusätzlichen Dummyvariable IFRS und der daraus resultierenden Aufnahme von Interaktionstermen geschätzt.[884] Da eine solche Dummyvariable bei einem Vorher-Nachher-Vergleich perfekt mit den periodenspezifischen fixen Effekten für die Perioden der IFRS-Anwendung korreliert wäre, wird die Dummyvariable dabei nicht separat, sondern nur in Form von Interaktionstermen in das Modell aufgenommen.[885] Die Eigenschaften Vorhersagbarkeit und Qualität der Periodenabgrenzungen werden anhand von F-Tests auf signifikante Unterschiede überprüft, da sie sich aus den Standardabweichungen der Residuen aus den Modellen (1) und (2) ableiten.[886]

---

879 Vgl. ähnlich Gassen/Sellhorn (2006), S. 377-378 sowie zum theoretischen Hintergrund dieses Vorgehens Gujarati/Porter (2009), S. 281-282.

880 Heteroskedastizität führt dazu, dass die OLS-Schätzer nicht mehr effizient und die Standardfehler verzerrt sind. Dies kann bewirken, dass Testverfahren zu verfälschten Ergebnissen führen. Vgl. Auer/Rottmann (2011), S. 450; Backhaus et al. (2011), S. 90.

881 Autokorrelation tritt insbesondere bei Zeitreihen auf und kann zu verzerrten Standardfehlern der Regressionskoeffizienten und damit auch der Testverfahren führen. Vgl. Auer/Rottmann (2011), S. 451; Backhaus (2011), S. 92.

882 Vgl. Gassen/Sellhorn (2006), S. 379; Van der Meulen/Gaeremynck/Willekens (2007a), S. 134; Wagenhofer/Dücker (2007), S. 284 sowie zur Anwendung von „clustered standard errors" Williams (2000); Cameron/Trivedi (2009), S. 707 und S. 745-746; Petersen (2009).

883 Zu einer vergleichbaren Übersicht solcher Signifikanztests in Abhängigkeit der Maßgrößen vgl. Wagenhofer/Dücker (2007), S. 294.

884 Zu einer Erläuterung der Aufnahme von Interaktionstermen vgl. Auer/Rottmann (2011), S. 501-502; von Auer (2011), S. 336-339.

885 Vgl. zu diesem Problem Bauer/Fertig/Schmidt (2009), S. 356 sowie zu einem Beispiel dieser Form einer interagierten Regression Auer/Rottmann (2011), S. 500.

886 Vgl. zum F-Test hinsichtlich des Vergleichs der Standardabweichungen bzw. Varianzen Auer/Rottmann (2011), S. 375-377; Bamberg/Baur/Krapp (2011), S. 181.

Für die Eigenschaft Ergebnisglättung, die sich als Median der unternehmensspezifischen Quotienten aus den Volatilitäten der Ergebnisgröße und des operativen Cashflows ergibt (Modell (3)), wird ein Wilcoxon-Vorzeichen-Rangtest zur Untersuchung auf signifikante Unterschiede zwischen den Zeiträumen durchgeführt.[887] Schließlich werden die auf der Spearman-Korrelation basierende Eigenschaft Ergebnisglättung (Modell (4)) sowie die aus dem Bestimmtheitsmaß abgeleiteten Eigenschaften Wertrelevanz (Modell (5)) und Zeitnähe (Modell (6)) anhand des Bootstrap-Verfahrens auf signifikante Unterschiede zwischen den Zeiträumen überprüft.[888]

5.3.2 Besonderheiten der differenzierten Untersuchung in Frankreich und UK

5.3.2.1 Methodik und Auswahl der Variablen

Ausgehend von der zuvor geäußerten Vermutung, dass „mandatory IFRS adoption does not benefit all firms in a uniform way but results in relative winners and losers“[889], wird im Rahmen von Hypothese 2 der Frage nachgegangen, ob sich in Frankreich und UK Unterschiede in der Veränderung der Eigenschaften von Ergebnisgrößen ergeben, wenn der Fall simuliert wird, dass eine freiwillige IFRS-Anwendung in diesen Ländern möglich gewesen wäre. Unter diesen Umständen wäre davon auszugehen, dass sich solche Unternehmen zu einer freiwilligen IFRS-Anwendung entschieden hätten, die bestimmte firmenspezifische Anreize zu einer hochwertigen Berichterstattung haben. Während sich diese potentiell freiwilligen IFRS-Anwender also von der IFRS-Anwendung einen besonderen Nutzen versprechen, hätten sich die potentiell verpflichteten IFRS-Anwender bewusst gegen eine vorzeitige IFRS-Anwendung entschieden.

887 Ein Wilcoxon-Vorzeichen-Rangtest wird verwendet, um die Nullhypothese gleicher Mediane der Grundgesamtheit zweier verbundener Stichproben zu testen. Vgl. ausführlich Büning/Trenkler (1994), S. 171-174; Bosch (1998), S. 691-705.

888 Hierfür werden in Anlehnung an das im Schrifttum übliche Vorgehen je 1.000 Stichproben mit Zurücklegen aus den ursprünglichen Stichproben gezogen. Vgl. ähnlich mit vereinzelt unterschiedlich großen Stichproben Hung/Subramanyam (2007), S. 651; Van der Meulen/Gaeremynck/Willekens (2007b), S. 150; Wagenhofer/Dücker (2007), S. 294; Barth/Landsman/Lang (2008), S. 481; Dücker (2009a), S. 56-57; Dücker (2009b), S. 7; Guenther et al. (2009), S. 18 sowie zur Bootstrap-Technik Kohler/Kreuter (2008), S. 239-241; Cameron/Trivedi (2009), S. 708; Ernstberger (2009), S. 181; Wooldridge (2009), S. 223-224.

889 Christensen/Lee/Walker (2007), S. 341.

Um vor diesem Hintergrund zwischen potentiell freiwilligen und verpflichteten IFRS-Anwendern differenzieren zu können, ist auf eine passende kontrafaktische Situation zurückzugreifen. Eine Möglichkeit besteht darin, sich auf ein Szenario zu beziehen, bei dem eine freiwillige IFRS-Anwendung gesetzlich erlaubt war. Im vorliegenden Fall erfüllt Deutschland diese Anforderung, denn dort nutzten vergleichsweise viele Unternehmen die Möglichkeit, ihre Konzernrechnungslegung vorzeitig auf die IFRS umzustellen. Vor diesem Hintergrund könnten die firmenspezifischen Eigenschaften deutscher Unternehmen, die sich bewusst für oder gegen eine freiwillige IFRS-Anwendung entschieden haben, auf die Unternehmen in Frankreich und UK übertragen werden. Hätten die Unternehmen dort ebenfalls die Möglichkeit zur freiwilligen IFRS-Anwendung gehabt, kann davon ausgegangen werden, dass sich ebenfalls solche Unternehmen für eine vorzeitige Umstellung auf die IFRS entschieden hätten, die ähnliche firmenspezifische Charakteristika wie die deutschen freiwilligen IFRS-Anwender aufweisen.

In Anbetracht dessen sollten die Unternehmen in Frankreich und UK jeweils in die beiden Gruppen der potentiell freiwilligen und verpflichteten IFRS-Anwender separiert werden. Dies kann auf Grundlage einer im nachfolgenden Abschnitt zu spezifizierenden Logit-Schätzung erfolgen. Dabei werden anhand beobachtbarer firmenspezifischer Charakteristika deutscher freiwilliger und verpflichteter IFRS-Anwender die Wahrscheinlichkeiten für die IFRS-Anwender in Frankreich und UK geschätzt, dass diese – sofern die gesetzliche Möglichkeit bestanden hätte – ihre Konzernrechnungslegung ebenfalls vorzeitig auf die IFRS umgestellt hätten.[890] Der Auswahl der Variablen kommt für diese Zwecke insofern eine besondere Bedeutung zu, als die Variablen die Anpassungsgüte der Logit-Schätzung stark beeinflussen können und die Auswahl passender Variablen entscheidend für die Übertragbarkeit der Charakteristika deutscher Unternehmen auf die Unternehmen in Frankreich und UK ist.

Ausgangspunkt für die Auswahl der Variablen sind die gängigen firmenspezifischen Variablen aus Untersuchungen zur Wahl des Rechnungslegungssystems.[891] Zusammenfassend stellen die Untersuchungen fest, dass die Neigung zur IFRS-Anwendung insbesondere eine Funktion aus der wirtschaftlichen Performance, dem Verschuldungsgrad, der Unternehmensgröße, dem allgemeinen Kapitalbedarf, einem Cross-Listing an einem ausländischen Kapitalmarkt, der

---

890 Vgl. Christensen/Lee/Walker (2007), S. 343.

891 Vgl. u.a. Dumontier/Raffournier (1998); Harris/Muller (1999); Murphy (1999); Leuz/Verrechia (2000); Ashbaugh (2001); Leuz (2003); Tarca (2004); Bartov/Goldberg/Kim (2005); Cuijpers/Buijink (2005); Gassen/Sellhorn (2006); Hung/Subramanyam (2007); Christensen/Lee/Walker (2007).

Intensität der operativen Auslandsaktivitäten und der Industriebranche ist. Bei der Auswahl der Variablen sind jedoch einige Besonderheiten zu berücksichtigen: Eine wichtige Anforderung ist erstens, dass die Variablen möglichst unabhängig von länderspezifischen Einflüssen sind, damit die beobachtbaren Charakteristika der deutschen Unternehmen auf die Unternehmen in Frankreich und UK möglichst unverzerrt übertragen werden können. Zweitens ist zu beachten, dass die Variablen unabhängig von dem angewendeten Rechnungslegungssystem sein sollten, um falsche Rückschlüsse aufgrund von Variablen zu vermeiden, die wertmäßig stark vom Rechnungslegungssystem abhängen. Aus diesem Grund werden rein auf Rechnungslegungsdaten basierende Variablen nach Möglichkeit nicht berücksichtigt.[892] Die beschriebenen Anforderungen an das Modell schränken die Auswahl der Variablen daher in gewissem Maße ein. Unter Berücksichtigung dieser Kriterien werden die folgenden Variablen in die Logit-Schätzung aufgenommen: Anteil des im Ausland erzielten Umsatzes am Gesamtumsatz (FS), Fremdkapitalquote (DTM), logarithmierte Marktkapitalisierung (LMV) als stellvertretende Variable für die Unternehmensgröße sowie Industriedummies (IND).[893]

In Bezug auf den Anteil des im Ausland erzielten Umsatzes an den insgesamt erzielten Umsätzen (FS) wird davon ausgegangen, dass ein Unternehmen mit hohem Exportanteil eher zur IFRS-Anwendung neigt, damit dessen Geschäftsberichte auch von ausländischen Vertragspartnern wie Kunden und Lieferanten oder auch Regierungen genutzt werden können.[894] Gleichzeitig können internationale Abschlüsse unterstützend in Vertragsbeziehungen zwischen dem Unternehmen und ausländischen Vertragspartnern eingehen.[895] Es ist somit zu erwarten, dass ein positiver Zusammenhang zwischen den ausländischen Aktivitäten eines Unternehmens und dessen Wahrscheinlichkeit zur freiwilligen IFRS-Anwendung besteht.[896]

Die Fremdkapitalquote (DTM) wird deshalb in das Modell einbezogen, weil sie als stellvertretende Variable für die Finanzierungsstruktur eines Unternehmens gesehen werden kann. Demnach finanzieren sich Unternehmen, die einen niedrigen Verschuldungsgrad aufweisen, verstärkt anhand von Eigenkapital. Um den Informationsbedürfnissen der Kapitalmarktteilnehmer nachzukommen, dürf-

892 Vgl. ausführlich Christensen/Lee/Walker (2007), S. 350.

893 Zu einer vergleichbaren Auswahl sowie der nachfolgenden Argumentation vgl. insbesondere Christensen/Lee/Walker (2007), S. 349-351.

894 Vgl. Dumontier/Raffournier (1998), S. 220-221.

895 Vgl. Francis et al. (2008), S. 339.

896 Vgl. ähnlich Dumontier/Raffournier (1998), S. 221; El-Gazzar/Finn/Jacob (1999), S. 242; Murphy (1999), S. 126; Tarca (2004), S. 68-69; Gassen/Sellhorn (2006), S. 374; Christensen/Lee/Walker (2007), S. 361-362; Francis et al. (2008), S. 339.

te die Wahrscheinlichkeit einer freiwilligen IFRS-Anwendung daher bei Unternehmen mit einem niedrigen Verschuldungsgrad höher sein als bei Unternehmen mit einem hohen Verschuldungsgrad. Dies impliziert einen negativen Zusammenhang zwischen der Wahrscheinlichkeit einer IFRS-Anwendung und dem Verschuldungsgrad eines Unternehmens.[897] Demgegenüber kann der Verschuldungsgrad aber auch als ein stellvertretendes Maß für die Corporate Governance-Struktur eines Unternehmens gesehen werden. Bei dieser Sichtweise würde ein hoher Verschuldungsgrad mit zugleich hohen Agency-Kosten infolge einer verstärkten Überwachung des Unternehmens – nicht nur durch die Eigen-, sondern auch besonders durch die Fremdkapitalgeber – assoziiert werden. Um die hohen Agency-Kosten zu senken, könnte bei dieser Sichtweise ein hoher Verschuldungsgrad die Wahrscheinlichkeit einer freiwilligen IFRS-Anwendung erhöhen, so dass von einem positiven Zusammenhang dieser Größen auszugehen wäre.[898] Die Fremdkapitalgeber dürften darüber hinaus ohnehin ein Interesse an einer freiwilligen IFRS-Anwendung haben, um hieraus möglichst sachgerechte Rating-Urteile ableiten zu können. Insgesamt ist der Zusammenhang zwischen dem Verschuldungsgrad und der Wahrscheinlichkeit einer freiwilligen IFRS-Anwendung damit nicht auf Anhieb eindeutig und wird deshalb in empirischen Untersuchungen hinsichtlich des erwarteten Vorzeichens auch nicht immer klar festgelegt.[899] Für Zwecke dieser Arbeit wird zwar die Möglichkeit eines positiven Zusammenhangs grundsätzlich nicht ausgeschlossen, wie in den meisten Fällen üblich, soll aber davon ausgegangen werden, dass der Verschuldungsgrad ein stellvertretendes Maß für die Finanzierungsstruktur eines Unternehmens ist. Damit ist zugleich ein negativer Zusammenhang zwischen der Fremdkapitalquote und der Wahrscheinlichkeit der freiwilligen IFRS-Anwendung zu unterstellen.[900] Aufgrund der gestellten Anforderung, dass die Variablen möglichst unabhängig vom zugrunde liegenden Rechnungslegungssystem sein sollten, ergibt sich die Fremdkapitalquote dabei als modifizierte Variante aus dem langfristigen

---

897 Vgl. El-Gazzar/Finn/Jacob (1999), S. 243; Murphy (1999), S. 126; Christensen/Lee/Walker (2007), S. 362; Renders/Gaeremynck (2007), S. 61.

898 Vgl. Dumontier/Raffournier (1998), S. 223; Christensen/Lee/Walker (2007), S. 351; Renders/Gaeremynck (2007), S. 61.

899 Vgl. z.B. Gassen/Sellhorn (2006), S. 374.

900 Vgl. dazu auch Christensen/Lee/Walker (2007), S. 362.

Fremdkapital geteilt durch die Summe aus langfristigem Fremdkapital und Marktkapitalisierung.[901]

Die Berücksichtigung der Unternehmensgröße kann durch mehrere Argumente begründet werden.[902] Sie kann zum einen insofern einen Einfluss auf die Wahrscheinlichkeit der freiwilligen IFRS-Anwendung haben, als vergleichsweise große Unternehmen eher die finanziellen Ressourcen und Strukturen dazu haben, ihre Rechnungslegung vorzeitig auf die IFRS umzustellen als kleinere Unternehmen.[903] So haben große Unternehmen „smaller information production costs“[904], da die publizierten Informationen häufig ohnehin z.B. für Zwecke der internen Berichterstattung an das Management generiert werden. Da durch die IFRS-Anwendung außerdem vergleichsweise umfangreiche Informationen veröffentlicht werden, dürfte die Bereitschaft zur freiwilligen IFRS-Anwendung zum anderen vor allem bei kleineren Unternehmen gering sein, da sie aufgrund der preisgegebenen Informationen Wettbewerbsnachteile befürchten könnten.[905] Vor dem Hintergrund dieser Gesichtspunkte wird für gewöhnlich ein positiver Zusammenhang zwischen der Unternehmensgröße und der Wahrscheinlichkeit einer freiwilligen IFRS-Anwendung unterstellt.[906] Im vorliegenden Fall wird die Unternehmensgröße dabei anhand der logarithmierten Marktkapitalisierung (LMV) modelltheoretisch eingebunden.[907] Um schließlich Effekte aus der Zugehörigkeit zu einem Industriezweig zu erfassen, werden Industriedummies (IND)

---

901 Vgl. zur konkreten rechnerischen Ermittlung Anlage 3. Die Anforderung, dass die Variablen möglichst unabhängig vom Rechnungslegungssystem sein sollten, wird bei dieser Variable aufgrund der Einbindung des langfristigen Fremdkapitals nur bedingt erfüllt. Die Unterschiede zwischen den Rechnungslegungssystemen sollten bei der Verwendung des langfristigen Fremdkapitals jedoch geringer sein als bei einer Berücksichtigung des gesamten Fremdkapitals, welches einer Untersuchung von Hung/Subramanyam (2007) zufolge nach HGB tendenziell niedriger ist als nach IFRS. Vgl. Hung/Subramanyam (2007), S. 637. Auch wenn der Unterschied bei der hier verwendeten Fremdkapitalquote wesentlich schwächer sein dürfte, könnte dieser Umstand dennoch bedeuten, dass das verwendete Maß „will be biased towards zero, thus underestimating leverage's effect of an international accounting regime.“ Siehe dazu Christensen/Lee/Walker (2007), S. 350.

902 Vgl. Dumontier/Raffournier (1998), S. 221; Murphy (1999), S. 127.

903 Vgl. Murphy (1999), S. 127.

904 Renders/Gaeremynck (2007), S. 59 mit Verweis auf Lang/Lundholm (1993).

905 Vgl. Singhvi/Desai (1971), S. 131.

906 Vgl. Dumontier/Raffournier (1998), S. 221; Murphy (1999), S. 127; Leuz/Verrechia (2000), S. 105-106; Leuz (2003), S. 466; Christensen/Lee/Walker (2007), S. 362.

907 Vgl. Leuz/Verrechia (2000), S. 106; Christensen/Lee/Walker (2007), S. 349; Renders/Gaeremynck (2007), S. 60.

in dem zu schätzenden Modell berücksichtigt.[908] Die Einteilung der Industriezweige basiert auf einer Unterscheidung nach Fama und French, welche auf dem System der SIC-Codes aufbaut und diese in zehn aktualisierte Industriezweige neu aufteilt.[909]

Zusammenfassend werden in dem an Christensen/Lee/Walker (2007) anlehnenden Logit-Modell zwar nicht sämtliche, in anderen Untersuchungen häufig ebenfalls berücksichtigte Variablen in die Untersuchung eingebunden, jedoch wäre die Berücksichtigung weiterer Variablen für Zwecke dieser Arbeit auch kaum zielführend. So ist im Rahmen der Entwicklung des Logit-Modells ergänzend überprüft worden, welche Auswirkungen die Berücksichtigung zusätzlicher Variablen wie z.B. der Anteilseignerkonzentration, eines Cross-Listings oder der Anzahl an Börsenplätzen, an denen ein Unternehmen gelistet ist, auf die Anpassungsgüte des Logit-Modells sowie die spätere Unterscheidung in die potentiell freiwilligen und verpflichteten IFRS-Anwender haben. Eine Berücksichtigung der Anteilseignerkonzentration hätte zwar die Anpassungsgüte des Modells nicht beeinträchtigt, allerdings würde die Variable sehr stark mit der Unternehmensgröße korrelieren. Ferner deuten weitergehende deskriptive Überprüfungen zur Ermittlung der Wahrscheinlichkeiten einer freiwilligen IFRS-Anwendung darauf hin, dass die Variable sehr stark länderspezifischen Einflüssen unterliegt und sich somit nicht für den Zweck der durchzuführenden Logit-Schätzung eignet. Dies dürfte auch auf die Variablen Cross-Listing und Anzahl an Börsenplätzen zutreffen, da beide Variablen in Deutschland zwar besonders stark, in UK jedoch deutlich schwächer ausgeprägt sind.[910] Obwohl derartige Variablen also grundsätzlich in die Modellschätzung eingebunden werden und sie die Neigung deutscher Unternehmen zur freiwilligen IFRS-Anwendung durchaus zusätzlich begründen könnten,[911] wird im vorliegenden Fall bewusst von deren Berücksichtigung abgesehen, um die inhaltliche Aussagekraft des zu schätzenden Modells nicht unnötig zu beeinträchtigen.[912] Ferner werden Variablen, deren Werte stark

908 Vgl. Christensen/Lee/Walker (2007), S. 349-350. Ähnlich wie bei dem Verschuldungsgrad ist indessen zu beachten, dass die Zugehörigkeit zu einem Industriezweig ebenfalls als ein stellvertretendes Maß für die Corporate Governance-Struktur eines Unternehmens gesehen werden kann. Vgl. ausführlich Christensen/Lee/Walker (2007), S. 351.

909 Eine Übersicht der Klassifikation nach Fama und French ist abrufbar unter: http://mba.tuck.dartmouth.edu/pages/faculty/ken.french/Data_Library/det_10_ind_port.html (Stand: 01.01.2012).

910 Da die Datenbasis außerdem um nach US GAAP bilanzierende Unternehmen bereinigt wurde, würde die Berücksichtigung eines Cross-Listings ohnehin nicht repräsentativ sein.

911 Vgl. z.B. Dumontier/Raffournier (1998), S. 220-223; Gassen/Sellhorn (2006), S. 374.

912 Vgl. ähnlich Christensen/Lee/Walker (2007), S. 358.

vom zugrunde liegenden Rechnungslegungssystem abhängen, wie z.B. die Verwendung der Kapitalintensität oder der Unternehmensperformance,[913] aufgrund der formulierten Anforderung, dass die Variablen möglichst unabhängig von einem Rechnungslegungssystem sein sollten, ebenfalls nicht modelltheoretisch eingebunden.[914]

Die Differenzierung in die Gruppen potentiell freiwilliger und verpflichteter IFRS-Anwender hat damit bewusst nicht den Anspruch, sämtliche mögliche Einflussfaktoren auf die Wahrscheinlichkeit der freiwilligen IFRS-Anwendung zu identifizieren. Stattdessen soll vielmehr der Frage nachgegangen werden, inwiefern die IFRS-Anwendung trotz einheitlicher institutioneller Rahmenbedingungen innerhalb eines Landes unterschiedliche Auswirkungen auf die Rechnungslegungspraxis aufgrund unterschiedlicher Bilanzierungsanreize der Unternehmen hat. Ziel ist es also, anhand des im folgenden Abschnitt spezifizierten und in der Literatur etablierten Modells unterschiedliche Unternehmensgruppen mit eindeutig separierbaren Eigenschaften zu bilden.

5.3.2.2 Spezifikation des Modells

Um die Wahrscheinlichkeiten der freiwilligen IFRS-Anwendung für die Unternehmen in Frankreich und UK zu ermitteln, wird auf Basis der vorausgehenden Ausführungen in einem ersten Schritt die folgende binäre logistische Regression für eine deutsche Stichprobe, bestehend aus freiwilligen (EARLY = 1) und verpflichteten (EARLY = 0) IFRS-Anwendern, geschätzt:[915]

---

913 Vgl. dazu Dumontier/Raffournier (1998), S. 224-225. Zu hieraus resultierenden Einschränkungen der Untersuchung vgl. Kapitel 5.7.1.

914 Vgl. Christensen/Lee/Walker (2007), S. 350-351. Grundsätzlich könnte dieser Aspekt die Wahrscheinlichkeit einer freiwilligen IFRS-Anwendung allerdings ebenfalls beeinflussen. Denkbar wäre etwa, dass ein nach nationalen Rechnungslegungsregeln bilanzierendes Unternehmen durch den Wechsel auf die IFRS anstatt eines niedrigen Verlusts einen Gewinn ausweisen würde und daher einen Anreiz zur freiwilligen IFRS-Anwendung hätte.

915 Vgl. Christensen/Lee/Walker (2007), S. 349. Zur Technik logistischer Regressionen vgl. Backhaus et al. (2011), S. 249-302.

$$\text{logit}(\text{EARLY}_i) = \beta_0 + \beta_1 \text{FS}_i + \beta_2 \text{DTM}_i + \beta_3 \text{LMV}_i + \sum_{k=2}^{10} \delta_k \text{IND}_{k,i} + \varepsilon_i \quad (17)$$

mit:

$EARLY_i$	=	Dummyvariable mit $EARLY_i = 1$, wenn Unternehmen i ein freiwilliger IFRS-Anwender ist, und $EARLY_i = 0$, wenn es ein verpflichteter IFRS-Anwender ist;
FS_i	=	Anteil des ausländischen Umsatzes an den gesamt erzielten Umsätzen des Unternehmens i;
DTM_i	=	Fremdkapitalquote des Unternehmens i;
LMV_i	=	natürlicher Logarithmus der Marktkapitalisierung des Unternehmens i;
$IND_{k,i}$	=	Dummyvariable für den Industriezweig k des Unternehmens i.

Um bei der Schätzung von Gleichung (17) kurzfristigen Einflüssen auf die verwendeten Variablen zu begegnen, gehen die einzelnen Variablen jeweils als Durchschnittswerte in die Logit-Schätzung ein. Für diese Zwecke werden firmenspezifische Fünfjahres-Durchschnitte für den Zeitraum 2000 bis 2004 ermittelt.[916] Um die Güte der Anpassung des spezifizierten Modells zu beurteilen, wird auf verschiedene Gütemaße zurückgegriffen.[917] Zum einen wird ein Likelihood Ratio-Test durchgeführt. Dieser misst die Erklärungskraft des Modells anhand der Hypothese, dass sämtliche Koeffizienten außer der Konstanten gleich null sind und die unabhängigen Variablen damit keinen Erklärungsbeitrag haben.[918] Zum anderen wird zur Beurteilung der Güte des Gesamtmodells auf das Pseudo-R^2 in der Variante von McFadden abgestellt, welches wie das Bestimmtheitsmaß einer linearen Regression Werte zwischen null und eins annehmen kann.[919] Schließlich wird auch die Klassifikationsleistung des geschätzten Modells als ein Gütemaß herangezogen. Sie ergibt sich als Anteil der insgesamt korrekt vorhergesagten Beobachtungen.[920]

Anhand der geschätzten Parameter können dann in einem zweiten Schritt die aggregierten Einflussgrößen (sog. Logits) für jedes Unternehmen in Frankreich und UK auf Basis ihrer jeweiligen Unternehmensdaten ermittelt werden:[921]

---

916 Vgl. Christensen/Lee/Walker (2007), S. 349-350. Sollte ein Unternehmen nicht ausreichend Daten für einen Fünfjahres-Durchschnitt haben, wird alternativ der Vierjahres-Durchschnitt oder sonst der Dreijahres-Durchschnitt verwendet, um die Datenverfügbarkeit zu erhöhen.

917 Vgl. dazu ausführlich Backhaus et al. (2011), S. 267-276.

918 Vgl. Kohler/Kreuter (2008), S. 279.

919 Vgl. Kohler/Kreuter (2008), S. 278.

920 Vgl. Kohler/Kreuter (2008), S. 279-281; Backhaus et al. (2011), S. 271-273.

921 Vgl. ähnlich Christensen/Lee/Walker (2007), S. 351 sowie zur technischen Vorgehensweise der Wahrscheinlichkeitsermittlung Backhaus et al. (2011), S. 261.

$$\theta_j = \hat{\beta}_0 + \hat{\beta}_1 FS_j + \hat{\beta}_2 DTM_j + \hat{\beta}_3 LMV_j + \sum_{k=2}^{10} \hat{\delta}_k IND_{k,j} \tag{18}$$

Dabei gehen die Variablen erneut als Durchschnittswerte für die jeweiligen Unternehmen in die Gleichung ein. Aus den auf diese Weise ermittelten unternehmensspezifischen Logits können anschließend die Wahrscheinlichkeiten für eine potentiell freiwillige IFRS-Anwendung je Unternehmen in Frankreich und UK ermittelt werden, indem die Logits in die folgende logistische Funktion eingesetzt werden:[922]

$$Pr_j = \frac{1}{1+e^{-\theta_j}} \tag{19}$$

Auf dieser Grundlage können die Unternehmen dann in den beiden Ländern in die Gruppen potentiell freiwilliger IFRS-Anwender und potentiell verpflichteter IFRS-Anwender unterteilt werden. Dabei werden Unternehmen mit einem Wahrscheinlichkeitswert größer 50 % als potentiell freiwillige IFRS-Anwender und Unternehmen mit einem Wahrscheinlichkeitswert kleiner 50 % als potentiell verpflichtete IFRS-Anwender klassifiziert.[923] Auf diese Weise werden pro Land jeweils zwei Gruppen gebildet, die sich – sofern die gesetzliche Möglichkeit zur freiwilligen IFRS-Anwendung bestanden hätte – entsprechend für oder gegen eine freiwillige IFRS-Anwendung entschieden hätten.

Die auf diese Weise ermittelten Gruppen potentiell freiwilliger und verpflichteter IFRS-Anwender können dann hinsichtlich der Auswirkungen der IFRS-Anwendung differenziert untersucht werden, um der Frage nachzugehen, ob die IFRS für die potentiell freiwilligen IFRS-Anwender tatsächlich einen stärkeren positiven Einfluss auf die Rechnungslegungspraxis haben. Möglicherweise können die französischen Unternehmen dabei besonders zutreffend anhand der Merkmale deutscher Unternehmen unterschieden werden, da die Länder vergleichsweise viele institutionelle Ähnlichkeiten haben und ihre nationalen Rechnungslegungssysteme merkbare Unterschiede zu den IFRS aufweisen. Eine Zuordnung der Unternehmen in UK könnte demgegenüber aufgrund der vergleichsweise ausgeprägten institutionellen Unterschiede zu Deutschland weniger eindeutig sein. Da der Kapitalmarkt in UK z.B. eine traditionell höhere Bedeutung hat und die Barrieren einer Umstellung auf die IFRS aufgrund der generellen Ähnlichkeiten zwischen UK GAAP und den IFRS geringer sein dürften,

922 Vgl. Christensen/Lee/Walker (2007), S. 352 sowie zur Ermittlung von Wahrscheinlichkeiten bei Logit-Schätzungen Cameron/Trivedi (2009), S. 467; Gujarati/Porter (2009), S. 553-554; Wooldridge (2009), S. 575-576.

923 Vgl. zu diesem Vorgehen Kohler/Kreuter (2008), S. 279; Backhaus et al. (2011), S. 259.

könnte sich die Präferenz der Unternehmen zu einer freiwilligen IFRS-Anwendung von den deutschen Unternehmen unterscheiden.

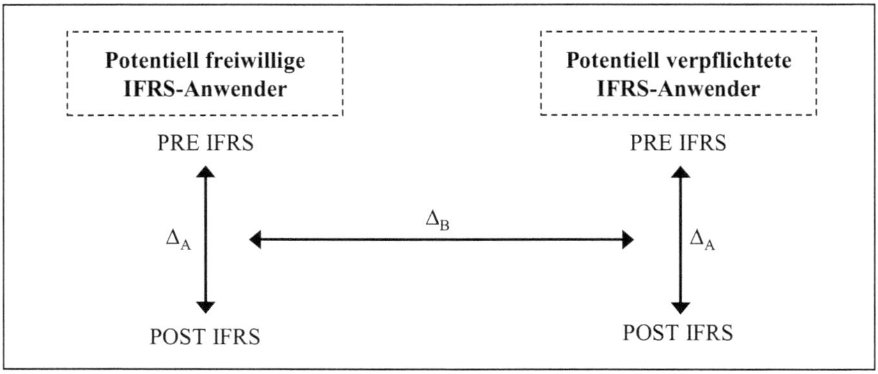

Abbildung 8: Vorgehen zur Untersuchung auf signifikante Unterschiede (Hypothese 2)

Um Hypothese 2 zu überprüfen, werden die Eigenschaften von Ergebnisgrößen für die potentiell freiwilligen und verpflichteten IFRS-Anwender innerhalb der Länder jeweils vor und nach der verpflichtenden IFRS-Einführung untersucht. Um dabei zu überprüfen, ob sich signifikante Veränderungen der Eigenschaften im Zeitablauf ergeben (Δ_A in Abbildung 8), werden die bereits in Kapitel 5.3.1 beschriebenen Signifikanztests angewendet. Um außerdem zu untersuchen, ob die Gruppe potentiell freiwilliger IFRS-Anwender tatsächlich stärkere Veränderungen in den Eigenschaften von Ergebnisgrößen aufweist als die Gruppe potentiell verpflichteter IFRS-Anwender, werden die innerhalb der Gruppen festgestellten Veränderungen zusätzlich zwischen den Gruppen unter Rückgriff auf das Bootstrap-Verfahren auf signifikante Unterschiede überprüft (Δ_B in Abbildung 8). Streng genommen wird damit bei der Untersuchung von Hypothese 2 zwar kein Differenz-von-Differenzen-Ansatz durchgeführt,[924] allerdings kann auf diese Weise dennoch untersucht werden, ob die potentiell freiwilligen IFRS-Anwender aufgrund spezieller Bilanzierungsanreize stärkere Veränderungen in den Eigenschaften von Ergebnisgrößen aufweisen als die potentiell verpflichteten IFRS-Anwender. Dabei wird der Vergleich dadurch verein-

924 Hierfür würde die Erfolgsgröße der Teilnehmergruppe mit der Erfolgsgröße einer Nicht-Teilnehmergruppe verglichen. Vgl. Bauer/Fertig/Schmidt (2009), S. 162 sowie in Bezug auf die IFRS-Anwendung Pope/McLeay (2011), S. 246. Im vorliegenden Fall unterliegen jedoch beide Gruppen der Maßnahme „IFRS-Einführung“, so dass es sich bei beiden Gruppen streng genommen um Teilnehmergruppen handelt.

facht, dass beide Gruppen grundsätzlich denselben länderspezifischen institutionellen Rahmenbedingungen ausgesetzt sind.

5.4 Deskriptive Analyse

5.4.1 Deskriptive Analyse zur Untersuchung in Deutschland, Frankreich und UK (Hypothese 1)

Aus der Datenbasis resultieren die im Folgenden präsentierten deskriptiven Merkmale. Hierfür werden die Anzahl der Beobachtungen (N), das arithmetische Mittel (AM), der Median, die Standardabweichung (Stab) sowie das 25 %- und 75 %-Quartil einzeln für die Länder und die untersuchten Zeiträume PRE und POST dargestellt (Tabelle 11 bis Tabelle 13).[925] Bei einer Gesamtbetrachtung der Verteilungsparameter fällt zunächst auf, dass die Ergebnisse (NIBE) in dem Zeitraum nach der IFRS-Einführung in allen Ländern tendenziell höher sind als davor. Eine mögliche Erklärung hierfür ist, dass die IFRS-Anwendung einen früheren Gewinnausweis begünstigt und bezogen auf den betrachteten Zeitraum daher zu durchschnittlichen höheren Ergebnissen führt. Eine weitere Erklärung ist, dass die Zeiträume von jeweils unterschiedlichen konjunkturellen Entwicklungen geprägt wurden. Zwar sind beide Zeiträume jeweils von einer sowohl auf den Kapitalmärkten als auch realwirtschaftlich spürbaren Krise betroffen gewesen, im Durchschnitt scheinen die Unternehmen jedoch in dem Zeitraum 2005 bis 2009 profitabler gewesen zu sein. Demgegenüber weisen die Entwicklungen der Aktienrenditen (RET und RET15) in den Ländern ein konträres Bild auf. So sind die Aktienrenditen in Deutschland für den Zeitraum 2005 bis 2009 höher, während in UK eine gegensätzliche Entwicklung festzustellen ist. In Frankreich können hingegen keine wesentlichen Veränderungen beobachtet werden. Da der Zeitraum nach der IFRS-Einführung die jüngsten Krisenentwicklungen der Jahre 2008 und 2009 abdeckt, könnte eine Erklärung für diese konträren Entwicklungen sein, dass sich die Krise im Durchschnitt unterschiedlich stark auf die europäischen Kapitalmärkte auswirkte.

In Bezug auf die Verteilungsparameter in Deutschland (Tabelle 11) können signifikante Unterschiede zwischen den Zeiträumen im Wesentlichen sowohl bei dem arithmetischen Mittel als auch dem Median festgestellt werden. Im Einzelnen weisen die Ergebnisgröße (NIBE) und die Aktienrendite (RET) signifikante Unterschiede auf. Die bezüglich des arithmetischen Mittels und des Medians

---

925 Die deskriptiven Merkmale für den gesamten Zeitraum 2000 bis 2009 in den jeweiligen Ländern können ergänzend dem Anhang entnommen werden (Anlage 5 bis Anlage 7).

weitgehend einheitlichen Unterschiede deuten darauf hin, dass eine Verzerrung der Daten tendenziell auszuschließen ist. Gestützt wird diese Vermutung dadurch, dass die Rechnungslegungsdaten kaum wesentliche Unterschiede zwischen dem arithmetischen Mittel und dem Median aufweisen, was allerdings weniger auf die Aktienrenditen zutrifft.

Tabelle 11: Deskriptive Merkmale in Deutschland[926]

Variable	N	AM	Median	Stab	25%	75%
PRE						
NIBE	552	0,0160	0,0233	0,1013	-0,0047	0,0546
ΔWC	552	0,0028	-0,0023	0,1122	-0,0412	0,0386
CFO	552	0,0800	0,0860	0,1302	0,0244	0,1368
ΔCFO	552	0,0045	0,0017	0,1704	-0,0716	0,0783
ΔPA	552	0,0062	0,0030	0,1608	-0,0663	0,0718
ΔNIBE	583	0,0840	0,0072	0,5892	-0,0446	0,0637
RET	583	0,0617	0,0181	0,4941	-0,2058	0,2523
RET15	583	0,1363	0,0347	0,6350	-0,2247	0,3646
NEG	583	0,4717	0,0000	0,4996	0,0000	1,0000
POST						
NIBE	544	0,0345 ***	0,0331 ***	0,0905	0,0021	0,0689
ΔWC	544	0,0016	0,0044	0,0917	-0,0310	0,0343
CFO	544	0,0835	0,0784	0,1234	0,0304	0,1340
ΔCFO	544	-0,0031	-0,0057	0,1516	-0,0769	0,0570
ΔPA	544	0,0070	0,0070	0,1386	-0,0503	0,0680
ΔNIBE	562	0,0189 **	0,0049	0,4059	-0,0527	0,0458
RET	562	0,1282 **	0,0519 **	0,5123	-0,1757	0,3006
RET15	562	0,1859	0,0779 *	0,6427	-0,1806	0,4108
NEG	562	0,4253	0,0000	0,4948	0,0000	1,0000

Bei den Verteilungsparametern der französischen Unternehmen (Tabelle 12) zeigt sich, dass lediglich das Ergebnis (NIBE) bzw. dessen Veränderung (ΔNIBE) signifikante Unterschiede zwischen den Zeiträumen sowohl für das arithmetische Mittel als auch den Median aufweisen. Weiterhin sind zwischen dem arithmetischen Mittel und dem Median insbesondere bei den Rechnungslegungsdaten kaum bedeutende Unterschiede zu erkennen, während sich die Verteilungsparameter der Aktienrenditen (RET und RET15) erneut deutlicher unter-

926 ***/**/* kennzeichnet zweiseitige Signifikanz auf einem 1/5/10 %-Niveau zwischen den Zeiträumen PRE und POST. Diese Kennzeichnung wird gleichermaßen für sämtliche nachfolgenden Tabellen verwendet. Die Untersuchung des arithmetischen Mittels auf signifikante Unterschiede zwischen den Stichproben erfolgt anhand eines t-Tests. Da im Rahmen der deskriptiven Analyse ein Wilcoxon-Vorzeichen-Rangtest aufgrund der zusammengefassten Datenstruktur nicht anwendbar ist, erfolgt ein Vergleich des Medians auf Basis des Wilcoxon-Rangsummentests. Vgl. z.B. Dücker (2009a), S. 114.

scheiden. Anders als in Deutschland weisen die Aktienrenditen jedoch keine signifikanten Unterschiede zwischen den Zeiträumen auf.

Tabelle 12: Deskriptive Merkmale in Frankreich

Variable	**N**	**AM**	**Median**	**Stab**	**25%**	**75%**
			PRE			
NIBE	1.787	0,0159	0,0299	0,0970	0,0006	0,0592
ΔWC	1.787	0,0059	0,0019	0,0853	-0,0304	0,0369
CFO	1.787	0,0684	0,0730	0,1136	0,0198	0,1229
ΔCFO	1.787	0,0062	0,0054	0,1400	-0,0527	0,0598
ΔPA	1.787	0,0016	0,0010	0,1379	-0,0564	0,0536
ΔNIBE	1.948	0,0388	0,0058	0,2940	-0,0259	0,0428
RET	1.948	0,1061	0,0568	0,5457	-0,2122	0,3312
RET15	1.948	0,1759	0,0789	0,6701	-0,2287	0,4286
NEG	1.948	0,4374	0,0000	0,4962	0,0000	1,0000
			POST			
NIBE	1.806	0,0299 ***	0,0359 ***	0,0852	0,0062	0,0670
ΔWC	1.806	0,0042	0,0024	0,0735	-0,0264	0,0322
CFO	1.806	0,0669	0,0712	0,1034	0,0228	0,1181
ΔCFO	1.806	0,0059	0,0023	0,1237	-0,0433	0,0552
ΔPA	1.806	-0,0004	-0,0029	0,1183	-0,0462	0,0428
ΔNIBE	1.871	0,0170 **	0,0047 **	0,2708	-0,0298	0,0317
RET	1.871	0,1071	0,0686	0,5283	-0,2190	0,3248
RET15	1.871	0,1572	0,0656	0,6563	-0,2713	0,4406
NEG	1.871	0,4340	0,0000	0,4958	0,0000	1,0000

In UK weisen sowohl das arithmetische Mittel als auch der Median bei der überwiegenden Anzahl an Variablen signifikante Unterschiede zwischen den Zeiträumen auf (Tabelle 13). Hieraus ist jedoch nicht zu schließen, dass die Daten verzerrt sind, denn beide Verteilungsparameter weisen gleichermaßen signifikante Unterschiede auf. Während sich weiterhin das durchschnittliche Ergebnis (NIBE) wie in den anderen Ländern im Zeitablauf signifikant verbessert, ist bei den Aktienrenditen (RET und RET15) eine signifikante Verschlechterung zu beobachten. Interessanterweise weisen die Aktienrenditen für den Zeitraum 2005 bis 2009 jedoch für alle drei Länder wertmäßig ein ähnliches Niveau auf. Wie ebenfalls bereits in Deutschland und Frankreich festgestellt wurde, zeigen sich auch in UK bei einem Vergleich des arithmetischen Mittels und des Medians der Aktienrenditen Unterschiede.

Tabelle 13: Deskriptive Merkmale in UK

Variable	N	AM	Median	Stab	25%	75%
			PRE			
NIBE	2.215	0,0095	0,0406	0,1618	-0,0067	0,0849
ΔWC	2.215	0,0036	-0,0009	0,0767	-0,0269	0,0313
CFO	2.215	0,0610	0,0836	0,1766	0,0215	0,1456
ΔCFO	2.215	0,0146	0,0077	0,1728	-0,0513	0,0670
ΔPA	2.215	0,0016	-0,0019	0,1202	-0,0450	0,0433
ΔNIBE	2.524	0,0296	0,0075	0,2335	-0,0230	0,0397
RET	2.524	0,1506	0,0987	0,5723	-0,1969	0,3836
RET15	2.524	0,2309	0,1510	0,6716	-0,1897	0,5131
NEG	2.524	0,4109	0,0000	0,4921	0,0000	1,0000
			POST			
NIBE	2.075	0,0307 ***	0,0520 ***	0,1477	0,0108	0,0918
ΔWC	2.075	-0,0035 ***	-0,0018 *	0,0768	-0,0320	0,0314
CFO	2.075	0,0782 ***	0,0902 ***	0,1621	0,0347	0,1502
ΔCFO	2.075	0,0148	0,0111	0,1489	-0,0446	0,0672
ΔPA	2.075	-0,0057 **	-0,0065 **	0,1160	-0,0514	0,0385
ΔNIBE	2.278	0,0169 *	0,0067 **	0,2396	-0,0284	0,0337
RET	2.278	0,1033 ***	0,0677 ***	0,5465	-0,2564	0,3541
RET15	2.278	0,1651 ***	0,0959 ***	0,6358	-0,2599	0,4517
NEG	2.278	0,4377 *	0,0000	0,4962	0,0000	1,0000

In Bezug auf die Verteilungsparameter in den betrachteten Ländern kann damit zusammenfassend festgehalten werden, dass signifikante Unterschiede zwischen den betrachteten Zeiträumen besonders in UK zu beobachten sind, die Verteilungsparameter dafür aber vor allem bei den Rechnungslegungsdaten ähnliche Merkmale aufweisen. Die Aktienrenditen haben sich in den Ländern zwar gegensätzlich entwickelt, weisen aber für den Zeitraum nach der IFRS-Einführung im Durchschnitt ein wertmäßig vergleichbares Niveau auf. Verglichen mit den Rechnungslegungsdaten deuten allerdings die teilweisen Unterschiede zwischen dem arithmetischen Mittel und Median sowie hohe Standardabweichungen auf unter Umständen weniger stabile Daten hin.

Eine ergänzende, umfassende Analyse der Korrelationen der verwendeten Variablen erweist sich als schwierig, da die Modelle extern durch die einschlägige Literatur vorgegeben und die Modelle mit jeweils verschiedenen Variablen untersucht werden. Somit können lediglich einzelne modellbezogene Zusammenhänge der Variablen interpretiert werden. Aus den im Anhang dargestellten Korrelationstabellen für die jeweiligen Länder (Anlage 8 bis Anlage 10) kann diesbezüglich abgeleitet werden, dass die einzelnen Korrelationen die erwarteten Zusammenhänge bestätigen.[927] So weisen etwa die Veränderung des Working

927 In den Korrelationstabellen werden vereinfachend die Korrelationen für den gesamten Zeitraum 2000 bis 2009 dargestellt. Getrennte, nicht tabellierte Korrelationsanalysen für die Zeiträume 2000 bis 2004 bzw. 2005 bis 2009 ergeben ein ähnliches Bild.

Capitals und der operative Cashflow in allen Ländern eine negative Korrelation auf. Dieser Zusammenhang entspricht damit der herrschenden Annahme, dass ein niedriger operativer Cashflow zu einer positiven Entwicklung des Working Capitals führt und vice versa.[928] Des Weiteren bestehen wie erwartet jeweils negative Korrelationen zwischen der Veränderung der Periodenabgrenzungen und der Veränderung des operativen Cashflows, während die Ergebnisgröße, der operative Cashflow und die Aktienrenditen demgegenüber jeweils positiv korreliert sind. Die Höhe der relevanten Korrelationen ist dabei in allen Ländern vergleichbar und vermittelt insgesamt ein weitgehend homogenes Bild. Dabei ist festzustellen, dass die erklärenden Variablen der einzelnen Regressionsmodelle im Gesamtbild nicht hoch korreliert sind, so dass perfekte Multikollinearität prinzipiell auszuschließen ist.[929]

Aus den Erkenntnissen der deskriptiven Analyse kann damit geschlossen werden, dass die Daten einerseits vor allem hinsichtlich der Rechnungslegungsdaten keine auffälligen Verzerrungen sowie andererseits die erwarteten Zusammenhänge zwischen den Variablen aufweisen. Welche deskriptiven Eigenschaften aus den Variablen der speziell für Hypothese 2 durchzuführenden Logit-Schätzung hervorgehen, wird im folgenden Abschnitt diskutiert.

5.4.2 Deskriptive Analyse zur differenzierten Untersuchung in Frankreich und UK (Hypothese 2)

In die Logit-Schätzung gehen sämtliche deutsche Unternehmen ein, die als freiwillige oder verpflichtete IFRS-Anwender klassifiziert werden und für welche die in dem Modell verwendeten Variablen als Durchschnittswerte ermittelt werden können. Auf Basis dieser Anforderungen und nach Durchführung aller Bereinigungsschritte werden insgesamt 115 verpflichtete und 128 freiwillige deutsche IFRS-Anwender in der Modellschätzung berücksichtigt. Die Verteilungsparameter der erklärenden Variablen FS, DTM und LMV werden in Tabelle 14

928 Vgl. Dechow/Dichev (2002), S. 39.

929 Hohe Korrelation liegt bei einem Korrelationskoeffizienten vor, der Werte größer 0,7 annimmt. Werte zwischen 0,5 und 0,7 deuten hingegen auf mittlere Korrelation hin, während Werte kleiner 0,5 bzw. 0,2 eine geringe respektive sehr geringe Korrelation andeuten. Vgl. Bühl (2010), S. 386. Allgemein ist es in der empirischen Forschung nicht ungewöhnlich, dass ein gewisser Grad an Multikollinearität besteht, der aber nicht störend sein muss. Vgl. Backhaus et al. (2011), S. 93. Von ernsthaften Kollinearitätsproblemen ist erst ab einem Wert größer 0,8 auszugehen. Vgl. Francis et al. (2008), S. 347. Zum Problem der perfekten Multikollinearität vgl. außerdem Kapitel 5.7.1.

getrennt für die verpflichteten und freiwilligen IFRS-Anwender dargestellt.[930] Die Industriezweige werden im Anschluss einer gesonderten Betrachtung unterzogen.

Tabelle 14: Deskriptive Merkmale verpflichteter und freiwilliger IFRS-Anwender

Variable	N	AM	Median	Stab	25%	75%
Verpflichtete IFRS-Anwender						
FS	115	0,3746	0,3881	0,2517	0,1672	0,5737
DTM	115	0,2425	0,1782	0,2316	0,0273	0,3998
LMV	115	11,3127	11,1682	1,7067	10,0418	12,2440
Freiwillige IFRS-Anwender						
FS	128	0,4499 **	0,4543 **	0,2412	0,2764	0,6441
DTM	128	0,2022	0,1693	0,1695	0,0482	0,3370
LMV	128	12,3280 ***	12,0319 ***	2,1035	10,6933	13,6231

Die Verteilungsparameter der Variablen bestätigen die vermuteten Zusammenhänge der firmenspezifischen Eigenschaften und der Neigung zur freiwilligen IFRS-Anwendung. Demnach weisen die freiwilligen IFRS-Anwender einen signifikant höheren Anteil der im Ausland erwirtschafteten Umsätze (FS) als die verpflichteten IFRS-Anwender auf. Darüber hinaus ist die Fremdkapitalquote (DTM) bei den freiwilligen IFRS-Anwendern erwartungsgemäß niedriger als bei den verpflichteten IFRS-Anwendern, allerdings können diesbezüglich keine signifikanten Unterschiede festgestellt werden. Schließlich ist auch die Unternehmensgröße (LMV) der freiwilligen IFRS-Anwender signifikant höher als der verpflichteten IFRS-Anwender, was ebenfalls den Erwartungen entspricht. Die Verteilungsparameter der Variablen weisen allgemein keine Anzeichen für potentielle Verzerrungen auf.

Eine für die verpflichteten und freiwilligen IFRS-Anwender zusammengefasste Übersicht der Aufteilung der Unternehmen nach Industriezweigen findet sich in Tabelle 15. Die Unternehmen verteilen sich ähnlich wie in vergleichbaren Untersuchungen auf die verschiedenen Branchen.[931] Demnach sind in der Stichprobe vor allem Unternehmen aus der verarbeitenden Industrie (IND3), der High Technology-Branche (IND5) sowie allgemein aus der Branche der Konsumgüter (IND1 und IND2) enthalten. Hingegen weist die Stichprobe eine eher niedrige Anzahl an Unternehmen aus den Branchen Rohstoffe (IND4), Telekommunikation (IND6) sowie Versorgung (IND9) auf.

930 Eine zusammengefasste Übersicht der deskriptiven Merkmale für die verpflichteten und freiwilligen IFRS-Anwender kann zusätzlich dem Anhang entnommen werden (Anlage 11).

931 Vgl. z.B. Christensen/Lee/Walker (2007), S. 359.

Tabelle 15: Industriezweige für verpflichtete und freiwillige IFRS-Anwender

Industrie	**Dummy**	**Anzahl**	**in %**
Kurzlebige Konsumgüter	IND1	28	11,52
Langlebige Konsumgüter	IND2	20	8,23
Verarbeitende Industrie	IND3	75	30,86
Öl-, Gas- und Kohleförderung sowie -produkte	IND4	1	0,41
High Technology	IND5	40	16,46
Telefon und Fernsehen	IND6	1	0,41
Groß- und Einzelhandel sowie Diensleistungsbereich	IND7	26	10,70
Medizinische Versorgung	IND8	12	4,94
Versorgungsunternehmen	IND9	4	1,65
Residualklasse	IND10	36	14,81
	Gesamt	243	100,00

Aus einer Analyse der Korrelationsbeziehungen der im Rahmen der Logit-Schätzung verwendeten erklärenden Variablen (Tabelle 16) geht schließlich hervor, dass zwischen den Variablen jeweils keine hohen Korrelationen bestehen und die Korrelationen außerdem die zu erwartenden Zusammenhänge aufweisen. So haben zum Beispiel größere Unternehmen einen höheren Anteil an Umsätzen im Ausland erwirtschaftet und weisen eine niedrigere Fremdkapitalquote auf. Damit stützen die Korrelationsbeziehungen ebenfalls die vermuteten Zusammenhänge zwischen den firmenspezifischen Charakteristika und der Neigung zur freiwilligen IFRS-Anwendung.

Tabelle 16: Korrelationsmatrix für verpflichtete und freiwillige IFRS-Anwender[932]

	FS	DTM	LMV	IND
FS		0,0689	0,2138	-0,1850
DTM	0,0250		-0,0902	0,0069
LMV	0,2223	-0,1021		0,0620
IND	-0,2002	0,0453	0,0853	

Abschließend weist die vorliegende Stichprobe deutscher Unternehmen insgesamt die erwarteten Merkmale der freiwilligen und verpflichteten IFRS-

932 Die Tabelle bildet unterhalb der Diagonalen die Korrelationen nach Pearson sowie oberhalb der Diagonalen die Korrelationen nach Spearman ab. Die Korrelationen werden für die verpflichteten und freiwilligen IFRS-Anwender zusammengefasst. Eine getrennte, nicht tabellierte Betrachtung beider Gruppen ergibt ein ähnliches Bild der Korrelationsbeziehungen.

Anwender auf. Die Stichprobe bildet daher eine geeignete Grundlage, um die Wahrscheinlichkeiten für eine potentiell freiwillige IFRS-Anwendung in Frankreich und UK zu ermitteln und Hypothese 2 anhand der Eigenschaften von Ergebnisgrößen zu überprüfen.

5.5 Auswertung der Ergebnisse

5.5.1 Untersuchung in Deutschland, Frankreich und UK (Hypothese 1)

Zur Überprüfung von Hypothese 1 werden die Länder im Folgenden einzeln anhand von Vorher-Nachher-Vergleichen betrachtet. Dargestellt werden die Ergebnisse der jeweils geschätzten Modelle für den Zeitraum 2000 bis 2004 (PRE) und den Zeitraum 2005 bis 2009 (POST). Um die Interpretation der Ergebnisse zu erleichtern, werden dabei ausschließlich die verdichteten Ergebnisse in Form der jeweils relevanten Maßgröße der Eigenschaften präsentiert. In der Spalte „erwartete Veränderung“ deuten die angegebenen Richtungspfeile stets eine Verbesserung der betrachteten Eigenschaft an. Während also z.B. ein steigender Koeffizient aus Modell (1) persistentere Ergebnisse anzeigt, impliziert eine sinkende Standardabweichung der Residuen ein verbessertes Maß an Vorhersagbarkeit. Ergänzend zu den verdichteten Ergebnissen werden im Anhang jeweils die ausführlichen Ergebnisse der geschätzten Modelle sowie der Untersuchungen auf signifikante Unterschiede zwischen den betrachteten Zeiträumen angegeben.

Tabelle 17 fasst die Ergebnisse für die verpflichteten IFRS-Anwender in Deutschland zusammen. Ergänzend finden sich im Anhang eine ausführliche Übersicht über die Ergebnisse der geschätzten Modelle (Anlage 12) sowie die Ergebnisse der Untersuchungen auf signifikante Unterschiede zwischen den Zeiträumen (Anlage 13). Ein Vergleich der Ergebnisse zeichnet zunächst ein positives Gesamtbild: In beinahe allen Fällen verbessern sich die Eigenschaften von Ergebnisgrößen nach der IFRS-Umstellung, wobei in den meisten Fällen gleichzeitig signifikante Veränderungen zu beobachten sind. Während Letzteres nicht auf die Eigenschaften Persistenz und bedingte Vorsicht zutrifft, sind signifikante Verbesserungen bei den Eigenschaften Vorhersagbarkeit, Qualität der Periodenabgrenzungen, der auf der Spearman-Korrelation basierenden Ergebnisglättung, Wertrelevanz und Zeitnähe zu beobachten.

Tabelle 17: Ergebnisse zur IFRS-Umstellung in Deutschland

Modell	Eigenschaft	Maßgröße	erwartete Veränderung	PRE	POST
(1)	Persistenz	$ß_1$	↑	0,5113	0,5746
(1)	Vorhersagbarkeit	$\sqrt{\sigma^2(\varepsilon_t)}$	↓	0,0846	0,0708 ***
(2)	Qualität der Periodenabgrenzungen	$\sigma(\varepsilon_t)$	↓	0,0830	0,0658 ***
(3)	Ergebnisglättung I	$m\left\|\frac{\sigma(NIBE_t)}{\sigma(CFO_t)}\right\|$	↓	0,5217	0,6036
(4)	Ergebnisglättung II	$\rho(\Delta PA_t; \Delta CFO_t)$	↓	-0,7847	-0,8123 ***
(5)	Wertrelevanz	adj. R^2	↑	0,2943	0,3382 ***
(6)	Bedingte Vorsicht	$ß_3$	↑	0,4333	0,4886
(6)	Zeitnähe	adj. R^2	↑	0,1184	0,1691 ***

Ein auf den ersten Blick konträres Bild ergibt sich dabei allerdings für die Maßgrößen zur Ergebnisglättung: Während die auf der Spearman-Korrelation basierende Ergebnisglättung eine Verbesserung und damit ein vergleichsweise stärkeres Glättungsverhalten der bilanzierenden Unternehmen anzeigt, deuten die Ergebnisse für das Volatilitätsmaß auf weniger Ergebnisglättung hin. Ein möglicher Erklärungsansatz für die gegenläufigen Tendenzen könnte sein, dass die Meinungen über die gewünschte Veränderung des Glättungsverhaltens allgemein auseinander gehen. Zwar kann mit den beiden Maßgrößen also das Ausmaß an Ergebnisglättung gemessen werden, jedoch kann nicht eindeutig festgelegt werden, inwiefern dies auf bilanzpolitisches Verhalten oder auf den Informationsgehalt der Rechnungslegung zurückzuführen ist. Trotz dieses „Dilemma[s] der empirischen Analyse“[933] ist in Bezug auf den vorliegenden Fall festzuhalten, dass bei dem Volatilitätsmaß keine signifikanten Veränderungen festgestellt werden können, was die gegensätzlichen Entwicklungen der Maßgrößen relativiert.

Insgesamt deutet der Vergleich der Zeiträume eine überwiegende Verbesserung der Eigenschaften von Ergebnisgrößen für die verpflichteten IFRS-Anwender in Deutschland an. Angesichts der angestellten Überlegungen zum Einfluss der institutionellen Rahmenbedingungen auf die Rechnungslegungspraxis und der sonst in der Literatur vorzufindenden widersprüchlichen Meinungs-

933 Wagenhofer/Dücker (2007), S. 274.

bilder zur verpflichtenden IFRS-Anwendung überrascht dieser Erkenntnisgewinn. Während eine verbesserte Rechnungslegungsqualität ansonsten vor allem bei der freiwilligen IFRS-Anwendung in Deutschland festgestellt wird, scheint sich die Qualität auf Basis der gezeigten Ergebnisse auch für die verpflichteten IFRS-Anwender zu verbessern. Allerdings sollte dieser Erklärungsansatz vorsichtig ausgelegt werden, denn es können nicht überall signifikante Verbesserungen festgestellt werden und die Ergebnisse sind hinsichtlich ihrer Robustheit kritisch zu hinterfragen.[934] Ein möglicher Grund für die Verbesserung in Deutschland könnte die wirksame Umsetzung des Enforcement-Systems sein. So könnte dies einerseits zu einer regelkonformen IFRS-Anwendung beitragen und andererseits bei den Unternehmen ein ausgeprägteres Bilanzierungsbewusstsein (z.B. durch die jährliche Ankündigung von Prüfungsschwerpunkten) hervorrufen, wenn sich bilanzierte Sachverhalte zuvor beispielsweise in einer rechtlichen Grauzone bewegten.[935]

Tabelle 18: Ergebnisse zur IFRS-Umstellung in Frankreich

Modell	Eigenschaft	Maßgröße	erwartete Veränderung	PRE	POST
(1)	Persistenz	$ß_1$	↑	0,5860	0,5712
(1)	Vorhersagbarkeit	$\sqrt{\sigma^2(\varepsilon_t)}$	↓	0,0763	0,0686 ***
(2)	Qualität der Periodenabgrenzungen	$\sigma(\varepsilon_t)$	↓	0,0598	0,0578
(3)	Ergebnisglättung I	$m\left\|\frac{\sigma(NIBE_t)}{\sigma(CFO_t)}\right\|$	↓	0,5169	0,5488 **
(4)	Ergebnisglättung II	$\rho(\Delta PA_t; \Delta CFO_t)$	↓	-0,7650	-0,7803 ***
(5)	Wertrelevanz	adj. R^2	↑	0,3477	0,3961 ***
(6)	Bedingte Vorsicht	$ß_3$	↑	0,2770	0,3141
(6)	Zeitnähe	adj. R^2	↑	0,1466	0,0773 ***

Die Ergebnisse der IFRS-Umstellung in Frankreich werden in Tabelle 18 präsentiert und im Anhang um die ausführlichen Ergebnisse der geschätzten Modelle (Anlage 14) sowie die Ergebnisse der Untersuchungen auf signifikante

934 Zur Robustheit der Ergebnisse vgl. Kapitel 5.6.

935 Zur Vermutung einer Qualitätssteigerung durch die deutschen Enforcement-Aktivitäten vgl. bereits Kapitel 3.5.4.

Unterschiede zwischen den betrachteten Zeiträumen (Anlage 15) ergänzt. Allgemein sind bei den Veränderungen der Eigenschaften zunächst unterschiedliche Tendenzen festzustellen. So weisen die Eigenschaften Vorhersagbarkeit, die auf der Spearman-Korrelation basierende Eigenschaft Ergebnisglättung sowie die Eigenschaft Wertrelevanz eine signifikante Verbesserung auf. Demgegenüber sind bei der auf den Volatilitäten basierenden Ergebnisglättung sowie der Eigenschaft Zeitnähe im Zeitablauf signifikante Verschlechterungen zu beobachten. Bei den übrigen Eigenschaften, die sich in unterschiedliche Richtungen entwickeln, können ansonsten keine signifikanten Veränderungen festgestellt werden. Erneut fallen gegenläufige Tendenzen bei den Maßgrößen zur Ergebnisglättung auf, die nun beide signifikant sind.

Insgesamt lässt sich vor dem Hintergrund dieser Feststellungen kein einheitliches Bild für die IFRS-Umstellung in Frankreich zeichnen. Während einige Eigenschaften eine signifikante Verbesserung der Ergebnisqualität andeuten, können diese Tendenzen nicht durchweg bestätigt werden und führen z.B. aufgrund signifikanter Verschlechterungen der auf den Volatilitäten basierenden Ergebnisglättung sowie der Eigenschaft Zeitnähe sogar zu gegensätzlichen Ergebnissen. Ein möglicher Erklärungsansatz für dieses weniger klare Bild könnte sein, dass die Anreize zu einer hochwertigen Berichterstattung in Frankreich trotz IFRS-Anwendung vergleichsweise schwach ausgeprägt sind. Dies würde für die Vermutung sprechen, dass die IFRS-Anwendung keinen oder nur kaum einen inkrementellen Effekt auf die Rechnungslegungspraxis hat. Andererseits könnten die nicht eindeutigen Ergebnisse damit erklärt werden, dass in Frankreich keine alleinige vorzeitige IFRS-Anwendung erlaubt war. Somit dürfte die Gruppe der hier betrachteten IFRS-Anwender vergleichsweise heterogen sein. Denn während einige Unternehmen analog zu den freiwilligen IFRS-Anwendern in Deutschland aufgrund bestimmter Anreize möglicherweise bereits vor 2005 freiwillig auf die IFRS umgestellt hätten, umfasst die Gruppe auch solche Unternehmen, die sich wie die verpflichteten IFRS-Anwender in Deutschland bewusst gegen eine freiwillige IFRS-Anwendung entschieden hätten. Es ist daher möglich, dass diese beiden Unternehmensgruppen unterschiedliche Anreize zu einer hochwertigen Berichterstattung und damit auch unterschiedliche Veränderungen in den Eigenschaften von Ergebnisgrößen aufweisen. Dieser Fragestellung wird im folgenden Abschnitt bei der Überprüfung von Hypothese 2 genauer nachgegangen.

Tabelle 19: Ergebnisse zur IFRS-Umstellung in UK

Modell	Eigenschaft	Maßgröße	erwartete Veränderung	PRE	POST
(1)	Persistenz	β_1	↑	0,5882	0,6796 **
(1)	Vorhersagbarkeit	$\sqrt{\sigma^2(\varepsilon_t)}$	↓	0,1168	0,1011 ***
(2)	Qualität der Periodenabgrenzungen	$\sigma(\varepsilon_t)$	↓	0,0644	0,0660
(3)	Ergebnisglättung I	$m\left\lvert\frac{\sigma(NIBE_t)}{\sigma(CFO_t)}\right\rvert$	↓	0,7112	0,7415
(4)	Ergebnisglättung II	$\rho(\Delta PA_t; \Delta CFO_t)$	↓	-0,5929	-0,6891 ***
(5)	Wertrelevanz	adj. R^2	↑	0,3004	0,3510 ***
(6)	Bedingte Vorsicht	β_3	↑	0,3079	0,2959
(6)	Zeitnähe	adj. R^2	↑	0,1263	0,1235 ***

Ein Vorher-Nachher-Vergleich in UK ergibt schließlich die in Tabelle 19 dargestellten Ergebnisse.[936] Die Eigenschaften Persistenz und Vorhersagbarkeit, die auf der Spearman-Korrelation basierende Eigenschaft Ergebnisglättung sowie die Eigenschaft Wertrelevanz verbessern sich im Zeitablauf signifikant. Die übrigen Eigenschaften weisen bis auf die Eigenschaft Zeitnähe, welche sich signifikant verschlechtert, keine signifikanten Veränderungen auf. Wie bereits zuvor ergibt sich zudem auch in UK ein konträres Bild bei der Ergebnisglättung. Die Ergebnisse lassen somit erneut keine eindeutige Interpretation zu: Zwar weisen vier Eigenschaften eine signifikante Verbesserung auf, jedoch können die Veränderungen der übrigen Eigenschaften den gesamtheitlichen Eindruck einer positiven Auswirkung der IFRS nicht ganzheitlich bestätigen und vermitteln den Eindruck, dass die IFRS eher einen verhaltenen Effekt auf die Rechnungslegungspraxis haben. Von besonderer Bedeutung kann dabei sein, dass die UK GAAP in ihrer Ausgestaltung den IFRS sehr ähnlich sind. Sofern also ein Wechsel des Rechnungslegungssystems allgemein einen Einfluss auf die Rechnungslegungspraxis hat, würde der Wechsel von UK GAAP auf die IFRS in diesem Fall möglicherweise nur begrenzte Auswirkungen auf die Rechnungslegungspraxis haben. Darüber hinaus kann erneut die betrachtete Gruppe der

936 Den verdichteten Ergebnissen liegen erneut die im Anhang dargestellten ausführlichen Ergebnisse sowie die Untersuchungen auf signifikante Unterschiede zugrunde (Anlage 16 und Anlage 17).

IFRS-Anwender eine Erklärung für die weniger eindeutigen Ergebnisse sein: Da in UK ebenfalls keine vorzeitige IFRS-Anwendung möglich war, dürften die betrachteten IFRS-Anwender hinsichtlich ihrer Bereitschaft zu einer hochwertigen Berichterstattung erneut sehr heterogen sein. Somit ist es kaum verwunderlich, dass sich kein allzu klares Bild aus der bis hierhin erfolgten Untersuchung herauskristallisiert. Gleichzeitig spricht dieser Umstand umso mehr dafür, die vorliegende heterogene Gruppe der IFRS-Anwender hinsichtlich ihrer firmenspezifischen Charakteristika weiter zu separieren und damit zu versuchen, eindeutigere Erkenntnisse herauszufiltern.

Zusammenfassend kann aus den vorausgehenden Ergebnissen keine eindeutige Aussage über die Auswirkungen der verpflichtenden IFRS-Anwendung auf die Rechnungslegungspraxis abgeleitet werden. Zwar verbessern sich die Eigenschaften Vorhersagbarkeit und Wertrelevanz sowie die auf der Spearman-Korrelation basierende Eigenschaft Ergebnisglättung in allen drei Ländern signifikant und sprechen für einen positiven Effekt der IFRS. Die übrigen Eigenschaften weisen demgegenüber jedoch entweder gegenläufige Veränderungen oder keine signifikanten Veränderungen auf. Die formulierte Hypothese 1, dass ein Wechsel auf die IFRS nicht zwingend einen positiven Einfluss auf die Eigenschaften der Ergebnisgrößen hat, kann daher nicht pauschal abgelehnt werden. Eine weitergehende Überprüfung der Unterhypothesen ergibt ebenfalls kein eindeutiges Bild: Während Deutschland im Gesamtbild sich verbessernde Eigenschaften aufweist, kristallisiert sich in Frankreich kein einheitliches Bild heraus. Damit kann Hypothese 1.1 in Bezug auf Deutschland tendenziell abgelehnt werden, während für Frankreich keine eindeutige Aussage getroffen werden kann. Etwas deutlicher wird die Überprüfung von Hypothese 1.2, welche kaum einen Einfluss auf die Eigenschaften von Ergebnisgrößen in UK vermutet. So können die gewonnenen Erkenntnisse dieser Vermutung nicht widersprechen, denn es kann zumindest ein leichter, wenn aber auch nicht durchgehend positiver Einfluss der IFRS festgestellt werden. Hypothese 1.2 kann damit nicht zwingend abgelehnt werden. Damit lassen die Ergebnisse zur Überprüfung von Hypothese 1 folgende Schlussfolgerungen zu: Zum einen verdeutlichen sie, dass die Auswirkungen der IFRS auf die Rechnungslegungspraxis in einzelnen Ländern in Abhängigkeit der untersuchten Stichproben sehr unterschiedlich sein können. Dies betont das Erfordernis, sich gezielt mit den Auswirkungen der IFRS in ausgewählten Ländern auseinanderzusetzen anstatt auf breit gefasste, über Ländergrenzen hinausgehende Untersuchungsstichproben zurückzugreifen. Zum anderen könnten die in Frankreich und UK betrachteten IFRS-Anwender möglicherweise sehr heterogene firmenspezifische Charakteristika hinsichtlich ihrer Anreize zu einer hochwertigen Berichterstattung aufweisen und daher eine

Erklärung für die nicht durchweg eindeutig interpretierbaren Ergebnisse sein. Dieser Überlegung ist im nachfolgenden Abschnitt genauer nachzugehen.

5.5.2 Differenzierte Untersuchung in Frankreich und UK (Hypothese 2)

5.5.2.1 Differenzierung der IFRS-Anwender

Um die Unternehmen in Frankreich und UK zur Überprüfung von Hypothese 2 auf die Gruppen der potentiell freiwilligen (EARLY = 1) und verpflichteten (EARLY = 0) IFRS-Anwender aufteilen zu können, wird in einem ersten Schritt die in Kapitel 5.3.2.2 spezifizierte binäre logistische Regression für die deutschen freiwilligen und verpflichteten IFRS-Anwender geschätzt. Die Ergebnisse der Schätzung werden in Tabelle 20 zusammengefasst. Ergänzend zu den geschätzten Koeffizienten und Signifikanzniveaus werden die beschriebenen Gütemaße zur Beurteilung der Anpassungsgüte des Modells angegeben.

Tabelle 20: Ergebnisse der Logit-Schätzung deutscher Unternehmen[937]

Variable	erwartetes Vorzeichen	Koeffizient	p-Wert
FS	(+)	1,1756	0,062
DTM	(-)	-0,5479	0,464
LMV	(+)	0,3787	0,000
IND2	(?)	0,3930	0,561
IND3	(?)	0,5521	0,282
IND5	(?)	2,6805	0,000
IND7	(?)	0,3903	0,531
IND8	(?)	1,6811	0,053
IND9	(?)	-0,0608	0,960
IND10	(?)	1,1147	0,053
Konstante	(?)	-5,6261	0,000
Beobachtungen		241	
Likelihood Ratio (Chi-Quadrat)		55,0489	0,000
McFadden R^2		0,1651	
Richtig klassifiziert		70,95%	

937 Verglichen mit der deskriptiven Analyse fallen bei Durchführung der Logit-Schätzung zwei Beobachtungen aus der Untersuchung raus, die jeweils die Industriezweige IND4 und IND6 repräsentierten. Der Logit-Schätzung liegen damit 127 freiwillige und 114 verpflichtete IFRS-Anwender zugrunde.

In Bezug auf die Anpassungsgüte deuten die Gütemaße allgemein auf einen guten Modellfit hin. Demnach wird die Nullhypothese des Likelihood Ratio-Tests mit einer Irrtumswahrscheinlichkeit kleiner 1 % verworfen und das McFadden R^2 weist mit 16,51 % einen hinreichend hohen Wert auf. Zwar liegt es unter dem als „akzeptabel“ angesehenen Schwellenwert von 20 %,[938] ein Vergleich mit den Pseudo-R^2-Werten aus der Referenzliteratur lässt jedoch ähnliche Werte erkennen.[939] Des Weiteren deutet auch die Klassifikationsgenauigkeit von 70,95 % gegenüber einer maximalen Zufallswahrscheinlichkeit von 52,70 % auf eine hinreichende Anpassungsgüte hin.[940]

Die geschätzten Koeffizienten der Variablen weisen die erwarteten Vorzeichen auf. So ist die Bereitschaft zu einer freiwilligen IFRS-Anwendung bei großen Unternehmen (LMV), die eine vergleichsweise niedrigere Fremdkapitalquote aufweisen (DTM) und einen hohen Anteil ihrer Umsätze im Ausland erwirtschaften (FS), besonders hoch.[941] Die Ergebnisse stehen damit weitgehend im Einklang mit den bestehenden Studien zur freiwilligen IFRS-Anwendung,[942] allerdings ist anzumerken, dass die Variable DTM zwar das erwartete Vorzeichen aufweist, jedoch keinen signifikanten Erklärungsbeitrag leistet. Eine mögliche Erklärung hierfür könnten die in das Modell aufgenommenen Industriedummies (IND) sein, da die Kapitalstruktur eines Unternehmens u.a. von dessen Industriezugehörigkeit abhängen kann.[943] Mit Ausnahme dieser Auffälligkeit entsprechen die Ergebnisse den an das Modell gestellten Erwartungen. Anhand der Ergebnisse können daher nun in einem zweiten Schritt die Wahrscheinlichkeiten für die Unternehmen in Frankreich und UK ermittelt werden, dass sie vorzeitig – sofern die Möglichkeit bestanden hätte – nach IFRS bilanziert hätten. Auf dieser Grundlage kann dann zwischen den potentiell freiwilligen und verpflichteten IFRS-Anwendern unterschieden werden.

---

938 Vgl. dazu Backhaus et al. (2011), S. 276.

939 So erhalten z.B. Christensen/Lee/Walker (2007) Pseudo-R^2-Werte, die zwischen 11,43 % und 24,25 % liegen. Vgl. Christensen/Lee/Walker (2007), S. 362.

940 Zur maximalen Zufallswahrscheinlichkeit vgl. Backhaus et al. (2011), S. 273.

941 Vgl. zu einer vergleichbaren Argumentation Christensen/Lee/Walker (2007), S. 361.

942 Vgl. zu einer Diskussion Kapitel 5.3.2.1

943 Vgl. ähnlich Christensen/Lee/Walker (2007), S. 361-362. Eine nicht tabellierte Schätzung des Modells unter Ausschluss der Industriedummies (IND) würde zwar das Signifikanzniveau der Variable DTM verbessern, gleichzeitig würde dies jedoch die Anpassungsgüte des Modells beeinträchtigen. Von einem Ausschluss der Industriedummies (IND) wird vor diesem Hintergrund ebenso abgesehen wie von einem Ausschluss der Fremdkapitalquote.

Tabelle 21: Deskriptive Merkmale für die gebildeten Gruppen in Frankreich[944]

Variable	N	AM	Median	Stab	25%	75%
Potentielle verpflichtete IFRS-Anwender (EARLY = 0)						
Probability	182	0,3023	0,2936	0,1165	0,2112	0,4101
FS	182	0,3280	0,3010	0,2446	0,1123	0,5028
DTM	182	0,2608	0,2254	0,2067	0,0867	0,3671
LMV	182	10,5325	10,5280	1,3102	9,5598	11,4174
Potentielle freiwillige IFRS-Anwender (EARLY = 1)						
Probability	204	0,7479 ***	0,7648 ***	0,1235	0,6583	0,8397
FS	204	0,4823 ***	0,5268 ***	0,2652	0,2405	0,6952
DTM	204	0,1689 ***	0,1292 ***	0,1610	0,0282	0,2780
LMV	204	12,5791 ***	12,5279 ***	2,1545	10,7860	13,9058

Für Frankreich ergeben sich die in Tabelle 21 dargestellten deskriptiven Merkmale der auf diese Weise unterteilten Unternehmensgruppen. Die Tabelle umfasst die deskriptiven Merkmale der zur Ermittlung der Wahrscheinlichkeiten verwendeten Variablen FS, DTM und LMV sowie die daraus resultierenden Wahrscheinlichkeiten zur freiwilligen IFRS-Anwendung (Probability).[945] Aus den deskriptiven Merkmalen geht hervor, dass die potentiell freiwilligen und verpflichteten IFRS-Anwender in Frankreich ähnliche Charakteristika aufweisen wie die Unternehmen in Deutschland. In Bezug auf die erklärenden Variablen sind die Eigenschaften sogar noch deutlicher ausgeprägt und sie weisen zwischen den potentiell freiwilligen und verpflichteten IFRS-Anwendern stets signifikante Unterschiede auf. Des Weiteren fällt auf, dass der Anteil der potentiell freiwilligen IFRS-Anwender größer ist als der Anteil der potentiell verpflichteten IFRS-Anwender. Dies kann ein Anzeichen dafür sein, dass ein Großteil der französischen Unternehmen tatsächlich dazu bereit gewesen wäre, vorzeitig nach IFRS zu bilanzieren. Da sich die ermittelten Wahrscheinlichkeiten und die übrigen Variablen in ihrem arithmetischen Mittel und Median kaum unterscheiden, kann von einer unverzerrten Datenlage ausgegangen werden. Dieser Eindruck wird auch durch die zusammengefassten deskriptiven Merkmale aller in Frankreich untersuchten Unternehmen bestätigt (Anlage 18).

944 Die in dieser Tabelle sowie in Tabelle 22 dargestellten Anzahlen der Beobachtungen (N) stellen die Anzahlen der Unternehmen dar. Wie bereits zuvor werden das arithmetische Mittel sowie der Median auf signifikante Unterschiede zwischen den Gruppen überprüft. Vgl. dazu bereits Kapitel 5.4.1.

945 Auf eine zusätzliche Angabe der Industriedummies wird hier und auch für UK aus Gründen der Übersicht verzichtet. Die Beobachtungen verteilen sich ähnlich auf die jeweiligen Industriezweige wie in Deutschland (Kapitel 5.4.2).

Tabelle 22: Deskriptive Merkmale für die gebildeten Gruppen in UK

Variable	N	AM	Median	Stab	25%	75%
Potentielle verpflichtete IFRS-Anwender (EARLY = 0)						
Probability	473	0,2818	0,2735	0,1176	0,1864	0,3840
FS	473	0,1811	0,0623	0,2465	0,0000	0,2929
DTM	473	0,1520	0,0991	0,1638	0,0124	0,2468
LMV	473	10,0191	9,9514	1,6031	8,7977	11,1342
Potentielle freiwillige IFRS-Anwender (EARLY = 1)						
Probability	409	0,7144 ***	0,7022 ***	0,1266	0,6063	0,8165
FS	409	0,4372 ***	0,4434 ***	0,3068	0,1713	0,6789
DTM	409	0,1272 **	0,0895	0,1336	0,0082	0,2043
LMV	409	11,8911 ***	11,8946 ***	2,2071	10,1955	13,4615

Die in Tabelle 22 dargestellten deskriptiven Merkmale der gebildeten Gruppen in UK zeichnen ein ähnliches Bild wie die der französischen Unternehmen. Allerdings fällt auf, dass der Anteil der potentiell verpflichteten IFRS-Anwender zunächst größer ist als der Anteil der potentiell freiwilligen IFRS-Anwender. Möglicherweise ist also die Bereitschaft zur freiwilligen IFRS-Anwendung in UK z.B. aufgrund der den IFRS bereits ähnlichen UK GAAP geringer als in den kontinentaleuropäischen Ländern. Die Unternehmen der jeweiligen Gruppen weisen ansonsten ebenfalls mit den deutschen Unternehmen vergleichbare Eigenschaften auf und lassen aufgrund der überwiegenden Ähnlichkeiten von arithmetischem Mittel und Median ebenfalls auf eine weitgehend unverzerrte Datenlage schließen. Einzig die Fremdkapitalquote weist ein vergleichsweise niedrigeres durchschnittliches Niveau als in Deutschland und Frankreich auf. Dies ist möglicherweise mit einer stärkeren Inanspruchnahme des Kapitalmarkts in UK zu erklären. Der allgemeine positive Eindruck der Datenlage wird erneut anhand der zusammengefassten deskriptiven Merkmale aller in UK untersuchten Unternehmen unterstrichen (Anlage 19).[946]

Aus den deskriptiven Merkmalen für Frankreich und UK kann damit geschlossen werden, dass die Unterteilung in die Gruppen der potentiell freiwilligen und verpflichteten IFRS-Anwender auf Basis der deutschen Unternehmen in beiden Ländern plausibel erscheint. Dabei fallen die deskriptiven Statistiken in beiden Ländern theoriekonform aus und weisen jeweils ähnliche Eigenschaften auf. Die gebildeten Gruppen stellen folglich eine geeignete Ausgangssituation für die weitere Untersuchung dar, in der die konkreten Veränderungen der Eigenschaften von Ergebnisgrößen analysiert werden. Hierfür werden die differenzierten Gruppen wie zuvor in die Unterstichproben rechnungslegungs- und marktbasierter Eigenschaften unterteilt. Aufgrund der zusätzlichen Datenanfor-

946 Zu einer ähnlichen Erkenntnis vgl. Christensen/Lee/Walker (2007), S. 361.

derung verringern sich die Stichproben dabei im Vergleich zu den Stichproben der deskriptiven Merkmale moderat.[947]

Tabelle 23: Unternehmensverteilung für die gebildeten Gruppen in Frankreich

	Rechnungslegungsbasierte Eigenschaften			**Marktbasierte Eigenschaften**		
	EARLY = 0	**EARLY = 1**	**Gesamt**	**EARLY = 0**	**EARLY = 1**	**Gesamt**
PRE	557	779	1.336	631	832	1.463
POST	546	800	1.346	598	831	1.429
Gesamt	1.103	1.579	2.682	1.229	1.663	2.892

Für Frankreich ergibt sich vor diesem Hintergrund die in Tabelle 23 dargestellte Verteilung der Unternehmensjahre.[948] Die jeweiligen Gesamtstichproben machen ca. 75 % der originären Datenbasis aus.[949] Dies ist mit den zusätzlich verwendeten Variablen FS, DTM, LMV und IND zu erklären, welche die Datenlage weiter einschränken. Die Verteilung der Beobachtungen auf die beiden Zeiträume PRE und POST ist weitgehend vergleichbar und steht im Einklang mit der Verteilung der originären Datenbasis.

Tabelle 24: Unternehmensverteilung für die gebildeten Gruppen in UK

	Rechnungslegungsbasierte Eigenschaften			**Marktbasierte Eigenschaften**		
	EARLY = 0	**EARLY = 1**	**Gesamt**	**EARLY = 0**	**EARLY = 1**	**Gesamt**
PRE	682	1.065	1.747	808	1.186	1.994
POST	638	960	1.598	714	1.061	1.775
Gesamt	1.320	2.025	3.345	1.522	2.247	3.769

Die Verteilung der Unternehmensjahre in UK wird in Tabelle 24 präsentiert.[950] Sie weist ähnliche Eigenschaften auf wie die vorausgehende Verteilung der französischen Unternehmen. Aufgrund der zusätzlichen Datenanforderung ist der Anteil der potentiell freiwilligen IFRS-Anwender nun größer als der An-

947 Getrennte, nicht tabellierte deskriptive Analysen für die Stichproben der rechnungslegungs- und marktbasierten Eigenschaften ergeben mit den ursprünglichen deskriptiven Merkmalen vergleichbare Werte.

948 Eine auf die in die Untersuchung einbezogenen Perioden herunter gebrochene Verteilung kann zusätzlich dem Anhang entnommen werden (Anlage 20).

949 Vgl. zur originären Datenbasis in Frankreich und UK Kapitel 5.2.

950 Ergänzend kann dem Anhang eine auf die in die Untersuchung einbezogenen Perioden herunter gebrochene Verteilung entnommen werden (Anlage 20).

teil der potentiell verpflichteten IFRS-Anwender. Die jeweiligen Gesamtstichproben machen ca. 78 % der ursprünglichen Datenbasis aus und die Verteilung der Beobachtungen auf die Zeiträume PRE und POST ist im Wesentlichen vergleichbar.

5.5.2.2 Ergebnisse für Frankreich

Die im vorausgehenden Abschnitt ermittelten Stichproben stellen die Grundlage für die Untersuchung der Eigenschaften von Ergebnisgrößen dar. Letztere werden wie zuvor für die Zeiträume vor und nach der verpflichtenden IFRS-Einführung geschätzt, wobei die Schätzungen jeweils getrennt für die potentiell freiwilligen und verpflichteten IFRS-Anwender durchgeführt werden. Daran anschließend werden die Ergebnisse der beiden Gruppen gegenübergestellt. In Tabelle 25 werden zunächst die Ergebnisse für die als potentiell verpflichtete IFRS-Anwender identifizierten Unternehmen in Frankreich abgebildet.[951]

Tabelle 25: Ergebnisse für potentiell verpflichtete IFRS-Anwender in Frankreich

Modell	Eigenschaft	Maßgröße	erwartete Veränderung	PRE	POST
(1)	Persistenz	β_1	↑	0,5362	0,5318
(1)	Vorhersagbarkeit	$\sqrt{\sigma^2(\varepsilon_t)}$	↓	0,0625	0,0674 *
(2)	Qualität der Periodenabgrenzungen	$\sigma(\varepsilon_t)$	↓	0,0535	0,0585 *
(3)	Ergebnisglättung I	$m\left\lvert\frac{\sigma(NIBE_t)}{\sigma(CFO_t)}\right\rvert$	↓	0,4645	0,5286 ***
(4)	Ergebnisglättung II	$\rho(\Delta PA_t; \Delta CFO_t)$	↓	-0,8190	-0,8007 ***
(5)	Wertrelevanz	adj. R^2	↑	0,3733	0,3574 ***
(6)	Bedingte Vorsicht	β_3	↑	0,4491	0,3941
(6)	Zeitnähe	adj. R^2	↑	0,2483	0,0810 ***

Während sich bei der Überprüfung von Hypothese 1 die Eigenschaften unterschiedlich verbessert oder verschlechtert haben und sich noch kein klares Bild

951 Die ausführlichen Ergebnisse der geschätzten Modelle sowie die Ergebnisse der Untersuchungen auf signifikante Unterschiede zwischen den betrachteten Zeiträumen können zusätzlich dem Anhang entnommen werden (Anlage 21 und Anlage 22).

aus deren Veränderungen herauskristallisierte, wird dieses Bild nun bei alleiniger Betrachtung der potentiell verpflichteten IFRS-Anwender bereits schärfer. So fällt auf, dass sich von den rechnungslegungsbasierten Eigenschaften die Eigenschaften Vorhersagbarkeit, Qualität der Periodenabgrenzungen sowie beide Varianten der Ergebnisglättung signifikant verschlechtern. Bei den marktbasierten Eigenschaften verschlechtern sich darüber hinaus die Eigenschaften Wertrelevanz und Zeitnähe signifikant. Die Eigenschaften Persistenz und die Eigenschaft der bedingten Vorsicht deuten ebenfalls sich verschlechternde Tendenzen an, allerdings sind hier keine signifikanten Veränderungen festzustellen. Im Gesamtbild deuten die Ergebnisse darauf hin, dass die potentiell verpflichteten IFRS-Anwender nach der Umstellung vergleichsweise schlechtere Eigenschaften aufweisen. Da sich dieses Bild bereits von dem weniger eindeutigen Bild zu Hypothese 1 absetzt, kann schon an dieser Stelle der Vermutung nicht widersprochen werden, dass die potentiell verpflichteten IFRS-Anwender keine oder zumindest vergleichsweise schwache Anreize zu einer hochwertigen Berichterstattung nach IFRS haben.

Tabelle 26: Ergebnisse für potentiell freiwillige IFRS-Anwender in Frankreich

Modell	Eigenschaft	Maßgröße	erwartete Veränderung	PRE	POST
(1)	Persistenz	β_1	↑	0,6253	0,5206
(1)	Vorhersagbarkeit	$\sqrt{\sigma^2(\varepsilon_t)}$	↓	0,0771	0,0650 ***
(2)	Qualität der Periodenabgrenzungen	$\sigma(\varepsilon_t)$	↓	0,0583	0,0505 ***
(3)	Ergebnisglättung I	$m\left\lvert\frac{\sigma(NIBE_t)}{\sigma(CFO_t)}\right\rvert$	↓	0,5911	0,5711
(4)	Ergebnisglättung II	$\rho(\Delta PA_t; \Delta CFO_t)$	↓	-0,7280	-0,7703 ***
(5)	Wertrelevanz	adj. R^2	↑	0,3996	0,4660 ***
(6)	Bedingte Vorsicht	β_3	↑	0,1773	0,2519
(6)	Zeitnähe	adj. R^2	↑	0,1110	0,1139 ***

Angesichts dieser Erkenntnisse stellt sich nun die Frage, wie sich die Eigenschaften bei den potentiell freiwilligen IFRS-Anwendern verändert haben. Die aus den Schätzungen resultierenden Ergebnisse werden in Tabelle 26 dargestellt und im Anhang um die ausführlichen Schätzergebnisse sowie die Untersuchungen auf signifikante Unterschiede ergänzt (Anlage 23 und Anlage 24).

Gegenüber den Veränderungen bei den potentiell verpflichteten IFRS-Anwendern deuten sämtliche Eigenschaften, die generell eine signifikante Veränderung aufweisen, auf eine verbesserte Ergebnisqualität hin. Im Einzelnen zählen hierzu die Eigenschaften Vorhersagbarkeit, Qualität der Periodenabgrenzungen, die auf der Spearman-Korrelation basierende Ergebnisglättung sowie die Eigenschaften Wertrelevanz und Zeitnähe. Eingerahmt wird dieses positive Bild von einer sich, wenn auch nicht signifikant, verbessernden bedingten Vorsicht und auf der Volatilität basierenden Ergebnisglättung. Lediglich die Eigenschaft Persistenz deutet an, dass die IFRS-Anwendung weniger persistente Ergebnisgrößen impliziert. Allerdings ist hier ebenfalls keine signifikante Veränderung zu beobachten und diese Entwicklung war bereits sowohl bei Hypothese 1 als auch bei den potentiell verpflichteten IFRS-Anwendern im Rahmen von Hypothese 2 auszumachen.

Während sich bei einer Gesamtbetrachtung die Eigenschaften der potentiell verpflichteten IFRS-Anwender im Zeitablauf also eher verschlechtern, scheinen sie sich bei den potentiell freiwilligen IFRS-Anwendern tendenziell zu verbessern. Die Vermutung, dass sich die Eigenschaften für die Gruppe der potentiell freiwilligen IFRS-Anwender stärker verbessern bzw. im vorliegenden Fall verbessern und für die andere Gruppe sogar verschlechtern, wird damit untermauert. Für eine abschließende Beurteilung ist jedoch zu klären, ob die Unterschiede zwischen den Gruppen jeweils signifikant sind. Eine zusammenfassende Gegenüberstellung der Veränderungen der gebildeten Gruppen einschließlich einer Untersuchung auf signifikante Unterschiede findet sich in Tabelle 27.

Gezeigt werden die ermittelten Veränderungen zwischen den Zeiträumen für die potentiell verpflichteten (ΔEARLY = 0) und freiwilligen (ΔEARLY = 1) IFRS-Anwender. Die in der Tabelle fett markierten Veränderungen kennzeichnen, dass bei der vorausgehenden separaten Untersuchung jeweils signifikante Veränderungen festgestellt wurden. Die Gegenüberstellung verdeutlicht die gegensätzlichen Veränderungen der Eigenschaften für die beiden Unternehmensgruppen. Während sich die Eigenschaften der potentiell freiwilligen IFRS-Anwender in den meisten Fällen signifikant verbessern, weisen die potentiell verpflichteten IFRS-Anwender meist nicht einmal sich schwächer verbessernde Eigenschaften, sondern sogar sich signifikant verschlechternde Eigenschaften auf. Eine Erklärung hierfür könnte sein, dass die Unternehmen Schwierigkeiten im Umgang mit den IFRS haben und ihnen die Anreize zu einer hochwertigen Berichterstattung trotz IFRS-Anwendung fehlen oder diese zumindest vergleichsweise schwach ausgeprägt sind. Die jeweiligen Unterschiede zwischen den beiden Gruppen fallen dabei stets signifikant aus.

Tabelle 27: Gegenüberstellung der Veränderungen der Gruppen in Frankreich[952]

Modell	**Eigenschaft**	**Maßgröße**	**erwartete Veränderung**	**Δ EARLY = 0**	**Δ EARLY = 1**
(1)	Persistenz	β_1	↑	-0,0044	-0,1047 ***
(1)	Vorhersagbarkeit	$\sqrt{\sigma^2(\varepsilon_t)}$	↓	**0,0049**	**-0,0121** ***
(2)	Qualität der Periodenabgrenzungen	$\sigma(\varepsilon_t)$	↓	**0,0050**	**-0,0078** ***
(3)	Ergebnisglättung I	$m\left\lvert\frac{\sigma(NIBE_t)}{\sigma(CFO_t)}\right\rvert$	↓	**0,0641**	-0,0200 ***
(4)	Ergebnisglättung II	$\rho(\Delta PA_t; \Delta CFO_t)$	↓	**0,0183**	**-0,0423** ***
(5)	Wertrelevanz	adj. R^2	↑	**-0,0159**	**0,0664** ***
(6)	Bedingte Vorsicht	β_3	↑	-0,0550	0,0746 ***
(6)	Zeitnähe	adj. R^2	↑	**-0,1673**	**0,0029** ***

In Bezug auf eine Überprüfung von Hypothese 2 kann damit festgehalten werden, dass sich die Eigenschaften der potentiell freiwilligen IFRS-Anwender für den Zeitraum der IFRS-Anwendung insgesamt verbessert haben. Die potentiell verpflichteten IFRS-Anwender weisen demgegenüber im Gesamtbild sich verschlechternde Eigenschaften von Ergebnisgrößen auf. Die Anreize zu einer hochwertigen Berichterstattung scheinen sich – bei sonst vollkommen identischen institutionellen Rahmenbedingungen – damit zwischen den beiden Gruppen deutlich voneinander zu unterscheiden, was die abschließende Gegenüberstellung der Veränderungen deutlich macht. Die Ergebnisse können daher als ein erster Indikator dafür gesehen werden, dass die IFRS-Anwendung zwar durchaus einen inkrementellen Einfluss auf die Rechnungslegungspraxis hat, jedoch nicht sämtliche Unternehmen davon in gleichem Maße einen Nutzen haben. So können vor allem firmenspezifische Eigenschaften zumindest einen Teil der festgestellten Effekte erklären. Dabei scheinen die Charakteristika der deutschen freiwilligen und verpflichteten IFRS-Anwender grundsätzlich dafür geeignet zu sein, Unternehmensgruppen mit ähnlichen Charakteristika in Frankreich zu separieren und die Auswirkungen der IFRS-Anwendung zu analysieren. Die diesbezüglich festgestellten Ergebnisse zeichnen ein klares Bild und lassen die

952 Die Untersuchung auf signifikante Unterschiede erfolgt in dieser Tabelle sowie in Tabelle 30 auf Basis des bereits verwendeten Bootstrap-Verfahrens.

Schlussfolgerung zu, dass Hypothese 2 für das französische Untersuchungsszenario nicht abgelehnt werden kann.

5.5.2.3 Ergebnisse für UK

Aufbauend auf den Erkenntnissen zur Überprüfung von Hypothese 1 sowie den vorausgehenden Ergebnissen für Frankreich ist zu überprüfen, ob sich die Eigenschaften von Ergebnisgrößen auch für die Unternehmen in UK unterschiedlich verändern. Hierfür werden in Tabelle 28 zunächst die Ergebnisse der Schätzungen für die potentiell verpflichteten IFRS-Anwender abgebildet.[953]

Tabelle 28: Ergebnisse für potentiell verpflichtete IFRS-Anwender in UK

Modell	Eigenschaft	Maßgröße	erwartete Veränderung	PRE	POST
(1)	Persistenz	β_1	↑	0,6105	0,5453
(1)	Vorhersagbarkeit	$\sqrt{\sigma^2(\varepsilon_t)}$	↓	0,0900	0,0907
(2)	Qualität der Periodenabgrenzungen	$\sigma(\varepsilon_t)$	↓	0,0572	0,0634 **
(3)	Ergebnisglättung I	$m\left\|\frac{\sigma(NIBE_t)}{\sigma(CFO_t)}\right\|$	↓	0,5944	0,7428
(4)	Ergebnisglättung II	$\rho(\Delta PA_t; \Delta CFO_t)$	↓	-0,6582	-0,6740 ***
(5)	Wertrelevanz	adj. R^2	↑	0,3273	0,3841 ***
(6)	Bedingte Vorsicht	β_3	↑	0,3465	0,2712
(6)	Zeitnähe	adj. R^2	↑	0,1607	0,1221 ***

Die Ergebnisse zeichnen zunächst ein gemischtes Bild: Während sich die beiden Eigenschaften Qualität der Periodenabgrenzungen und Zeitnähe signifikant verschlechtern, verbessern sich die Eigenschaft Wertrelevanz und die auf der Spearman-Korrelation basierende Eigenschaft Ergebnisglättung signifikant. Bezüglich der übrigen Eigenschaften können zwar sich verschlechternde Tendenzen beobachtet werden, jedoch sind diese nicht signifikant. Damit kann zunächst keine klare Aussage über die Veränderungen der Eigenschaften für diese

953 Eine Übersicht der ausführlichen Ergebnisse der geschätzten Modelle sowie eine Übersicht der Untersuchungen auf signifikante Unterschiede zwischen den betrachteten Zeiträumen finden sich im Anhang (Anlage 25 und Anlage 26).

Unternehmensgruppe getroffen werden, was zugleich impliziert, dass im Gesamtbild keine eindeutige Verbesserung festzustellen ist. Im Vergleich zu den Ergebnissen zu Hypothese 1 fällt darüber hinaus auf, dass dort zumindest noch signifikante Verbesserungen der Eigenschaften Persistenz und Vorhersagbarkeit festgestellt wurden, nun aber diesbezüglich keine signifikanten Veränderungen zu beobachten sind. Des Weiteren verbessert sich die auf der Spearman-Korrelation basierende Eigenschaft Ergebnisglättung im Vergleich zu den früheren Ergebnissen lediglich schwächer. Möglicherweise werden die ursprünglichen Ergebnisse zu Hypothese 1 also durch die als potentiell freiwillige IFRS-Anwender identifizierten Unternehmen getrieben. Deren Ergebnisse werden in Tabelle 29 dargestellt und im Anhang um die ausführlichen Ergebnissen sowie die Untersuchungen auf signifikante Unterschiede ergänzt (Anlage 27 und Anlage 28).

Tabelle 29: Ergebnisse für potentiell freiwillige IFRS-Anwender in UK

Modell	Eigenschaft	Maßgröße	erwartete Veränderung	PRE	POST
(1)	Persistenz	$ß_1$	↑	0,5962	0,6727
(1)	Vorhersagbarkeit	$\sqrt{\sigma^2(\varepsilon_t)}$	↓	0,1097	0,0800 ***
(2)	Qualität der Periodenabgrenzungen	$\sigma(\varepsilon_t)$	↓	0,0622	0,0593
(3)	Ergebnisglättung I	$m\left\|\frac{\sigma(NIBE_t)}{\sigma(CFO_t)}\right\|$	↓	0,7573	0,7349
(4)	Ergebnisglättung II	$\rho(\Delta PA_t; \Delta CFO_t)$	↓	-0,5492	-0,7150 ***
(5)	Wertrelevanz	adj. R^2	↑	0,3545	0,3952 ***
(6)	Bedingte Vorsicht	$ß_3$	↑	0,3254	0,2231
(6)	Zeitnähe	adj. R^2	↑	0,1408	0,1452 ***

Gegenüber den Ergebnissen der potentiell verpflichteten IFRS-Anwender ist nunmehr zu erkennen, dass sich die Eigenschaften im Wesentlichen positiv verändern. Im Einzelnen verbessern sich die Eigenschaften Vorhersagbarkeit, die auf der Spearman-Korrelation basierende Ergebnisglättung, Wertrelevanz und Zeitnähe signifikant. Während die Eigenschaft der bedingten Vorsicht als einzige Eigenschaft eine zwar nicht signifikante Verschlechterung andeutet, runden die übrigen Eigenschaften Persistenz, Qualität der Periodenabgrenzungen und die auf der Volatilität basierende Eigenschaft Ergebnisglättung das positive Gesamtbild ab, auch wenn sie ebenfalls keine signifikanten Veränderungen aufweisen. Insgesamt ist somit festzuhalten, dass die Eigenschaften von Ergebnisgrößen für die Gruppe potentiell freiwilliger IFRS-Anwender eine sich verbessernde Tendenz aufweisen. Damit scheinen die dieser Gruppe zugehörigen Unternehmen bei einem sonst identischen institutionellen Umfeld ähnlich wie in Frankreich ebenfalls stärkere Anreize zu einer hochwertigen Berichterstattung bei der Anwendung der IFRS zu haben.

Tabelle 30: Gegenüberstellung der Veränderungen der Gruppen in UK

Modell	**Eigenschaft**	**Maßgröße**	**erwartete Veränderung**	**Δ EARLY = 0**	**Δ EARLY = 1**
(1)	Persistenz	β_1	↑	-0,0652	0,0765 ***
(1)	Vorhersagbarkeit	$\sqrt{\sigma^2(\varepsilon_t)}$	↓	0,0007	**-0,0297** ***
(2)	Qualität der Periodenabgrenzungen	$\sigma(\varepsilon_t)$	↓	**0,0062**	-0,0029 ***
(3)	Ergebnisglättung I	$m\left\lvert\frac{\sigma(NIBE_t)}{\sigma(CFO_t)}\right\rvert$	↓	0,1484	-0,0224 ***
(4)	Ergebnisglättung II	$\rho(\Delta PA_t; \Delta CFO_t)$	↓	**-0,0158**	**-0,1658** ***
(5)	Wertrelevanz	adj. R^2	↑	**0,0568**	**0,0407** ***
(6)	Bedingte Vorsicht	β_3	↑	-0,0753	-0,1023 ***
(6)	Zeitnähe	adj. R^2	↑	**-0,0386**	**0,0044** ***

Eine Gegenüberstellung der Veränderungen der beiden Unternehmensgruppen in Tabelle 30 fasst die beschriebenen Erkenntnisse abschließend zusammen. Gegenüber den potentiell verpflichteten IFRS-Anwendern weisen die potentiell freiwilligen IFRS-Anwender bei der auf der Spearman-Korrelation basierenden Eigenschaft Ergebnisglättung eine stärkere signifikante Verbesserung und bei den Eigenschaften Vorhersagbarkeit und Zeitnähe eine signifikante Verbesserung auf, während sich diese Eigenschaften bei den potentiell verpflichteten IFRS-Anwendern sogar verschlechtern. Gleichfalls verschlechtert sich die Qualität der Periodenabgrenzungen bei den potentiell verpflichteten IFRS-Anwendern signifikant, während bei den potentiell freiwilligen IFRS-Anwendern keine signifikante Veränderung festgestellt werden kann. Im Gegenzug verbessert sich die Eigenschaft Wertrelevanz für die potentiell verpflichteten IFRS-Anwender vergleichsweise stärker. Dieser Effekt trübt zwar in geringem Maße den Gesamteindruck der Untersuchung. Da ansonsten jedoch das positive Bild überwiegt, kann insgesamt festgehalten werden, dass auch für UK die Vermutung vergleichsweise besserer Veränderungen der Eigenschaften von Ergebnisgrößen für die potentiell freiwilligen IFRS-Anwender gestützt wird. Vor dem Hintergrund dieser Erkenntnisse ist außerdem festzuhalten, dass die Charakteristika der deutschen freiwilligen und verpflichteten IFRS-Anwender entgegen ursprünglich geäußerter Zweifel nicht nur auf die Unternehmen in Frankreich, sondern auch auf die Unternehmen in UK übertragbar zu sein scheinen. In Bezug auf eine Untersuchung in UK kann Hypothese 2 damit ebenfalls nicht abgelehnt werden.

Zusammenfassend scheint sich damit die Aussage zu bewahrheiten, dass „mandatory IFRS adoption does not benefit all firms in a uniform way but results in relative winners and losers."[954] Die Überprüfung von Hypothese 2 hat diesen Aspekt deutlich gemacht und gezeigt, dass die IFRS-Anwendung nicht allen Unternehmen gleichermaßen nutzt, sondern stattdessen bestimmten Unternehmen einen vergleichsweise größeren Nutzen stiftet.

5.6 Robustheit der Ergebnisse

Um die in Kapitel 5.5 dargestellten Ergebnisse auf ihre Allgemeingültigkeit zu überprüfen, werden im Rahmen einer Robustheitsanalyse die folgenden ausgewählten Modifikationen der Modelle (1) bis (6) für die Eigenschaften von Ergebnisgrößen vorgenommen:

1. *Modifizierte Ausreißerbereinigung:* Um möglichen verzerrenden Einflüssen weiter zu begegnen, werden die Daten einem „Winsorizing" mit 5 %- und 95 %-Perzentilen anstelle von 1 %- und 99 %-Perzentilen unterzogen.[955]

2. *Einheitliche Skalierung der Periodenergebnisse:* Die bei den marktbasierten Eigenschaften verwendeten Ergebnisgrößen werden mit dem Gesamt-

---

954 Christensen/Lee/Walker (2007), S. 341.

955 Vgl. z.B. Barth/Landsman/Lang (2008), S. 487. Eine weitere Alternative zum „Winsorizing" wäre, solche Beobachtungen aus der Datenbasis zu entfernen, welche die vorgegebenen Perzentile unter- bzw. überschreiten („Truncating"). Aus methodischer Sicht ist das „Winsorizing" einem „Truncating" allerdings meist vorzuziehen. Vgl. dazu Pronobis et al. (2010a), S. 95 m.w.N.

vermögen anstelle des Marktwerts des Eigenkapitals zu Beginn der Periode skaliert.

3. *Logarithmierte Renditen:* Anstelle zeitdiskreter Renditen werden bei den marktbasierten Eigenschaften zeitstetige Renditen in logarithmierter Form verwendet.[956]

4. *Entfernen der Beobachtungen für 2005:* Um vorübergehende Effekte aus der erstmaligen IFRS-Anwendung zu reduzieren, werden die Beobachtungen für das Jahr 2005 aus der Datenbasis entfernt.[957]

5. *Einheitliche Stichproben:* Anstatt getrennte Stichproben für die rechnungslegungs- und marktbasierten Eigenschaften zu verwenden, werden die Schätzungen auf Basis von einheitlichen Stichproben durchgeführt.

Im Vordergrund der Robustheitstests steht die Frage, inwiefern die zuvor gefundenen Zusammenhänge gestützt werden können. Hierfür sollen die Veränderungen der Ergebnisse infolge der Robustheitstests nicht einzeln analysiert werden, sondern es soll vielmehr ein Gesamtbild herausgefiltert werden, um einen Rückschluss auf die Robustheit der im Hauptteil festgestellten Ergebnisse zu ermöglichen. Die Ergebnisse der Robustheitstests werden hierfür im Anhang dargestellt (Anlage 29 bis Anlage 33). Aus Gründen der Übersichtlichkeit werden dort allein die verdichteten Ergebnisse der jeweiligen Eigenschaften für die Hypothesen 1 und 2 in vereinfachter Form präsentiert.

Aus den Ergebnissen der Robustheitstests kann zunächst allgemein abgeleitet werden, dass die ursprünglichen Ergebnisse weitgehend robust sind. Demnach sind nur vereinzelt abweichende Entwicklungen in den Eigenschaften zu beobachten, so dass trotz dieser Abweichungen mit den ursprünglichen Ergebnissen weitgehend konforme Interpretationen abgeleitet werden können. Allerdings ist festzustellen, dass dies nicht grundsätzlich für alle Eigenschaften gleichermaßen gilt. Während nämlich vor allem die Ergebnisse der rechnungslegungsbasierten Eigenschaften tendenziell einen robusten Eindruck vermitteln, ergibt sich für die marktbasierten Eigenschaften ein weniger eindeutiges Bild. Zwar lassen sich auch bei diesen Eigenschaften die ursprünglichen Ergebnisse als weitgehend robust bezeichnen, jedoch variieren die Ergebnisse in ihren Ausmaßen vergleichsweise stark und lassen auch nicht immer eine eindeutige Argumentation zu. Dies zeigt sich vor allem anhand der Robustheitstest 2 und 3, die spezielle Modifikationen der markbasierten Eigenschaften vornehmen.

956 Zu einer Unterscheidung der Renditeformen vgl. Campbell/Lo/MacKinlay (1997), S. 9-12; Auer/Rottmann (2011), S. 40-42.

957 Vgl. ähnlich Jeanjean/Stolowy (2008), S. 487.

Demnach wäre vor allem bei den Eigenschaften der bedingten Vorsicht und Zeitnähe teilweise abweichend zu argumentieren. Es ist somit davon auszugehen, dass die Ergebnisse zu den marktbasierten Eigenschaften weniger robust sind als zu den rechnungslegungsbasierten Eigenschaften. Diese Erkenntnis ist jedoch wenig verwunderlich, da – wie bereits in Kapitel 4.4 herausgestellt wurde – vor allem die marktbasierten Eigenschaften in ihrer Konzeption und aufgrund der Verwendung von Kapitalmarktdaten kritisch zu betrachten und die Ergebnisse daher eher vorsichtig zu interpretieren sind. Dass demgegenüber vor allem die rechnungslegungsbasierten Eigenschaften auf weitgehend robuste Ergebnisse hindeuten, spricht für die Tatsache, dass ihnen aus Adressatensicht mehr Bedeutung beigemessen wird.[958]

Bei einer weitergehenden Betrachtung ist außerdem zwischen den formulierten Hypothesen zu differenzieren. So scheinen die Ergebnisse zur Überprüfung von Hypothese 2 besonders robust zu sein und bekräftigen damit das Bild unterschiedlicher Veränderungen der Eigenschaften von Ergebnisgrößen innerhalb der differenzierten Unternehmensgruppen. In Bezug auf Hypothese 1 deuten die Robustheitstests im Allgemeinen ebenfalls auf weitgehend robuste Ergebnisse hin. Dies trifft insbesondere auf die Untersuchungen von Frankreich und UK zu, welche ursprünglich nicht durchweg eindeutige Ergebnisse signalisierten und nachfolgend die Vermutung stützten, dass sich die Unternehmen auch innerhalb eines Landes hinsichtlich ihrer Anreize zu einer hochwertigen IFRS-Rechnungslegung unterscheiden können. In Deutschland wurden demgegenüber im Ursprung sich tendenziell verbessernde Eigenschaften beobachtet. Dieses Bild ist im Rahmen der Robustheitstests teilweise zu revidieren, denn vor allem bei den marktbasierten Eigenschaften sind nicht immer eindeutige Veränderungen zu erkennen. Während dies einerseits mit den möglichen konzeptionellen Schwächen der marktbasierten Eigenschaften zu begründen ist, könnte andererseits eine Erklärung für diese Feststellung darin liegen, dass die IFRS auch in Deutschland keine eindeutigen Auswirkungen auf die Rechnungslegungspraxis haben. Da es sich bei der in Deutschland zugrunde gelegten Stichprobe allein um die verpflichteten IFRS-Anwender handelt, würde diese Feststellung die ursprünglichen Überlegungen stützen, dass vor allem die Unternehmensanreize einen maßgeblichen Einfluss auf die Rechnungslegungspraxis haben. Dies würde auch im Einklang mit den überwiegenden Erkenntnissen bisheriger Untersuchungen stehen und das Gesamtbild der hier durchgeführten Untersuchung damit abrunden.[959]

---

958 Vgl. Schipper (2005), S. 109 sowie Kapitel 4.3.

959 Zu empirischen Erkenntnissen der verpflichtenden IFRS-Anwendung vgl. Kapitel 4.5.2.

Zusätzlich zu den Robustheitstests 1 bis 5 werden außerdem Modifikationen vorgenommen, die speziell die Robustheit des im Rahmen von Hypothese 2 geschätzten Logit-Modells überprüfen sollen. Für diese Zwecke werden die folgenden Robustheitstests durchgeführt:

6. *Schätzung auf Grundlage eines Probit-Modells:* Die ursprüngliche binäre logistische Regression zur Differenzierung der Unternehmen wird alternativ als binäre Probit-Regression geschätzt.[960]

7. *Veränderter Durchschnitt der unabhängigen Variablen:* Anstelle der für die unabhängigen Variablen verwendeten firmenspezifischen Fünfjahres-Durchschnitte werden firmenspezifische Dreijahres-Durchschnitte für den Zeitraum 2002 bis 2004 verwendet.

8. *Verwendung des gesamten Fremdkapitals:* Anstelle des langfristigen Fremdkapitals wird zur Ermittlung der Variable DTM das gesamte Fremdkapital verwendet.

9. *Verwendung des Gesamtvermögens:* Anstelle der Marktkapitalisierung wird zur Ermittlung der Variablen DTM und LMV jeweils das Gesamtvermögen verwendet.

Die Ergebnisse der Robustheitstest können erneut dem Anhang entnommen werden (Anlage 34 bis Anlage 37). Zusätzlich zu den verdichteten Ergebnissen der jeweiligen Eigenschaften von Ergebnisgrößen werden dort die Schätzergebnisse der Probit-Regression (Robustheitstest 6) bzw. Logit-Regressionen (Robustheitstest 7 bis 9) präsentiert. Die Robustheitstests deuten erneut auf weitgehend robuste Ergebnisse hin. Sämtliche Modifikationen führen zu vergleichbaren Ergebnissen und lassen auch im Hinblick auf die anschließenden Schätzungen der Eigenschaften von Ergebnisgrößen kaum erwähnenswerte Abweichungen erkennen. Hervorzuheben ist dabei, dass die Schätzungen zur Differenzierung der Unternehmen stets eine hinreichende Anpassungsgüte des Modells aufweisen. Einzig bei der alternativen Verwendung des Gesamtvermögens (Robustheitstest 9) fällt auf, dass die Variable FS keinen signifikanten Erklärungsbeitrag leistet und das McFadden R^2 einen tendenziell niedrigeren Wert aufweist.[961] Die darauf aufbauende Differenzierung der Unternehmen in potentiell freiwillige und verpflichtete IFRS-Anwender scheint dennoch hinreichend sachgerecht zu sein, denn die anschließenden Schätzungen der Eigenschaften von

960 Zur Verwendung von Probit-Regressionen vgl. Kohler/Kreuter (2008), S. 297-300; Cameron/Trivedi (2009), S. 470-471; Gujarati/Porter (2009), S. 566-573.

961 Vgl. Anlage 37.

Ergebnisgrößen können die ursprünglichen Ergebnisse sowohl in Frankreich als auch in UK weitgehend bestätigen.

Zusammenfassend deuten die durchgeführten Robustheitstests trotz kleinerer Einschränkungen auf im Wesentlichen robuste Ergebnisse hin. Allerdings sollten die Ergebnisse dennoch zurückhaltend interpretiert werden, da hier lediglich ausgewählte Robustheitstests überprüft wurden und aufgrund der Vielzahl an durchzuführenden Schätzungen nur ein Gesamtbild aus den Robustheitstests abgeleitet werden konnte.

5.7 Einschränkungen der empirischen Untersuchung

Die Ergebnisse der empirischen Untersuchung gehen mit einigen Einschränkungen einher. Der vorliegende Abschnitt soll diese potentiellen Interpretationsgrenzen der Untersuchung aufzeigen. Da die Vielzahl an gewählten Modellen und Methodiken naturgemäß umfangreiche Kritik zulässt und Untersuchungen zu den Eigenschaften von Ergebnisgrößen aufgrund ihrer vergleichsweise hohen Anzahl im Schrifttum generell einem hohen Maß an Kritik ausgesetzt sind, sollen im Folgenden nur ausgewählte, als am wesentlichsten erachtete Einschränkungen diskutiert werden, die speziell mit der hier durchgeführten Untersuchung im Zusammenhang stehen. Diese betreffen sowohl Einschränkungen aus ökonometrischer Sicht als auch aus inhaltlicher Sicht.

5.7.1 Ökonometrische Einschränkungen

Um eine Aussage über den inkrementellen Effekt der IFRS zu ermöglichen, werden mit Ausnahme der auf den Volatilitätsmaßen basierenden Ergebnisglättung sämtliche Modelle auf zusammengefasster Stichprobenebene geschätzt. Bei ausreichend langen Zeitreihen bzw. umfangreichen Stichproben könnten alternativ unternehmens- bzw. industriespezifische Schätzungen durchgeführt werden. Da die Datenstruktur dies jedoch nicht ermöglicht, sollten die Ergebnisse der empirischen Untersuchung mit entsprechender Vorsicht interpretiert werden.[962] Jedoch dürfte sich dieses Problem künftig automatisch lösen, sobald ausreichende Zeitreihen bzw. Stichproben verfügbar sind. Dann ließen sich auch erweiterte Untersuchungsmodelle spezifizieren, die z.B. im Rahmen von weitergehenden

962 Vgl. dazu bereits Kapitel 5.3.1.

multivariaten Analysen länder- und firmenspezifische Einflussfaktoren in die Untersuchung einbeziehen.

Bei der Anwendung von OLS-Modellen ist ferner eine Reihe spezieller Annahmen zu beachten. Zu den Annahmen zählen 1) Linearität der Parameter, 2) Erwartungswert der Residuen ist gleich null, 3) Unkorreliertheit der Residuen und erklärenden Variablen, 4) keine Heteroskedastizität, 5) keine Autokorrelation sowie 6) keine perfekte Multikollinearität. Eine weitere, für die Durchführung statistischer Tests notwendige Annahme ist außerdem die Annahme normalverteilter Residuen.[963] Da in der vorausgehenden empirischen Untersuchung eine hohe Anzahl an Modellen für verschiedene Stichproben und Szenarien geschätzt wurde, fällt es schwer, die Modelle hinsichtlich dieser zu erfüllenden Annahmen einzeln zu überprüfen. Da es sich bei den verwendeten Modellen außerdem um in der empirischen Forschung bereits etablierte Modelle handelt, wird an dieser Stelle von einer allumfassenden Überprüfung der Modellannahmen abgesehen. Hierdurch wird zwar keineswegs ausgeschlossen, dass einzelne Annahmen bei Anwendung der Modelle nicht erfüllt sind, jedoch scheint es zweckmäßiger zu überlegen, inwiefern mögliche Verletzungen der Annahmen überhaupt potentielle Probleme mit sich bringen und welche Maßnahmen dagegen ergriffen werden können.

Dabei haben die drei ersten Annahmen für Zwecke der hier durchgeführten Untersuchung eine eher untergeordnete Bedeutung. Da nämlich die in der Untersuchung verwendeten Modelle aus der einschlägigen Literatur übernommen werden, kann von einer Diskussion der Annahme der Linearität der Parameter sowie der Annahme, dass die Residuen und die erklärenden Variablen unkorreliert sind und damit keine falsche Auswahl der erklärenden Variablen vorliegt, Abstand genommen werden.[964] Da des Weiteren eine Verletzung der Annahme, dass der Erwartungswert der Residuen gleich null ist, im Regelfall lediglich mit einer Verzerrung der geschätzten Regressionskonstanten verbunden ist, diese aber für die Interpretation der Modelle von nachrangiger Bedeutung sind, wird auch diese Annahme nicht weiter berücksichtigt.[965] Fraglich ist jedoch, inwiefern die übrigen Annahmen zu möglichen ökonometrischen Einschränkungen führen könnten. So liegen Paneldaten sowohl Querschnitts- als auch Zeitreihendaten zugrunde. Bei deren Verwendung ist damit zu rechnen, dass Heteroskedastizität und Autokorrelation zu Problemen führen können. Wie bereits in Ka-

963 Zu einem Überblick der Annahmen des linearen Regressionsmodells und der Überprüfung einer Verletzung der Annahmen vgl. stellvertretend Rottmann/Auer (2010); Backhaus et al. (2011), S. 85-97.

964 Vgl. stattdessen zu diesen Annahmen Backhaus et al. (2011), S. 86-90.

965 Vgl. ähnlich Nölte (2008), S. 167.

pitel 5.3.1 thematisiert wurde, kann diesen Problemen jedoch begegnet werden, indem sämtliche Regressionsmodelle mit robusten Standardfehlern gebündelt nach Unternehmen geschätzt werden und damit für heteroskedastische und autokorrelierte Störterme kontrolliert wird.[966] Das darüber hinaus zu beachtende Problem der perfekten Multikollinearität ist bereits im Rahmen der deskriptiven Analyse aufgegriffen worden. Dort zeigte sich, dass die erklärenden Variablen der einzelnen Regressionsmodelle insgesamt nicht hoch korreliert sind. Da außerdem die Regressionsmodelle rechnerisch durchführbar sind, kann das Vorliegen perfekter Multikollinearität ausgeschlossen werden. Liegt darüber hinaus eine ausreichend hohe Anzahl an Beobachtungen vor, ist aufgrund des zentralen Grenzwertsatzes davon auszugehen, dass die Signifikanztests unabhängig von der Verteilung der Störgrößen gültig sind. Für gewöhnlich wird davon ausgegangen, dass diese Bedingung bei mehr als 40 Beobachtungen erfüllt ist.[967] Da die Stichproben in der vorliegenden Untersuchung weitaus mehr Beobachtungen umfassen, stellt somit auch die Annahme normalverteilter Residuen kein Problem für die Untersuchung dar. Insgesamt sollten die OLS-Annahmen vor dem Hintergrund dieser Ausführungen die Untersuchung daher nicht einschränken.

Eine weitere Interpretationsgrenze ergibt sich aus der gewählten Methodik des Vorher-Nachher-Vergleichs. So könnten sich die in der Untersuchung als weitgehend konstant unterstellten institutionellen Rahmenbedingungen im Zeitablauf verändern. Festgestellte Veränderungen der Eigenschaften von Ergebnisgrößen wären dann aber nicht zwingend auf einen inkrementellen Effekt der IFRS zurückzuführen, sondern könnten auch mit Veränderungen des institutionellen Umfelds begründet werden.[968] Im vorliegenden Fall könnte dies z.B. auf das Enforcement zutreffen, welches in Deutschland erst im Zuge der IFRS-Einführung implementiert wurde.[969] Insofern erweist es sich als schwierig, ohne weitergehende Analysen zu möglichen Einflussfaktoren eine konkrete Aussage darüber zu treffen, welche Einflussfaktoren genau eine Veränderung in der Rechnungslegungspraxis hervorrufen.[970]

Eine grundsätzliche Möglichkeit, dieser Interpretationsgrenze zu begegnen, wäre die Ausgestaltung der Untersuchung als Differenz-von-Differenzen-An-

---

966 Vgl. bereits Kapitel 5.3.1.

967 Vgl. Backhaus et al. (2011), S. 96.

968 Vgl. zu diesem Aspekt Barth/Landsman/Lang (2008), S. 480; Pope/McLeay (2011), S. 245.

969 Speziell das Enforcement sollte jedoch mit zu dem Maßnahmekatalog „IFRS“ gezählt werden, da es eine regelkonforme Anwendung der IFRS sicherstellen soll. Damit sollte es jedoch naturgemäß eine Verbesserung der Rechnungslegungsqualität bewirken und ist i.w.S. dem Effekt der IFRS zuzusprechen. Vgl. dazu bereits Kapitel 5.1.

970 Vgl. dazu näher Schipper (2010), S. 326.

satz.[971] In diesem Fall würde der zusätzliche Vergleich mit einer Kontrollgruppe für solche Effekte kontrollieren. Wie allerdings bereits im Rahmen des Untersuchungsdesigns in Kapitel 5.3.1 angesprochen wurde, ist es äußerst schwierig, für die hier gewählte Untersuchungsstichprobe eine passende Kontrollgruppe festzulegen. Weicht nämlich z.B. das institutionelle Umfeld der Kontrollgruppe von dem institutionellen Umfeld der Teilnehmergruppe ab, treten neben den Effekt der IFRS-Anwendung wiederum andere Effekte hinzu, die ihrerseits zu inkonsistenten Rückschlüssen auf den IFRS-Effekt führen könnten. Insofern wäre auch ein Differenz-von-Differenzen-Ansatz mit gewissen Einschränkungen verbunden. Darüber hinaus dürften die genannten Schwächen des hier gewählten Untersuchungsdesigns – wenn überhaupt – eher auf die Überprüfung von Hypothese 1 als von Hypothese 2 zutreffen. So werden doch gerade bei Hypothese 2 zwei Gruppen gegenübergestellt, die vollkommen identischen länderspezifischen institutionellen Rahmenbedingungen ausgesetzt sind. Sollten also tatsächlich Veränderungen des institutionellen Umfelds die festgestellten Ergebnisse beeinflussen, dann würde dies gleichermaßen auf beide Gruppen zutreffen und diesen Aspekt daher zumindest in gewisser Weise entschärfen.

Ein weiteres, allgemein auf die Untersuchung der verpflichtenden IFRS-Anwedung zutreffendes Problem liegt in dem Phänomen des sogenannten „Ashenfelter Dip". Hierbei erlangen die Teilnehmer bereits im Vorfeld einer Maßnahme davon Kenntnis und passen aufgrund dessen schon vor der eigentlichen Maßnahme ihr Verhalten an.[972] In Bezug auf die IFRS-Einführung haben die Unternehmen bereits in 2002 durch Verabschiedung der IAS-Verordnung von der ab 2005 vorzunehmenden IFRS-Anwendung erfahren. Dies könnte dazu geführt haben, dass sich die Unternehmen in ihrem Bilanzierungsverhalten trotz Anwendung nationaler Rechnungslegungsregeln bereits vor 2005 an den IFRS orientiert haben, um die Differenzen zwischen den Abschlüssen zum Zeitpunkt der Umstellung auf die IFRS möglichst gering zu halten. Die Konsequenz wären verzerrte Rückschlüsse auf den Maßnahmeeffekt, allerdings lässt sich diesem Problem methodisch nicht begegnen.

Trotz der durchgeführten Robustheitstests kann eine weitere Einschränkung der empirischen Untersuchung außerdem in der Zusammensetzung der jeweils verwendeten Stichproben bestehen. Diese werden von den durchgeführten Bereinigungsschritten wesentlich beeinflusst, was dazu führen kann, dass die Stichproben weniger repräsentativ sind als unterstellt. In diesem Zusammenhang ist auch auf ein Problem hinzuweisen, welches für sämtliche auf „archival-

971 Vgl. Pope/McLeay (2011), S. 244-246.

972 Vgl. dazu Bauer/Fertig/Schmidt (2009), S. 160-161 sowie im Ursprung Ashenfelter (1978).

empirical techniques“[973] basierende Studien gleichermaßen gelten dürfte. Demnach sind archivarische Datenbanken wie die in dieser Arbeit verwendeten Datenbanken von Thomson Reuters naturgemäß nicht fehlerfrei, was trotz stichprobenartiger Plausibilitätskontrollen eine Verzerrung der Ergebnisse und der daraus gewonnenen Erkenntnisse bewirken könnte.[974] Darüber hinaus fällt auf, dass die auf dem Bootstrap-Verfahren basierenden Untersuchungen signifikanter Unterschiede zwischen den Zeiträumen in vielen Fällen auf signifikante Unterschiede hindeuten. Ein ähnliches Bild ergibt sich für die Gegenüberstellung der potentiell freiwilligen und verpflichteten IFRS-Anwender im Rahmen der Untersuchung von Hypothese 2. Möglicherweise werden also auch signifikante Unterschiede angezeigt, die inhaltlich nicht zwingend als solche zu werten sind.[975] Die daraus abgeleiteten Interpretationen sollten daher entsprechend zurückhaltend ausgelegt werden.

Wie in den meisten Studien, die sich mit den Faktoren zur Wahl des Rechnungslegungssystems befassen, ist schließlich auch in dieser Untersuchung nicht endgültig auszuschließen, dass das zur Differenzierung der potentiell freiwilligen und verpflichteten IFRS-Anwender verwendete Logit-Modell nicht alle relevanten Variablen enthält.[976] Im vorliegenden Fall könnte dieser Aspekt deshalb zutreffend sein, weil ein Teil sonst berücksichtigter Variablen aufgrund der gestellten Anforderungen an das Untersuchungsdesign modelltheoretisch bewusst nicht berücksichtigt wurde. Die ermittelten Ergebnisse und die Überprüfungen der Anpassungsgüte des Modells sowie auch die durchgeführten Robustheitstests deuten jedoch darauf hin, dass das formulierte Modell ausreichend spezifiziert ist, um sachgerecht zwischen den beiden Unternehmensgruppen zu unterscheiden.

5.7.2 Inhaltliche Einschränkungen

Neben den zuvor aufgezeigten ökonometrischen Einschränkungen ergibt sich eine Reihe weiterer Einschränkungen aus inhaltlicher Sicht. Diese betreffen insbesondere die Untersuchung der Eigenschaften von Ergebnisgrößen und die mit diesem Konzept verbundenen Schwächen. Um einen Rückschluss auf die Ver-

---

973 Schipper (2010), S. 326.

974 Zu einer kritischen Analyse von Thomson Reuters Datastream vgl. Ince/Porter (2006).

975 Eine Erklärung hierfür könnte die Anzahl der Replikationen im Rahmen des Bootstrap-Verfahrens sein. So ist zu vermuten, dass das Auftreten signifikanter Unterschiede mit der Anzahl der Replikationen c.p. steigt.

976 Vgl. ähnlich in Bezug auf ein Propensity Score-Matching Gassen/Sellhorn (2006), S. 383-384.

änderung der Rechnungslegungsqualität zu ermöglichen, ist diesbezüglich zunächst anzumerken, dass die Qualität der Ergebnisgrößen nicht zwingend die Qualität der Rechnungslegung abbilden muss. Von daher ist die Schlussfolgerung, die IFRS-Anwendung führe zu höherwertigen Eigenschaften von Ergebnisgrößen, nicht zwingend mit einer höherwertigen Rechnungslegungspraxis gleichzusetzen.[977]

Darüber hinaus ist nicht immer eine dahingehende Unterscheidung möglich, inwiefern einzelne Eigenschaften zwischen Informationsgehalt der Rechnungslegung und Bilanzpolitik unterscheiden. Dies trifft etwa auf die Konstrukte zur Untersuchung der Ergebnisglättung zu. Je nach Annahme kann eine Erhöhung der Eigenschaft damit als die Qualität erhöhend oder mindernd interpretiert werden. Ein weiteres damit im Zusammenhang stehendes Problem besteht darin, dass es für einige theoretische Überlegungen mehrere Maßgrößen gibt, diese sich aber – wie in der Untersuchung anhand des Beispiels der Ergebnisglättung deutlich geworden ist – teilweise gegenläufig entwickeln können. Schließlich kann die Auswahl der untersuchten Maßgrößen die aus einer empirischen Untersuchung abgeleiteten Rückschlüsse beeinflussen.[978]

Da die Eigenschaften mit Ausnahme der auf den Volatilitätsmaßen basierenden Ergebnisglättung auf Stichprobenebenen ermittelt werden, kann darüber hinaus nicht untersucht werden, inwiefern die Eigenschaften konkret zueinander im Zusammenhang stehen. Dieser Aspekt könnte z.B. von Interesse sein, um vermutete Beziehungen der Eigenschaften näher zu untersuchen.[979] Eine weitere, ebenfalls mit den Stichprobenschätzungen im Zusammenhang stehende Einschränkung besteht außerdem darin, dass kein übergreifender Qualitätsscore der Eigenschaften ermittelt werden kann, um eine gesamtheitliche Aussage über die Veränderung der Eigenschaften abzuleiten.[980] Der Ermittlung von Qualitätsscores ist jedoch ohnehin kritisch zu begegnen, denn eine solche Gesamtbetrachtung berücksichtigt nicht die Beziehungen der Maßgrößen untereinander. So könnten sich die einzelnen Maßgrößen überschneiden oder gegenläufig verändern, so dass festgestellte Veränderungen der Eigenschaften verstärkt bzw. aufgehoben werden. Die bereits angesprochene Schwierigkeit, bei einzelnen Eigen-

977 Vgl. Gassen/Sellhorn (2006), S. 383.

978 Vgl. Wagenhofer/Dücker (2007), S. 293.

979 Vgl. zu diesem Kritikpunkt Schipper (2010), S. 322 sowie zu einem Analyseansatz zur Untersuchung der Zusammenhänge Wagenhofer/Dücker (2007), S. 291-293.

980 Die Ermittlung erfolgt meist anhand der Bildung von Rangsummen der Eigenschaften als aggregierte Qualitätsgröße. Zur Ermittlung eines Qualitätsscores vgl. Dücker/Wagenhofer (2007), S. 348-349; Pronobis et al. (2010a), S. 97-98; Tran (2011), S. 577.

schaften zwischen Informationsgehalt der Rechnungslegung und Bilanzpolitik zu unterscheiden, verschärft zudem die Kritik an Qualitätsscores.[981]

Schließlich werden Aussagen über den Einfluss der IFRS auf die Rechnungslegungspraxis dadurch erschwert, dass immer noch ein Übergangszeitraum der Umstellung auf die IFRS betrachtet wird. So können nicht nur Lernkurveneffekte bei der Berichterstattung aus Unternehmenssicht und bei der Interpretation von Abschlüssen aus Adressatensicht, sondern auch aus IFRS 1 hervorgehende Übergangswahlrechte[982] bewirken, dass die festgestellten Ergebnisse nur schwierig zu interpretieren sind.[983] Während dem Effekt der Übergangswahlrechte im Rahmen der Robustheitstests zumindest durch den Ausschluss der Beobachtungen für das erste IFRS-Geschäftsjahr begegnet wurde, können etwaige langfristige Lernkurven- und darüber hinausgehende Effekte aus der erstmaligen IFRS-Anwendung nicht zwingend ausgeschlossen werden.

Die genannten Punkte machen deutlich, dass die hier durchgeführte Untersuchung einigen Interpretationsgrenzen ausgesetzt ist. Den Einschränkungen ist jedoch entgegenzustellen, „dass es leichter ist, die verwendeten Maßgrößen zu kritisieren als mit überzeugenderen Alternativen aufzuwarten."[984] So sind die Schwächen der untersuchten Eigenschaften mit Blick auf eine umfassende kritische Auseinandersetzung im Schrifttum hinlänglich bekannt, was einer Untersuchung der Eigenschaften von Ergebnisgrößen allerdings meist nicht im Wege steht.[985] Wichtiger erscheint es stattdessen, gezielt auf potentielle Interpretationsgrenzen der Untersuchung hinzuweisen, um diese bei der Auswertung von Untersuchungsergebnissen mit ins Kalkül ziehen zu können.

5.8 Kapitelfazit

Um den inkrementellen Einfluss der IFRS auf die Rechnungslegungspraxis zu untersuchen, stand in der durchgeführten empirischen Untersuchung zum einen die Frage im Vordergrund, inwiefern ein Wechsel von den nationalen Vorschriften auf die IFRS einen Einfluss auf die Eigenschaften von Ergebnisgrößen der verpflichteten IFRS-Anwender in Deutschland, Frankreich und UK hat (Hypothese 1). Im Rahmen dieser Hypothese wurde der Überlegung nachgegangen, dass die Rechnungslegungspraxis nicht allein von Rechnungslegungsregeln,

981 Vgl. Dücker/Wagenhofer (2007), S. 348.
982 Vgl. hierzu Kapitel 2.3.3.7.
983 Vgl. Daske (2005), S. 461; Gassen/Sellhorn (2006), S. 384.
984 Wagenhofer/Dücker (2007), S. 295.
985 Vgl. Wagenhofer/Dücker (2007), S. 295.

sondern auch von Bilanzierungsanreizen, die aus den institutionellen Rahmenbedingungen eines Landes hervorgehen, determiniert wird. Dabei ist vermutet worden, dass – sofern ein Einfluss der IFRS festzustellen ist – in UK möglicherweise ein stärkerer Einfluss zu erkennen ist, weil das institutionelle Umfeld der Unternehmen dort traditionell stärkere Anreize zu einer hochwertigen Berichterstattung zu generieren vermag.

Wie das Szenario in Deutschland – einem Land, das bereits vor 2005 die freiwillige IFRS-Anwendung zuließ – gezeigt hat, haben die Unternehmen unterschiedliche firmenspezifische Anreize zu einer hochwertigen IFRS-Rechnungslegung und sich deshalb bewusst für oder gegen eine freiwillige IFRS-Anwendung entschieden. Von daher stellte sich zum anderen die Frage, inwiefern in Frankreich und UK – Länder, die eine alleinige vorzeitige IFRS-Anwendung nicht zuließen – Unterschiede in der Veränderung der Eigenschaften von Ergebnisgrößen bei einer differenzierten Betrachtung der Unternehmen festzustellen sind. Diesbezüglich wurde vermutet, dass sich die Eigenschaften von Ergebnisgrößen durch den Wechsel auf die IFRS vor allem für solche Unternehmen verbessert haben, die ähnliche firmenspezifische Charakteristika wie die deutschen freiwilligen IFRS-Anwender aufweisen (Hypothese 2). Um diese Hypothese zu überprüfen, sind ausgehend von den deutschen freiwilligen und verpflichteten IFRS-Anwendern die beiden Gruppen potentiell freiwilliger und verpflichteter IFRS-Anwender in Frankreich und UK gebildet und hinsichtlich ihrer Veränderungen der Eigenschaften von Ergebnisgrößen untersucht worden.

Die Ergebnisse zu Hypothese 1 lassen auf den ersten Blick keine eindeutigen Interpretationen zu. Während sich in Deutschland eine überwiegende Verbesserung der Eigenschaften von Ergebnisgrößen abzeichnet, sind in Frankreich und UK unterschiedliche, zum Teil gegenläufige Entwicklungen zu beobachten. Die Erkenntnisse in Bezug auf Deutschland überraschen dabei, denn dort werden ausschließlich die „reinen" verpflichteten IFRS-Anwender untersucht, bei denen zuvor keine merkbaren Veränderungen der Eigenschaften von Ergebnisgrößen erwartet wurden. Damit scheinen die IFRS einen positiven Einfluss auf die Rechnungslegungspraxis in Deutschland zu haben, auch wenn dieses Bild durch spätere Robustheitsanalysen zumindest leicht an Schärfe verliert. Die Ergebnisse für Frankreich und UK zeichnen demgegenüber kein eindeutiges Bild. Eine mögliche Begründung für die Ergebnisse in Frankreich könnte sein, dass aufgrund dort vermuteter schwächerer Anreize zu einer hochwertigen Rechnungslegung ohnehin zu erwarten war, dass die IFRS keine merkbare Verbesserung der Eigenschaften von Ergebnisgrößen herbeiführen. In Bezug auf UK könnten die diesbezüglich ermittelten Ergebnisse andeuten, dass die Ähnlichkeiten zwischen UK GAAP und den IFRS möglicherweise ebenfalls keine merkbaren Veränderungen der Eigenschaften erkennen lassen.

Festzuhalten ist damit, dass die Analyse der einzelnen Länder keine durchweg eindeutigen Rückschlüsse auf die IFRS-Anwendung ermöglicht. Diese Erkenntnis unterstreicht damit zunächst die Aussage, dass die „IFRS appear not to have been the panacea some policymakers might have hoped for."[986] Sie zeigt einerseits, wie wichtig eine Analyse einzelner Länder gegenüber einer Analyse einer breiten, internationalen Untersuchungsstichprobe ist. Andererseits hebt sie die Bedeutung von Hypothese 2 hervor, denn vor allem die unterschiedlichen Ergebnisse in Frankreich und UK könnten anhand der dort vorliegenden heterogenen IFRS-Anwender mit unterschiedlichen Anreizen zu einer hochwertigen Rechnungslegung erklärt werden.

Eine vor diesem Hintergrund in Frankreich und UK durchgeführte Differenzierung der Stichproben in potentiell freiwillige und verpflichtete IFRS-Anwender zeigt zunächst, dass anhand der Merkmale der deutschen Unternehmen zwischen zwei Unternehmensgruppen unterschieden werden kann, die sich in ihren deskriptiven Eigenschaften theoriekonform voneinander unterscheiden. Bei einer anschließenden Untersuchung der Eigenschaften von Ergebnisgrößen kristallisiert sich ein im Vergleich zu Hypothese 1 weitaus deutlicheres Bild heraus: Demnach scheinen die potentiell freiwilligen IFRS-Anwender in beiden Ländern, insbesondere aber in Frankreich, nach der IFRS-Umstellung weitgehend bessere Eigenschaften von Ergebnisgrößen aufzuweisen, während bei den potentiell verpflichteten IFRS-Anwendern nicht unmittelbar eine Verbesserung, teils sogar eine Verschlechterung, der Eigenschaften zu beobachten ist. Dies zeigt jedoch, dass der Einfluss der IFRS auf die Rechnungslegungspraxis nicht nur durch länderspezifische Faktoren, sondern „at least partly … by firm-specific factors" [987] zu erklären ist. Unternehmen, die ähnliche Charakteristika wie die deutschen freiwilligen IFRS-Anwender aufweisen, scheinen folglich einen besonderen Nutzen aus der IFRS-Anwendung zu haben.[988]

986 Pope/McLeay (2011), S. 254.

987 Christensen/Lee/Walker (2007), S. 377.

988 Vgl. Christensen/Lee/Walker (2007), S. 377.

6 Zusammenfassung und Ausblick

6.1 Zusammenfassung

Mit der verpflichtenden IFRS-Anwendung verfolgt die EU das Ziel, den Kapitalmarkt mit hochwertigen, entscheidungsnützlichen Informationen zu versorgen. Dies wird als „wesentliche Grundlage für aktive und funktionierende Märkte“[989] gesehen und soll dazu beitragen, Informationsasymmetrien abzubauen sowie die Kapitalkosten von Unternehmen zu senken. Harmonisierte Rechnungslegungsregeln gelten für diese Zwecke zwar als eine wichtige Notwendigkeit, allerdings bleibt gleichzeitig die Frage offen, inwiefern die alleinige Umstellung von nationalen Rechnungslegungsregeln auf die IFRS tatsächlich die formulierten Ziele herbeiführen kann. So ist zu vermuten, dass die Rechnungslegungspraxis nicht allein von Rechnungslegungsregeln, sondern auch von institutionellen Rahmenbedingungen und damit verbundenen Bilanzierungsanreizen determiniert wird. Der Bestimmungsprozess der Rechnungslegungspraxis gestaltet sich damit komplexer, als häufig angenommen. In der Folge kann der „Nettoeffekt“ der IFRS nicht auf Anhieb eindeutig festgelegt werden und es ist schwierig zu beurteilen, inwiefern ein solcher Wechsel tatsächlich zu einer höherwertigen Rechnungslegungspraxis führt. So könnten die bestehenden nationalen institutionellen Rahmenbedingungen und daraus hervorgehenden Bilanzierungsanreize einen potentiellen Einfluss der IFRS schwächen oder sogar umkehren. Vor diesem Hintergrund ist in der vorliegenden Arbeit untersucht worden, inwiefern die verpflichtende Umstellung auf die IFRS einen Einfluss auf die Rechnungslegungspraxis in der EU hat.

Die wesentlichsten theoretischen und empirischen Untersuchungsergebnisse werden im Folgenden thesenartig zusammengefasst:

- Eine zentrale Aufgabe der Rechnungslegung besteht in der kapitalmarktorientierten Information und Koordination. Aus einer höherwertigen Rechnungslegungspraxis leiten sich in einem theoretischen Ideal unmittelbar ökonomische Konsequenzen ab, die durch den Abbau von Informationsasymmetrien auf dem Kapitalmarkt und sinkende Kapitalkosten zum Ausdruck kommen. Damit sind der Rechnungslegung als Kommunikationsinstrument unmittelbar praktische Implikationen für den Kapitalmarkt zuzusprechen, so dass eine hohe Qualität der Rechnungslegung sicherzustellen ist.

989 Hoogervorst (2011), S. I.

- Aus diesem Verständnis hervorgehend soll die IFRS-Anwendung hochwertige, transparente und vergleichbare Informationen zur Verfügung stellen, damit sich die Adressaten ein tatsächliches Bild der wirtschaftlichen Lage des Unternehmens machen und daraus ihre ökonomischen Entscheidungen ableiten können. Insofern verfolgen das IASB und die EU anspruchsvolle Ziele, denn mit über 9.000 Unternehmen wird in der EU eine hohe Anzahl an Unternehmen zur IFRS-Anwendung verpflichtet, was bei der Erreichung der kodifizierten Ziele zugleich ein beträchtliches Konfliktpotential birgt.

- Vor diesem Hintergrund hatten die Bemühungen zur Harmonisierung der Rechnungslegungsregeln schon im Vorfeld der IFRS-Einführung eine hohe Bedeutung. Durch die in 2002 erfolgte Verabschiedung der auf der 4. und 7. EG-Richtlinie aufbauenden IAS-Verordnung hat dieser Harmonisierungsprozess seinen bisherigen Höhepunkt erreicht. Demnach werden die kapitalmarktorientierten Unternehmen in der EU seit 2005 zur einheitlichen IFRS-Anwendung verpflichtet. Während die Rechtswirksamkeit der Standards durch ein Anerkennungsverfahren gewährleistet wird, stellt ein sowohl auf internationaler als auch auf nationaler Ebene implementiertes Enforcement-System sicher, dass die IFRS regelkonform angewendet werden.

- Allerdings offenbaren die IFRS bei ihrer Anwendung den bilanzierenden Unternehmen einen bunten Strauß an Freiräumen (z.B. explizite und implizite Wahlrechte, erforderliche Schätzungen), welche in Abhängigkeit der Bilanzierungsanreize der Unternehmen unterschiedlich ausgelegt werden können. Dies kann dazu beitragen, dass nationale Bilanzierungsgewohnheiten in die Rechnungslegungspraxis einfließen und einen potentiellen Effekt der IFRS damit abschwächen.

Angesichts dieser Aspekte gehen die Auffassungen über die Auswirkungen der IFRS auf die Rechnungslegungspraxis auseinander. Um den relativen Einfluss von Rechnungslegungsregeln und sich aus institutionellen Rahmenbedingungen ergebenden Bilanzierungsanreizen auf die Rechnungslegungspraxis zu untersuchen, weist die in der EU vorliegende Situation dabei nicht nur aufgrund der hohen Anzahl an betroffenen Unternehmen eine Reihe günstiger Eigenschaften auf und bietet verschiedene Forschungsmöglichkeiten:

- Ein mögliches Untersuchungsszenario ist, die qualitative Veränderung der Rechnungslegung infolge des Wechsels von den nationalen Rechnungslegungssystemen auf die IFRS zu untersuchen. Dabei ist zu berücksichtigen, dass einige Mitgliedstaaten der EU die Möglichkeit einer vorzeitigen, freiwilligen IFRS-Anwendung an die bilanzierenden Unternehmen weitergegeben haben und hiervon wie z.B. in Deutschland reger Gebrauch gemacht wurde.

- Es ist außerdem zu berücksichtigen, dass die Mitgliedstaaten zum Teil sehr unterschiedliche institutionelle Rahmenbedingungen haben, die im Ursprung aus unterschiedlichen kulturellen Einflüssen hervorgegangen sind. Da sich aber aus diesen verschiedenen Rahmenbedingungen entsprechend unterschiedliche Bilanzierungsanreize herausbilden, ist es für eine Untersuchung der Auswirkungen der IFRS auf die Rechnungslegungspraxis geboten, zwischen verschiedenen Ländegruppen (z.B. dichotome Unterscheidung in angelsächsische und kontinentaleuropäische Länder) oder auch zwischen einzelnen Ländern zu unterscheiden. Werden Beobachtungen über Ländergrenzen hinweg zusammengelegt und somit Ländergruppen gebildet, können Untersuchungen dann zu verzerrten Rückschlüssen führen, wenn sich Länder innerhalb einer Gruppe in ihren Rahmenbedingungen dennoch wesentlich unterscheiden. Eine Untersuchung ausgewählter Länder kann solche Besonderheiten berücksichtigen und eine trennschärfere Untersuchung ermöglichen.

- In der vorliegenden Arbeit wurden daher die Länder Deutschland, Frankreich und UK einzeln betrachtet. Die Länder stellen die bedeutendsten Volkswirtschaften in der EU dar und machen in empirischen Untersuchungen zu den Auswirkungen der IFRS nicht selten einen Großteil der Beobachtungen aus. Gleichzeitig weisen die Länder aber auch besonders deutlich abgrenzbare institutionelle Rahmenbedingungen auf, was in dieser Arbeit z.B. anhand des Finanzierungs-, Rechts- und Steuersystems verdeutlicht wurde. Darüber hinaus sind ihre nationalen Enforcement-Systeme jeweils unterschiedlich ausgestaltet und ihre nationalen Rechnungslegungssysteme weichen konzeptionell unterschiedlich stark von den IFRS ab. Insgesamt leiten sich aus den institutionellen Rahmenbedingungen somit jeweils unterschiedliche Anreize zu einer hochwertigen Berichterstattung der Unternehmen in den Ländern ab. Eine Gesamtbetrachtung lässt dabei zunächst darauf schließen, dass besonders in UK Anreize zu einer informativen und hochwertigen Rechnungslegung ausgehen. Dieser Vermutung wurde im Rahmen der empirischen Untersuchung für die Länder Deutschland, Frankreich und UK nachgegangen (Hypothese 1).

- Allerdings sollte auch beachtet werden, dass von den betrachteten Ländern nur Deutschland bereits vor 2005 eine freiwillige IFRS-Anwendung zuließ und dort auch einige Unternehmen von dieser Regelung Gebrauch machten. Dabei wird davon ausgegangen, dass insbesondere solche Unternehmen vorzeitig auf die IFRS umstellten, die besonders ausgeprägte Anreize zu einer hochwertigen Rechnungslegung hatten. Während in Frankreich und UK eine solche Möglichkeit nicht bestand, dürfte ein Teil der Unternehmen aufgrund mit den deutschen freiwilligen IFRS-Anwendern vergleichbarer Anreize dennoch eine vorzeitige IFRS-Anwendung präferiert haben. Da die Unternehmen innerhalb der beiden Länder damit also auch unterschiedliche Anreize zu einer hochwertigen Berichterstattung haben, wurde im Rahmen der empirischen Untersuchung zusätzlich zwischen entsprechenden Unternehmensgruppen unterschieden und überprüft, inwiefern die auf diese Weise abgegrenzten potentiell freiwilligen IFRS-Anwender gegenüber den potentiell verpflichteten IFRS-Anwendern einen besonderen Nutzen von der Umstellung auf die IFRS gehabt haben (Hypothese 2).

Um die Auswirkungen der IFRS auf die Rechnungslegungspraxis zu untersuchen, ist ein geeignetes Beurteilungskriterium heranzuziehen. Im Rahmen dieser Arbeit erfolgt eine Beurteilung anhand der qualitativen Veränderungen ausgewählter Eigenschaften von Ergebnisgrößen. Dem sogenannten Konzept der Ergebnisqualität liegen die folgenden Eckpunkte zugrunde:

- Da Ergebnisgrößen aus Adressatensicht entscheidungsnützliche Informationen für die unterschiedlichsten Zwecke (z.B. Performancebeurteilung, Verwendung zur vertraglichen Fixierung bei Kreditvergaben, Unternehmensbewertungen) zur Verfügung stellen, stehen sie häufig im Fokus von empirischen Untersuchungen.

- Gegenstand der Untersuchungen ist dabei vor allem das Konzept der Ergebnisqualität. Hierbei werden verschiedene, aus Adressatensicht als wünschenswert identifizierte Eigenschaften von Ergebnisgrößen hinsichtlich ihrer Veränderungen untersucht. Aufgrund der hohen Bedeutung von Ergebnisgrößen wird somit ein Rückschluss auf die allgemeine Qualität der Rechnungslegung ermöglicht.

- Die in der empirischen Forschung identifizierten Eigenschaften von Ergebnisgrößen können in rechnungslegungs- und marktbasierte Eigenschaften unterteilt werden, denen jeweils Rechnungslegungsdaten und im Fall der marktbasierten Eigenschaften zusätzlich Kapitalmarktdaten zugrunde liegen. Zu den in dieser Arbeit betrachteten rechnungslegungsbasierten Eigenschaften zählen die Eigenschaften Persistenz und Vorhersagbarkeit, Qualität der Periodenabgrenzungen sowie Ergebnisglättung. Zu den marktbasierten Eigenschaften zählen die Eigenschaft Wertrelevanz sowie die Eigenschaften der bedingten Vorsicht und Zeitnähe.

- Aus der IFRS-Anwendung in der EU ist bislang eine kaum überschaubare Anzahl an Untersuchungen hervorgegangen, welche die Auswirkungen der IFRS auf die Rechnungslegungspraxis anhand der Eigenschaften von Ergebnisgrößen untersuchen. Die Untersuchungen kommen dabei jedoch zu unterschiedlichen Ergebnissen und sollten zwischen Studien zur freiwilligen IFRS-Anwendung, welche sich meistens naturgemäß mit einer Untersuchung deutscher Unternehmen befassen, und Studien zur verpflichtenden IFRS-Anwendung unterschieden werden. Die Ergebnisse der Studien zur freiwilligen IFRS-Anwendung sind im Kern eindeutig: Die IFRS-Anwendung verbessert im Wesentlichen die jeweiligen Eigenschaften von Ergebnisgrößen und im Umkehrschluss damit auch die Qualität der Rechnungslegung. Allerdings können diese Ergebnisse keineswegs verallgemeinert werden, denn die freiwilligen IFRS-Anwender haben bestimmte Anreize zu einer hochwertigen Berichterstattung (Selbstselektion). Die Studien zur verpflichteten IFRS-Anwendung liefern deshalb ein eher ambivalentes Bild über die Auswirkungen der IFRS. Eine hierfür oft genannte Begründung ist, dass die institutionellen Umfelder und die daraus hervorgehenden Bilanzierungsanreize unterschiedlich ausgeprägt sind und einen wesentlichen Einfluss auf die Rechnungslegungspraxis haben. Die Frage des inkrementellen Einflusses der IFRS ist daher noch nicht abschließend beantwortet.

In diesen Kontext ist auch die in dieser Arbeit durchgeführte empirische Untersuchung einzuordnen. Sie leistet einen Beitrag zur Erforschung des relativen Einflusses der institutionellen Rahmenbedingungen sowie der Rechnungslegungsregeln auf die Rechnungslegungspraxis und geht der Frage nach, welchen inkrementellen Effekt die IFRS in der EU haben. Grundlage der Untersuchung sind die verpflichteten IFRS-Anwender in Deutschland, Frankreich und UK, die für den Zeitraum 2000 bis 2009 hinsichtlich ihrer Veränderungen der Eigenschaften von Ergebnisgrößen untersucht werden. Aufbauend auf den zuvor formulierten Hypothesen, der Beschreibung der Datenbasis und des Untersuchungsdesigns sowie einer deskriptiven Analyse können unter Berücksichtigung der den Untersuchungsmodellen zugrunde liegenden Prämissen und Interpretationsgrenzen die folgenden Erkenntnisse gewonnen werden:

- Eine Länderbetrachtung von Deutschland, Frankreich und UK (Hypothese 1) lässt zunächst keine eindeutigen Rückschlüsse auf den Einfluss der IFRS auf die Rechnungslegungspraxis zu: Während sich die Eigenschaften von Ergebnisgrößen bei einer Gesamtbetrachtung in Deutschland offenbar verbessern und daher zunächst einen positiven Effekt der IFRS vermuten lassen, zeichnen die Ergebnisse in Frankreich und UK kein klares Bild.

- Eine mögliche Begründung hierfür könnte darin bestehen, dass die untersuchten Stichproben aufgrund der unterschiedlichen firmenspezifischen Anreize zu einer hochwertigen Rechnungslegung sehr heterogen sind. Daher wird im weiteren Verlauf der Frage nachgegangen, ob die Unternehmen in Frankreich und UK auf Grundlage der firmenspezifischen Charakteristika deutscher freiwilliger und verpflichteter IFRS-Anwender in die Gruppen potentiell freiwilliger und verpflichteter IFRS-Anwender unterteilt werden können. Auf dieser Grundlage wird dann untersucht, inwiefern bei den unterteilten Gruppen unterschiedliche Veränderungen in den Eigenschaften von Ergebnisgrößen zu beobachten sind (Hypothese 2).

- Die Identifikation der potentiell freiwilligen und verpflichteten IFRS-Anwender erfolgt auf Grundlage eines Logit-Modells. Dessen Schätzung lässt auf eine hinreichende Anpassungsgüte schließen und ermöglicht somit eine sachgerechte Unterscheidung in die Gruppen potentiell freiwilliger und verpflichteter IFRS-Anwender in Frankreich und UK. Die deskriptiven Merkmale der auf diese Weise unterschiedenen Gruppen weisen in beiden Ländern jeweils mit den deutschen freiwilligen und verpflichteten IFRS-Anwendern vergleichbare deskriptive Merkmale auf.

- Eine anschließende Untersuchung der Veränderungen der Eigenschaften von Ergebnisgrößen führt zu eindeutigen Ergebnissen: Unternehmen, die in ihren firmenspezifischen Charakteristika den freiwilligen deutschen IFRS-Anwendern gleichen, weisen vor allem in Frankreich, aber auch in UK erkennbar verbesserte Eigenschaften auf. Die Ergebnisse der potentiell verpflichteten IFRS-Anwender lassen hingegen keine klare Verbesserung der Eigenschaften erkennen. Damit stehen die Ergebnisse mit den im Vorfeld geäußerten Überlegungen im Einklang.

Aus der differenzierten Untersuchung der potentiell freiwilligen und verpflichteten IFRS-Anwender ergeben sich somit zwei wichtige Erkenntnisse:

- Erstens scheinen die Charakteristika der deutschen freiwilligen und verpflichteten IFRS-Anwender trotz – inbesondere mit Blick auf UK – unterschiedlicher institutioneller Rahmenbedingungen eine geeignete Grundlage darzustellen, um Unternehmen in anderen Ländern in die Gruppen der potentiell freiwilligen und verpflichteten IFRS-Anwender einzuordnen.

- Zweitens verdeutlichen die Ergebnisse der Veränderungen der Eigenschaften von Ergebnisgrößen, dass nicht nur länderspezifische, sondern auch besonders firmenspezifische Faktoren auf den Bestimmungsprozess der Rechnungslegungspraxis wirken. So konnte bei einer Gesamtbetrachtung festgestellt werden, dass die IFRS-Anwendung besonders für solche Unternehmen, die offenbar spezielle firmenspezifische Anreize zu einer hochwertigen Rechnungslegung haben, zu vergleichsweise besseren Eigenschaften von Ergebnisgrößen führt. Die IFRS-Anwendung stiftet folglich nicht für alle Unternehmen einen gleich hohen Nutzen, sondern „results in relative winners and losers."[990] Dies hat unmittelbar praktische Implikationen für den Kapitalmarkt zur Folge und sollte bei einer Diskussion der ökonomischen Konsequenzen aus der IFRS-Anwendung verstärkt berücksichtigt werden.

Zusammenfassend kann damit festgehalten werden, dass die IFRS durchaus einen Einfluss auf die Rechnungslegungspraxis haben. Allerdings ist davon auszugehen, dass der Nettoeffekt nicht überall gleich stark ausgeprägt ist, sondern vielmehr sowohl länder- als auch firmenspezifische Faktoren eine entscheidende Rolle dabei spielen, welche Unternehmen in besonderem Maße von einer IFRS-Anwendung profitieren und welche Unternehmen hiervon möglicherweise nur einen geringen oder gar keinen Nutzen haben.[991]

6.2 Ausblick

Trotz der hohen Anzahl bereits bestehender Untersuchungen hat die empirische Untersuchung in dieser Arbeit gezeigt, dass die Auswirkungen der IFRS auf die Rechnungslegungspraxis immer noch nicht abschließend geklärt sind und nach wie vor erheblicher Forschungsbedarf auf diesem Themengebiet besteht. Die Untersuchung bietet verschiedene Anknüpfungspunkte für künftige Forschungsansätze. Vor dem Hintergrund, dass die IFRS-Anwendung offenbar „not optimal for all types of firms and all stakeholder groups in all countries"[992] ist, ließen sich z.B. weitere Szenarien ableiten, um herauszuarbeiten, welche „types of firms" in welchen Ländern besonders von einer IFRS-Anwendung profitieren. Entsprechend ließen sich die Methoden zur Differenzierung von Unternehmensgruppen wie z.B. den potentiell freiwilligen und verpflichteten IFRS-Anwendern in verschiedenen Ländern verfeinern und auf dieser Grundlage weitere Forschungsfragen formulieren.

Da die in dieser Arbeit durchgeführte Untersuchung ausgewählter Eigenschaften von Ergebnisgrößen lediglich eine von verschiedenen Möglichkeiten darstellt, Rückschlüsse auf die Qualität der Rechnungslegung zu ermöglichen,

990 Christensen/Lee/Walker (2007), S. 341.
991 Vgl. ähnlich Pope/McLeay (2011), S. 262.
992 Pope/McLeay (2011), S. 262.

ließen sich in diesem Zusammenhang auch andere Forschungsmethoden (z.B. Veränderung der Informationsasymmetrien, (implizite) Kapitalkosten und Analystenschätzungen) zur Überprüfung der IFRS-Auswirkungen anwenden. Ein sich jüngst zunehmender Beliebtheit erfreuendes Forschungsfeld ist außerdem die Untersuchung der (internationalen) Vergleichbarkeit der IFRS-Rechnungslegung.[993] Diesbezüglich ist davon auszugehen, dass die Forschung weiterhin ausgesprochen aktiv sein wird und somit weitere interessante Einblicke zum Einfluss der IFRS auf die Rechnungslegungspraxis gewonnen werden können.

Schließlich könnte eine möglicherweise bevorstehende bedingungslose Anerkennung der IFRS auf dem US-amerikanischen Kapitalmarkt das Spektrum an Untersuchungsszenarien künftig erheblich erweitern. In diesem Fall stünden sich amerikanische Unternehmen, die ihre Rechnungslegung von US GAAP auf die IFRS umstellen, und europäische Unternehmen, die dann schon eine längere Zeit nach IFRS bilanzieren, gegenüber. Die zu untersuchenden Forschungsfragen wären vielfältig und könnten unter Rückgriff auf verschiedenste Methodiken z.B. anhand eines Vergleichs der Umstellung der amerikanischen Unternehmen auf die IFRS mit den durchgehend nach IFRS bilanzierenden europäischen Unternehmen untersucht werden.

Abschließend ist damit festzustellen, dass die Auswirkungen der IFRS auf die Rechnungslegungspraxis auch künftig ein bedeutender theoretischer und empirischer Forschungsgegenstand sein werden. Forschungsansätze sind in ausreichender Anzahl vorhanden und versprechen für die Zukunft weiterhin interessante Untersuchungen. Da wie in vielen Lebenssituationen gilt „Prediction is very difficult, especially if it's about the future."[994], bleibt abzuwarten, zu welchen Erkenntnissen die künftigen Untersuchungen dabei führen werden.

---

993 Vgl. etwa De Franco/Kotahri/Verdi (2011); Taplin (2011).

994 Zitat aus Brown (2011), S. 280, zurückgehend auf den dänischen Physik-Nobelpreisträger Niels Bohr.

Anhang

Anlage 1: Vorzeitige Anwendung des IFRS 8 im DAX 30[995]

Unternehmen	Geschäftsjahr 2007	Geschäftsjahr 2008
Adidas AG	IAS 14	IAS 14
Allianz SE	IAS 14	IAS 14
BASF SE	IAS 14	IAS 14
BAYER AG	IAS 14	IAS 14
Beiersdorf AG	IAS 14	**IFRS 8**
BMW AG	IAS 14	**IFRS 8**
Commerzbank AG	IAS 14	IAS 14
Daimler AG	**IFRS 8**	**IFRS 8**
Deutsche Bank AG	**IFRS 8**	**IFRS 8**
Deutsche Börse AG	IAS 14	IAS 14
Deutsche Lufthansa AG	IAS 14	IAS 14
Deutsche Post AG	IAS 14	IAS 14
Deutsche Telekom AG	**IFRS 8**	**IFRS 8**
E.ON AG	**IFRS 8**	**IFRS 8**
Fresenius Medical Care AG & Co. KGaA	**IFRS 8**	**IFRS 8**
Fresenius SE	**IFRS 8**	**IFRS 8**
HeidelbergCement AG	IAS 14	IAS 14
Henkel AG & Co. KGaA	**IFRS 8**	**IFRS 8**
Infineon Technologies AG	**IFRS 8**	**IFRS 8**
K+S AG	IAS 14	IAS 14
Linde AG	**IFRS 8**	**IFRS 8**
MAN SE	IAS 14	IAS 14
Merck KGaA	IAS 14	IAS 14
Metro AG	IAS 14	IAS 14
Münchener Rück AG	IAS 14	IAS 14
RWE AG	**IFRS 8**	**IFRS 8**
SAP AG	**IFRS 8**	**IFRS 8**
Siemens AG	**IFRS 8**	**IFRS 8**
ThyssenKrupp AG	IAS 14	**IFRS 8**
Volkswagen AG	IAS 14	IAS 14

995 Stand des DAX 30 zum 01.01.2012.

Anlage 2: Verteilung der Beobachtungen auf die Geschäftsjahre

Jahr		Rechnungslegungsbasierte Eigenschaften			Marktbasierte Eigenschaften		
		DE	**FR**	**UK**	**DE**	**FR**	**UK**
PRE	2000	103	307	397	110	339	466
	2001	104	338	418	115	381	494
	2002	110	361	445	117	401	502
	2003	114	381	466	119	412	517
	2004	121	400	489	122	415	545
POST	2005	121	400	489	122	415	545
	2006	115	374	433	117	394	488
	2007	110	352	404	112	367	441
	2008	100	341	375	109	353	414
	2009	98	339	374	102	342	390
	Summe	**1.096**	**3.593**	**4.290**	**1.145**	**3.819**	**4.802**

Anlage 3: Ermittlung und Definition der Variablen

Variable	Ermittlung	Definition in Datastream / Worldscope
NIBE	$\frac{NIBE_t}{\text{Total Assets}_{t-1}}$ bzw. $\frac{NIBE_t}{\text{Market Capitalisation}_{t-1}}$	$\frac{WC01551_t}{WC02999_{t-1}}$ bzw. $\frac{WC01551_t}{WC08001_{t-1}}$
ΔWC	$\frac{\Delta CA_t - \Delta CL_t - \Delta Cash_t + StDebt_t}{\text{Total Assets}_{t-1}}$	$\Delta CA_t = WC02201_t - WC02201_{t-1}$ $\Delta CL_t = WC03101_t - WC03101_{t-1}$ $\Delta Cash_t = WC02001_t - WC02001_{t-1}$ $StDebt_t = WC03051_t - WC03051_{t-1}$
CFO	$\frac{CFO_t}{\text{Total Assets}_{t-1}}$, mit $CFO_t = NIBE_t + Depr_t - \Delta WC_t$	$\frac{WC01551_t + WC01151_t - \Delta WC02201_t + \Delta WC03101_t + \Delta WC02001_t - \Delta WC03051_t}{WC02999_{t-1}}$
ΔCFO	$\frac{CFO_t - CFO_{t-1}}{\text{Total Assets}_{t-1}}$	Die Ermittlung von ΔCFO erfolgt auf Basis der Ermittlung des CFO.
ΔPA	$\frac{\Delta WC_t - Depr_t}{\text{Total Assets}_{t-1}}$	$\frac{\Delta WC02201_t - \Delta WC03101_t - \Delta WC02001_t + \Delta WC03051_t - WC01151_t}{WC02999_{t-1}}$
ΔNIBE	$\frac{NIBE_t - NIBE_{t-1}}{\text{Market Capitalisation}_{t-1}}$	$\frac{WC01551_t - WC01551_{t-1}}{WC08001_{t-1}}$
RET	$\frac{\text{Return Index}_t - \text{Return Index}_{t-1}}{\text{Return Index}_{t-1}}$	$\frac{RI_t - RI_{t-1}}{RI_{t-1}}$
RET15	$\frac{\text{Return Index}_{t+3\,Monate} - \text{Return Index}_{t-1}}{\text{Return Index}_{t-1}}$	$\frac{RI_{t+3\,Monate} - RI_{t-1}}{RI_{t-1}}$
NEG	Dummyvariable mit NEG = 1, wenn RET < 0, sonst NEG = 0	-
YEAR	Dummyvariable mit YEAR = 1 für jeweilige Periode, sonst YEAR = 0	-
IFRS	Dummyvariable mit IFRS = 1 für IFRS-Anwender, sonst IFRS = 0	-
EARLY	Dummyvariable mit EARLY = 1, wenn Unternehmen vor 2005 nach IFRS bilanziert, sonst EARLY = 0	-
FS	$\frac{\text{Foreign Sales}_t}{\text{Total Sales}_t}$	$\frac{WC07101_t}{WC01001_t}$
DTM	$\frac{\text{Long Term Debt}_t}{\text{Long Term Debt}_t + \text{Market Capitalisation}_t}$	$\frac{WC03251_t}{WC03251_t + WC08001_t}$
LMV	$\ln(\text{Market Capitalisation}_t)$	$\ln(WC08001_t)$
IND	Dummyvariable mit IND = 1 für jeweiligen Industriezweig des Unternehmens, sonst IND = 0	-

Anlage 4: Methoden zur Untersuchung signifikanter Unterschiede zwischen den Zeiträumen

Modell	Eigenschaft	Methode zur Untersuchung signifikanter Unterschiede
(1)	Persistenz	β_2 aus dem interagierten Regressionsmodell: $NIBE_t = \sum_t^T \alpha_t YEAR_t + \beta_1 NIBE_{t-1} + \beta_2 IFRS_t \cdot NIBE_{t-1} + \varepsilon_t$
(1)	Vorhersag-barkeit	F-Test zum Vergleich der Standardabweichungen aus dem ursprünglichen Regressionsmodell (Modell (1))
(2)	Qualität der Perioden-abgrenzungen	F-Test zum Vergleich der Standardabweichungen aus dem ursprünglichen Regressionsmodell (Modell (2))
(3)	Ergebnis-glättung I	Wilcoxon-Vorzeichen-Rangtest zum Vergleich der Mediane aus dem ursprünglichen Modell (3)
(4)	Ergebnis-glättung II	Bootstrap-Verfahren (1.000 Stichproben mit Zurücklegen aus ursprünglichen Stichproben) des ursprünglichen Modells (4) zum Vergleich der jeweiligen Korrelationsmaße auf Basis eines t-Tests
(5)	Wertrelevanz	Bootstrap-Verfahren (1.000 Stichproben mit Zurücklegen aus ursprünglichen Stichproben) des ursprünglichen Modells (5) zum Vergleich der jeweiligen adjustierten Bestimmtheitsmaße auf Basis eines t-Tests
(6)	Bedingte Vorsicht	β_6 aus dem interagierten Regressionsmodell: $NIBE_t = \sum_t^T \alpha_t YEAR_t + \beta_1 NEG_t + \beta_2 NEG_t \cdot IFRS_t + \beta_3 RET_t + \beta_4 RET_t \cdot IFRS_t + \beta_5 NEG_t \cdot RET_t + \beta_6 NEG_t \cdot RET_t \cdot IFRS_t + \varepsilon_t$
(6)	Zeitnähe	Bootstrap-Verfahren (1.000 Stichproben mit Zurücklegen aus ursprünglichen Stichproben) des ursprünglichen Modells (6) zum Vergleich der jeweiligen adjustierten Bestimmtheitsmaße auf Basis eines t-Tests

Anlage 5: Deskriptive Merkmale für Deutschland (2000 bis 2009)

Variable	N	AM	Median	Stab	25%	75%
NIBE	1.096	0,0252	0,0274	0,0965	-0,0002	0,0618
ΔWC	1.096	0,0022	0,0005	0,1025	-0,0354	0,0366
CFO	1.096	0,0817	0,0815	0,1268	0,0276	0,1350
ΔCFO	1.096	0,0008	-0,0016	0,1613	-0,0751	0,0668
ΔPA	1.096	0,0066	0,0038	0,1501	-0,0584	0,0695
ΔNIBE	1.145	0,0521	0,0057	0,5084	-0,0467	0,0554
RET	1.145	0,0943	0,0329	0,5040	-0,1924	0,2711
RET15	1.145	0,1607	0,0590	0,6390	-0,2141	0,3806
NEG	1.145	0,4489	0,0000	0,4976	0,0000	1,0000

Anlage 6: Deskriptive Merkmale für Frankreich (2000 bis 2009)

Variable	N	AM	Median	Stab	25%	75%
NIBE	3.593	0,0229	0,0327	0,0915	0,0033	0,0633
ΔWC	3.593	0,0050	0,0020	0,0796	-0,0284	0,0343
CFO	3.593	0,0677	0,0719	0,1086	0,0211	0,1207
ΔCFO	3.593	0,0060	0,0039	0,1320	-0,0479	0,0580
ΔPA	3.593	0,0006	-0,0011	0,1284	-0,0522	0,0482
ΔNIBE	3.819	0,0282	0,0053	0,2830	-0,0269	0,0361
RET	3.819	0,1066	0,0601	0,5372	-0,2145	0,3295
RET15	3.819	0,1668	0,0753	0,6633	-0,2524	0,4357
NEG	3.819	0,4357	0,0000	0,4959	0,0000	1,0000

Anlage 7: Deskriptive Merkmale für UK (2000 bis 2009)

Variable	N	AM	Median	Stab	25%	75%
NIBE	4.290	0,0197	0,0467	0,1555	0,0033	0,0887
ΔWC	4.290	0,0002	-0,0012	0,0768	-0,0298	0,0313
CFO	4.290	0,0693	0,0872	0,1699	0,0288	0,1472
ΔCFO	4.290	0,0147	0,0093	0,1617	-0,0483	0,0670
ΔPA	4.290	-0,0020	-0,0038	0,1182	-0,0479	0,0403
ΔNIBE	4.802	0,0235	0,0071	0,2365	-0,0259	0,0369
RET	4.802	0,1282	0,0816	0,5606	-0,2250	0,3694
RET15	4.802	0,1997	0,1342	0,6556	-0,2279	0,4859
NEG	4.802	0,4236	0,0000	0,4942	0,0000	1,0000

Anlage 8: Korrelationsmatrix für Deutschland (2000 bis 2009)[996]

	NIBE	ΔWC	CFO	ΔCFO	ΔPA	ΔNIBE	RET	RET15	NEG
NIBE		0,2717	0,4817	0,1876	0,0315	0,3757	0,3597	0,3422	-0,3003
ΔWC	0,3040		-0,5137	-0,4983	0,6291	0,0946	0,0738	0,0614	-0,0737
CFO	0,5180	-0,5896		0,5692	-0,4504	0,2404	0,2413	0,2284	-0,1842
ΔCFO	0,1809	-0,5102	0,5948		-0,7980	0,3162	0,0277	0,0229	0,0069
ΔPA	0,0806	0,6795	-0,4953	-0,7837		0,1425	0,0694	0,0797	-0,0742
ΔNIBE	0,2599	0,0589	0,1744	0,3257	0,1333		0,2102	0,2323	-0,1542
RET	0,3168	0,0511	0,2203	0,0460	0,0413	0,1553		0,9153	-0,8615
RET15	0,2994	0,0331	0,2157	0,0373	0,0559	0,1774	0,8940		-0,7688
NEG	-0,2787	-0,0714	-0,1560	0,0069	-0,0629	-0,0749	-0,6643	-0,6036	

Anlage 9: Korrelationsmatrix für Frankreich (2000 bis 2009)

	NIBE	ΔWC	CFO	ΔCFO	ΔPA	ΔNIBE	RET	RET15	NEG
NIBE		0,2333	0,5248	0,1317	0,0871	0,3458	0,2819	0,2567	-0,2560
ΔWC	0,2503		-0,5069	-0,5433	0,6388	0,1058	0,0366	0,0207	-0,0282
CFO	0,5805	-0,5376		0,5512	-0,4163	0,1861	0,1782	0,1745	-0,1660
ΔCFO	0,1654	-0,5757	0,6029		-0,7721	0,2639	0,0807	0,0827	-0,0614
ΔPA	0,0974	0,6738	-0,4664	-0,7541		0,2143	0,1081	0,1099	-0,0838
ΔNIBE	0,1999	0,1052	0,0771	0,2431	0,2511		0,3372	0,3574	-0,2649
RET	0,2547	0,0605	0,1468	0,0963	0,0974	0,2149		0,9232	-0,8588
RET15	0,2308	0,0427	0,1428	0,0955	0,1061	0,2395	0,9165		-0,7873
NEG	-0,2356	-0,0386	-0,1478	-0,0524	-0,0780	-0,1261	-0,6926	-0,6362	

Anlage 10: Korrelationsmatrix für UK (2000 bis 2009)

	NIBE	ΔWC	CFO	ΔCFO	ΔPA	ΔNIBE	RET	RET15	NEG
NIBE		0,1228	0,6905	0,2092	0,0205	0,3194	0,2824	0,2887	-0,2740
ΔWC	0,1370		-0,4269	-0,4718	0,6479	0,0413	-0,0539	-0,0654	0,0312
CFO	0,8200	-0,3530		0,4885	-0,3610	0,2306	0,2505	0,2605	-0,2236
ΔCFO	0,1768	-0,4346	0,4191		-0,6392	0,4853	0,1799	0,1844	-0,1486
ΔPA	0,0251	0,6796	-0,3180	-0,5448		0,1420	0,0047	0,0095	-0,0052
ΔNIBE	0,1235	0,0579	0,0916	0,4840	0,1771		0,3065	0,3168	-0,2572
RET	0,1961	-0,0403	0,1940	0,1710	0,0142	0,2212		0,9271	-0,8558
RET15	0,2123	-0,0404	0,2075	0,1782	0,0234	0,2296	0,9335		-0,7885
NEG	-0,2401	0,0102	-0,2139	-0,1199	-0,0066	-0,1346	-0,6990	-0,6546	

996 Die Tabelle zu dieser Anlage sowie zu Anlage 9 und Anlage 10 bildet unterhalb der Diagonalen die Korrelationen nach Pearson sowie oberhalb der Diagonalen die Korrelationen nach Spearman ab.

Anlage 11: Zusammengefasste deskriptive Merkmale für verpflichtete und freiwillige IFRS-Anwender in Deutschland

Variable	N	AM	Median	Stab	25%	75%
FS	243	0,4143	0,4311	0,2486	0,2307	0,6007
DTM	243	0,2213	0,1698	0,2019	0,0379	0,3605
LMV	243	11,8475	11,5367	1,9880	10,2893	12,9894

Anlage 12: Schätzungen zur IFRS-Umstellung in Deutschland

Modell 1	**Persistenz und Vorhersagbarkeit**			
	PRE		**POST**	
Variable	Koeffizient	p-Wert	Koeffizient	p-Wert
$NIBE_{t-1}$	0,5113	0,000	0,5746	0,000
d_{2000} bzw. d_{2005}	0,0187	0,022	0,0182	0,003
d_{2001} bzw. d_{2006}	-0,0093	0,263	0,0173	0,011
d_{2002} bzw. d_{2007}	-0,0003	0,966	0,0213	0,001
d_{2003} bzw. d_{2008}	0,0094	0,227	0,0014	0,853
d_{2004} bzw. d_{2009}	0,0297	0,001	-0,0051	0,541
Beobachtungen	552		544	
adj. R^2	0,3124		0,4600	
$\sqrt{\sigma^2(\varepsilon_t)}$	0,0846		0,0708	

Modell 2	**Qualität der Periodenabgrenzungen**			
	PRE		**POST**	
Variable	Koeffizient	p-Wert	Koeffizient	p-Wert
CFO_{t-1}	0,1959	0,000	0,0631	0,161
CFO_t	-0,5564	0,000	-0,5234	0,000
CFO_{t+1}	0,1678	0,001	0,2240	0,000
d_{2000} bzw. d_{2005}	0,0451	0,005	0,0278	0,057
d_{2001} bzw. d_{2006}	0,0066	0,591	0,0305	0,028
d_{2002} bzw. d_{2007}	-0,0048	0,674	0,0355	0,005
d_{2003} bzw. d_{2008}	0,0083	0,534	0,0194	0,148
Beobachtungen	431		446	
adj. R^2	0,4674		0,4927	
$\sigma(\varepsilon_t)$	0,0830		0,0658	

Modell 3	Ergebnisglättung I	
	PRE	POST
$m\left\|\frac{\sigma(NIBE_t)}{\sigma(CFO_t)}\right\|$	0,5217	0,6036
Beobachtungen	116	115

Modell 4	Ergebnisglättung II			
	PRE		POST	
Variable	Koeffizient	p-Wert	Koeffizient	p-Wert
Spearman	-0,7847	0,0000	-0,8123	0,0000
Beobachtungen	552		544	

Modell 5	Wertrelevanz			
	PRE		POST	
Variable	Koeffizient	p-Wert	Koeffizient	p-Wert
$NIBE_t$	0,4391	0,001	0,6167	0,000
$\Delta NIBE_t$	0,0546	0,477	0,0557	0,602
d_{2000} bzw. d_{2005}	-0,0603	0,064	0,4992	0,000
d_{2001} bzw. d_{2006}	-0,0868	0,019	0,2994	0,000
d_{2002} bzw. d_{2007}	-0,1428	0,000	0,0106	0,809
d_{2003} bzw. d_{2008}	0,5008	0,000	-0,2850	0,000
d_{2004} bzw. d_{2009}	0,4217	0,000	0,3484	0,000
Beobachtungen	583		562	
adj. R^2	0,2943		0,3382	

Modell 6	Bedingte Vorsicht und Zeitnähe			
	PRE		POST	
Variable	Koeffizient	p-Wert	Koeffizient	p-Wert
NEG_t	-0,0292	0,440	0,0359	0,277
RET_t	0,0899	0,261	0,1272	0,000
$NEG_t \cdot RET_t$	0,4333	0,002	0,4886	0,001
d_{2000} bzw. d_{2005}	0,1288	0,000	-0,0128	0,610
d_{2001} bzw. d_{2006}	0,1021	0,002	0,0377	0,161
d_{2002} bzw. d_{2007}	0,0902	0,012	0,0685	0,001
d_{2003} bzw. d_{2008}	-0,0445	0,348	0,0920	0,001
d_{2004} bzw. d_{2009}	0,0495	0,281	-0,0387	0,261
Beobachtungen	583		562	
adj. R^2	0,1184		0,1691	

Anlage 13: Untersuchungen auf signifikante Unterschiede der IFRS-Umstellung in Deutschland

Modell 1	Persistenz Zusammengefasste Stichprobe	
Variable	Koeffizient	p-Wert
$NIBE_{t-1}$	0,5113	0,000
$IFRS_t \cdot NIBE_{t-1}$	0,0633	0,369
d_{2000}	0,0187	0,022
d_{2001}	-0,0093	0,263
d_{2002}	-0,0003	0,966
d_{2003}	0,0094	0,227
d_{2004}	0,0297	0,001
d_{2005}	0,0182	0,003
d_{2006}	0,0173	0,011
d_{2007}	0,0213	0,001
d_{2008}	0,0014	0,853
d_{2009}	-0,0051	0,541
Beobachtungen	1.096	
adj. R^2	0,3815	

Modell 1	Vorhersagbarkeit F-Test	
Vergleichsgruppe	Maßgröße	Pr(F > f)
PRE, POST	$\sqrt{\sigma^2(\varepsilon_t)}$	0,0000

Modell 2	Qualität der Periodenabgrenzungen F-Test	
Vergleichsgruppe	Maßgröße	Pr(F > f)
PRE, POST	$\sigma(\varepsilon_t)$	0,0000

Modell 3	Ergebnisglättung I Wilcoxon-Vorzeichen-Rangtest	
Vergleichsgruppe	Maßgröße	Pr > |Z|
PRE, POST	$m\left\|\frac{\sigma(NIBE_t)}{\sigma(CFO_t)}\right\|$	0,2491

Modell 4	Ergebnisglättung II	
	Bootstrap-Verfahren	
Vergleichsgruppe	Maßgröße	p-Wert
PRE, POST	Spearman-Korrelation	0,0000

Modell 5	Wertrelevanz	
	Bootstrap-Verfahren	
Vergleichsgruppe	Maßgröße	p-Wert
PRE, POST	adj. R^2	0,0000

Modell 6	Bedingte Vosicht	
	Zusammengefasste Stichprobe	
Variable	Koeffizient	p-Wert
NEG_t	-0,0292	0,441
$NEG_t \cdot IFRS_t$	0,0651	0,177
RET_t	0,0899	0,261
$RET_t \cdot IFRS_t$	0,0374	0,655
$NEG_t \cdot RET_t$	0,4333	0,002
$NEG_t \cdot RET_t \cdot IFRS_t$	0,0553	0,776
d_{2000}	0,1288	0,000
d_{2001}	0,1021	0,002
d_{2002}	0,0902	0,012
d_{2003}	-0,0445	0,348
d_{2004}	0,0495	0,282
d_{2005}	-0,0128	0,610
d_{2006}	0,0377	0,162
d_{2007}	0,0685	0,001
d_{2008}	0,0920	0,001
d_{2009}	-0,0387	0,261
Beobachtungen	1.145	
adj. R^2	0,1364	

Modell 6	Zeitnähe	
	Bootstrap-Verfahren	
Vergleichsgruppe	Maßgröße	p-Wert
PRE, POST	adj. R^2	0,0000

Anlage 14: Schätzungen zur IFRS-Umstellung in Frankreich

Modell 1	**Persistenz und Vorhersagbarkeit**			
	PRE		**POST**	
Variable	Koeffizient	p-Wert	Koeffizient	p-Wert
$NIBE_{t-1}$	0,5860	0,000	0,5712	0,000
d_{2000} bzw. d_{2005}	0,0076	0,091	0,0149	0,001
d_{2001} bzw. d_{2006}	-0,0088	0,109	0,0225	0,000
d_{2002} bzw. d_{2007}	-0,0111	0,005	0,0130	0,002
d_{2003} bzw. d_{2008}	0,0102	0,004	-0,0039	0,343
d_{2004} bzw. d_{2009}	0,0169	0,000	0,0048	0,127
Beobachtungen	1.787		1.806	
adj. R^2	0,3954		0,4199	
$\sqrt{\sigma^2(\varepsilon_t)}$	0,0763		0,0686	

Modell 2	**Qualität der Periodenabgrenzungen**			
	PRE		**POST**	
Variable	Koeffizient	p-Wert	Koeffizient	p-Wert
CFO_{t-1}	0,1878	0,000	0,1710	0,000
CFO_t	-0,5223	0,000	-0,4627	0,000
CFO_{t+1}	0,1995	0,000	0,2132	0,000
d_{2000} bzw. d_{2005}	0,0374	0,000	0,0126	0,003
d_{2001} bzw. d_{2006}	0,0185	0,000	0,0198	0,000
d_{2002} bzw. d_{2007}	0,0015	0,752	0,0187	0,000
d_{2003} bzw. d_{2008}	0,0031	0,505	0,0007	0,842
Beobachtungen	1.387		1.467	
adj. R^2	0,5284		0,4074	
$\sigma(\varepsilon_t)$	0,0598		0,0578	

Modell 3	**Ergebnisglättung I**	
	PRE	**POST**
$m\left\lvert\frac{\sigma(NIBE_t)}{\sigma(CFO_t)}\right\rvert$	0,5169	0,5488
Beobachtungen	382	376

Modell 4	**Ergebnisglättung II**			
	PRE		**POST**	
Variable	Koeffizient	p-Wert	Koeffizient	p-Wert
Spearman	-0,7650	0,0000	-0,7803	0,0000
Beobachtungen	1.787		1.806	

Modell 5	Wertrelevanz			
	PRE		POST	
Variable	Koeffizient	p-Wert	Koeffizient	p-Wert
$NIBE_t$	0,6967	0,000	0,3225	0,002
$\Delta NIBE_t$	0,3668	0,000	0,3473	0,000
d_{2000} bzw. d_{2005}	0,0358	0,241	0,5122	0,000
d_{2001} bzw. d_{2006}	-0,0855	0,000	0,2582	0,000
d_{2002} bzw. d_{2007}	-0,1859	0,000	-0,1943	0,000
d_{2003} bzw. d_{2008}	0,5417	0,000	-0,3946	0,000
d_{2004} bzw. d_{2009}	0,4373	0,000	0,5108	0,000
Beobachtungen	1.948		1.871	
adj. R^2	0,3477		0,3961	

Modell 6	Bedingte Vorsicht und Zeitnähe			
	PRE		POST	
Variable	Koeffizient	p-Wert	Koeffizient	p-Wert
NEG_t	-0,0288	0,029	-0,0147	0,372
RET_t	0,0483	0,003	0,0217	0,425
$NEG_t \cdot RET_t$	0,2770	0,000	0,3141	0,000
d_{2000} bzw. d_{2005}	0,0799	0,000	0,0205	0,168
d_{2001} bzw. d_{2006}	0,1086	0,000	0,0537	0,000
d_{2002} bzw. d_{2007}	0,0714	0,000	0,0898	0,000
d_{2003} bzw. d_{2008}	-0,0278	0,060	0,1350	0,000
d_{2004} bzw. d_{2009}	0,0294	0,005	-0,0242	0,209
Beobachtungen	1.948		1.871	
adj. R^2	0,1466		0,0773	

Anlage 15: Untersuchungen auf signifikante Unterschiede der IFRS-Umstellung in Frankreich

Modell 1	Persistenz Zusammengefasste Stichprobe	
Variable	Koeffizient	p-Wert
$NIBE_{t-1}$	0,5860	0,000
$IFRS_t \cdot NIBE_{t-1}$	-0,0148	0,771
d_{2000}	0,0076	0,091
d_{2001}	-0,0088	0,109
d_{2002}	-0,0111	0,005
d_{2003}	0,0102	0,004
d_{2004}	0,0169	0,000
d_{2005}	0,0149	0,001
d_{2006}	0,0225	0,000
d_{2007}	0,0130	0,002
d_{2008}	-0,0039	0,343
d_{2009}	0,0048	0,127
Beobachtungen	3.593	
adj. R^2	0,4066	

Modell 1	Vorhersagbarkeit F-Test	
Vergleichsgruppe	Maßgröße	Pr(F > f)
PRE, POST	$\sqrt{\sigma^2(\varepsilon_t)}$	0,0000

Modell 2	Qualität der Periodenabgrenzungen F-Test	
Vergleichsgruppe	Maßgröße	Pr(F > f)
PRE, POST	$\sigma(\varepsilon_t)$	0,1979

Modell 3	Ergebnisglättung I Wilcoxon-Vorzeichen-Rangtest	
Vergleichsgruppe	Maßgröße	Pr > |Z|
PRE, POST	$m\left\|\frac{\sigma(NIBE_t)}{\sigma(CFO_t)}\right\|$	0,0412

Modell 4	Ergebnisglättung II	
	Bootstrap-Verfahren	
Vergleichsgruppe	Maßgröße	p-Wert
PRE, POST	Spearman-Korrelation	0,0000

Modell 5	Wertrelevanz	
	Bootstrap-Verfahren	
Vergleichsgruppe	Maßgröße	p-Wert
PRE, POST	adj. R^2	0,0000

Modell 6	Bedingte Vosicht	
	Zusammengefasste Stichprobe	
Variable	Koeffizient	p-Wert
NEG_t	-0,0288	0,029
$NEG_t \cdot IFRS_t$	0,0140	0,445
RET_t	0,0483	0,003
$RET_t \cdot IFRS_t$	-0,0266	0,383
$NEG_t \cdot RET_t$	0,2770	0,000
$NEG_t \cdot RET_t \cdot IFRS_t$	0,0371	0,596
d_{2000}	0,0799	0,000
d_{2001}	0,1086	0,000
d_{2002}	0,0714	0,000
d_{2003}	-0,0278	0,060
d_{2004}	0,0294	0,005
d_{2005}	0,0205	0,168
d_{2006}	0,0537	0,000
d_{2007}	0,0898	0,000
d_{2008}	0,1350	0,000
d_{2009}	-0,0242	0,209
Beobachtungen	3.819	
adj. R^2	0,1122	

Modell 6	Zeitnähe	
	Bootstrap-Verfahren	
Vergleichsgruppe	Maßgröße	p-Wert
PRE, POST	adj. R^2	0,0000

Anlage 16: Schätzungen zur IFRS-Umstellung in UK

Modell 1	**Persistenz und Vorhersagbarkeit**			
	PRE		**POST**	
Variable	Koeffizient	p-Wert	Koeffizient	p-Wert
$NIBE_{t-1}$	0,5882	0,000	0,6796	0,000
d_{2000} bzw. d_{2005}	0,0004	0,957	0,0059	0,322
d_{2001} bzw. d_{2006}	-0,0045	0,440	0,0228	0,000
d_{2002} bzw. d_{2007}	-0,0027	0,648	0,0162	0,000
d_{2003} bzw. d_{2008}	0,0177	0,000	-0,0208	0,000
d_{2004} bzw. d_{2009}	0,0174	0,000	0,0102	0,080
Beobachtungen	2.215		2.075	
adj. R^2	0,4794		0,5496	
$\sqrt{\sigma^2(\varepsilon_t)}$	0,1168		0,1011	

Modell 2	**Qualität der Periodenabgrenzungen**			
	PRE		**POST**	
Variable	Koeffizient	p-Wert	Koeffizient	p-Wert
CFO_{t-1}	0,1091	0,000	0,1393	0,000
CFO_t	-0,3002	0,000	-0,3538	0,000
CFO_{t+1}	0,1314	0,000	0,1839	0,000
d_{2000} bzw. d_{2005}	0,0195	0,000	0,0021	0,630
d_{2001} bzw. d_{2006}	0,0028	0,427	0,0049	0,205
d_{2002} bzw. d_{2007}	-0,0049	0,128	0,0057	0,162
d_{2003} bzw. d_{2008}	0,0044	0,193	-0,0132	0,006
Beobachtungen	1.726		1.701	
adj. R^2	0,3105		0,3037	
$\sigma(\varepsilon_t)$	0,0644		0,0660	

Modell 3	**Ergebnisglättung I**	
	PRE	**POST**
$m\left\lvert\frac{\sigma(NIBE_t)}{\sigma(CFO_t)}\right\rvert$	0,7112	0,7415
Beobachtungen	473	442

Modell 4	**Ergebnisglättung II**			
	PRE		**POST**	
Variable	Koeffizient	p-Wert	Koeffizient	p-Wert
Spearman	-0,5929	0,0000	-0,6891	0,0000
Beobachtungen	2.215		2.075	

Modell 5	Wertrelevanz			
	PRE		POST	
Variable	Koeffizient	p-Wert	Koeffizient	p-Wert
$NIBE_t$	0,5139	0,000	0,7201	0,000
$\Delta NIBE_t$	0,5900	0,000	0,1763	0,065
d_{2000} bzw. d_{2005}	0,0493	0,067	0,2878	0,000
d_{2001} bzw. d_{2006}	0,0255	0,306	0,2396	0,000
d_{2002} bzw. d_{2007}	0,0194	0,434	-0,2234	0,000
d_{2003} bzw. d_{2008}	0,6603	0,000	-0,1883	0,000
d_{2004} bzw. d_{2009}	0,2541	0,000	0,6460	0,000
Beobachtungen	2.524		2.278	
adj. R^2	0,3004		0,3510	

Modell 6	Bedingte Vorsicht und Zeitnähe			
	PRE		POST	
Variable	Koeffizient	p-Wert	Koeffizient	p-Wert
NEG_t	-0,0357	0,003	0,0010	0,930
RET_t	-0,0340	0,035	0,0257	0,240
$NEG_t \cdot RET_t$	0,3079	0,000	0,2959	0,000
d_{2000} bzw. d_{2005}	0,1098	0,000	0,0344	0,000
d_{2001} bzw. d_{2006}	0,0812	0,000	0,0441	0,000
d_{2002} bzw. d_{2007}	0,0721	0,000	0,1014	0,000
d_{2003} bzw. d_{2008}	0,0364	0,001	0,0913	0,000
d_{2004} bzw. d_{2009}	0,0585	0,000	-0,0039	0,818
Beobachtungen	2.524		2.278	
adj. R^2	0,1263		0,1235	

Anlage 17: Untersuchungen auf signifikante Unterschiede der IFRS-Umstellung in UK

Modell 1	**Persistenz**	
	Zusammengefasste Stichprobe	
Variable	Koeffizient	p-Wert
$NIBE_{t-1}$	0,5882	0,000
$IFRS_t \cdot NIBE_{t-1}$	0,0913	0,039
d_{2000}	0,0004	0,957
d_{2001}	-0,0045	0,440
d_{2002}	-0,0027	0,648
d_{2003}	0,0177	0,000
d_{2004}	0,0174	0,000
d_{2005}	0,0059	0,322
d_{2006}	0,0228	0,000
d_{2007}	0,0162	0,000
d_{2008}	-0,0208	0,000
d_{2009}	0,0102	0,080
Beobachtungen	4.290	
adj. R^2	0,5109	

Modell 1	**Vorhersagbarkeit**	
	F-Test	
Vergleichsgruppe	Maßgröße	Pr(F > f)
PRE, POST	$\sqrt{\sigma^2(\varepsilon_t)}$	0,0000

Modell 2	**Qualität der Periodenabgrenzungen**	
	F-Test	
Vergleichsgruppe	Maßgröße	Pr(F > f)
PRE, POST	$\sigma(\varepsilon_t)$	0,3089

Modell 3	**Ergebnisglättung I**	
	Wilcoxon-Vorzeichen-Rangtest	
Vergleichsgruppe	Maßgröße	Pr > |Z|
PRE, POST	$m\left\|\frac{\sigma(NIBE_t)}{\sigma(CFO_t)}\right\|$	0,5799

Modell 4	Ergebnisglättung II Bootstrap-Verfahren	
Vergleichsgruppe	Maßgröße	p-Wert
PRE, POST	Spearman-Korrelation	0,0000

Modell 5	Wertrelevanz Bootstrap-Verfahren	
Vergleichsgruppe	Maßgröße	p-Wert
PRE, POST	adj. R^2	0,0000

Modell 6	Bedingte Vosicht Zusammengefasste Stichprobe	
Variable	Koeffizient	p-Wert
NEG_t	-0,0357	0,003
$NEG_t \cdot IFRS_t$	0,0368	0,030
RET_t	-0,034	0,035
$RET_t \cdot IFRS_t$	0,0597	0,029
$NEG_t \cdot RET_t$	0,3079	0,000
$NEG_t \cdot RET_t \cdot IFRS_t$	-0,012	0,820
d_{2000}	0,1098	0,000
d_{2001}	0,0812	0,000
d_{2002}	0,0721	0,000
d_{2003}	0,0364	0,001
d_{2004}	0,0585	0,000
d_{2005}	0,0344	0,000
d_{2006}	0,0441	0,000
d_{2007}	0,1014	0,000
d_{2008}	0,0913	0,000
d_{2009}	-0,0039	0,818
Beobachtungen	4.802	
adj. R^2	0,1249	

Modell 6	Zeitnähe Bootstrap-Verfahren	
Vergleichsgruppe	Maßgröße	p-Wert
PRE, POST	adj. R^2	0,0021

Anlage 18: Zusammengefasste deskriptive Merkmale in Frankreich auf Basis der Logit-Schätzung

Variable	N	AM	Median	Stab	25%	75%
Probability	386	0,5378	0,5433	0,2531	0,3013	0,7694
FS	386	0,4096	0,4078	0,2668	0,1733	0,6437
DTM	386	0,2122	0,1719	0,1893	0,0542	0,3165
LMV	386	11,6141	11,3217	2,0739	10,0911	12,8717

Anlage 19: Zusammengefasste deskriptive Merkmale in UK auf Basis der Logit-Schätzung

Variable	N	AM	Median	Stab	25%	75%
Probability	882	0,4824	0,4624	0,2478	0,2589	0,6889
FS	882	0,2998	0,2000	0,3041	0,0069	0,5299
DTM	882	0,1405	0,0942	0,1510	0,0100	0,2263
LMV	882	10,8872	10,6969	2,1225	9,2553	12,2215

Anlage 20: Verteilung der Unternehmen auf potentiell verpflichtete und freiwillige IFRS-Anwender in Frankreich und UK

Frankreich							
		Rechnungslegungsbasierte Eigenschaften			**Marktbasierte Eigenschaften**		
		EARLY = 0	EARLY = 1	GESAMT	EARLY = 0	EARLY = 1	GESAMT
	2000	94	127	221	106	138	244
	2001	105	150	255	122	164	286
PRE	2002	117	159	276	131	173	304
	2003	120	168	288	136	178	314
	2004	121	175	296	136	179	315
	2005	121	175	296	136	179	315
	2006	110	167	277	124	175	299
POST	2007	108	155	263	115	166	281
	2008	104	152	256	115	156	271
	2009	103	151	254	108	155	263
	Summe	**1.103**	**1.579**	**2.682**	**1.229**	**1.663**	**2.892**

UK							
		Rechnungslegungsbasierte Eigenschaften			**Marktbasierte Eigenschaften**		
		EARLY = 0	EARLY = 1	GESAMT	EARLY = 0	EARLY = 1	GESAMT
	2000	119	192	311	150	213	363
	2001	132	206	338	157	237	394
PRE	2002	142	215	357	166	238	404
	2003	141	223	364	164	246	410
	2004	148	229	377	171	252	423
	2005	148	229	377	171	252	423
	2006	133	200	333	146	233	379
POST	2007	125	187	312	140	205	345
	2008	116	173	289	131	193	324
	2009	116	171	287	126	178	304
	Summe	**1.320**	**2.025**	**3.345**	**1.522**	**2.247**	**3.769**

Anlage 21: Schätzungen für potentiell verpflichtete IFRS-Anwender in Frankreich

Modell 1	Persistenz und Vorhersagbarkeit			
	PRE		POST	
Variable	Koeffizient	p-Wert	Koeffizient	p-Wert
$NIBE_{t-1}$	0,5362	0,000	0,5318	0,000
d_{2000} bzw. d_{2005}	0,0034	0,583	0,0086	0,215
d_{2001} bzw. d_{2006}	0,0026	0,714	0,0271	0,000
d_{2002} bzw. d_{2007}	-0,0004	0,942	0,0004	0,950
d_{2003} bzw. d_{2008}	0,0175	0,004	-0,0081	0,092
d_{2004} bzw. d_{2009}	0,0028	0,677	-0,0020	0,729
Beobachtungen	557		546	
adj. R^2	0,3310		0,3225	
$\sqrt{\sigma^2(\varepsilon_t)}$	0,0625		0,0674	

Modell 2	Qualität der Periodenabgrenzungen			
	PRE		POST	
Variable	Koeffizient	p-Wert	Koeffizient	p-Wert
CFO_{t-1}	0,1486	0,001	0,1730	0,002
CFO_t	-0,5929	0,000	-0,5052	0,000
CFO_{t+1}	0,1338	0,029	0,2458	0,000
d_{2000} bzw. d_{2005}	0,0372	0,000	0,0139	0,098
d_{2001} bzw. d_{2006}	0,0297	0,003	0,0361	0,000
d_{2002} bzw. d_{2007}	0,0222	0,032	0,0220	0,000
d_{2003} bzw. d_{2008}	0,0284	0,003	0,0010	0,828
Beobachtungen	436		443	
adj. R^2	0,5092		0,4446	
$\sigma(\varepsilon_t)$	0,0535		0,0585	

Modell 3	Ergebnisglättung I	
	PRE	POST
$m\left\lvert\frac{\sigma(NIBE_t)}{\sigma(CFO_t)}\right\rvert$	0,4645	0,5286
Beobachtungen	120	113

Modell 4	Ergebnisglättung II			
	PRE		POST	
Variable	Koeffizient	p-Wert	Koeffizient	p-Wert
Spearman	-0,8190	0,0000	-0,8007	0,0000
Beobachtungen	557		546	

Modell 5	Wertrelevanz			
	PRE		POST	
Variable	Koeffizient	p-Wert	Koeffizient	p-Wert
$NIBE_t$	0,7482	0,000	0,1984	0,283
$\Delta NIBE_t$	0,4704	0,000	0,3689	0,002
d_{2000} bzw. d_{2005}	0,0532	0,373	0,4681	0,000
d_{2001} bzw. d_{2006}	-0,0080	0,849	0,2763	0,000
d_{2002} bzw. d_{2007}	-0,1235	0,002	-0,1407	0,000
d_{2003} bzw. d_{2008}	0,4994	0,000	-0,4371	0,000
d_{2004} bzw. d_{2009}	0,4654	0,000	0,4526	0,000
Beobachtungen	631		598	
adj. R^2	0,3733		0,3574	

Modell 6	Bedingte Vorsicht und Zeitnähe			
	PRE		POST	
Variable	Koeffizient	p-Wert	Koeffizient	p-Wert
NEG_t	-0,0092	0,652	-0,0354	0,342
RET_t	0,0801	0,013	0,0021	0,975
$NEG_t \cdot RET_t$	0,4491	0,000	0,3941	0,012
d_{2000} bzw. d_{2005}	0,1018	0,000	0,0260	0,469
d_{2001} bzw. d_{2006}	0,1221	0,000	0,0808	0,000
d_{2002} bzw. d_{2007}	0,1149	0,000	0,0948	0,006
d_{2003} bzw. d_{2008}	0,0054	0,824	0,1567	0,012
d_{2004} bzw. d_{2009}	0,0275	0,171	-0,0565	0,215
Beobachtungen	631		598	
adj. R^2	0,2483		0,0810	

Anlage 22: Untersuchungen auf signifikante Unterschiede der potentiell verpflichteten IFRS-Anwender in Frankreich

Modell 1	Persistenz	
	Zusammengefasste Stichprobe	
Variable	Koeffizient	p-Wert
$NIBE_{t-1}$	0,5362	0,000
$IFRS_t \cdot NIBE_{t-1}$	-0,0044	0,965
d_{2000}	0,0034	0,583
d_{2001}	0,0026	0,714
d_{2002}	-0,0004	0,942
d_{2003}	0,0175	0,004
d_{2004}	0,0028	0,677
d_{2005}	0,0086	0,215
d_{2006}	0,0271	0,000
d_{2007}	0,0004	0,950
d_{2008}	-0,0081	0,092
d_{2009}	-0,0020	0,729
Beobachtungen	1.103	
adj. R^2	0,3265	

Modell 1	Vorhersagbarkeit	
	F-Test	
Vergleichsgruppe	Maßgröße	Pr(F > f)
PRE, POST	$\sqrt{\sigma^2(\varepsilon_t)}$	0,0780

Modell 2	Qualität der Periodenabgrenzungen	
	F-Test	
Vergleichsgruppe	Maßgröße	Pr(F > f)
PRE, POST	$\sigma(\varepsilon_t)$	0,0586

Modell 3	Ergebnisglättung I	
	Wilcoxon-Vorzeichen-Rangtest	
Vergleichsgruppe	Maßgröße	Pr > |Z|
PRE, POST	$m\left\|\frac{\sigma(NIBE_t)}{\sigma(CFO_t)}\right\|$	0,0008

Modell 4	Ergebnisglättung II Bootstrap-Verfahren	
Vergleichsgruppe	Maßgröße	p-Wert
PRE, POST	Spearman-Korrelation	0,0000

Modell 5	Wertrelevanz Bootstrap-Verfahren	
Vergleichsgruppe	Maßgröße	p-Wert
PRE, POST	adj. R^2	0,0000

Modell 6	Bedingte Vosicht Zusammengefasste Stichprobe	
Variable	Koeffizient	p-Wert
NEG_t	-0,0092	0,652
$NEG_t \cdot IFRS_t$	-0,0262	0,519
RET_t	0,0801	0,013
$RET_t \cdot IFRS_t$	-0,0780	0,260
$NEG_t \cdot RET_t$	0,4491	0,000
$NEG_t \cdot RET_t \cdot IFRS_t$	-0,0549	0,701
d_{2000}	0,1018	0,000
d_{2001}	0,1221	0,000
d_{2002}	0,1149	0,000
d_{2003}	0,0054	0,824
d_{2004}	0,0275	0,171
d_{2005}	0,0260	0,469
d_{2006}	0,0808	0,000
d_{2007}	0,0948	0,006
d_{2008}	0,1567	0,012
d_{2009}	-0,0565	0,215
Beobachtungen	1.229	
adj. R^2	0,1554	

Modell 6	Zeitnähe Bootstrap-Verfahren	
Vergleichsgruppe	Maßgröße	p-Wert
PRE, POST	adj. R^2	0,0000

Anlage 23: Schätzungen für potentiell freiwillige IFRS-Anwender in Frankreich

Modell 1	**Persistenz und Vorhersagbarkeit**			
	PRE		**POST**	
Variable	Koeffizient	p-Wert	Koeffizient	p-Wert
$NIBE_{t-1}$	0,6253	0,000	0,5206	0,000
d_{2000} bzw. d_{2005}	0,0111	0,117	0,0263	0,000
d_{2001} bzw. d_{2006}	-0,0177	0,021	0,0215	0,000
d_{2002} bzw. d_{2007}	-0,0163	0,014	0,0247	0,000
d_{2003} bzw. d_{2008}	0,0080	0,135	0,0012	0,848
d_{2004} bzw. d_{2009}	0,0247	0,000	0,0073	0,067
Beobachtungen	779		800	
adj. R^2	0,4487		0,4439	
$\sqrt{\sigma^2(\varepsilon_t)}$	0,0771		0,0650	

Modell 2	**Qualität der Periodenabgrenzungen**			
	PRE		**POST**	
Variable	Koeffizient	p-Wert	Koeffizient	p-Wert
CFO_{t-1}	0,2132	0,000	0,1377	0,001
CFO_t	-0,4895	0,000	-0,4094	0,000
CFO_{t+1}	0,2229	0,000	0,1781	0,000
d_{2000} bzw. d_{2005}	0,0404	0,000	0,0201	0,001
d_{2001} bzw. d_{2006}	0,0061	0,370	0,0153	0,011
d_{2002} bzw. d_{2007}	-0,0097	0,212	0,0198	0,000
d_{2003} bzw. d_{2008}	-0,0130	0,043	0,0064	0,181
Beobachtungen	604		649	
adj. R^2	0,5216		0,4043	
$\sigma(\varepsilon_t)$	0,0583		0,0505	

Modell 3	**Ergebnisglättung I**	
	PRE	**POST**
$m\left\lvert\frac{\sigma(NIBE_t)}{\sigma(CFO_t)}\right\rvert$	0,5911	0,5711
Beobachtungen	169	166

Modell 4	**Ergebnisglättung II**			
	PRE		**POST**	
Variable	Koeffizient	p-Wert	Koeffizient	p-Wert
Spearman	-0,7280	0,0000	-0,7703	0,0000
Beobachtungen	779		800	

Modell 5	Wertrelevanz			
	PRE		POST	
Variable	Koeffizient	p-Wert	Koeffizient	p-Wert
$NIBE_t$	0,6783	0,000	0,6283	0,000
$\Delta NIBE_t$	0,5189	0,000	0,2390	0,031
d_{2000} bzw. d_{2005}	0,0192	0,711	0,5288	0,000
d_{2001} bzw. d_{2006}	-0,1487	0,000	0,2584	0,000
d_{2002} bzw. d_{2007}	-0,2852	0,000	-0,2392	0,000
d_{2003} bzw. d_{2008}	0,5916	0,000	-0,4118	0,000
d_{2004} bzw. d_{2009}	0,3580	0,000	0,5758	0,000
Beobachtungen	832		831	
adj. R^2	0,3996		0,4660	

Modell 6	Bedingte Vorsicht und Zeitnähe			
	PRE		POST	
Variable	Koeffizient	p-Wert	Koeffizient	p-Wert
NEG_t	-0,0286	0,119	0,0003	0,983
RET_t	0,0375	0,096	0,0514	0,028
$NEG_t \cdot RET_t$	0,1773	0,000	0,2519	0,001
d_{2000} bzw. d_{2005}	0,0765	0,000	0,0366	0,003
d_{2001} bzw. d_{2006}	0,0838	0,000	0,0438	0,000
d_{2002} bzw. d_{2007}	0,0505	0,002	0,0826	0,000
d_{2003} bzw. d_{2008}	-0,0499	0,023	0,1275	0,000
d_{2004} bzw. d_{2009}	0,0327	0,019	-0,0340	0,123
Beobachtungen	832		831	
adj. R^2	0,1110		0,1139	

Anlage 24: Untersuchungen auf signifikante Unterschiede der potentiell freiwilligen IFRS-Anwender in Frankreich

Modell 1	**Persistenz**	
	Zusammengefasste Stichprobe	
Variable	Koeffizient	p-Wert
$NIBE_{t-1}$	0,6253	0,000
$IFRS_t \cdot NIBE_{t-1}$	-0,1047	0,163
d_{2000}	0,0111	0,117
d_{2001}	-0,0177	0,021
d_{2002}	-0,0163	0,014
d_{2003}	0,0080	0,135
d_{2004}	0,0247	0,000
d_{2005}	0,0263	0,000
d_{2006}	0,0215	0,000
d_{2007}	0,0247	0,000
d_{2008}	0,0012	0,848
d_{2009}	0,0073	0,067
Beobachtungen	1.579	
adj. R^2	0,4467	

Modell 1	**Vorhersagbarkeit**	
	F-Test	
Vergleichsgruppe	Maßgröße	Pr(F > f)
PRE, POST	$\sqrt{\sigma^2(\varepsilon_t)}$	0,0000

Modell 2	**Qualität der Periodenabgrenzungen**	
	F-Test	
Vergleichsgruppe	Maßgröße	Pr(F > f)
PRE, POST	$\sigma(\varepsilon_t)$	0,0003

Modell 3	**Ergebnisglättung I**	
	Wilcoxon-Vorzeichen-Rangtest	
Vergleichsgruppe	Maßgröße	Pr > |Z|
PRE, POST	$m\left\|\frac{\sigma(NIBE_t)}{\sigma(CFO_t)}\right\|$	0,3915

Modell 4	Ergebnisglättung II	
	Bootstrap-Verfahren	
Vergleichsgruppe	Maßgröße	p-Wert
PRE, POST	Spearman-Korrelation	0,0000

Modell 5	Wertrelevanz	
	Bootstrap-Verfahren	
Vergleichsgruppe	Maßgröße	p-Wert
PRE, POST	adj. R^2	0,0000

Modell 6	Bedingte Vosicht	
	Zusammengefasste Stichprobe	
Variable	Koeffizient	p-Wert
NEG_t	-0,0286	0,119
$NEG_t \cdot IFRS_t$	0,0289	0,253
RET_t	0,0375	0,097
$RET_t \cdot IFRS_t$	0,0139	0,672
$NEG_t \cdot RET_t$	0,1773	0,000
$NEG_t \cdot RET_t \cdot IFRS_t$	0,0746	0,386
d_{2000}	0,0765	0,000
d_{2001}	0,0838	0,000
d_{2002}	0,0505	0,002
d_{2003}	-0,0499	0,023
d_{2004}	0,0327	0,019
d_{2005}	0,0366	0,003
d_{2006}	0,0438	0,000
d_{2007}	0,0826	0,000
d_{2008}	0,1275	0,000
d_{2009}	-0,0340	0,123
Beobachtungen	1.663	
adj. R^2	0,1124	

Modell 6	Zeitnähe	
	Bootstrap-Verfahren	
Vergleichsgruppe	Maßgröße	p-Wert
PRE, POST	adj. R^2	0,0000

Anlage 25: Schätzungen für potentiell verpflichtete IFRS-Anwender in UK

Modell 1	**Persistenz und Vorhersagbarkeit**			
	PRE		**POST**	
Variable	Koeffizient	p-Wert	Koeffizient	p-Wert
$NIBE_{t-1}$	0,6105	0,000	0,5453	0,000
d_{2000} bzw. d_{2005}	-0,0018	0,875	0,0233	0,021
d_{2001} bzw. d_{2006}	0,0077	0,284	0,0255	0,008
d_{2002} bzw. d_{2007}	0,0045	0,604	0,0228	0,008
d_{2003} bzw. d_{2008}	0,0258	0,001	-0,0452	0,000
d_{2004} bzw. d_{2009}	0,0122	0,083	0,0138	0,066
Beobachtungen	682		638	
adj. R^2	0,4859		0,3815	
$\sqrt{\sigma^2(\varepsilon_t)}$	0,0900		0,0907	

Modell 2	**Qualität der Periodenabgrenzungen**			
	PRE		**POST**	
Variable	Koeffizient	p-Wert	Koeffizient	p-Wert
CFO_{t-1}	0,1233	0,000	0,1238	0,001
CFO_t	-0,4016	0,000	-0,3829	0,000
CFO_{t+1}	0,1681	0,000	0,1311	0,000
d_{2000} bzw. d_{2005}	0,0227	0,010	0,0160	0,034
d_{2001} bzw. d_{2006}	0,0092	0,123	0,0129	0,069
d_{2002} bzw. d_{2007}	-0,0028	0,613	0,0185	0,002
d_{2003} bzw. d_{2008}	0,0119	0,029	-0,0166	0,016
Beobachtungen	534		522	
adj. R^2	0,3856		0,3231	
$\sigma(\varepsilon_t)$	0,0572		0,0634	

Modell 3	**Ergebnisglättung I**	
	PRE	**POST**
$m\left\lvert\frac{\sigma(NIBE_t)}{\sigma(CFO_t)}\right\rvert$	0,5944	0,7428
Beobachtungen	145	138

Modell 4	**Ergebnisglättung II**			
	PRE		**POST**	
Variable	Koeffizient	p-Wert	Koeffizient	p-Wert
Spearman	-0,6582	0,0000	-0,6740	0,0000
Beobachtungen	682		638	

Modell 5	**Wertrelevanz**			
	PRE		**POST**	
Variable	Koeffizient	p-Wert	Koeffizient	p-Wert
$NIBE_t$	0,8334	0,000	0,6141	0,000
$\Delta NIBE_t$	0,2903	0,022	0,2393	0,104
d_{2000} bzw. d_{2005}	0,0437	0,394	0,2590	0,000
d_{2001} bzw. d_{2006}	0,1175	0,005	0,2385	0,000
d_{2002} bzw. d_{2007}	0,1330	0,001	-0,3153	0,000
d_{2003} bzw. d_{2008}	0,6702	0,000	-0,2393	0,000
d_{2004} bzw. d_{2009}	0,2535	0,000	0,6302	0,000
Beobachtungen	808		714	
adj. R^2	0,3273		0,3841	

Modell 6	**Bedingte Vorsicht und Zeitnähe**			
	PRE		**POST**	
Variable	Koeffizient	p-Wert	Koeffizient	p-Wert
NEG_t	-0,0367	0,140	-0,0255	0,303
RET_t	-0,0027	0,936	0,0451	0,209
$NEG_t \cdot RET_t$	0,3465	0,000	0,2712	0,001
d_{2000} bzw. d_{2005}	0,1153	0,000	0,0504	0,004
d_{2001} bzw. d_{2006}	0,1022	0,000	0,0473	0,010
d_{2002} bzw. d_{2007}	0,0922	0,000	0,1409	0,000
d_{2003} bzw. d_{2008}	0,0418	0,050	0,1066	0,000
d_{2004} bzw. d_{2009}	0,0498	0,000	-0,0478	0,165
Beobachtungen	808		714	
adj. R^2	0,1607		0,1221	

Anlage 26: Untersuchungen auf signifikante Unterschiede der potentiell verpflichteten IFRS-Anwender in UK

Modell 1	**Persistenz**	
	Zusammengefasste Stichprobe	
Variable	Koeffizient	p-Wert
$NIBE_{t-1}$	0,6105	0,000
$IFRS_t \cdot NIBE_{t-1}$	-0,0652	0,520
d_{2000}	-0,0018	0,875
d_{2001}	0,0077	0,284
d_{2002}	0,0045	0,605
d_{2003}	0,0258	0,001
d_{2004}	0,0122	0,083
d_{2005}	0,0233	0,021
d_{2006}	0,0255	0,008
d_{2007}	0,0228	0,008
d_{2008}	-0,0452	0,000
d_{2009}	0,0138	0,066
Beobachtungen	1.320	
adj. R^2	0,4398	

Modell 1	**Vorhersagbarkeit**	
	F-Test	
Vergleichsgruppe	Maßgröße	Pr(F > f)
PRE, POST	$\sqrt{\sigma^2(\varepsilon_t)}$	0,8409

Modell 2	**Qualität der Periodenabgrenzungen**	
	F-Test	
Vergleichsgruppe	Maßgröße	Pr(F > f)
PRE, POST	$\sigma(\varepsilon_t)$	0,0175

Modell 3	**Ergebnisglättung I**	
	Wilcoxon-Vorzeichen-Rangtest	
Vergleichsgruppe	Maßgröße	Pr > |Z|
PRE, POST	$m\left\|\frac{\sigma(NIBE_t)}{\sigma(CFO_t)}\right\|$	0,3667

Modell 4	Ergebnisglättung II Bootstrap-Verfahren	
Vergleichsgruppe	Maßgröße	p-Wert
PRE, POST	Spearman-Korrelation	0,0000

Modell 5	Wertrelevanz Bootstrap-Verfahren	
Vergleichsgruppe	Maßgröße	p-Wert
PRE, POST	adj. R^2	0,0000

Modell 6	Bedingte Vosicht Zusammengefasste Stichprobe	
Variable	Koeffizient	p-Wert
NEG_t	-0,0367	0,141
$NEG_t \cdot IFRS_t$	0,0112	0,765
RET_t	-0,0027	0,936
$RET_t \cdot IFRS_t$	0,0477	0,340
$NEG_t \cdot RET_t$	0,3465	0,000
$NEG_t \cdot RET_t \cdot IFRS_t$	-0,0753	0,496
d_{2000}	0,1153	0,000
d_{2001}	0,1022	0,000
d_{2002}	0,0922	0,000
d_{2003}	0,0418	0,050
d_{2004}	0,0498	0,000
d_{2005}	0,0504	0,004
d_{2006}	0,0473	0,010
d_{2007}	0,1409	0,000
d_{2008}	0,1066	0,000
d_{2009}	-0,0478	0,165
Beobachtungen	1.522	
adj. R^2	0,1396	

Modell 6	Zeitnähe Bootstrap-Verfahren	
Vergleichsgruppe	Maßgröße	p-Wert
PRE, POST	adj. R^2	0,0000

Anlage 27: Schätzungen für potentiell freiwillige IFRS-Anwender in UK

Modell 1	Persistenz und Vorhersagbarkeit			
	PRE		POST	
Variable	Koeffizient	p-Wert	Koeffizient	p-Wert
$NIBE_{t-1}$	0,5962	0,000	0,6727	0,000
d_{2000} bzw. d_{2005}	-0,0031	0,738	0,0109	0,086
d_{2001} bzw. d_{2006}	-0,0104	0,238	0,0240	0,000
d_{2002} bzw. d_{2007}	-0,0002	0,976	0,0271	0,000
d_{2003} bzw. d_{2008}	0,0182	0,004	-0,0011	0,872
d_{2004} bzw. d_{2009}	0,0198	0,001	0,0091	0,229
Beobachtungen	1.065		960	
adj. R^2	0,4664		0,5979	
$\sqrt{\sigma^2(\varepsilon_t)}$	0,1097		0,0800	

Modell 2	Qualität der Periodenabgrenzungen			
	PRE		POST	
Variable	Koeffizient	p-Wert	Koeffizient	p-Wert
CFO_{t-1}	0,1065	0,000	0,1899	0,000
CFO_t	-0,3020	0,000	-0,4123	0,000
CFO_{t+1}	0,0914	0,000	0,1628	0,000
d_{2000} bzw. d_{2005}	0,0272	0,000	0,0044	0,425
d_{2001} bzw. d_{2006}	0,0034	0,509	0,0124	0,006
d_{2002} bzw. d_{2007}	0,0036	0,423	0,0166	0,001
d_{2003} bzw. d_{2008}	0,0082	0,098	-0,0029	0,688
Beobachtungen	836		789	
adj. R^2	0,2800		0,3660	
$\sigma(\varepsilon_t)$	0,0622		0,0593	

Modell 3	Ergebnisglättung I	
	PRE	POST
$m\left\lvert\frac{\sigma(NIBE_t)}{\sigma(CFO_t)}\right\rvert$	0,7573	0,7349
Beobachtungen	228	201

Modell 4	Ergebnisglättung II			
	PRE		POST	
Variable	Koeffizient	p-Wert	Koeffizient	p-Wert
Spearman	-0,5492	0,0000	-0,7150	0,0000
Beobachtungen	1.065		960	

Modell 5	Wertrelevanz			
	PRE		POST	
Variable	Koeffizient	p-Wert	Koeffizient	p-Wert
$NIBE_t$	0,3644	0,017	0,9517	0,000
$\Delta NIBE_t$	1,0075	0,000	-0,0162	0,938
d_{2000} bzw. d_{2005}	0,0177	0,597	0,2616	0,000
d_{2001} bzw. d_{2006}	-0,0629	0,060	0,2294	0,000
d_{2002} bzw. d_{2007}	-0,0900	0,007	-0,1850	0,000
d_{2003} bzw. d_{2008}	0,5971	0,000	-0,1696	0,000
d_{2004} bzw. d_{2009}	0,2389	0,000	0,7161	0,000
Beobachtungen	1.186		1.061	
adj. R^2	0,3545		0,3952	

Modell 6	Bedingte Vorsicht und Zeitnähe			
	PRE		POST	
Variable	Koeffizient	p-Wert	Koeffizient	p-Wert
NEG_t	-0,0323	0,029	0,0037	0,753
RET_t	-0,0682	0,002	0,0244	0,382
$NEG_t \cdot RET_t$	0,3254	0,000	0,2231	0,000
d_{2000} bzw. d_{2005}	0,1098	0,000	0,0355	0,004
d_{2001} bzw. d_{2006}	0,0809	0,000	0,0443	0,000
d_{2002} bzw. d_{2007}	0,0796	0,000	0,0792	0,000
d_{2003} bzw. d_{2008}	0,0441	0,002	0,0789	0,000
d_{2004} bzw. d_{2009}	0,0568	0,000	0,0386	0,022
Beobachtungen	1.186		1.061	
adj. R^2	0,1408		0,1452	

Anlage 28: Untersuchungen auf signifikante Unterschiede der potentiell freiwilligen IFRS-Anwender in UK

Modell 1	Persistenz Zusammengefasste Stichprobe	
Variable	Koeffizient	p-Wert
$NIBE_{t-1}$	0,5962	0,000
$IFRS_t \cdot NIBE_{t-1}$	0,0765	0,149
d_{2000}	-0,0031	0,738
d_{2001}	-0,0104	0,239
d_{2002}	-0,0002	0,976
d_{2003}	0,0182	0,004
d_{2004}	0,0198	0,001
d_{2005}	0,0109	0,086
d_{2006}	0,0240	0,000
d_{2007}	0,0271	0,000
d_{2008}	-0,0011	0,872
d_{2009}	0,0091	0,229
Beobachtungen	2.025	
adj. R^2	0,5175	

Modell 1	Vorhersagbarkeit F-Test	
Vergleichsgruppe	Maßgröße	Pr(F > f)
PRE, POST	$\sqrt{\sigma^2(\varepsilon_t)}$	0,0000

Modell 2	Qualität der Periodenabgrenzungen F-Test	
Vergleichsgruppe	Maßgröße	Pr(F > f)
PRE, POST	$\sigma(\varepsilon_t)$	0,1710

Modell 3	Ergebnisglättung I Wilcoxon-Vorzeichen-Rangtest	
Vergleichsgruppe	Maßgröße	Pr > |Z|
PRE, POST	$m\left\lvert\frac{\sigma(NIBE_t)}{\sigma(CFO_t)}\right\rvert$	0,8290

Modell 4	Ergebnisglättung II	
	Bootstrap-Verfahren	
Vergleichsgruppe	Maßgröße	p-Wert
PRE, POST	Spearman-Korrelation	0,0000

Modell 5	Wertrelevanz	
	Bootstrap-Verfahren	
Vergleichsgruppe	Maßgröße	p-Wert
PRE, POST	adj. R^2	0,0000

Modell 6	Bedingte Vosicht	
	Zusammengefasste Stichprobe	
Variable	Koeffizient	p-Wert
NEG_t	-0,0323	0,029
$NEG_t \cdot IFRS_t$	0,0360	0,034
RET_t	-0,0682	0,002
$RET_t \cdot IFRS_t$	0,0926	0,008
$NEG_t \cdot RET_t$	0,3254	0,000
$NEG_t \cdot RET_t \cdot IFRS_t$	-0,1023	0,115
d_{2000}	0,1098	0,000
d_{2001}	0,0809	0,000
d_{2002}	0,0796	0,000
d_{2003}	0,0441	0,002
d_{2004}	0,0568	0,000
d_{2005}	0,0355	0,004
d_{2006}	0,0443	0,000
d_{2007}	0,0792	0,000
d_{2008}	0,0789	0,000
d_{2009}	0,0386	0,022
Beobachtungen	2.247	
adj. R^2	0,1425	

Modell 6	Zeitnähe	
	Bootstrap-Verfahren	
Vergleichsgruppe	Maßgröße	p-Wert
PRE, POST	adj. R^2	0,0000

Anlage 29: Robustheitstest 1 – Modifizierte Ausreißerbereinigung

Hypothese 1 - Deutschland				
Modell	**Eigenschaft**	**erwartete Veränderung**	**PRE**	**POST**
(1)	Persistenz	↑	0,5172	0,6014
(1)	Vorhersagbarkeit	↓	0,0591	0,0537 **
(2)	Qualität der Periodenabgrenzungen	↓	0,0594	0,0512 ***
(3)	Ergebnisglättung I	↓	0,5232	0,5719
(4)	Ergebnisglättung II	↓	-0,7856	-0,8117 ***
(5)	Wertrelevanz	↑	0,3866	0,3831 ***
(6)	Bedingte Vorsicht	↑	0,4347	0,3927
(6)	Zeitnähe	↑	0,2271	0,1970 ***

Hypothese 1 - Frankreich				
Modell	**Eigenschaft**	**erwartete Veränderung**	**PRE**	**POST**
(1)	Persistenz	↑	0,6264	0,6113
(1)	Vorhersagbarkeit	↓	0,0576	0,0526 ***
(2)	Qualität der Periodenabgrenzungen	↓	0,0459	0,0435 **
(3)	Ergebnisglättung I	↓	0,5165	0,5478 **
(4)	Ergebnisglättung II	↓	-0,7651	-0,7801 ***
(5)	Wertrelevanz	↑	0,4380	0,4942 ***
(6)	Bedingte Vorsicht	↑	0,2487	0,1760 *
(6)	Zeitnähe	↑	0,2378	0,1601 ***

Hypothese 1 - UK				
Modell	**Eigenschaft**	**erwartete Veränderung**	**PRE**	**POST**
(1)	Persistenz	↑	0,6251	0,6821 **
(1)	Vorhersagbarkeit	↓	0,0788	0,0688 ***
(2)	Qualität der Periodenabgrenzungen	↓	0,0481	0,0492
(3)	Ergebnisglättung I	↓	0,6891	0,7334
(4)	Ergebnisglättung II	↓	-0,5930	-0,6891 ***
(5)	Wertrelevanz	↑	0,3531	0,4263 ***
(6)	Bedingte Vorsicht	↑	0,2345	0,1743 *
(6)	Zeitnähe	↑	0,2006	0,1982 ***

Hypothese 2 - Potentiell verpflichtete IFRS-Anwender in Frankreich

Modell	Eigenschaft	erwartete Veränderung	PRE	POST
(1)	Persistenz	↑	0,5884	0,6069
(1)	Vorhersagbarkeit	↓	0,0473	0,0497
(2)	Qualität der Periodenabgrenzungen	↓	0,0406	0,0427
(3)	Ergebnisglättung I	↓	0,4611	0,5385 ***
(4)	Ergebnisglättung II	↓	-0,8355	-0,8005 ***
(5)	Wertrelevanz	↑	0,4764	0,4802 ***
(6)	Bedingte Vorsicht	↑	0,3248	0,1587 **
(6)	Zeitnähe	↑	0,3648	0,1715 ***

Hypothese 2 - Potentiell freiwillige IFRS-Anwender in Frankreich

Modell	Eigenschaft	erwartete Veränderung	PRE	POST
(1)	Persistenz	↑	0,6712	0,5990
(1)	Vorhersagbarkeit	↓	0,0556	0,0490 ***
(2)	Qualität der Periodenabgrenzungen	↓	0,0446	0,0387 ***
(3)	Ergebnisglättung I	↓	0,6133	0,5682
(4)	Ergebnisglättung II	↓	-0,7215	-0,7708 ***
(5)	Wertrelevanz	↑	0,4724	0,5598 ***
(6)	Bedingte Vorsicht	↑	0,2153	0,1685
(6)	Zeitnähe	↑	0,1794	0,1959 ***

Hypothese 2 - Potentiell verpflichtete IFRS-Anwender in UK

Modell	Eigenschaft	erwartete Veränderung	PRE	POST
(1)	Persistenz	↑	0,6135	0,5639
(1)	Vorhersagbarkeit	↓	0,0659	0,0681
(2)	Qualität der Periodenabgrenzungen	↓	0,0452	0,0487 *
(3)	Ergebnisglättung I	↓	0,6077	0,7456
(4)	Ergebnisglättung II	↓	-0,6570	-0,6788 ***
(5)	Wertrelevanz	↑	0,4100	0,4482 ***
(6)	Bedingte Vorsicht	↑	0,2344	0,1623
(6)	Zeitnähe	↑	0,2745	0,2093 ***

Hypothese 2 - Potentiell freiwillige IFRS-Anwender in UK

Modell	Eigenschaft	erwartete Veränderung	PRE	POST
(1)	Persistenz	↑	0,6287	0,6720
(1)	Vorhersagbarkeit	↓	0,0754	0,0607 ***
(2)	Qualität der Periodenabgrenzungen	↓	0,0472	0,0462
(3)	Ergebnisglättung I	↓	0,7178	0,7342
(4)	Ergebnisglättung II	↓	-0,5504	-0,7118 ***
(5)	Wertrelevanz	↑	0,3696	0,4527 ***
(6)	Bedingte Vorsicht	↑	0,2460	0,1553 **
(6)	Zeitnähe	↑	0,1914	0,2362 ***

Anlage 30: Robustheitstest 2 – Einheitliche Skalierung der Periodenergebnisse

Hypothese 1 - Deutschland				
Modell	**Eigenschaft**	**erwartete Veränderung**	**PRE**	**POST**
(1)	Persistenz	↑	0,5113	0,5746
(1)	Vorhersagbarkeit	↓	0,0846	0,0708 ***
(2)	Qualität der Periodenabgrenzungen	↓	0,0830	0,0658 ***
(3)	Ergebnisglättung I	↓	0,5217	0,6036
(4)	Ergebnisglättung II	↓	-0,7847	-0,8123 ***
(5)	Wertrelevanz	↑	0,3169	0,3304 ***
(6)	Bedingte Vorsicht	↑	0,2186	0,1312
(6)	Zeitnähe	↑	0,2218	0,1956 ***

Hypothese 1 - Frankreich				
Modell	**Eigenschaft**	**erwartete Veränderung**	**PRE**	**POST**
(1)	Persistenz	↑	0,5860	0,5712
(1)	Vorhersagbarkeit	↓	0,0763	0,0686 ***
(2)	Qualität der Periodenabgrenzungen	↓	0,0598	0,0578
(3)	Ergebnisglättung I	↓	0,5169	0,5488 **
(4)	Ergebnisglättung II	↓	-0,7650	-0,7803 ***
(5)	Wertrelevanz	↑	0,3733	0,4008 ***
(6)	Bedingte Vorsicht	↑	0,2085	0,1510 **
(6)	Zeitnähe	↑	0,2543	0,1991 ***

Hypothese 1 - UK				
Modell	**Eigenschaft**	**erwartete Veränderung**	**PRE**	**POST**
(1)	Persistenz	↑	0,5882	0,6796 **
(1)	Vorhersagbarkeit	↓	0,1168	0,1011 ***
(2)	Qualität der Periodenabgrenzungen	↓	0,0644	0,0660
(3)	Ergebnisglättung I	↓	0,7112	0,7415
(4)	Ergebnisglättung II	↓	-0,5929	-0,6891 ***
(5)	Wertrelevanz	↑	0,2921	0,3526 ***
(6)	Bedingte Vorsicht	↑	0,3335	0,2548 *
(6)	Zeitnähe	↑	0,1675	0,1615 ***

Hypothese 2 - Potentiell verpflichtete IFRS-Anwender in Frankreich				
Modell	**Eigenschaft**	**erwartete Veränderung**	**PRE**	**POST**
(1)	Persistenz	↑	0,5362	0,5318
(1)	Vorhersagbarkeit	↓	0,0625	0,0674 *
(2)	Qualität der Periodenabgrenzungen	↓	0,0535	0,0585 *
(3)	Ergebnisglättung I	↓	0,4645	0,5286 ***
(4)	Ergebnisglättung II	↓	-0,8190	-0,8007 ***
(5)	Wertrelevanz	↑	0,4053	0,3774 ***
(6)	Bedingte Vorsicht	↑	0,2022	0,1258 *
(6)	Zeitnähe	↑	0,3775	0,1662 ***

Hypothese 2 - Potentiell freiwillige IFRS-Anwender in Frankreich				
Modell	**Eigenschaft**	**erwartete Veränderung**	**PRE**	**POST**
(1)	Persistenz	↑	0,6253	0,5206
(1)	Vorhersagbarkeit	↓	0,0771	0,0650 ***
(2)	Qualität der Periodenabgrenzungen	↓	0,0583	0,0505 ***
(3)	Ergebnisglättung I	↓	0,5911	0,5711
(4)	Ergebnisglättung II	↓	-0,7280	-0,7703 ***
(5)	Wertrelevanz	↑	0,4155	0,4718 ***
(6)	Bedingte Vorsicht	↑	0,1998	0,1713
(6)	Zeitnähe	↑	0,2345	0,3074 ***

Hypothese 2 - Potentiell verpflichtete IFRS-Anwender in UK				
Modell	**Eigenschaft**	**erwartete Veränderung**	**PRE**	**POST**
(1)	Persistenz	↑	0,6105	0,5453
(1)	Vorhersagbarkeit	↓	0,0900	0,0907
(2)	Qualität der Periodenabgrenzungen	↓	0,0572	0,0634 **
(3)	Ergebnisglättung I	↓	0,5944	0,7428
(4)	Ergebnisglättung II	↓	-0,6582	-0,6740 ***
(5)	Wertrelevanz	↑	0,3203	0,3902 ***
(6)	Bedingte Vorsicht	↑	0,2989	0,1902
(6)	Zeitnähe	↑	0,2154	0,2172

Hypothese 2 - Potentiell freiwillige IFRS-Anwender in UK				
Modell	**Eigenschaft**	**erwartete Veränderung**	**PRE**	**POST**
(1)	Persistenz	↑	0,5962	0,6727
(1)	Vorhersagbarkeit	↓	0,1097	0,0800 ***
(2)	Qualität der Periodenabgrenzungen	↓	0,0622	0,0593
(3)	Ergebnisglättung I	↓	0,7573	0,7349
(4)	Ergebnisglättung II	↓	-0,5492	-0,7150 ***
(5)	Wertrelevanz	↑	0,3356	0,4120 ***
(6)	Bedingte Vorsicht	↑	0,3385	0,2181 ***
(6)	Zeitnähe	↑	0,1788	0,2552 ***

Anlage 31: Robustheitstest 3 – Logarithmierte Renditen

Hypothese 1 - Deutschland				
Modell	**Eigenschaft**	**erwartete Veränderung**	**PRE**	**POST**
(1)	Persistenz	↑	0,5113	0,5746
(1)	Vorhersagbarkeit	↓	0,0846	0,0708 ***
(2)	Qualität der Periodenabgrenzungen	↓	0,0830	0,0658 ***
(3)	Ergebnisglättung I	↓	0,5217	0,6036
(4)	Ergebnisglättung II	↓	-0,7847	-0,8123 ***
(5)	Wertrelevanz	↑	0,3037	0,3955 ***
(6)	Bedingte Vorsicht	↑	0,1215	0,1671
(6)	Zeitnähe	↑	0,1196	0,1709 ***

Hypothese 1 - Frankreich				
Modell	**Eigenschaft**	**erwartete Veränderung**	**PRE**	**POST**
(1)	Persistenz	↑	0,5860	0,5712
(1)	Vorhersagbarkeit	↓	0,0763	0,0686 ***
(2)	Qualität der Periodenabgrenzungen	↓	0,0598	0,0578
(3)	Ergebnisglättung I	↓	0,5169	0,5488 **
(4)	Ergebnisglättung II	↓	-0,7650	-0,7803 ***
(5)	Wertrelevanz	↑	0,3324	0,4814 ***
(6)	Bedingte Vorsicht	↑	0,0788	0,1340
(6)	Zeitnähe	↑	0,1375	0,0824 ***

Hypothese 1 - UK				
Modell	**Eigenschaft**	**erwartete Veränderung**	**PRE**	**POST**
(1)	Persistenz	↑	0,5882	0,6796 **
(1)	Vorhersagbarkeit	↓	0,1168	0,1011 ***
(2)	Qualität der Periodenabgrenzungen	↓	0,0644	0,0660
(3)	Ergebnisglättung I	↓	0,7112	0,7415
(4)	Ergebnisglättung II	↓	-0,5929	-0,6891 ***
(5)	Wertrelevanz	↑	0,2497	0,3627 ***
(6)	Bedingte Vorsicht	↑	0,1889	0,1122
(6)	Zeitnähe	↑	0,1260	0,1331 ***

Hypothese 2 - Potentiell verpflichtete IFRS-Anwender in Frankreich				
Modell	**Eigenschaft**	**erwartete Veränderung**	**PRE**	**POST**
(1)	Persistenz	↑	0,5362	0,5318
(1)	Vorhersagbarkeit	↓	0,0625	0,0674 ***
(2)	Qualität der Periodenabgrenzungen	↓	0,0535	0,0585 *
(3)	Ergebnisglättung I	↓	0,4645	0,5286 ***
(4)	Ergebnisglättung II	↓	-0,8190	-0,8007 ***
(5)	Wertrelevanz	↑	0,3436	0,4743 ***
(6)	Bedingte Vorsicht	↑	0,1134	0,1777
(6)	Zeitnähe	↑	0,2298	0,0857 ***

Hypothese 2 - Potentiell freiwillige IFRS-Anwender in Frankreich				
Modell	**Eigenschaft**	**erwartete Veränderung**	**PRE**	**POST**
(1)	Persistenz	↑	0,6253	0,5206
(1)	Vorhersagbarkeit	↓	0,0771	0,0650 ***
(2)	Qualität der Periodenabgrenzungen	↓	0,0583	0,0505 ***
(3)	Ergebnisglättung I	↓	0,5911	0,5711
(4)	Ergebnisglättung II	↓	-0,7280	-0,7703 ***
(5)	Wertrelevanz	↑	0,4006	0,5412 ***
(6)	Bedingte Vorsicht	↑	0,0453	0,0915
(6)	Zeitnähe	↑	0,1045	0,1219 ***

Hypothese 2 - Potentiell verpflichtete IFRS-Anwender in UK				
Modell	**Eigenschaft**	**erwartete Veränderung**	**PRE**	**POST**
(1)	Persistenz	↑	0,6105	0,5453
(1)	Vorhersagbarkeit	↓	0,0900	0,0907
(2)	Qualität der Periodenabgrenzungen	↓	0,0572	0,0634 **
(3)	Ergebnisglättung I	↓	0,5944	0,7428
(4)	Ergebnisglättung II	↓	-0,6582	-0,6740 ***
(5)	Wertrelevanz	↑	0,2851	0,4232 ***
(6)	Bedingte Vorsicht	↑	0,1669	0,0633
(6)	Zeitnähe	↑	0,1612	0,1273 ***

Hypothese 2 - Potentiell freiwillige IFRS-Anwender in UK				
Modell	**Eigenschaft**	**erwartete Veränderung**	**PRE**	**POST**
(1)	Persistenz	↑	0,5962	0,6727
(1)	Vorhersagbarkeit	↓	0,1097	0,0800 ***
(2)	Qualität der Periodenabgrenzungen	↓	0,0622	0,0593
(3)	Ergebnisglättung I	↓	0,7573	0,7349
(4)	Ergebnisglättung II	↓	-0,5492	-0,7150 ***
(5)	Wertrelevanz	↑	0,3237	0,3699 ***
(6)	Bedingte Vorsicht	↑	0,2420	0,0950 **
(6)	Zeitnähe	↑	0,1437	0,1522 ***

Anlage 32: Robustheitstest 4 – Entfernen der Beobachtungen für 2005

Hypothese 1 - Deutschland				
Modell	**Eigenschaft**	**erwartete Veränderung**	**PRE**	**POST**
(1)	Persistenz	↑	0,5113	0,5906
(1)	Vorhersagbarkeit	↓	0,0846	0,0709 ***
(2)	Qualität der Periodenabgrenzungen	↓	0,0830	0,0667 ***
(3)	Ergebnisglättung I	↓	0,5217	0,6435
(4)	Ergebnisglättung II	↓	-0,7847	-0,7726 ***
(5)	Wertrelevanz	↑	0,2943	0,2901
(6)	Bedingte Vorsicht	↑	0,4333	0,5104
(6)	Zeitnähe	↑	0,1184	0,1822 ***

Hypothese 1 - Frankreich				
Modell	**Eigenschaft**	**erwartete Veränderung**	**PRE**	**POST**
(1)	Persistenz	↑	0,5860	0,5838
(1)	Vorhersagbarkeit	↓	0,0763	0,0654 ***
(2)	Qualität der Periodenabgrenzungen	↓	0,0598	0,0564 **
(3)	Ergebnisglättung I	↓	0,5169	0,5674 ***
(4)	Ergebnisglättung II	↓	-0,7650	-0,7622 **
(5)	Wertrelevanz	↑	0,3477	0,4070 ***
(6)	Bedingte Vorsicht	↑	0,2770	0,2765
(6)	Zeitnähe	↑	0,1466	0,0726 ***

Hypothese 1 - UK				
Modell	**Eigenschaft**	**erwartete Veränderung**	**PRE**	**POST**
(1)	Persistenz	↑	0,5882	0,6726 **
(1)	Vorhersagbarkeit	↓	0,1168	0,0941 ***
(2)	Qualität der Periodenabgrenzungen	↓	0,0644	0,0649
(3)	Ergebnisglättung I	↓	0,7112	0,7039
(4)	Ergebnisglättung II	↓	-0,5929	-0,6871 ***
(5)	Wertrelevanz	↑	0,3004	0,3703 ***
(6)	Bedingte Vorsicht	↑	0,3079	0,2616
(6)	Zeitnähe	↑	0,1263	0,1104 ***

Hypothese 2 - Potentiell verpflichtete IFRS-Anwender in Frankreich				
Modell	**Eigenschaft**	**erwartete Veränderung**	**PRE**	**POST**
(1)	Persistenz	↑	0,5362	0,5424
(1)	Vorhersagbarkeit	↓	0,0625	0,0648
(2)	Qualität der Periodenabgrenzungen	↓	0,0535	0,0525
(3)	Ergebnisglättung I	↓	0,4645	0,4711 ***
(4)	Ergebnisglättung II	↓	-0,8190	-0,8060 ***
(5)	Wertrelevanz	↑	0,3733	0,3803 ***
(6)	Bedingte Vorsicht	↑	0,4491	0,3515
(6)	Zeitnähe	↑	0,2483	0,0769 ***

Hypothese 2 - Potentiell freiwillige IFRS-Anwender in Frankreich				
Modell	**Eigenschaft**	**erwartete Veränderung**	**PRE**	**POST**
(1)	Persistenz	↑	0,6253	0,5491
(1)	Vorhersagbarkeit	↓	0,0771	0,0621 ***
(2)	Qualität der Periodenabgrenzungen	↓	0,0583	0,0511 ***
(3)	Ergebnisglättung I	↓	0,5911	0,6764
(4)	Ergebnisglättung II	↓	-0,7280	-0,7376 ***
(5)	Wertrelevanz	↑	0,3996	0,4691 ***
(6)	Bedingte Vorsicht	↑	0,1773	0,2432
(6)	Zeitnähe	↑	0,1110	0,0986 ***

Hypothese 2 - Potentiell verpflichtete IFRS-Anwender in UK				
Modell	**Eigenschaft**	**erwartete Veränderung**	**PRE**	**POST**
(1)	Persistenz	↑	0,6105	0,5905
(1)	Vorhersagbarkeit	↓	0,0900	0,0892
(2)	Qualität der Periodenabgrenzungen	↓	0,0572	0,0600
(3)	Ergebnisglättung I	↓	0,5944	0,6854
(4)	Ergebnisglättung II	↓	-0,6582	-0,6783 ***
(5)	Wertrelevanz	↑	0,3273	0,4099 ***
(6)	Bedingte Vorsicht	↑	0,3465	0,2404
(6)	Zeitnähe	↑	0,1607	0,1106 ***

Hypothese 2 - Potentiell freiwillige IFRS-Anwender in UK				
Modell	**Eigenschaft**	**erwartete Veränderung**	**PRE**	**POST**
(1)	Persistenz	↑	0,5962	0,6278
(1)	Vorhersagbarkeit	↓	0,1097	0,0774 ***
(2)	Qualität der Periodenabgrenzungen	↓	0,0622	0,0592
(3)	Ergebnisglättung I	↓	0,7573	0,7051
(4)	Ergebnisglättung II	↓	-0,5492	-0,7139 ***
(5)	Wertrelevanz	↑	0,3545	0,3924 ***
(6)	Bedingte Vorsicht	↑	0,3254	0,1693 **
(6)	Zeitnähe	↑	0,1408	0,1042 ***

Anlage 33: Robustheitstest 5 – Einheitliche Stichproben

Hypothese 1 - Deutschland				
Modell	**Eigenschaft**	**erwartete Veränderung**	**PRE**	**POST**
(1)	Persistenz	↑	0,5090	0,5724
(1)	Vorhersagbarkeit	↓	0,0835	0,0704 ***
(2)	Qualität der Periodenabgrenzungen	↓	0,0801	0,0625 ***
(3)	Ergebnisglättung I	↓	0,5217	0,5839
(4)	Ergebnisglättung II	↓	-0,7907	-0,8030 ***
(5)	Wertrelevanz	↑	0,2955	0,3346 ***
(6)	Bedingte Vorsicht	↑	0,4486	0,4037
(6)	Zeitnähe	↑	0,1155	0,1426 ***

Hypothese 1 - Frankreich				
Modell	**Eigenschaft**	**erwartete Veränderung**	**PRE**	**POST**
(1)	Persistenz	↑	0,5750	0,5865
(1)	Vorhersagbarkeit	↓	0,0757	0,0669 ***
(2)	Qualität der Periodenabgrenzungen	↓	0,0580	0,0549 **
(3)	Ergebnisglättung I	↓	0,5172	0,5570 **
(4)	Ergebnisglättung II	↓	-0,7626	-0,7852 ***
(5)	Wertrelevanz	↑	0,3540	0,4139 ***
(6)	Bedingte Vorsicht	↑	0,2754	0,3346
(6)	Zeitnähe	↑	0,1451	0,0848 ***

Hypothese 1 - UK				
Modell	**Eigenschaft**	**erwartete Veränderung**	**PRE**	**POST**
(1)	Persistenz	↑	0,6001	0,7074 **
(1)	Vorhersagbarkeit	↓	0,1113	0,0994 ***
(2)	Qualität der Periodenabgrenzungen	↓	0,0620	0,0656 **
(3)	Ergebnisglättung I	↓	0,7035	0,7349
(4)	Ergebnisglättung II	↓	-0,5975	-0,6919 ***
(5)	Wertrelevanz	↑	0,3176	0,3669 ***
(6)	Bedingte Vorsicht	↑	0,2994	0,2433
(6)	Zeitnähe	↑	0,1310	0,1253 ***

Hypothese 2 - Potentiell verpflichtete IFRS-Anwender in Frankreich				
Modell	Eigenschaft	erwartete Veränderung	PRE	POST
(1)	Persistenz	↑	0,5346	0,5334
(1)	Vorhersagbarkeit	↓	0,0622	0,0671 *
(2)	Qualität der Periodenabgrenzungen	↓	0,0528	0,0572 *
(3)	Ergebnisglättung I	↓	0,4520	0,5292 ***
(4)	Ergebnisglättung II	↓	-0,8185	-0,7987 ***
(5)	Wertrelevanz	↑	0,3732	0,3705
(6)	Bedingte Vorsicht	↑	0,4747	0,4694
(6)	Zeitnähe	↑	0,2316	0,0847 ***

Hypothese 2 - Potentiell freiwillige IFRS-Anwender in Frankreich				
Modell	Eigenschaft	erwartete Veränderung	PRE	POST
(1)	Persistenz	↑	0,6128	0,5552
(1)	Vorhersagbarkeit	↓	0,0755	0,0630 ***
(2)	Qualität der Periodenabgrenzungen	↓	0,0563	0,0462 ***
(3)	Ergebnisglättung I	↓	0,6077	0,5715
(4)	Ergebnisglättung II	↓	-0,7231	-0,7730 ***
(5)	Wertrelevanz	↑	0,4102	0,4779 ***
(6)	Bedingte Vorsicht	↑	0,1988	0,2480
(6)	Zeitnähe	↑	0,1072	0,1130 ***

Hypothese 2 - Potentiell verpflichtete IFRS-Anwender in UK				
Modell	Eigenschaft	erwartete Veränderung	PRE	POST
(1)	Persistenz	↑	0,5910	0,5436
(1)	Vorhersagbarkeit	↓	0,0870	0,0906
(2)	Qualität der Periodenabgrenzungen	↓	0,0534	0,0622 ***
(3)	Ergebnisglättung I	↓	0,5928	0,7428
(4)	Ergebnisglättung II	↓	-0,6629	-0,6736 ***
(5)	Wertrelevanz	↑	0,3370	0,3888 ***
(6)	Bedingte Vorsicht	↑	0,3255	0,2275
(6)	Zeitnähe	↑	0,1772	0,1356 ***

Hypothese 2 - Potentiell freiwillige IFRS-Anwender in UK				
Modell	Eigenschaft	erwartete Veränderung	PRE	POST
(1)	Persistenz	↑	0,5933	0,6715
(1)	Vorhersagbarkeit	↓	0,1080	0,0800 ***
(2)	Qualität der Periodenabgrenzungen	↓	0,0595	0,0586
(3)	Ergebnisglättung I	↓	0,7689	0,7342
(4)	Ergebnisglättung II	↓	-0,5503	-0,7148 ***
(5)	Wertrelevanz	↑	0,3782	0,4011 ***
(6)	Bedingte Vorsicht	↑	0,3117	0,1705 **
(6)	Zeitnähe	↑	0,1353	0,1378 ***

Anlage 34: Robustheitstest 6 – Schätzung auf Grundlage eines Probit-Modells

Ergebnisse der Probit-Schätzung deutscher Unternehmen			
Variable	**erwartetes Vorzeichen**	**Koeffizient**	**p-Wert**
FS	(+)	0,6573	0,080
DTM	(-)	-0,2868	0,519
LMV	(+)	0,2257	0,000
IND2	(?)	0,2415	0,556
IND3	(?)	0,3379	0,273
IND5	(?)	1,5808	0,000
IND7	(?)	0,2440	0,515
IND8	(?)	1,0394	0,046
IND9	(?)	-0,0315	0,967
IND10	(?)	0,6779	0,050
Konstante	(?)	-3,3595	0,000
Beobachtungen		241	
Likelihood Ratio (Chi-Quadrat)		54,2809	0,000
McFadden R2		0,1628	
Richtig klassifiziert		69,71%	

Hypothese 2 - Potentiell verpflichtete IFRS-Anwender in Frankreich				
Modell	**Eigenschaft**	**erwartete Veränderung**	**PRE**	**POST**
(1)	Persistenz	↑	0,5375	0,5483
(1)	Vorhersagbarkeit	↓	0,0626	0,0687 **
(2)	Qualität der Periodenabgrenzungen	↓	0,0535	0,0587 *
(3)	Ergebnisglättung I	↓	0,4848	0,5289 ***
(4)	Ergebnisglättung II	↓	-0,8182	-0,7956 ***
(5)	Wertrelevanz	↑	0,3693	0,3529 ***
(6)	Bedingte Vorsicht	↑	0,4366	0,4175
(6)	Zeitnähe	↑	0,2460	0,0896 ***

Hypothese 2 - Potentiell freiwillige IFRS-Anwender in Frankreich				
Modell	**Eigenschaft**	**erwartete Veränderung**	**PRE**	**POST**
(1)	Persistenz	↑	0,6251	0,5087
(1)	Vorhersagbarkeit	↓	0,0771	0,0639 ***
(2)	Qualität der Periodenabgrenzungen	↓	0,0584	0,0503 ***
(3)	Ergebnisglättung I	↓	0,5872	0,5707
(4)	Ergebnisglättung II	↓	-0,7271	-0,7737 ***
(5)	Wertrelevanz	↑	0,4030	0,4689 ***
(6)	Bedingte Vorsicht	↑	0,1800	0,2288
(6)	Zeitnähe	↑	0,1098	0,1144 ***

Hypothese 2 - Potentiell verpflichtete IFRS-Anwender in UK				
Modell	**Eigenschaft**	**erwartete Veränderung**	**PRE**	**POST**
(1)	Persistenz	↑	0,6089	0,5450
(1)	Vorhersagbarkeit	↓	0,0895	0,0898
(2)	Qualität der Periodenabgrenzungen	↓	0,0570	0,0628 **
(3)	Ergebnisglättung I	↓	0,6010	0,7456
(4)	Ergebnisglättung II	↓	-0,6543	-0,6769 ***
(5)	Wertrelevanz	↑	0,3275	0,3834 ***
(6)	Bedingte Vorsicht	↑	0,3439	0,2701
(6)	Zeitnähe	↑	0,1610	0,1209 ***

Hypothese 2 - Potentiell freiwillige IFRS-Anwender in UK				
Modell	**Eigenschaft**	**erwartete Veränderung**	**PRE**	**POST**
(1)	Persistenz	↑	0,5968	0,6729
(1)	Vorhersagbarkeit	↓	0,1103	0,0805 ***
(2)	Qualität der Periodenabgrenzungen	↓	0,0625	0,0597
(3)	Ergebnisglättung I	↓	0,7537	0,7342
(4)	Ergebnisglättung II	↓	-0,5506	-0,7134 ***
(5)	Wertrelevanz	↑	0,3532	0,3959 ***
(6)	Bedingte Vorsicht	↑	0,3257	0,2264
(6)	Zeitnähe	↑	0,1385	0,1444 ***

Anlage 35: Robustheitstest 7 – Veränderter Durchschnitt der unabhängigen Variablen

Ergebnisse der Logit-Schätzung deutscher Unternehmen			
Variable	**erwartetes Vorzeichen**	**Koeffizient**	**p-Wert**
FS	(+)	1,4973	0,029
DTM	(-)	-0,6855	0,388
LMV	(+)	0,4502	0,000
IND2	(?)	0,2333	0,753
IND3	(?)	0,3211	0,569
IND5	(?)	3,2007	0,000
IND7	(?)	0,3908	0,590
IND8	(?)	1,8539	0,074
IND9	(?)	0,0962	0,948
IND10	(?)	1,0638	0,097
Konstante	(?)	-6,1037	0,000
Beobachtungen		203	
Likelihood Ratio (Chi-Quadrat)		58,6199	0,000
McFadden R2		0,2147	
Richtig klassifiziert		71,92%	

Hypothese 2 - Potentiell verpflichtete IFRS-Anwender in Frankreich				
Modell	Eigenschaft	erwartete Veränderung	PRE	POST
(1)	Persistenz	↑	0,5617	0,5536
(1)	Vorhersagbarkeit	↓	0,0580	0,0676 ***
(2)	Qualität der Periodenabgrenzungen	↓	0,0500	0,0593 ***
(3)	Ergebnisglättung I	↓	0,4738	0,5286 **
(4)	Ergebnisglättung II	↓	-0,8408	-0,7940 ***
(5)	Wertrelevanz	↑	0,3801	0,3737
(6)	Bedingte Vorsicht	↑	0,4817	0,3941
(6)	Zeitnähe	↑	0,3134	0,0859 ***

Hypothese 2 - Potentiell freiwillige IFRS-Anwender in Frankreich				
Modell	Eigenschaft	erwartete Veränderung	PRE	POST
(1)	Persistenz	↑	0,6034	0,5433
(1)	Vorhersagbarkeit	↓	0,0762	0,0605 ***
(2)	Qualität der Periodenabgrenzungen	↓	0,0578	0,0487 ***
(3)	Ergebnisglättung I	↓	0,5831	0,5676
(4)	Ergebnisglättung II	↓	-0,7389	-0,7972 ***
(5)	Wertrelevanz	↑	0,3953	0,4444 ***
(6)	Bedingte Vorsicht	↑	0,1973	0,2462
(6)	Zeitnähe	↑	0,1017	0,1013 ***

Hypothese 2 - Potentiell verpflichtete IFRS-Anwender in UK				
Modell	Eigenschaft	erwartete Veränderung	PRE	POST
(1)	Persistenz	↑	0,5978	0,6163
(1)	Vorhersagbarkeit	↓	0,1009	0,0928 *
(2)	Qualität der Periodenabgrenzungen	↓	0,0609	0,0639
(3)	Ergebnisglättung I	↓	0,5944	0,6342
(4)	Ergebnisglättung II	↓	-0,6326	-0,6880 ***
(5)	Wertrelevanz	↑	0,3174	0,3683 ***
(6)	Bedingte Vorsicht	↑	0,3704	0,3295
(6)	Zeitnähe	↑	0,1380	0,1269 ***

Hypothese 2 - Potentiell freiwillige IFRS-Anwender in UK				
Modell	Eigenschaft	erwartete Veränderung	PRE	POST
(1)	Persistenz	↑	0,6016	0,6724
(1)	Vorhersagbarkeit	↓	0,1020	0,0767 ***
(2)	Qualität der Periodenabgrenzungen	↓	0,0601	0,0566 *
(3)	Ergebnisglättung I	↓	0,7371	0,7479
(4)	Ergebnisglättung II	↓	-0,5839	-0,7267 ***
(5)	Wertrelevanz	↑	0,3433	0,3928 ***
(6)	Bedingte Vorsicht	↑	0,3126	0,2256
(6)	Zeitnähe	↑	0,1484	0,1269 ***

Anlage 36: Robustheitstest 8 – Verwendung des gesamten Fremdkapitals

Ergebnisse der Logit-Schätzung deutscher Unternehmen			
Variable	**erwartetes Vorzeichen**	**Koeffizient**	**p-Wert**
FS	(+)	1,1294	0,076
DTM	(-)	0,0275	0,965
LMV	(+)	0,3911	0,000
IND2	(?)	0,3681	0,585
IND3	(?)	0,5590	0,275
IND5	(?)	2,7041	0,000
IND7	(?)	0,3696	0,552
IND8	(?)	1,5957	0,062
IND9	(?)	-0,1076	0,930
IND10	(?)	1,0968	0,057
Konstante	(?)	-5,8760	0,000
Beobachtungen		241	
Likelihood Ratio (Chi-Quadrat)		54,5137	0,000
McFadden R2		0,1635	
Richtig klassifiziert		68,05%	

Hypothese 2 - Potentiell verpflichtete IFRS-Anwender in Frankreich				
Modell	**Eigenschaft**	**erwartete Veränderung**	**PRE**	**POST**
(1)	Persistenz	↑	0,5766	0,5679
(1)	Vorhersagbarkeit	↓	0,0590	0,0679 ***
(2)	Qualität der Periodenabgrenzungen	↓	0,0514	0,0578 **
(3)	Ergebnisglättung I	↓	0,4711	0,5286 ***
(4)	Ergebnisglättung II	↓	-0,8234	-0,8074 ***
(5)	Wertrelevanz	↑	0,3639	0,3563 **
(6)	Bedingte Vorsicht	↑	0,4505	0,4245
(6)	Zeitnähe	↑	0,2436	0,0828 ***

Hypothese 2 - Potentiell freiwillige IFRS-Anwender in Frankreich				
Modell	**Eigenschaft**	**erwartete Veränderung**	**PRE**	**POST**
(1)	Persistenz	↑	0,6031	0,5265
(1)	Vorhersagbarkeit	↓	0,0782	0,0588 ***
(2)	Qualität der Periodenabgrenzungen	↓	0,0588	0,0480 ***
(3)	Ergebnisglättung I	↓	0,6446	0,5689
(4)	Ergebnisglättung II	↓	-0,7343	-0,7868 ***
(5)	Wertrelevanz	↑	0,4110	0,4734 ***
(6)	Bedingte Vorsicht	↑	0,1689	0,2148
(6)	Zeitnähe	↑	0,1121	0,1201 ***

Hypothese 2 - Potentiell verpflichtete IFRS-Anwender in UK				
Modell	**Eigenschaft**	**erwartete Veränderung**	**PRE**	**POST**
(1)	Persistenz	↑	0,5972	0,5843
(1)	Vorhersagbarkeit	↓	0,0976	0,0873 ***
(2)	Qualität der Periodenabgrenzungen	↓	0,0593	0,0621
(3)	Ergebnisglättung I	↓	0,6203	0,6991
(4)	Ergebnisglättung II	↓	-0,6342	-0,7001 ***
(5)	Wertrelevanz	↑	0,3308	0,3837 ***
(6)	Bedingte Vorsicht	↑	0,3384	0,2935
(6)	Zeitnähe	↑	0,1551	0,1299 ***

Hypothese 2 - Potentiell freiwillige IFRS-Anwender in UK				
Modell	**Eigenschaft**	**erwartete Veränderung**	**PRE**	**POST**
(1)	Persistenz	↑	0,6019	0,7007
(1)	Vorhersagbarkeit	↓	0,1044	0,0755 ***
(2)	Qualität der Periodenabgrenzungen	↓	0,0610	0,0558 **
(3)	Ergebnisglättung I	↓	0,7415	0,7479
(4)	Ergebnisglättung II	↓	-0,5704	-0,7274 ***
(5)	Wertrelevanz	↑	0,3449	0,3951 ***
(6)	Bedingte Vorsicht	↑	0,3188	0,2117
(6)	Zeitnähe	↑	0,1424	0,1547 ***

Anlage 37: Robustheitstest 9 – Verwendung des Gesamtvermögens

Ergebnisse der Logit-Schätzung deutscher Unternehmen			
Variable	**erwartetes Vorzeichen**	**Koeffizient**	**p-Wert**
FS	(+)	0,6945	0,231
DTM	(-)	-1,1342	0,485
LMV	(+)	0,3092	0,000
IND2	(?)	0,3416	0,595
IND3	(?)	0,6313	0,197
IND5	(?)	2,6657	0,000
IND7	(?)	0,5648	0,326
IND8	(?)	1,7192	0,038
IND9	(?)	-0,2340	0,832
IND10	(?)	0,8399	0,117
Konstante	(?)	-4,8934	0,000
Beobachtungen		273	
Likelihood Ratio (Chi-Quadrat)		47,5263	0,000
McFadden R2		0,1260	
Richtig klassifiziert		68,50%	

Hypothese 2 - Potentiell verpflichtete IFRS-Anwender in Frankreich				
Modell	Eigenschaft	erwartete Veränderung	PRE	POST
(1)	Persistenz	↑	0,5384	0,6048
(1)	Vorhersagbarkeit	↓	0,0594	0,0626
(2)	Qualität der Periodenabgrenzungen	↓	0,0509	0,0529
(3)	Ergebnisglättung I	↓	0,4906	0,5307 **
(4)	Ergebnisglättung II	↓	-0,8240	-0,8016 ***
(5)	Wertrelevanz	↑	0,3555	0,3889 ***
(6)	Bedingte Vorsicht	↑	0,4468	0,3906
(6)	Zeitnähe	↑	0,2502	0,0966 ***

Hypothese 2 - Potentiell freiwillige IFRS-Anwender in Frankreich				
Modell	Eigenschaft	erwartete Veränderung	PRE	POST
(1)	Persistenz	↑	0,6182	0,5292
(1)	Vorhersagbarkeit	↓	0,0785	0,0636 ***
(2)	Qualität der Periodenabgrenzungen	↓	0,0585	0,0516 ***
(3)	Ergebnisglättung I	↓	0,5831	0,5642
(4)	Ergebnisglättung II	↓	-0,7346	-0,7884 ***
(5)	Wertrelevanz	↑	0,4303	0,4471 ***
(6)	Bedingte Vorsicht	↑	0,1547	0,2238
(6)	Zeitnähe	↑	0,1126	0,0767 ***

Hypothese 2 - Potentiell verpflichtete IFRS-Anwender in UK				
Modell	Eigenschaft	erwartete Veränderung	PRE	POST
(1)	Persistenz	↑	0,5865	0,6011
(1)	Vorhersagbarkeit	↓	0,0952	0,0825 ***
(2)	Qualität der Periodenabgrenzungen	↓	0,0571	0,0599
(3)	Ergebnisglättung I	↓	0,6264	0,7216
(4)	Ergebnisglättung II	↓	-0,6308	-0,7121 ***
(5)	Wertrelevanz	↑	0,3457	0,4011 ***
(6)	Bedingte Vorsicht	↑	0,3663	0,2952
(6)	Zeitnähe	↑	0,1745	0,1361 ***

Hypothese 2 - Potentiell freiwillige IFRS-Anwender in UK				
Modell	Eigenschaft	erwartete Veränderung	PRE	POST
(1)	Persistenz	↑	0,6052	0,6867
(1)	Vorhersagbarkeit	↓	0,1085	0,0801 ***
(2)	Qualität der Periodenabgrenzungen	↓	0,0630	0,0580 **
(3)	Ergebnisglättung I	↓	0,7689	0,7539
(4)	Ergebnisglättung II	↓	-0,5406	-0,7020 ***
(5)	Wertrelevanz	↑	0,3296	0,3769 ***
(6)	Bedingte Vorsicht	↑	0,3054	0,2139
(6)	Zeitnähe	↑	0,1309	0,1261 *

Literaturverzeichnis

Achleitner, Ann-Kristin/Behr, Giorgio/Schäfer, Dirk (2009): Internationale Rechnungslegung – Grundlagen, Einzelfragen und Praxisanwendung, 4. Aufl., Verlag Franz Vahlen, München.

Ahmed, Anwer S./Neel, Michael/Wang, Dechun (2010): Does mandatory adoption of IFRS improve accounting quality? Preliminary evidence, Working Paper (June 2010), Texas A&M University, abrufbar unter: http://ssrn.com/abstract=1502909 (Stand: 01.01.2012).

Albach, Horst/Klein, Günter (1988): Harmonisierung der Rechnungslegung in Europa, in: Zeitschrift für Betriebswirtschaft, Ergänzungsheft 1/1988.

Alexander, David/Archer, Simon (2003): An overview of European accounting, in: Alexander, David/Archer, Simon (Hrsg.), Miller European accounting guide, Aspen, New York, S. 1-25.

Alexander, David/Nobes, Christopher (2010): Financial accounting – An international introduction, 4. Aufl., Pearson Education, Harlow.

Ali, Ashiq/Zarowin, Paul (1992): Permanent versus transitory components of annual earnings and estimation error in earnings response coefficients, in: Journal of Accounting and Economics, Vol. 15, S. 249-264.

AMF (2009a): Autorité des Machrés Financiers (AMF) – Facts and figures 2009, abrufbar unter: http://www.amf-france.org/documents/general/9575_1.pdf (Stand: 01.01.2012).

AMF (2009b): Autorité des Machrés Financiers (AMF) – Ombudsman's Report 2009, abrufbar unter: http://www.amf-france.org/documents/general/9509_1.pdf (Stand: 01.01.2012).

Andrejewski, Kai C./Böckem, Hanne (2004): Einzelfragen zur Anwendung der Befreiungswahlrechte nach IFRS 1 (Erstmalige Anwendung der IFRS), in: Zeitschrift für internationale und kapitalmarktorientierte Rechnungslegung, 4. Jg., S. 332-340.

Ankarath, Nandakumar/Gosh, T. P./Mehta, Kalpesh J./Alkafaji, Yass A. (2010): Understanding IFRS Fundamentals: International Financial Reporting Standards, 1. Aufl., Wiley, New Jersey.

Arnold, Sven/Lahmann, Alexander/Schwetzler, Bernhard (2011): Der Einfluss der „Zinsschranke" auf den Unternehmenswert – Eine Anmerkung, in: Corporate Finance biz, 2. Jg., S. 293-299.

Ashbaugh, Hollis (2001): Non-US firms' accounting standard choices, in: Journal of Accounting and Public Policy, Vol. 20, S. 129-153.

Ashbaugh, Hollis/Pincus, Morton (2001): Domestic accounting standards, International Accounting Standards, and the predictability of earnings, in: Journal of Accounting Research, Vol. 39, S. 417-434.

Ashbaugh-Skaife, Hollis/Gassen, Joachim/LaFond, Ryan (2006): Does stock price synchronicity represent firm-specific information? The international evidence, Working Paper (March 2006), University of Wisconsin/Humboldt University Berlin/Sloan School of Management, abrufbar unter: http://ssrn.com/abstract=768024 (Stand: 01.01.2012).

Ashenfelter, Orley (1978): Estimating the effect of training programs on earnings, in: The Review of Economics and Statistics, Vol. 60, S. 47-57.

Aubert, François/Grudnitski, Gary (2011): The impact and importance of mandatory adoption of International Financial Reporting Standards in Europe, in: Journal of International Financial Management and Accounting, Vol. 22, S. 1-26.

Auer, Benjamin/Rottmann, Horst (2011): Statistik und Ökonometrie für Wirtschaftswissenschaftler – Eine anwendungsorientierte Einführung, 2. Aufl., Gabler Verlag, Wiesbaden.

Avella, Felice-Alfredo/Brinkmann, Ralph (2010): § 252 Allgemeine Bewertungsgrundsätze, in: Bertram, Klaus/Brinkmann, Ralph/Kessler, Harald/ Müller, Stefan (Hrsg.), Haufe HGB Kommentar, Haufe-Lexware, Freiburg i. Br.

Backhaus, Klaus/Erichson, Bernd/Plinke, Wulff/Weiber, Rolf (2011): Multivariate Analysemethoden – Eine anwendungsorientierte Einführung, 13. Aufl., Springer-Verlag, Berlin/Heidelberg.

Bae, Kee-Hong/Tan, Hongping/Welker, Michael (2008): International GAAP-Differences: The impact on foreign analysts, in: The Accounting Review, Vol. 83, S. 593-628.

Baetge, Jörg/Haenelt, Timo (2006): Pensionsrückstellungen im IFRS-Abschluss – Kritische Würdigung der Regelungen zur Vereinnahmung versicherungsmathematischer Gewinne und Verluste im IFRS-Abschluss unter Berücksichtigung der Neuregelung des FASB, in: Der Betrieb, 59. Jg., S. 2413-2419.

Baetge, Jörg/Kirsch, Hans-Jürgen/Thiele, Stefan (2011): Bilanzen, 11. Aufl., IDW Verlag, Düsseldorf.

Baetge, Jörg/Thiele, Stefan/Matena, Sonja (2004): Mittelbare Sicherung der Prüfungsqualität durch Enforcement geprüfter Jahres- und Konzernabschlüsse – Überlegungen aus ökonomischer Sicht, in: Betriebswirtschaftliche Forschung und Praxis, 56. Jg., S. 201-218.

Baginski, Stephen P./Lorek, Kenneth S./Willinger, G. Lee/Branson, Bruce C. (1999): The relationship between economic characteristics and alternative annual earnings persistence measures, in: The Accounting Review, Vol. 74, S. 105-120.

Ball, Ray (2001): Infrastructure requirements for an economically efficient system of public financial reporting and disclosure, in: Brooking-Wharton Papers on Financial Services, S. 127-169.

Ball, Ray (2006): International Financial Reporting Standards (IFRS): Pros and cons for investors, in: Accounting and Business Research, International Accounting Policy Forum, 2006, S. 5-27.

Ball, Ray/Kothari, S.P./Robin, Ashok (2000): The effect of international institutional factors on properties of accounting earnings, in: Journal of Accounting and Economics, Vol. 29, S. 1-51.

Ball, Ray/Robin, Ashok/Wu, Joanna Shuang (2003): Incentives versus standards: Properties of accounting income in four East Asian countries, in: Journal of Accounting and Economics, Vol. 36, S. 235-270.

Ball, Ray/Shivakumar, Lakshmanan (2005): Earning quality in UK private firms: Comparative loss recognition timeliness, in: Journal of Accounting and Economics, Vol. 39, S. 83-128.

Ballwieser, Wolfgang (1981): Die Wahl des Kalkulationszinsfußes bei der Unternehmensbewertung unter Berücksichtigung von Risiko und Geldentwertung, in: Betriebswirtschaftliche Forschung und Praxis, 33. Jg., S. 97-114.

Ballwieser, Wolfgang (1990): Unternehmensbewertung und Komplexitätsreduktion, 3. Aufl., Gabler Verlag, Wiesbaden.

Balllwieser, Wolfgang (2001): Germany – Individual accounts, in: Ordelheide, Dieter/KPMG (Hrsg.), Transnational accounting – Band 2, 2. Aufl., Palgrave Publishers, Hampshire, S. 1217-1351.

Ballwieser, Wolfgang (2011): Unternehmensbewertung – Prozeß, Methoden und Probleme, 3. Aufl., Schäffer-Poeschel Verlag, Stuttgart.

Baltagi, Badi Hani (2010): Econometric analysis of panel data, 4. Aufl., Hohn Wiley & Sons, West Sussex.

Bamberg, Günter/Baur, Franz/Krapp, Michael (2011): Statistik, 16. Aufl., Oldenbourg Verlag, München.

Barckow, Andreas (2011): Konvergenz internationaler Rechnungslegungsstandards – IASB und FASB entdecken zunehmend Unterschiede in ihren Sichtweisen, in: Betriebs-Berater, 66. Jg., S. I.

Barth, Kuno (1953): Die Entwicklung des deutschen Bilanzrechts – Band I: Handelsrechtlich, Selbstverlag des Verfassers, Stuttgart.

Barth, Mary E./Beaver, William H./Landsman, Wayne R. (2001): The relevance of the value relevance literature for financial accounting standard setting: Another view, in: Vol. 31, S. 77-104.

Barth, Mary E./Landsman, Wayne R./Lang, Mark H. (2008): International Accounting Standards and acounting quality, in: Journal of Accounting Research, Vol. 46, S. 467-498.

Bartov, Eli/Goldberg, Stephen R./Kim, Myungsun (2005): Comparative value relevance among German, U.S., and International Accounting Standards: A German stock market perspective, in: Journal of Accounting, Auditing & Finance, 20. Jg., S. 95-119.

Baskerville, Rachel/Evans, Lisa (2011): The darkening glass: Issues for translation of IFRS, The Institute of Chartered Accountants of Scotland, Edinburgh.

Basu, Sudipta (1997): The conservatism principle and the asymmetric timeliness of earnings, in: Journal of Accounting and Economics, Vol. 24, S. 3-37.

Bauer, Thomas/Fertig, Micheal/Schmidt, Christoph M. (2009): Empirische Wirtschaftsforschung – Eine Einführung, Springer-Verlag, Berlin/Heidelberg.

Beaver, William H./Ryan, Stephen G. (2005): Conditional and unconditional conservatism: Concepts and modeling, in: Review of Accounting Studies, Vol. 10, S. 269-309.

Beck, Martin (2004): Bilanzierung von Investment Properties nach IAS 40 – Anwendungsprobleme bei der Implementierung und Lösungsansätze, in: Zeitschrift für internationale und kapitalmarktorientierte Rechnungslegung, 4. Jg., S. 498-505.

Beckman, Judy/Brandes, Christina/Eierle, Brigitte (2007): German reporting practices: An analysis of reconciliations from German commercial code to IFRS or US GAAP, in: Advances in International Accounting, Vol. 20, S. 253-294.

Berger, Axel (2009): Zur Entwicklung und zum Stand des Enforcements in der Europäischen Union, in: Betriebswirtschaftliche Forschung und Praxis, 61. Jg., S. 599-620.

Berger, Axel (2010): The development and status of enforcement in the European Union, in: Accounting in Europe, Vol. 7, S. 15-35.

Beuselinck, Christof/Joos, Philip/Van der Meulen, Sofie (2007): International earnings comparability, Working Paper (December 2007), Tilburg University, abrufbar unter: http://ssrn.com/abstract=1014086 (Stand: 01.01.2012).

Bhattacharya, Uptal/Daouk, Hazem/Welker, Michael (2003): The world price of earnings opacity, in: The Accounting Review, Vol. 78, S. 641-678.

Bieg, Hartmut/Hossfeld, Christopher/Kußmaul, Heinz/Waschbusch, Gerd (2006): Bilanzierung und Bewertung von Vorräten nach IAS 2, in: Der Steuerberater, 57. Jg., S. 421-425.

Bigus, Jochen (2005): Bilanzierung von langfristigen Fertigungsaufträgen nach IAS 11 und nach HGB, in: Wirtschaftswissenschaftliches Studium, 34. Jg., S. 602-606.

Bischof, Stefan/Molzahn, Sybille (2008): IAS 1 (revised 2007) "Presentation of Financial Statements", in: Zeitschrift für internationale Rechnungslegung, 3. Jg., S. 171-178.

Bissessur, Sanjay Wikash (2008): Earnings quality and earnings management: The role of accounting accruals, VDM Verlag Dr. Müller, Saarbrücken [Zugl.: Amsterdam, Univ., Diss., 2008].

Blaufus, Kay/Lorenz, Daniela (2009): Wem droht die Zinsschranke? Eine empirische Untersuchung zur Identifikation der Einflussfaktoren, in: Zeitschrift für Betriebswirtschaft, 79. Jg., S. 503-526.

Bliss, J. H. (1924): Management through accounts, The Ronald Press Company, New York.

Blitzer, David M./Friedman, Robert E./Silverblatt, Howard J. (2002): Standard & Poor's Measure of Corporate Earnings, abrufbar unter: http://latrobefinancialmanagement.com/Research/Accounting/Measuring_Corporate_Earnings.pdf (Stand: 01.01.2012).

Böcking, Hans-Joachim (2004): Stellungnahmen im Meinungsspiegel zum Thema: Sicherung der Abschlussprüfung durch Enforcement – aber wie?, in: Betriebswirtschaftliche Forschung und Praxis, 56. Jg., S. 269-270.

Böschen, Mark (2011): Trügerische Offerten, in: Manager Magazin, 41. Jg., S. 84-87.

Bonse, Andreas (2004): Informationsgehalt von Konzernabschlüssen nach HGB, IAS und US-GAAP – Eine empirische Analyse aus Sicht der Eigenkapitalgeber, Peter Lang Verlag, Frankfurt am Main [Zugl.: Bochum, Univ., Diss., 2002].

Boonlert-U-Thai, Kriengkrai/Meek, Gary K./Nabar, Sandeep (2006): Earnings attributes and investor-protection: International evidence, in: International Journal of Accounting, Vol. 41, S. 327-357.

Born, Karl (2007): IAS/IFRS im Vergleich mit HGB und US-GAAP, 5. Aufl., Schäffer-Poeschel Verlag, Stuttgart.

Bosch, Karl (1998): Statistik-Taschenbuch, 3. Aufl., Oldenbourg Verlag, München/Wien.

Botosan, Christine A. (1997): Disclosure level and the cost of equity capital, in: The Accounting Review, Vol. 72, S. 323-349.

Botosan, Christine A./Plumlee, Marlene A. (2005): Assessing alternative proxies for the expected risk premium, in: The Accounting Review, Vol. 80, S. 21-53.

Bradshaw, Mark T./Miller, Gregory S. (2008): Will harmonizing accounting standards really harmonize accounting? Evidence from non-U.S. firms adopting U.S. GAAP, in: Journal of Accounting, Auditing & Finance, Vol. 23, S. 233-263.

Brown, Philip (2011): International Financial Reporting Standards: What are the benefits?, in: Accounting and Business Research, Vol. 41, S. 269-285.

Brown, Philip/Tarca, Ann (2007): Achieving high quality, comparable financial reporting: A review of independent enforcement bodies in Australia and the United Kingdom, in: Abacus, Vol. 43, S. 438-473.

Brown, William D./He, Haihong/Teitel, Karen (2006): Conditional conservatism and the value relevance of accounting earnings: An international study, in: European Accounting Review, Vol. 15, S. 605-626.

Brüggemann, Ulf/Hitz, Jörg-Markus/Sellhorn, Thorsten (2011): Intended and unintended consequences of mandatory IFRS adoption: Extant evidence and suggestion for future research, Working Paper (June 2011), Humboldt University of Berlin/Georg-August-Universität Göttingen/ WHU – Otto Beisheim School of Management, abrufbar unter: http://ssrn.com/abstract=1684036 (Stand: 01.01.2012).

Buchheim, Regine/Gröner, Susanne/Kühne, Mareike (2004): Übernahme von IAS/IFRS in Europa: Ablauf und Wirkung des Komitologieverfahrens auf die Rechnungslegung, in: Betriebs-Berater, 59. Jg., S. 1783-1788.

Buchheim, Regine/Knorr, Liesel/Schmidt, Martin (2008a): Anwendung der IFRS in Europa: Das neue Endorsement-Verfahren, in: Zeitschrift für internationale und kapitalmarktorientierte Rechnungslegung, 8. Jg., S. 334-341.

Buchheim, Regine/Knorr, Liesel/Schmidt, Martin (2008b): Anwendung der IFRS in Europa: Die Auswirkungen des neuen Endorsement-Verfahrens auf die Rechnungslegung, in: Zeitschrift für internationale und kapitalmarktorientierte Rechnungslegung, 8. Jg., S. 373-379.

Budde, Thomas (2005): Wertminderungstest nach IAS 36: komplexe Rechenwerke nicht nur für die Bewertung des Goodwill, in: Betriebs-Berater, 47. Jg., S. 2567-2573.

Bühl (2010): SPSS 18 – Einführung in die moderne Datenanalyse, 12. Aufl., Pearson Studium, München.

Büning, Herbert/Trenkler, Götz (1994): Nichtparametrische statistische Methoden, 2. Aufl., Walter de Gruyter, Berlin/New York.

Buhleier, Claus/Helmschrott, Harald (1996): Die neue Strategie der Europäischen Union zur Harmonisierung der Rechnungslegung und ihre möglichen Auswirkungen auf Deutschland, in: Deutsches Steuerrecht, 34. Jg., S. 354-359.

Burgstahler, David C./Hail, Luzi/Leuz, Christian (2006): The importance of reporting incentives: Earnings management in European private and public firms, in: The Accounting Review, Vol. 81, S. 983-1016.

Bushman, Robert/Chen, Qi/Engel, Ellen/Smith, Abbie (2004): Financial accounting information, organizational complexity and corporate governance systems, in: Journal of Accounting and Econmics, Vol. 37, S. 167-201.

Bushman, Robert/Piotroski, Joseph D. (2006): Financial reporting incentives for conservative accounting: The influence of legal and political institutions, in: Journal of Accounting and Economics, Vol. 42, S. 107-148.

Busse von Colbe, Walther (2002): Vorschlag der EG-Kommission zur Anpassung der Bilanzrichtlinien an die IAS – Abschied von der Harmonisierung?, in: Betriebs-Berater, 57. Jg., S. 1530-1537.

Busse von Colbe, Walther/Crasselt, Nils/Pellens, Bernhard (2011): Lexikon des Rechnungswesens – Handbuch der Bilanzierung und Prüfung, der Erlös-, Finanz-, Investitions- und Kostenrechnung, 5. Aufl., Oldenbourg Verlag, München.

Cairns, David (2006): The use of fair values in IFRS, in: Accounting in Europe, Vol. 3, S. 5-22.

Cameron, A. Colin/Trivedi, Pravin K. (2009): Microeconometrics – Methods and applications, 8. Druck, Cambridge University Press, Cambridge u.a.

Campbell, John Y./Lo, Andrew W./MacKinlay, A. Craig (1997): The econometrics of financial markets, Princeton University Press, Princeton, New Jersey.

Capkun, Vedran/Cazavan-Jeny, Anne/Jeanjean, Thomas/Weiss, Lawrence A. (2008): Earnings management and value relevance during the mandatory transition from local GAAPs to IFRS in Europe, Working Paper (April 2008), HEC Paris/ESSEC Business School/Georgetown University, abrufbar unter: http://ssrn.com/abstract=1125716 (Stand: 01.01.2012).

Cascino, Stefano/Gassen, Joachim (2010): Mandatory IFRS adoption and accounting comparability, Working Paper (October 2010), London School of Economics/Humboldt-Universität zu Berlin, abrufbar unter: http://edoc.hu-berlin.de/series/sfb-649-papers/2010-46/PDF/46.pdf (Stand: 01.01.2012).

CESR (2003): Standard No. 1 on financial information – Enforcement of standards on financial information in Europe, abrufbar unter: http://www.esma.europa.eu/system/files/03_073.pdf (Stand: 01.01.2012).

CESR (2004): Standard No. 2 on financial information – Coordination of enforcement activities, abrufbar unter: http://www.esma.europa.eu/system/files/03_317c.pdf (Stand: 01.01.2012).

Chan, Ann L.-C./Lin, Stephen, W.J./Strong, Norman (2011): Earnings components and the asymmetric timeliness of earnings: The case of FRS 3 in the UK, in: Accounting and Business Resarch, Vol. 41, S. 393-410.

Chen, Huifa/Tang, Qingliang/Jiang, Yihong/Lin, Zhijun (2010): The Role of International Financial Reporting Standards in accounting quality: Evidence from the European Union, in: Journal of International Financial Management and Accounting, Vol. 21, S. 220-278.

Choi, Frederick D. S./Meek, Gary K. (2008): International Accoutning, 6. Aufl., Pearson Education International, Upper Saddle River, New Jersey.

Christensen, Hans Bonde/Lee, Edward/Walker, Martin (2007): Cross-sectional variation in the economic consequences of international accounting harmonization: The case of mandatory IFRS adoption in the UK, in: The International Journal of Accounting, Vol. 42, S. 341-379.

Christensen, Hans Bonde/Lee, Edward/Walker, Martin (2008): Incentives or standards: What determines accounting quality changes around IFRS adoption?, Working Paper (March 2008), Manchester Business School, abrufbar unter: http://ssrn.com/abstract=1013054 (Stand: 01.01.2012).

Coenenberg, Adolf G./Haller, Axel/Schultze, Wolfgang (2009): Jahresabschluss und Jahresabschlussanalyse – Betriebswirtschaftliche, handelsrechtliche, steuerrechtliche und internationale Grundsätze – HGB, IFRS, US-GAAP, 21. Aufl., Schäffer-Poeschel Verlag, Stuttgart.

Collins, Daniel W./Kothari, S. P. (1989): An analysis of intertemporal and cross-sectional determinants of earnings response coefficients, in: Journal of Accounting and Economics, Vol. 11, S. 143-181.

Cooke, Terry E./Choudhury, M./Wallace, R. S. Olusequn (2001): United Kingdom – Individual accounts, in: Ordelheide, Dieter/KPMG (Hrsg.), Transnational accounting – Band 3, 2. Aufl., Palgrave Publishers, Hampshire, S. 2571-2716.

Cuijpers, Rick/Buijink, Willem (2005): Voluntary adoption of non-local GAAP in the European Union: A study of determinants and consequences, in: European Accounting Review, Vol. 14, S. 487-524.

d'Arcy, Anne (1999): Gibt es eine anglo-amerikanische oder eine kontinentaleuropäische Rechnungslegung? Klassen nationaler Rechnungslegungssysteme zwischen Politik und statistischer Überprüfbarkeit, Peter Lang Verlag, Frankfurt am Main [Zugl.: Frankfurt am Main, Univ., Diss., 1998].

d'Arcy, Anne (2001): Accounting classification and the international harmonisation debate – an empirical investigation, in: Accounting, Organizations and Society, Vol. 26, S. 327-349.

Dao, Thi Hong Phu (2005): Monitoring compliance with IFRS: Some insights from the French regulatory system, in: Accounting in Europe, Vol. 2, S. 107-135.

Daske, Holger (2005): Internationale Rechnungslegung und Kapitalkosten: Zum Stand der empirischen Rechnungswesenforschung, in: Betriebswirtschaftliche Forschung und Praxis , 57. Jg., S. 455-473.

Daske, Holger (2006): Economic benefits of adopting IFRS or US-GAAP – Have the expected cost of equity capital really decreased?, in: Journal of Business Finance & Accounting, Vol. 33, S. 329-373.

Daske, Holger/Gebhardt, Günther (2006): International Financial Reporting Standards and experts' perceptions of disclosure quality, in: Abacus, Vol. 42, S. 461-498.

Daske, Holger/Hail, Luzi/Leuz, Christian/Verdi, Rodigro (2008): Mandatory IFRS reporting around the world: Early evidence on the economic consequences, in: Journal of Accounting Research, Vol. 46, S. 1085-1142.

David, René/Brierley, John E. C. (1985): Major legal systems in the world today: An introduction to the comparative study of law, 3. Aufl., Stevens, London.

Davies, Paul/Rickford, Jonathan (2008a): An introduction to the new UK Companies Act, in: European Company and Financial Law Review, Vol. 5, S. 48-71.

Davies, Paul/Rickford, Jonathan (2008b): An introduction to the new UK Companies Act: Part II, in: European Company and Financial Law Review, Vol. 5, S. 239-279.

Dawo, Sascha (2003): Immaterielle Güter in der Rechnungslegung nach HGB, IAS/IFRS und US-GAAP – Aktuelle Rechtslage und neue Wege der Bilanzierung und Berichterstattung, Verlag Neue Wirtschafts-Briefe, Herne/Berlin.

Dechow, Patricia/Dichev, Ilia D. (2002): The quality of accruals and earnings: The role of accrual estimation errors, in: The Accounting Review, Vol. 77, Supplement 2002, S. 35-59.

Dechow, Patricia/Ge, Weili/Schrand, Catherine (2010): Understanding earnings quality: A review of the proxies, their determinants and their consequences, in: Journal of Accounting and Economics, Vol. 50, S. 344-401.

Dechow, Patricia/Schrand, Catherine (2004): Earnings Quality, The Research Foundation of CFA Institute, Charlottesville, Virginia.

Dechow, Patricia/Sloan, Richard/Sweeney, Amy (1995): Detecting earnings management, in: The Accounting Review, Vol. 70, S. 193-225.

De Franco, Gus/Kothari S. P./Verdi, Rodrigo S. (2011): The benefits of financial statement comparability, in: Journal of Accounting Research, Vol. 49, S. 895-931.

Delvaille, Pascale/Ebbers, Gabi/Saccon, Chiara (2005): International Financial Reporting Convergence: Evidence from three continental European countries, in: Accounting in Europe, Vol. 2, S. 137-164.

Detert, Karsten (2008): Bilanzpolitisches Verhalten bei der Umstellung der Rechnungslegung von HGB auf IFRS – Eine empirische Untersuchung deutscher Unternehmen, Peter Lang Verlag, Frankfurt am Main [Zugl.: Bochum, Univ., Diss., 2007].

Detert, Karsten/Sellhorn, Thorsten (2007): Bilanzpolitik, in: Die Betriebswirtschaft, 67. Jg., DBW-Stichwort, S. 247-252.

Devalle, Alain/Onali, Enrico/Magarini, Riccardo (2010): Assessing the value relevance of accounting data after the introduction of IFRS in Europe, in: Journal of Financial Management and Accounting, Vol. 21, S. 85-119.

Diamond, Douglas W./Verrechia, Robert E. (1991): Disclosure, liquidity, and the cost of capital, in: The Journal of Finance, Vol. 46, S. 1325-1359.

Dichev, Ilia D./Tang, Vicki Wei (2009): Earnings volatility and earnings predictability, in: Journal of Accounting and Economics, Vol. 47, S. 160-181.

Diethmayr, Susanne (1994): Die Vergleichbarkeit von Informationen aus der externen Analyse der Einzelabschlüsse deutscher, französischer und britischer Kapitalgesellschaften – Eine theoretische Untersuchung, Verlag Shaker, Aachen [Zugl.: Augsburg, Univ., Diss., 1993].

Dietrich, J. Richard/Muller, Karl A., III/Riedl, Edward (2007): Asymmetric timeliness tests of accounting conservatism, in: Review of Accounting Studies, Vol. 12, S. 95-124.

Ding, Yuan/Hope, Ole-Kristian/Jeanjean, Thomas/Stolowoy, Hervé (2007): Differences between domestic accounting standards and IAS: Measurement, determinants and implications, in: Journal of Accounting and Public Policy, Vol. 26, S. 1-38.

Ding, Yuan/Jeanjean, Thomas/Stolowy, Hervé (2005): Why do national GAAP differ from IAS? The role of culture, in: The International Journal of Culture, Vol. 40, S. 325-350.

Ding, Yuan/Stolowy, Hervé (2006): Timeliness and conservatism – Changes over time in the properties of accounting income in France, in: Review of Accounting and Finance, Vol. 5, S. 92-107.

Dobler, Michael (2008): Auswirkungen des Wechsels der Rechnungslegung von HGB zu IFRS auf die Gewinnsteuerung, in: Betriebswirtschaftliche Forschung und Praxis, 60. Jg., S. 259-275.

Doupnik, Timothy S./Salter, Stephen (1995): External environment, culture, and accounting practice: A preliminary test of a general model of international accounting development, in: The International Journal of Accounting, Vol. 30, S. 189-207.

DPR (2005): Verfahrensordnung der Prüfstelle, abrufbar unter: http://www.frep.info/pruefverfahren/verfahrensregelungen.php (Stand: 01.01.2012).

DPR (2009a): Informationen zum Prüfverfahren der Deutschen Prüfstelle für Rechnungslegung (DPR), abrufbar unter: http://www.frep.info/pruefverfahren/ablauf_eines_pruefverfahrens.php (Stand: 01.01.2012).

DPR (2009b): Grundsätze für die stichprobenartige Prüfung gemäß § 342b Abs. 2 Satz 3 Nr. 3 HGB, abrufbar unter: http://www.frep.info/pruefverfahren/verfahrensregelungen.php (Stand: 01.01.2012).

DPR (2009c): Schematische Darstellung eines Prüfverfahrens, abrufbar unter: http://www.frep.info/pruefverfahren/ablauf_eines_pruefverfahrens.php (Stand: 01.01.2012).

DPR (2009d): Pressemitteilung vom 19.11.2009 mit dem Titel „Die DPR stärkt ihre präventive Arbeit", abrufbar unter: http://www.frep.info/presse/pressemitteilungen.php (Stand: 01.01.2012).

DPR (2011): Tätigkeitsbericht 2010, abrufbar unter: http://www.frep.info/presse/taetigkeitsberichte.php (Stand: 01.01.2012).

Dücker, Hannes (2009a): Institutionelle Änderungen und die Ergebnisqualität von Finanzberichten deutscher Unternehmen – Die Auswirkungen des KonTraG, Peter Lang Verlag, Frankfurt am Main [Zugl.: Graz, Univ., Diss., 2008].

Dücker, Hannes (2009b): The effects of KonTraG on earnings quality in Germany, Working Paper (May 2009), abrufbar unter: http://papers.ssrn.com/sol3/papers.cfm?abstract_id=1405245 (Stand: 01.01.2012).

Dücker, Hannes/Wagenhofer, Alfred (2007): Trends in der Ergebnisqualität von österreichischen Jahresabschlüssen, in: Zeitschrift für Recht und Rechnungswesen, 17. Jg., S. 343-350.

Dumontier, Pascal/Raffournier, Bernard (1998): Why firms comply voluntarily with IAS: An empirical analysis with Swiss data, in: Journal of International Financial Management and Accounting, Vol. 9, S. 216-245.

Easley, David/O'Hara, Maureen (2004): Information and the cost of capital, in: The Journal of Finance, Vol. 59, S. 1553-1583.

Easton, Peter D./Harris, Trevor S. (1991): Earnings as an explanatory variable for returns, in: Journal of Accounting Research, Vol. 29, S. 19-36.

Easton, Peter D./Sommers, Gregory A. (2007): Effect of analysts' optimism on estimates of the expected rate of return implied by earnings forecasts, in: Journal of Accounting Research, Vol. 45, S. 983-1015.

Easton, Peter D./Zmijewski, Mark E. (1989): Cross-sectional variation in the stock market response to accounting earnings announcements, in: Journal of Accounting and Economics, Vol. 11, S. 117-141.

Ecker, Frank/Francis, Jennifer/Olsson, Per M./Schipper, Katherine (2005): Comparing total and current accruals quality, Working Paper (September 2005), University of Trier/Duke University/Financial Accounting Standards Board, abrufbar unter: http://citeseerx.ist.psu.edu/viewdoc/download?doi=10.1.1.163.4578&rep=rep1&type=pdf (Stand: 01.01.2012).

Eierle, Brigitte (2005): Differential reporting in Germany – A historical analysis, in: Accounting, Business & Financial History, Vol. 15, S. 279-315.

Eiselt, Andreas/Müller, Stefan/Wulf, Inge (2005): Bilanzpolitische Möglichkeiten im Jahresabschluss nach IFRS, in: Zeitschrift für internationale und kapitalmarktorientierte Rechnungslegung, 5. Jg., S. 575-579.

Eiselt, Andreas/Pleitner, Christian (2010): Enforcement der Rechnungslegung in Deutschland, Frankreich und Großbritannien – Eine vergleichende Betrachtung länderspezifischer Enforcement-Systeme, in: Zeitschrift für Corporate Governance, 5. Jg., S. 302-308.

El-Gazzar, Samir M./Finn, Philip M./Jacob, Rudy (1999): An empirical investigation of multinational firms' compliance with International Accounting Standards, in: The International Journal of Accounting, Vol. 34, S. 239-248.

Endres, Dieter /Oestreicher/Scheffler/Spengel (2007): The determination of corporate taxable income in the EU member states, Kluwer Law International, Alphen aan den Rijn.

Ernst, Edgar/Gassen, Joachim/Pellens, Bernhard (2005): Verhalten und Präferenzen deutscher Aktionäre – Eine Befragung von privaten und institutionellen Anlegern zum Informationsverhalten, zur Dividendenpräferenz und zur Wahrnehmung von Stimmrechten, Studien des Deutschen Aktieninstituts, abrufbar unter: http://212.100.53.4/internet/dai/dai-2-0.nsf/dai_publikationen.htm (Stand: 01.01.2012).

Ernst, Edgar/Gassen, Joachim/Pellens, Bernhard (2009): Verhalten und Präferenzen deutscher Aktionäre – Eine Befragung von privaten und institutionellen Anlegern zum Informationsverhalten, zur Dividendenpräferenz und zur Wahrnehmung von Stimmrechten, Studien des Deutschen Aktieninstituts, abrufbar unter: http://212.100.53.4/internet/dai/dai-2-0.nsf/dai_publikationen.htm (Stand: 01.01.2012).

Ernstberger, Jürgen (2009): The value relevance of accounting data according to IFRS and US GAAP: The case of Germany, in: Corporate Ownership & Control, Vol. 6, S. 177-195.

Ernstberger, Jürgen/Hitz, Jörg-Markus/Stich, Michael (2011): Enforcement of accounting standards in Europe: Capital market based evidence for the two-tier mechanism in Germany, erscheint in: European Accounting Review.

Ernstberger, Jürgen/Stich, Michael/Vogler, Oliver (2011): Economic consequences of accounting enforcement reforms: The case of Germany, erscheint in: European Accounting Review.

Ernst & Young (2006): IFRS – Observations on the implementation of IFRS, EYGM Limited, London.

Esser, Maik (2005): Leasingverhältnisse in der IFRS-Rechnungslegung – Darstellung der Leasingbilanzierung gem. IAS 17 und IFRIC 4, in: Steuern und Bilanzen, 7. Jg., S. 429-436.

Esser, Maik/Hackenberger, Jens (2004): Bilanzierung immaterieller Vermögenswerte des Anlagevermögens nach IFRS und US-GAAP, in: Zeitschrift für internationale und kapitalmarktorientierte Rechnungslegung, 4. Jg., S. 402-414.

Esser, Martin/Brendle, Martin (2009): Die Darstellung des Gesamtergebnisses nach IAS 1 (rev. 2007), in: Zeitschrift für internationale Rechnungslegung, 4. Jg., S. 143-145.

Eurostat (2011): Europe in figures – Eurostat yearbook 2011, Publications Office of the European Union, Luxembourg.

Evans, Lisa/Nobes, Christopher (1996): Some mysteries relating to the prudence principle in the Fourth Directive and in German and British law, in: European Accounting Review, Vol. 5, S. 361-373.

Fama, Eugene F. (1970): Efficient capital markets: A review of theory and empirical work, in: The Journal of Finance, Vol. 25, S. 383-417.

Fama, Eugene F./French, Kenneth R. (2004): The Capital Asset Pricing Model: Theory and evidence, in: Journal of Economic Perspectives, Vol. 18, S. 25-46.

Fearnley, Stella/Hines, Tony/McBride, Karen/Brandt, Richard (2002): The impact of the Financial Reporting Review Panel on aspects of the independence of auditors and their attitudes to compliance in the UK, in: British Accounting Review, Vol. 34, S. 109-139.

Fikentscher, Wolfgang (1980): Eine Theorie der Fallnorm als Grundlage von Kodex- und Fallrecht (code law und case law), in: Zeitschrift für Rechtsvergleichung, 21. Jg., S. 161-174.

Fink, Christian/Ulbrich, Philipp (2007): IFRS 8: Paradigmenwechsel in der Segmentberichterstattung, in: Der Betrieb, 60. Jg., S. 981-985.

Flower, John (2004): European financial reporting – Adapting to a changing world, Palgrave Macmillan, New York.

Francis, Jennifer/LaFond, Ryan/Olsson, Per M./Schipper, Katherine (2004): Costs of equity and earnings attributes, in: The Accounting Review, Vol. 79, S. 967-1010.

Francis, Jennifer/LaFond, Ryan/Olsson, Per M./Schipper, Katherine (2005): The market pricing of accruals quality, in: Journal of Accounting and Economics, Vol. 39, S. 295-327.

Francis, Jennifer/Olsson, Per M./Schipper, Katherine (2006): Earnings Quality, Foundation and Trends® in Accounting, now Publishers Inc., Delft.

Francis, Jennifer/Schipper, Katherine (1999): Have financial statements lost their relevance?, in: Journal of Accounting Research, Vol. 37, S. 319-352.

Francis, Jere R./Khurana, Inder K./Martin, Xiumin/Pereira, Raynolde (2008): The role of firm-specific incentives and country factors in explaining voluntary IAS adoptions: Evidence from private firms, in: European Accounting Review, Vol. 17, S. 331-360.

Freiberg, Jens (2010): Hohe Anforderungen an die Berichterstattung bei Anwendung von IFRS 8, in: Praxis der Internationalen Rechnungslegung, 6. Jg., S. 55-57.

Freisleben, Norbert/Brinkmann, Ralph (2007): Aktuelle Entwicklungen in Rechnungslegung, Prüfung, Enforcement und Abschlussprüferaufsicht sowie im US-Steuerrecht, Zeitschrift für internationale und kapitalmarktorientierte Rechnungslegung, 7. Jg., S. 102-109.

FRRP (2008): The Financial Reporting Review Panel – Operating procedures, abrufbar unter: http://www.frc.org.uk/frrp/how/procedures.cfm (Stand: 01.01.2012).

Frydlender, Alain/Pham, Dang (1996): Relationships between accounting and taxation in France, in: European Accounting Review, Vol. 5, Supplement, S. 845-857.

Fülbier, Rolf Uwe/Gassen, Joachim/Küting, Ulrich/Weller, Manuel (2008): Öffentliche Zuwendungen und Bilanzpolitik: Eine beispielgestützte Analyse von IAS 20, in: Zeitschrift für internationale und kapitalmarktorientierte Rechnungslegung, 8. Jg., S. 474-484.

Fülbier, Rolf Uwe/Gassen, Joachim/Sellhorn, Thorsten (2008): Vorsichtige Rechnungslegung – Theoretische Erklärung und empirische Evidenz, in: Zeitschrift für Betriebswirtschaft, 78. Jg., S. 1317-1342.

Gaber, Christian/Kandel, Andreas (2008): Bilanzierung von Financial Covenants und weiteren Nebenabreden im Kreditgeschäft nach IAS 39, in: Zeitschrift für internationale und kapitalmarktorientierte Rechnungslegung, 8. Jg., S. 9-16.

Gaio, Christina (2010): The relative importance of firm and country characteristics for earnings quality around the world, in: European Accounting Review, Vol. 19, S. 693-738.

García Lara, Juan Manuel/Mora, Araceli (2004): Balance sheet versus earnings conservatism in Europe, in: European Accounting Review, Vol. 13, S. 261-292.

Gassen, Joachim/Davarcioglu, Tolga/Fischkin, Michael/Küting, Ulrich (2007): Währungsumrechnung nach IFRS im Rahmen des Konzernabschlusses – Eine Fallstudie zur Umrechnung von Fremdwährungsabschlüssen nach IAS 21, in: Zeitschrift für internationale und kapitalmarktorientierte Rechnungslegung, 7. Jg., S. 171-180.

Gassen, Joachim/Fülbier, Rolf Uwe/Sellhorn, Thorsten (2006): International differences in conditional conservatism – The role of unconditional conservatism and income smoothing, in: European Accounting Review, Vol. 15, S. 527-564.

Gassen, Joachim/Sellhorn, Thorsten (2006): Applying IFRS in Germany – Determinants and consequences, in: Betriebswirtschaftliche Forschung und Praxis, 58. Jg., S. 365-386.

Gebhardt, Günther (1981): Tendenzen bei der Umsetzung der Vierten Richtlinie in das nationale Recht der EG-Mitgliedsländer, in: Zeitschrift für Unternehmens- und Gesellschaftsrecht, 10. Jg., S. 221-248.

Gebhardt, Günther/Novotny-Farkas, Zoltan (2011): Mandatory IFRS adoption and accounting quality of European banks, in: Journal of Business Finance & Accounting, Vol. 38, S. 289-333.

Gebhardt, William R./Lee, Charles M. C./Swaminathan, Bhaskaran (2001): Toward an implied cost of capital, in: Journal of Accounting Research, Vol. 39, S. 135-176.

Gee, Maria/Haller, Axel/Nobes, Christopher (2010): The influence of tax on IFRS consolidated statements: The convergence of Germany and the UK, in: Accounting in Europe, Vol. 7, S. 97-122.

Gélard, Gilbert (2001): France – Individual accounts, in: Ordelheide, Dieter/KPMG (Hrsg.), Transnational accounting – Band 2, 2. Aufl., Palgrave Publishers, Hampshire, S. 1009-1126.

Gerum, Elmar/Mölls, Sascha H./Shen, Chunqian (2011): Kapitalmarktorientierte Rechnungslegung in Deutschland zwischen Anspruch und Realität – Theorie und Empirie, in: Schmalenbachs Zeitschrift für betriebswirtschaftliche Forschung, 63. Jg., S. 534-577.

Giner, Begoña/Rees, William (2001): On the asymmetric recognition of good and bad news in France, Germany and United Kingdom, in: Journal of Business Finance & Accounting, Vol. 28, S. 1285-1331.

Givoly, Dan/Hayn, Carla K./Natarajan, Ashok (2007): Measuring reporting conservatism, in: The Accounting Review, Vol. 82, S. 65-106.

Givoly, Dan/Ronen, Joshua (1981): 'Smoothing' manifestations in fourth quarter results of operation: Some empirical evidence, in: Abacus, Vol. 17, S. 174-193.

Glaum, Martin (2001): Die Internationalisierung der deutschen Rechnungslegung, in: Zeitschrift für internationale und kapitalmarktorientierte Rechnungslegung, 1. Jg., S. 124-134.

Goncharov, Igor (2005): Earnings management and its determinants: Closing gaps in empirical accounting research, Peter Lang Verlag, Frankfurt am Main [Zugl.: Bremen, Univ., Diss., 2005].

Gordon, Paul D./Gray, Sidney J. (1994): European Financial Reporting – United Kingdom, Routledge, London/New York.

Grambovas, Christos/Giner, Begoña/Christodoulou, Demetris (2006): Earnings conservatism: Panel data evidence from the European Union and the United States, in: Abacus, Vol. 42, S. 354-378.

Gray, Sidney J. (1988): Towards a theory of cultural influence on the development of accounting systems internationally, in: Abacus, Vol- 24, S. 1-15.

Gronewold, Ulfert/Sellhorn, Thorsten (2009): Pro Forma Earnings, in: Die Betriebswirtschaft, 69 Jg., DBW-Stichwort, S. 107-111.

Grünberger, David (1999): Die Rechnungslegung in Frankreich, in: Steuer & Wirtschaft International, 9. Jg., S. 543-546.

Gu, Zhaoyang (2007): Across-sample incomparability of R^2 and additional evidence on value relevance changes over time, in: Journal of Business Finance & Accounting, Vol. 34, S. 1073-1098.

Guay, Wayne/Verrechia, Robert (2006): Discussion of an economic framework for conservative accounting and Bushman and Piotroski, in: Journal of Accounting and Economics, Vol. 42, S. 149-165.

Guenther, Nina/Gegenfurtner, Bernhard/Kaserer, Christoph/Achleitner, Ann-Kristin (2009): International Financial Reporting Standards and earnings quality: The myth of voluntary vs. mandatory adoption, Working Paper (June 2009), Technische Universität München, abrufbar unter: http://papers.ssrn.com/sol3/papers.cfm?abstract_id=1413145 (Stand: 01.01.2012).

Gujarati, Damodar/Porter, Dawn (2009): Basic econometrics, 5. Aufl., McGraw-Hill, New York.

Haaker, Andreas (2005): Das Wahrscheinlichkeitsproblem bei der Rückstellungsbilanzierung nach IAS 37 und IFRS 3 – Eine Analyse der Regelungen im Hinblick auf die Erfüllung des Informationszwecks, in: Zeitschrift für internationale und kapitalmarktorientierte Rechnungslegung, 5. Jg., S. 8-15.

Haghani, Sascha/Voll, Steffen/Holzamer, Matthias (2008): Bedeutung und Management von Financial Covenants, Roland Berger Strategy Consultants (Germany), abrufbar unter: http://www.rolandberger.be/media/pdf/rb_press/RB_Bedeutung_und_Management_von_Financial_Covenants_20080429.pdf (Stand: 01.01.2012).

Hahn, Klaus (2003): Die neuen Stellschrauben der Bilanzpolitik – Bilanzpolitische Weichenstellungen in der IAS/IFRS-Eröffnungsbilanz, in: Bilanzbuchhalter und Controller, 27. Jg., S. 245-249.

Hahn, Steffen/Ortner, Johannes (2006): Financial Covenants – risikoadäquate Kreditbepreisung im Spannungsfeld von Bankaufsichts- und Zivilrecht, in: Zeitschrift für das gesamte Kreditwesen, 59. Jg., S. 356-360.

Hail, Luzi (2002): The impact of voluntary corporate disclosures on the ex-ante cost of capital for Swiss firms, in: European Accounting Review, Vol. 11, S. 741-773.

Hail, Luzi/Leuz, Christian (2006): International differences in the cost of equity capital: Do legal institutions and securities regulation matter?, in: Journal of Accounting Research, Vol. 44, S. 485-531.

Hail, Luzi/Leuz, Christian/Wysocki, Peter (2010): Global accounting convergence and the potential adoption of IFRS by the U.S. (Part I): Conceptual underpinnings and economic analysis, in: Accounting Horizons, Vol. 24, S. 355-394.

Hallauer, Philipp/Sieber, Stefan (2011): Das IASB im Jahr der Entscheidung – Verabschiedung verschiedener Standards geplant, in: Der Schweizer Treuhänder, 85. Jg., S. 246-250.

Haller, Axel (1992): The relationship of financial and tax accounting in Germany: A major reason for accounting disharmony in Europe, in: The International Journal of Accounting, 27. Jg., S. 310-323.

Haller, Axel (2002): Financial accounting developments in the European Union: Past events and future prospects, in: European Accounting Review, Vol. 11, S. 153-190.

Haller, Axel (2003): Accounting in Germany, in: Walton, Peter/Haller, Axel/Raffournier, Bernard (Hrsg.), International accounting, 2. Aufl., Thomson Learning, Cornwall.

Haller, Axel/Eierle, Brigitte/Evans, Elisabeth (2001): Das britische Financial Reporting Review Panel – ein Vorbild für ein deutsches Enforcement-Gremium?, in: Betriebs-Berater, 56. Jg., S. 1673-1680.

Haller, Axel/Froschhammer, Matthias/Denk, Sebastian (2010): Umstellung der Rechnungslegung von HGB auf IFRS – Eine empirische Analyse der Wahlrechte des IFRS 1, in: Zeitschrift für internationale und kapitalmarktorientierte Rechnungslegung, 10. Jg., S. 554-559.

Hane, Timm/Kreipl, Markus/Müller, Stefan (2011): Charakteristika mittelständischer IFRS-Anwender, in: Praxis der internationalen Rechnungslegung, 6. Jg., S. 121-124.

Hanlon, Michelle/Maydew, Edward L./Shevlin, Terry (2008): An unintended consequence of book-tax conformity: A loss of earnings informativeness, in: Journal of Accounting and Economics, Vol. 46, S. 294-311.

Harris, Marry S./Muller, Karl A., III (1999): The market valuation of IAS versus US-GAAP accounting measures using Form 20-F reconciliations, in: Journal of Accounting and Economics, Vol. 26, S. 285-312.

Hartmann-Wendels, Thomas/Schmidt, Peer (2010): Zur Reform des IAS 17: Ist der Right-of-Use-Approach dem Risk-Reward-Approach überlegen?, in: Die Wirtschaftsprüfung, 63. Jg., S. 278-285.

Hayn, Sven (1997): Internationale Rechnungslegung – Ursachen, Wirkungen und Lösungsansätze zur Überwindung internationaler Rechnungslegungsdivergenzen, Schäffer-Poeschel Verlag, Stuttgart.

Hayn, Sven/Bösser, Jörg/Pilhofer (2003): Erstmalige Anwendung von International Financial Reporting Standards (IFRS 1) – Eine praxisorientierte Analyse vor dem Hintergrund der EU-Verordnung zur Anwendung internationaler Rechnungslegungsstandards, in: Betriebs-Berater, 58. Jg., 1607-1613.

Healy, Paul M./Wahlen, James M. (1999): A review of the earnings management literature and its implications for standard setting, in: Accounting Horizons, Vol. 13, S. 365-383.

Hein, Marcus (2010): Fünf Jahre Enforcement bei der BaFin – Eine Bestandsaufnahme, in: Der Betrieb, 63. Jg., S. 2265-2270.

Heinz, Annette (2010): Das Enforcement-Verfahren in Deutschland, Duncker & Humblot, Berlin [Zugl.: Konstanz, Univ., Diss., 2009].

Henselmann/Roos (2007): Bilanzierung von Vorräten nach IFRS – Eine Fallstudie zur Anwendung von IAS 2, in: Zeitschrift für internationale und kapitalmarktorientierte Rechnungslegung, 7. Jg., S. 496-501.

Heyd, Reinhard (2003): Währungsumrechnung nach deutschen und internationalen Rechnungslegungsvorschriften, in: Das Wirtschaftsstudium, 32. Jg., S. 1037-1042.

Heyd, Reinhard/Lutz-Ingold, Martin (2005): Immaterielle Vermögenswerte und Goodwill nach IFRS – Bewertung, Bilanzierung und Berichterstattung, Verlag Franz Vahlen, München.

Hicks, John Richard (1946): Value and capital: An inquiry into some fundamental principles of economic theory, 2. Aufl., Clarendon Press, Oxford.

Hoarau, Christian (2003): Accounting in France, in: Walton, Peter/Haller, Axel/Raffournier, Bernard (Hrsg.), International accounting, 2. Aufl., Thomson Learning, Cornwall.

Hofstede, Geert (1984): Cultural dimensions in management and planning, in: Asia Pacific Journal of Management, Vol. 1, S. 81-99.

Hofstede, Geert (2001): Culture's consequences, 2. Aufl., Thousand Oaks, London/New Delhi.

Hofstede, Geert/Hofstede, Gert Jan (2009): Lokales Denken, globales Handeln – Interkulturelle Zusammenarbeit und globales Management, 4. Aufl., Deutscher Taschenbuch Verlag, München.

Hofstede, Geert/McCrae, Robert R. (2004): Personality and culture revisited: Linking traits and dimensions of culture, in: Cross-Cultural Research, Vol. 38, S. 52-88.

Holthausen, Robert W. (2003): Testing the relative power of accounting versus incentives and other institutional features to influence the outcome of financial reporting in an international setting, in: Journal of Accounting and Economics, Vol. 36, S. 271-283.

Holthausen, Robert W. (2009): Accounting standards, financial reporting outcomes, and enforcement, in: Journal of Accounting Research, Vol. 47, S. 447-458.

Holthausen, Robert W./Watts, Ross L. (2003): The relevance of the value-relevance literature for financial accounting standard setting, in: Journal of Accounting and Economics, Vol. 31, S. 3-75.

Hoogendorn, Martin N. (1996a): Accounting and taxation in Europe – A comparative overview, in: European Accounting Review, Vol. 5, Supplement, S. 783-794.

Hoogendorn, Martin N. (1996b): Accounting and taxation in the Netherlands, in: European Accounting Review, Vol. 5, Supplement, S. 871-882.

Hoogervorst, Hans (2011): Zur künftigen Ausrichtung der IFRS, in: Die Wirtschaftsprüfung, 64. Jg., Heft 18, S. I.

Hope, Ole-Kristian (2003): Disclosure practices, enforcement of accounting standards, and analysts' forecast accuracy: An international study, in: Journal of Accounting Research, Vol. 41, S. 235-272.

Hope, Ole-Kristian (2007): Discussion of "Attribute differences between U.S. GAAP and IFRS earnings: An exploratory study", in: The International Journal of Accouning, Vol. 42, S. 143-147.

Howard, Stanley E. (1932): Public rules for private accounting in France, 1673 and 1807, in: The Accounting Review, Vol. 7, S. 91-102.

Hsiao, Cheng (2007): Analysis of panel data, 2. Aufl., 8. Druck, Cambridge University Press, Cambridge u.a.

Hung, Mingyi/Subramanyam, K. R. (2007): Financial statement effects of adopting international accounting standards: The case of Germany, in: Review of Accounting Studies, Vol. 12, S. 623-657.

ICAEW (2007): EU implementation of IFRS and the fair value directive – A report for the European Commission, Institute of Chartered Accountants in England and Wales.

Ince, Ozgur S./Porter, R. Burt (2006): Individual equity return data from Thomson Datastream: Handle with care!, in: The Journal of Financial Research, Vol. 29, S. 463-479.

Inwinkl, Petra (2007): Die neue Prüfgruppe der EU-Kommission und das neue Verfahren zur Anerkennung der IFRS, in: Die Wirtschaftsprüfung, 60. Jg., S. 289-295.

Jaafar, Aziz/McLeay, Stuart (2007): Country effects and sector effects on the harmonization of accounting policy choice, in: Abacus, Vol. 43, S. 156-189.

Jaggi, Bikki/Low, Pek Yee (2000): Impact of culture, market forces, and legal system on financial disclosures, in: The International Journal of Accounting, Vol. 35, S. 495-519.

Janke, Günter (2003): Was sind eigentlich IAS/IFRS, in: Betrieb und Wirtschaft, 57. Jg., S. 397-400.

Jeanjean, Thomas/Stolowy, Hervé (2008): Do accounting standards matter? An exploratory analysis of earnings management before and after IFRS adoption, in: Journal of Accounting and Public Policy, Vol. 27, S. 480-494.

Jödicke, Dirk (2009): Einfluss kultureller Unterschiede auf die Anwendung internationaler Rechnungslegungsregeln – Eine theoretische und empirische Untersuchung zur Anwendung der IFRS in Deutschland, Frankreich und UK, Verlag Dr. Kovač, Hamburg [Zugl.: Bochum, Univ., Diss., 2009].

Jödicke, Ralf (2008): Regelungslücken nach IFRS / IAS: Vorgehensweise und empirische Analyse am Beispiel von Stock Options und Versicherungsverträgen, abrufbar unter: http://www-brs.ub.ruhr-uni-bochum.de/netahtml/HSS/Diss/JoedickeRalf/diss.pdf (Stand: 01.01.2012) [Zugl.: Bochum, Univ., Diss., 2008].

Jöhnk, Meike/Jöhnk, Thorsten (2011): Financial Covenants: Klare Vorgaben für Kreditnehmer, in: NWB Betriebswirtschaftliche Beratung, Heft 6/2011, S. 177-180.

Jones, Eric L. (1995): Culture and its relationship to economic change, in: Journal of Institutional and Theoretical Economics – Zeitschrift für die gesamte Staatswissenschaft, Vol. 151, S. 269-285.

Jones, Jennifer J. (1991): Earnings management during import relief investigations, in: Journal of Accounting Research, Vol. 29, S. 193-228.

Joos, Peter/Lang, Mark (1994): The effects of accounting diversity: Evidence from the European Union, in: Journal of Accounting Research, Vol. 32, S. 141-168.

Kämpfer, Georg (2005): Enforcementverfahren und Abschlussprüfer, in: Betriebs-Berater, 60. Jg., S. 13-16.

Kajüter, Peter/Barth, Daniela (2007): Segmentberichterstattung nach IFRS 8 – Übernahme des Management Approach, in: Betriebs-Berater, 62. Jg., S. 428-434.

Karampinis, Nikolaos J./Hevas, Dimosthenis L. (2011): Mandating IFRS in an unfavorable environment: The Greek experiment, in: The International Journal of Accounting, Vol. 46, S. 304-332.

Kaserer, Christoph (2011): Solvency II und Basel III – Die Reform der europäischen Versicherungs- und Bankenregulierung und deren Auswirkungen auf die Unternehmensfinanzierung, Gutachten im Auftrag der Finanzplatz München Initiative, Technische Universität München, abrufbar unter: http://www.fpmi.de/tl_files/fpmi/downloads/de/Gutachten_im_Auftrag_der_fpmi.pdf (Stand: 01.01.2012).

Kaum, Stephan (2000): Internationale Rechnungslegung – Harmonisierung oder Standardisierung?, in: Finanz Betrieb, 2. Jg., Beilage 1, S. 46-49.

Kemper, Thomas (2011): Bilanzrechtsmodernisierungsgesetz (BilMoG), in: Busse von Colbe, Walther/ Crasselt, Nils/Pellens, Bernhard (Hrsg.), Lexikon des Rechnungswesen – Handbuch der Bilanzierung und Prüfung, der Erlös-, Finanz-, Investitions- und Kostenrechnung, 5. Aufl., Oldenbourg Verlag, München, S. 113-114.

Kirchner, Christian/Schmidt, Matthias (2005): Private law-making: IFRS – Problems of hybrid standard setting, in: Nobel, Peter (Hrsg.), International Standards and law, Staempfli Publishers, Berne, S. 67-80.

Knorr, Liesel (2004): Gewährleistung der Einhaltung internationaler Rechnungslegungsstandards – Zum Referentenentwurf des Bilanzkontrollgesetzes in seinem nationalen Umfeld, in: Zeitschrift für internationale und kapitalmarktorientierte Rechnungslegung, 4. Jg., S. 85-89.

Köhler, Andreas/Rotter, Norbert (1994): Britische Rechnungslegung, in: Gräfer, Horst/Demming, Claudia (Hrsg.), Internationale Rechnungslegung, Schäffer-Poeschel Verlag, Stuttgart, S. 371-444.

Kohler, Ulrich/Kreuter, Frauke (2008): Datenanalyse mit Stata – Allgemeine Konzepte der Datenanalyse und ihre praktische Anwendung, 3. Aufl., Oldenbourg Verlag, München/Wien.

Kormendi, Roger/Lipe, Robert (1987): Earnings innovations, earnings persistence, and stock returns, in: The Journal of Business, Vol. 60, S. 323-345.

Kothari, S. P. (2001): Capital market research in accounting, in: Journal of Accounting and Economics, Vol. 31, S. 105-231.

Kothari, S. P./Zimmerman, Jerold L. (1995): Price and return models, in: Journal of Accounting and Economics, Vol. 20, S. 155-192.

KPMG (2004): IFRS aktuell – Neuregelungen 2004: IFRS 1 bis 5, Improvements Project, Amendments IAS 32 und IAS 39, Schäffer-Poeschel Verlag, Stuttgart.

Krisement, Vera Marcelle (1994): Ansätze zur Messung des Harmonisierungs- und Standardisierungsgrades der externen Rechnungslegung, Peter Lang Verlag, Franfurt am Main [Zugl.: Münster, Univ., Diss., 1993].

Kümpel, Thomas (2003a): Bilanzierung und Bewertung des Vorratsvermögens nach IAS 2 (revised 2003), in: Der Betrieb, 56. Jg., S. 2609-2615.

Kümpel, Thomas (2003b): Bilanzierung und Bewertung von Sachanlagen nach International Financial Reporting Standards, in: bilanz & buchhaltung, 49. Jg., S. 378-392.

Kümpel, Thomas (2004a): Finanzinvestitionen in Immobilien (investment properties) nach IAS 40, in: bilanz & buchhaltung, 50. Jg., S. 17-28.

Kümpel, Thomas (2004b): Vorratsbewertung und Langfristfertigung nach International Financial Reporting Standards, in: bilanz & buchhaltung, 50. Jg., S. 269-285.

Kümpel, Thomas (2005): Vorratsbewertung nach IAS 2, in: Deutsches Steuerrecht, 43. Jg., S. 1153-1158.

Kümpel, Thomas (2006): IAS 41 als spezielle Bewertungsvorschrift für die Landwirtschaft, in: Zeitschrift für internationale und kapitalmarktorientierte Rechnungslegung, 6. Jg., S. 550-558.

Kümpel, Thomas/Straatmann, Leif (2005): Bilanzierung und Bewertung von zur Veräußerung stehendem Anlagevermögen sowie einzustellender Bereiche nach IFRS 5, in: bilanz & buchhaltung, 51. Jg., S. 138-146.

Künkele, Kai Peter/Zwirner, Christian (2009): Währungsumrechnung nach IAS 21, in: Zeitschrift für Internationale Rechnungslegung, 3. Jg., S. 352-355.

Küting, Karlheinz (1993): Europäisches Bilanzrecht und Internationalisierung der Rechnungslegung, in: Betriebs-Berater, 48. Jg., S. 30-38.

Küting, Karlheinz (1994): Zur Problematik internationaler Rechtsangleichung von Bilanzierungsvorschriften, in: Wirtschaftsprüferkammer Mitteilungen, 33. Jg., S. 69-76.

Küting, Karlheinz/Altmeier, David/Günther, Barbara (1997): Wegweiser durch das französische Bilanzrecht, in: Internationale Wirtschaftsbriefe, Fach 5 / Gruppe 3, S. 521-526.

Küting, Karlheinz/Altmeier, David/Günther, Barbara (1998): Die Grundppfeiler des französischen Bilanzrechts, in: Internationale Wirtschaftsbriefe, Fach 5 / Gruppe 3, S. 529-544.

Küting, Karlheinz/Döge, Burkhardt/Pfingsten, Andreas (2006): Neukonzeption der Fair Value-Option nach IAS 39 – Überzeugender Kompromiss oder doch wieder nur eine Übergangslösung?, in: Zeitschrift für internationale und kapitalmarktorientierte Rechnungslegung, 6. Jg., S. 597-612.

Küting, Karlheinz/Hayn, Sven (1995): Wesentliche Unterschiede der Rechnungslegung in Großbritannien und Deutschland, in: Zeitschrift für Unternehmens- und Gesellschaftsrecht, 24. Jg., S. 111-133.

Küting, Karlheinz/Hayn, Sven (1996): Internationale Harmonisierung der Rechnungslegung – Standortbestimmung und aktuelle Entwicklungslinien, in: bilanz & buchhaltung, 42. Jg., S. 417-422.

Küting, Karlheinz/Hellen, Heinz-Hermann/Koch, Christian (2006): Das Leasingverhältnis: Begriffsabgrenzung nach IAS 17 und IFRIC 4 sowie kritische Würdigung, in: Zeitschrift für internationale und kapitalmarktorientierte Rechnungslegung, 6. Jg., S. 649-657.

Küting, Karlheinz/Keßler, Marco (2006): Pensionsrückstellungen nach HGB und IFRS: Die Bilanzierung versicherungsmathematischer Gewinne und Verluste, in: Zeitschrift für internationale und kapitalmarktorientierte Rechnungslegung, 6. Jg., S. 192-206.

Küting, Karlheinz/Weber, Claus-Peter (2010): Der Konzernabschluss – Praxis der Konzernrechnungslegung nach HGB und IFRS, 12. Aufl., Schäffer-Poeschel Verlag, Stuttgart.

Küting, Karlheinz/Weber, Claus-Peter/Keßler, Marco/Metz, Christian (2007): Der Fehlerbegriff in IAS 8 als Maßstab zur Beurteilung einer regelkonformen Normanwendung – Auswirkungen der Wesentlichkeit auf die Fehlerbeurteilung, in: Der Betrieb, 60. Jg., Beilage 7, S. 2-20.

Küting, Karlheinz/Wirth, Johannes (2006): Discontinued operations und die veräußerungsorientierte Bilanzierung nach IFRS 5 – ein Mehrwert für die Berichterstattung?, in: Zeitschrift für internationale und kapitalmarktorientierte Rechnungslegung, 6. Jg., S. 719-728.

Küting, Karlheinz/Wohlgemuth, Frank (2002): Internationales Enforcement – Bestandsaufnahme und Entwicklungstendenzen, in: Zeitschrift für internationale und kapitalmarktorientierte Rechnungslegung, 2. Jg., S. 265-276.

Kutschker/Schmid (2008): Internationales Management, 6. Aufl., Oldenbourg Verlag, München.

Kvaal, Erlend/Nobes, Christopher (2010): International differences in IFRS policy: A research note, in: Accounting and Business Research, Vol. 40, S. 173-187.

Lamb, Margaret (1996): The relationship between accounting and taxation: The United Kingdom, in: European Accounting Review, Vol. 5, Supplement, S. 933-949.

Lamb, Margaret (2003): United Kingdom, in: Alexander, David/Archer, Simon (Hrsg.), Miller European accounting guide, Aspen, New York, S. 956-1109.

Lamb, Margaret/Nobes, Christopher/Roberts, Alan (1998): International variations in the conncetions between tax and financial reporting, in: Accounting and Business Research, Vol. 28, S. 173-188.

Lambert, Richard/Leuz, Christian/Verrecchia, Robert E. (2007): Accounting information, disclosure, and the cost of capital, in: Journal of Accounting Research, Vol. 45, S. 385-420.

Lanfermann, Georg/Röhricht, Vitoria (2008): Auswirkungen des geänderten IFRS-Endorsement-Prozesses auf die Unternehmen, in: Betriebs-Berater, 63. Jg., S. 826-830.

Lang, Mark/Lundholm, Russell (1993): Cross-sectional determinants of analysts ratings of corporate disclosures, in: Journal of Accounting Research, Vol. 31, 246-271.

Lang, Mark/Smith Ready, Jana/Wilson, Wendy (2006): Earnings management and cross listing: Are reconciled earnings comparable to US earnings?, in: Journal of Accounting and Economics, Vol. 42, S. 255-283.

La Porta, Rafael/Lopez-de-Silanes, Florencio/Shleifer, Andrei/Vishny, Robert W. (1997): Legal determinants of external finance, in: The Journal of Finance, Vol. 52, S. 1131-1150.

La Porta, Rafael/Lopez-de-Silanes, Florencio/Shleifer, Andrei/Vishny, Robert W. (1998): Law and Finance, in: Journal of Political Economy, Vol. 106, S. 1113-1155.

La Porta, Rafael/Lopez-de-Silanes, Florencio/Shleifer, Andrei/Vishny, Robert W. (2000): Investor protection and corporate governance, in: Journal of Financial Economics, Vol. 58, S. 3-27.

Lees, Francis (1981): Public disclosures of corporate earnings forecasts, The Conference Board, New York.

Lenz, Martin/Dörfler, Oliver (2010): Die Zinsschranke im internationalen Vergleich, in: Der Betrieb, 63. Jg., S. 18-24.

Leuz, Christian (2003): IAS versus U.S. GAAP: Information asymmetry-based evidence from Germany's New Market, in: Journal of Accounting Research, Vol. 41, S. 445-472.

Leuz, Christian/Nanda, Dhananjay/Wysocki, Peter D. (2003): Earnings management and investor protection: An international comparison, in: Journal of Financial Economics, Vol. 69, S. 505-527.

Leuz, Christian/Verrecchia, Robert E. (2000): The economic consequences of increased disclosure, in: Journal of Accounting Research, Vol. 38, S. 91-124.

Leuz, Christian/Wüstemann, Jens (2004): The role of accounting in the German financial system, in: Krahnen, Jan P./Schmidt, Reinhard H. (Hrsg.), The German financial system, Oxford University Press, Oxford, S. 450-481.

Lev, Baruch (1983): Some economic determinants of time-series properties of earnings, in: Journal of Accounting and Economics, Vol. 5, S. 31-48.

Lev, Baruch (1989): On the usefulness of earnings and earnings research: Lessons and directors from two decades of empirical research, in: Journal of Accounting Research, Vol. 27, S. 153-192.

Lev, Baruch/Zarowin, Paul (1999): The boundaries of financial reporting and how to extend them, in: Journal of Accounting Research, Vol. 37, S. 353-385.

Levitt, Arthur (1998): The importance of high quality accounting standards, in: Accounting Horizons, Vol. 12, S. 79-82.

Liao, Qing/Sellhorn, Thorsten/Skaife, Hollis, A. (2011): The cross-country comparability of IFRS earnings and book values: Evidence from France and Germany, Working Paper (September 2011), University of Wisconsin-Madison/WHU – Otto Beisheim School of Management, abrufbar unter: http://ssrn.com/abstract=1979341 (Stand: 01.01.2012).

Lienau, Achim/Erdmann, Mark-Ken/Zülch, Henning (2007): Bilanzierung latenter Steuern auf Verlustvorträge nach IAS 12, in: Deutsches Steuerrecht, 45. Jg., S. 1094-1097.

Lindemann, Jens (2004): Rechnungslegung und Kapitalmarkt – Eine theoretische und empirische Analyse, Josef Eul Verlag, Lohmar/Köln [Zugl.: Gießen, Univ., Diss., 2004].

Lindemann, Jens (2006): Kapitalmarktrelevanz der Rechnungslegung – Konzepte, Methodik und Ergebnisse empirischer Forschung, in: Zeitschrift für Betriebswirtschaft, 76. Jg., S. 967-1003.

Lipe, Robert (1990): The relation between stock returns and accounting earnings given alternative information, in: The Accounting Review, Vol. 65, S. 49-71.

Lüdenbach, Norbert (2004): IAS/IFRS – Der Ratgeber zur erfolgreichen Umstellung von HGB auf IAS/IFRS, 3. Aufl., Haufe Verlag, Freiburg i. Br.

Lüdenbach, Norbert/Hoffmann, Wolf-Dieter (2011): § 1 Rahmenkonzept (Framework), in: Lüdenbach, Norbert/Hoffmann, Wolf-Dieter (Hrsg.), Haufe IFRS-Kommentar, 9. Aufl., Haufe Verlag, Freiburg i. Br. u.a.

MacKinlay, A. Craig (1997): Event studies in economics and finance, in: Journal of Economic Literature, Vol. 35, S. 13-39.

Maijoor/Vanstraelen (2006): Earnings management within Europe: The effect of member state audit environment, audit firm quality and international capital markets, in: Accounting and Business Research, Vol. 36, S. 33-52.

Mandl, Gerwald/Rabel, Klaus (1997): Unternehmensbewertung – Eine praxisorientierte Einführung, Ueberreuter, Wien.

Mandl, Gerwald/Rabel, Klaus (2009): 1. Kapitel: Grundlagen der Unternehmensbewertung, Teil D: Methoden der Unternehmensbewertung (Überblick), in: Peemöller, Volker (Hrsg.), Praxishandbuch der Unternehmensbewertung, 4. Aufl., Verlag Neue Wirtschafts-Briefe, Herne, S. 49-90.

Mayer-Wegelin, Eberhard (2009): Impairmenttest nach IAS 36 – Realität und Ermessensspielraum, in: Betriebs-Berater, 51. Jg., S. 94-96.

McNichols, Maureen (2002): Discussion of 'The quality of accruals and earnings: The role of accrual estimation errors', in: The Accounting Review, Vol. 77, Supplement 2002, S. 61-69.

Meek, Gary K./Saudagaran, Sharokh M. (1990): A survey of research on financial reporting in a transnational context, in: Journal of Accounting Literature, Vol. 9., S. 145-182.

Meek, Gary K./Thomas, Wayne B. (2004): A review of market-based international accounting research, in: Journal of International Accounting Research, Vol. 3, S. 21-41.

Meyer, André (2007): Der englische Companies Act 2006 – Stand der Inkraftsetzung, in: Recht der internationalen Wirtschaft, 53. Jg., S. 645-649.

Meyer, Herbert (2010): Aktuelle Entwicklungen des Enforcement in Deutschland, in: Zeitschrift für Internationale Rechnungslegung, 5. Jg., S. 153-158.

Meyer, Herbert/Naumann, Klaus-Peter (2009): Enforcement der Rechnungslegung – aktuelle Entwicklungen, in: Die Wirtschaftsprüfung, 62. Jg., S. 807-811.

Morais, Ana Isabel/Curto, José Dias (2009): Mandatory adoption of IASB standards: Value relevance and country-specific factors, in: Australian Accounting Review, Vol. 19, S. 128-143.

Morck, Randall/Yeung, Bernard/Yu, Wayne (2000): The information content of stock markets: Why do emerging markets have synchronous stock price movements?, in: Journal of Financial Economics, Vol. 58, S. 215-260.

Müller, Oliver (2010): Die Fehlerfeststellung im Enforcement-Verfahren, in: Die Aktiengesellschaft, 55. Jg., S. 483-491.

Müller, Stefan/Gelbrich, Katja (2004): Interkulturelles Marketing, Verlag Franz Vahlen, München.

Müller, Stefan/Wulf, Inge (2005): Abschlusspolitisches Potenzial deutscher Unternehmen im Jahr 2005 unter besonderer Berücksichtigung der IFRS-Erstanwendung, in: Betrieb-Berater, 60. Jg., S. 1267-1273.

Müßig, Anke/Lopatta, Kerstin (2008): Die Konzern-Kapitalflussrechnung als Statement of Cashflows gem. IAS 7 – Fallstudie zur Anwendung von Ermittlungstechniken und Darstellung ausgewählter Sachverhalte, in: Zeitschrift für internationale und kapitalmarktorientierte Rechnungslegung, 8. Jg., S. 418-425.

Muller, Karl A., III/ Riedl, Edward J./Sellhorn, Thorsten (2011): Mandatory fair value accounting and information asymmetry: Evidence from the European real estate industry, in: Management Science, Vol. 57, S. 1138-1153.

Murphy, Ann B. (1999): Firm characteristics of Swiss companies that utilize International Accounting Standards, in: The International Jorunal of Accounting, Vol. 34, S. 121-131.

Ng, Jeff (2010): Tax and non-tax incentives for voluntary IFRS adoption: Evidence from the UK, Working Paper (March 2010), University of Chicago Booth School of Business, abrufbar unter: http://www.accountancy.smu.edu.sg/research/seminar/pdf/JeffNG_paper.pdf (Stand: 01.01.2012).

Niederhuemer, Silvia/Niedermayr, Thomas (2007): Enforcement – Überwachung der Rechnungslegungsstandards im europäischen Vergleich, in: Löffler, Helge/Rohatschek, Roman (Hrsg.), Internationale und nationale Rechnungslegung am Wendepunkt, Linde, Wien, S. 299-323.

Niehus, Rudolf J. (1978): Die Vierte Gesellschaftsrechtliche Richtlinie – Harmonisierung des Jahresabschlusses vor internationalem Hintergrund, in: Die Wirtschaftsprüfung, 31. Jg., S. 465-473.

Niehus, Rudolf J. (2005): Die IFRS auf Deutsch – Fehler und Unzulänglichkeiten der Übersetzung, in: Der Betrieb, 58. Jg., S. 2477-2483.

Nieland, Marius/Scott, Cornelia (1997): Rechnungslegung in Großbritannien – Grundlagen und ausgewählte Aspekte (Teil I), in: Internationales Steuerrecht, 6. Jg., S. 348-352.

Nobach, Kai (2006): Bedeutung der IAS/IFRS für die Bilanzpolitik deutscher Unternehmen, Verlag Neue Wirtschafts-Briefe, Hamm.

Nobes, Christopher (1998): Towards a general model of the reasons for international differences in financial reporting, in: Abacus, Vol. 34, S. 162-187.

Nobes, Christopher (2001): GAAP 2001 – A survey of national accounting rules benchmarked against International Accounting Standards, abrufbar unter: http://www.iasplus.com/resource/gaap2001.pdf (Stand: 01.01.2012).

Nobes, Christopher (2006): The survival of international differences under IFRS: Towards a research agenda, in: Accounting and Business research, Vol. 36, S. 233-245.

Nobes, Christopher (2008): Accounting classification in the IFRS era, in: Australian Accounting Review, Vol. 18, S. 191-198.

Nobes, Christopher/Parker, Robert (2010): Comparative international accounting, 11. Aufl., Prentice Hall, Harlow.

Nobes, Christopher/Schwencke, Hans Robert (2006): Modelling the links between tax and financial reporting: A longitudinal examination of Norway over 30 years up to IFRS adoption, in: European Accounting Review, Vol. 15, S. 63-87.

Nölte, Uwe (2008): Managementprognosen, Analystenschätzungen und Eigenkapitalkosten – Empirische Analysen am deutschen Kapitalmarkt, abrufbar unter: http://www-brs.ub.ruhr-uni-bochum.de/netahtml/HSS/Diss/NoelteUwe/diss.pdf (Stand: 01.01.2012) [Zugl.: Bochum, Univ., Diss., 2008].

NYSE Euronext (2008): NYSE Euronext corporate timeline, abrufbar unter: http://www.nyse.com/pdfs/NYSEEuronextTimeline-web.pdf (Stand: 01.01.2012).

Olbrich, Michael (2003): Zur Bilanzierung von als Finanzinvestition gehaltene Immobilien nach IAS 40, in: Betriebswirtschaftliche Forschung und Praxis, 55. Jg., S. 346-357.

Oversberg, Thomas (2007): Übernahme der IFRS in Europa: Der Endorsement-Prozess – Status quo und Aussicht, in: Der Betrieb, 60. Jg., S. 1597-1602.

Paananen, Mari (2008): The IFRS adoption's effect on accounting quality in Sweden, Working Paper (February 2008), Business School University of Hertfordshire, abrufbar unter: http://ssrn.com/abstract=1097659 (Stand: 01.01.2012).

Paananen, Mari/Lin, Henghsiu (2009): The development of accounting quality of IAS and IFRS over time: The case of Germany, in: Journal of International Accounting Research, Vol. 8, S. 31-55.

Pacter, Paul (2005): What exactly is convergence?, in: International Journal of Accounting, Auditing and Performance Evaluation, Vol. 2, S. 67-83.

Pae, Jinhan/Thornton, Daniel B./Welker, Michael (2005): The link between earnings conservatism and the price-to-book-ratio, in: Contemporary Accounting Research, Vol. 22, S. 693-717.

Page, Carol (2001): Erfahrungsbericht über die Tätigkeit des Financial Reporting Review Panel, in: Die Wirtschaftsprüfung, 54. Jg., Sonderheft, S. S34-S38.

Paglietti, Paola (2009): Earnings management, timely loss recognition and value relevance in Europe following the IFRS mandatory adoption: Evience from Italian listed companies, in: Economia Aziendale Online, Vol. 4, S. 97-117.

Pawelzik, Kai Udo (2006): Die Erstellung einer Konzernkapitalflussrechnung nach IAS 7, in: Zeitschrift für internationale und kapitalmarktorientierte Rechnungslegung, 6. Jg., S. 344-352.

Peemöller, Volker/Kunowski, Stefan (2009): 3. Kapitel: Bewertungsverfahren, Teil A: Ertragswertverfahren nach IDW, in: Peemöller, Volker (Hrsg.), Praxishandbuch der Unternehmensbewertung, 4. Aufl., Verlag Neue Wirtschafts-Briefe, Herne, S. 268-338.

Pellens, Bernhard (2001): Rechnungslegung, 4. Aufl., Schäffer-Poeschel Verlag, Stuttgart.

Pellens, Bernhard (2011): Jahresabschluss (Funktionen), in: Busse von Colbe, Walther/ Crasselt, Nils/Pellens, Bernhard (Hrsg.), Lexikon des Rechnungswesen – Handbuch der Bilanzierung und Prüfung, der Erlös-, Finanz-, Investitions- und Kostenrechnung, 5. Aufl., Oldenbourg Verlag, München, S. 406-410.

Pellens, Bernhard/Amshoff, Holger/Sellhorn, Thorsten (2008): IFRS 3 (rev. 2008): Einheitstheoorie in der M&A-Bilanzierung, in: Betriebs-Berater, 63. Jg., S. 602-606.

Pellens, Bernhard/Crasselt, Nils/Kemper, Thomas (2009): Evaluation der Arbeit des DRSC, in: Der Betrieb, 62. Jg., S. 241-246.

Pellens, Bernhard/Crasselt, Nils/Sellhorn, Thorsten (2009): Corporate Governance und Rechnungslegung, in: Schmalenbachs Zeitschrift für betriebswirtschaftliche Forschung, 61. Jg., S. 102-113.

Pellens, Bernhard/Detert, Karsten (2003): IFRS 1 „First-time Adoption of International Financial Reporting Standards" – Neue Regelungen zur erstmaligen Anwendung der IFRS, in: Zeitschrift für internationale und kapitalmarktorientierte Rechnungslegung, 3. Jg., S. 369-376.

Pellens, Bernhard/Fülbier, Rolf Uwe/Gassen, Joachim/Sellhorn, Thorsten (2011): Internationale Rechnungslegung, 8. Aufl., Schäffer-Poeschel Verlag, Stuttgart.

Pellens, Bernhard/Jödicke, Dirk/Jödicke, Ralf (2007): Anwendbarkeit nicht freigegebener IFRS innerhalb der EU, in: Betriebs-Berater, 62. Jg., S. 2503-2507.

Pellens, Bernhard/Kemper, Thomas/Schmidt, André (2008): Geplante Reformen im Recht der GmbH: Konsequenzen für den Gläubigerschutz, in: Zeitschrift für Unternehmens- und Gesellschaftsrecht, 37. Jg., S. 381-430.

Pellens, Bernhard/Obermüller, Philipp/Rüthers, Torben (2010): Fünf Jahre IFRS-Abschlüsse in der Europäischen Union – Bestandsaufnahme und Perspektive der Rechnungslegungsharmonisierung, in: Der Schweizer Treuhänder, 84. Jg., S. 464-471.

Pellens, Bernhard/Sellhorn, Thorsten/Strzyz, Adam (2008): The role of conservatism in decision-useful financial reporting, in: Bruns, Hans-Georg/Herz, Robert H./Neubürger, Heinz-Joachim/Tweedie, David (Hrsg.), Globale Finanzberichterstattung – Entwicklung, Anwendung und Durchsetzung von IFRS (Festschrift für Liesel Knorr), Schäffer-Poeschel Verlag, Stuttgart.

Penman, Stephen H./Zhang, Xiao-Jun (2002): Accounting conservatism, the quality of earnings, and stock returns, in: The Accounting Review, Vol. 77, S. 237-264.

Perlewitz, Fred (1995): Rechnungslegung in Deutschland und Frankreich – Ein Vergleich, Bertelsmann Verlag, Bielefeld.

Perridon, Louis/Steiner, Manfred/Rathgeber, Andreas (2009): Finanzwirtschaft der Unternehmung, 15. Aufl., Verlag Franz Vahlen, München.

Petersen, Mitchell A. (2009): Estimating standard errors in finance panel data sets: Comparing approaches, in: The Review of Financial Studies, Vol. 22, S. 435-480.

Pfaff, Dieter/Schröer, Thomas (1996): The relationship between financial and tax accounting in Germany – the authoritativeness and reverse authoritativeness principle, in: European Accounting Review, Vol. 5, Supplement, S. 963-979.

Pfleger, Günter (1991): Die neue Praxis der Bilanzpolitik – Strategien und Gestaltungsmöglichkeiten im handels- und steuerrechtlichen Jahresabschluß, 4. Aufl., Haufe Verlag, Freiburg i. Br.

Platikanova, Petya (2009): Market liquidity effects of the IFRS introduction in Europe, Working Paper (July 2009), ESADE Business School, abrufbar unter: http://ssrn.com/abstract=1005364 (Stand: 01.01.2011).

Pöller, Ralf (2007a): Explizite Wahlrechte und Ermessensspielräume (faktische Wahlrechte) nach IFRS – Teil 1: Sachanlagevermögen und als Finanzinvestitionen gehaltene Immobilien, in: Bilanzbuchhalter und Controller, 31. Jg., S. 1-6.

Pöller, Ralf (2007b): Explizite Wahlrechte und Ermessensspielräume (faktische Wahlrechte) nach IFRS – Teil 2: Immaterielle Vermögenswerte, in: Bilanzbuchhalter und Controller, 31. Jg., S. 172-177.

Pooten, Holger (1994): Deutsche Rechnungslegung, in: Gräfer, Horst/ Demming, Claudia (Hrsg.), Internationale Rechnungslegung, Schäffer-Poeschel Verlag, Stuttgart, S. 307-370.

Pope, Peter F./McLeay, Stuart J. (2011): The European IFRS experiment: Objectives, research challenges and some early evidence, in: Accounting and Business Research, Vol. 41, S. 233-266.

Pope, Peter F./Walker, Martin (1999): International differences in the timeliness, conservatism, and classification of earnings, in: Journal of Accounting Research, Vol. 37, S. 53-87.

Pownall, Grace/Schipper, Katherine (1999): Implications of accounting research for the SEC's consideration of International Accounting Standards for U.S. securities offerings, in: Accounting Horizons, Vol. 13, S. 259-280.

Pronobis, Paul/Schwetzler, Bernhard/Sperling, Marco/Zülch, Henning (2010a): Trends in der Ergebnisqualität (earnings quality) deutscher Jahresabschlüsse – Teil 1: Quantitativ empirische Untersuchung rechnungswesenbasierter Ergebnisgrößen, in: Corporate Finance biz, 1. Jg., S. 93-99.

Pronobis, Paul/Schwetzler, Bernhard/Sperling, Marco/Zülch, Henning (2010b): Trends in der Ergebnisqualität (earnings quality) deutscher Jahresabschlüsse – Teil 2: Kapitalmarktrelevanz von Ergebnisgrößen, in: Corporate Finance biz, 1. Jg., S. 165-169.

Radebaugh, Lee H./Gray, Sidney J./Black, Ervin L. (2006): International accounting and multinational enterprises, 6. Aufl., John Wiley & Sons, Hoboken.

Raonic, Ivana/McLeay/Asimakopoulos (2004): The timeliness of income recognition by European companies: An analysis of institutional and market complexity, in: Journal of Business Finance & Accounting, Vol. 31, S. 115-148.

Renders, Annelies/Gaeremynck, Ann (2007): The impact of legal and voluntary investor protection on the early adoption of International Financial Reporting Standards (IFRS), in: De Economist, Vol. 155, S. 49-72.

Riahi-Belkaoui, Ahmed (2004): Accounting theory, 5. Aufl., Thomson Learning, London.

Richter, Frank/Rogler, Silvia (2009): IFRS 8 und das Annual Improvements Project 2008, in: Zeitschrift für internationale und kapitalmarktorientierte Rechnungslegung, 9. Jg., S. 257-261.

Roberts, Alan (1995): The very idea of classification in international accounting, in: Accounting, Organizations and Society, Vol. 20, S. 639-664.

Roberts, Clare/Weetman, Pauline/Gordon, Paul (2008): International corporate reporting – A comparative approach, 4. Aufl., Pearson Education, Harlow.

Rogler, Silvia (2009a): Segmentberichterstattung nach IFRS 8 im Fokus von Bilanzpolitik und Bilanzanalyse (Teil 1), in: Zeitschrift für internationale und kapitalmarktorientierte Rechnungslegung, 9. Jg., S. 500-505.

Rogler, Silvia (2009b): Segmentberichterstattung nach IFRS 8 im Fokus von Bilanzpolitik und Bilanzanalyse (Teil 2), in: Zeitschrift für internationale und kapitalmarktorientierte Rechnungslegung, 9. Jg., S. 576-583.

Rost, Peter (1991): Der internationale Harmonisierungsprozeß der Rechnungslegung – Theorie, Praxis, Perspektiven, Peter Lang Verlag, Frankfurt am Main [Zugl.: Gießen, Univ., Diss., 1991].

Rottmann, Horst/Auer, Benjamin (2010): Ein Überblick über die lineare Regression, in: Wirtschaftswissenschaftliches Studium, 39. Jg., S. 548-554.

Roychowdhury, Sugata/Watts, Robert L. (2007): Asymmetric timeliness of earnings, market-to-book and conservatism in financial reporting, in: Journal of Accounting and Economics, Vol. 44, S. 2-31.

Ruhnke, Klaus/Nerlich, Christoph (2004): Behandlung von Regelungslücken innerhalb der IFRS, in: Der Betrieb, 57. Jg., S. 389-395.

Ryan, Stephen G. (2006): Identifying conditional conservatism, in: European Accounting Review, Vol. 15, S. 511-526.

Salter, Stephen B./Niswander, Frederick (1995): Cultural influence on the development of accounting systems internationally: A test of Gray's [1988] theory, in: Journal of International Business Studies, Vol. 26. Jg., S. 379-397.

Sandleben, Hans-Martin/Schmidt, Jürgen (2010): Aktuelles zu IFRS 8 – Segmentberichterstattung, in: Zeitschrift für Internationale Rechnungslegung, 5. Jg., S. 48-50.

Sankar, Mandira Roy/Subramanyam, K. R. (2001): Reporting discretion and private information communication through earnings, in: Journal of Accounting Research, Vol. 39, S. 365-386.

Saudagaran, Shahrokh M. (2004): International accounting: A user perspective, 2. Aufl., Thomson South-Western.

Scheffler, Eberhard (2006): Auslegungs- und Ermessensfragen beim Enforcement, in: Betriebs-Berater, 61. Jg., S. 2-8.

Scheffler, Eberhard (2009): Enforcement der Rechnungslegung, in: Handbuch Corporate Governance – Leitung und Überwachung börsennotierter Unternehmen in der Rechts- und Wirtschaftspraxis, Hommelhoff, Peter/Hopt, Klaus J./von Werder, Axel (Hrsg.), 2. Aufl., Schäffer-Poeschel Verlag, Stuttgart.

Scheid, Jean-Claude/Walton, Peter (1992): European Financial Reporting – France, Routledge, London/New York.

Scheid, Jean-Claude/Walton, Peter (2003): France, in: Alexander, David/Archer, Simon (Hrsg.), Miller European accounting guide, Aspen, New York, S. 304-357.

Schildbach, Thomas (1998): Harmonisierung der Rechnungslegung – ein Phantom, in: Betriebswirtschaftliche Forschung und Praxis, 50. Jg., S. 1-22.

Schildbach, Thomas (2007): IFRS – Irre Führendes Rechnungslegungs-System (Teil 1), in: Zeitschrift für Internationale Rechnungslegung, 2. Jg., S. 9-16.

Schildbach, Thomas/Straßer, Rainer (2003): Das britische Financial Reporting Review Panel als Vorbild für eine Enforcement-Institution in Deutschland?, in: Deutsches Steuerrecht, 41. Jg., S. 1720-1724.

Schipper, Katherine (2005): The introduction of International Accounting Standards in Europe: Implications for international convergence, in: European Accounting Review, Vol. 14, S. 101-126.

Schipper, Katherine (2010): How can we measure the costs and benefits of changes in financial reporting standards?, in: Accounting and Business Research, Vol. 40, S. 309-327.

Schipper, Katherine/Vincent, Linda (2003): Earnings Quality, in: Accounting Horizons, Vol. 17, Supplement 2003, S. 97-110.

Schneider, Dieter (1995): Betriebswirtschaftlehre – Band 1: Grundlagen, 2. Aufl., Oldenbourg Verlag, München/Wien.

Schulz, Sebastian (2008): Zinsschranke und IFRS – Geklärte, ungeklärte und neue Fragen nach dem Anwendungserlass vom 4.7.2008, in: Der Betrieb, 61. Jg., S. 2043-2051.

Schwandtner, Heike (1994): Französische Rechnungslegung, in: Gräfer, Horst/Demming, Claudia (Hrsg.), Internationale Rechnungslegung, Schäffer-Poeschel Verlag, Stuttgart, S. 161-228.

Sellhorn, Thorsten (2004): Goodwill impairment – An empirical investigation of write-offs under SFAS 142, Peter Lang Verlag, Frankfurt am Main [Zugl.: Bochum, Univ., Diss., 2004].

Sellhorn, Thorsten/Gornik-Tomaszewski (2006): Implications of the 'IAS regulation' for research into the international differences in accounting systems, in: Accounting in Europe, Vol. 3, S. 187-217.

Sharpe, William F. (1964): Capital asset prices: A theory of market equilibrium under conditions of risk, in: The Journal of Finance, Vol. 19, S. 425-442.

Singhvi, Surendra S./Desai, Harsha B. (1971): An empirical analysis of the quality of corporate financial disclosure, in: The Accounting Review, Vol. 46, S. 129-138.

Sloan, Richard G. (1996): Do stock prices fully reflect information in accruals and cash flows about future earnings?, in: The Accounting Review, Vol. 71, S. 289-315.

Soderstrom, Naomi S./Sun, Kevin Jialin (2007): IFRS adoption and accounting quality: A review, in: European Accounting Review, Vol. 16, S. 675-702.

Søndergaard, Mikael (1994): Research note: Hofstede's consequences: A study of reviews, citations and replications, in: Organization Studies, Vol. 15, S. 447-456.

Stamp, Edward (1972): Uniformity in International Accounting Standards?, in: The Journal of Accountancy, Vol. 133, April, S. 64-66.

Standish, Peter E. M. (1990): Origins of the Plan Comptable Général: A study in cultural intrusion and reaction, in: Accounting and Business Research, Vol. 20, S. 337-351.

Street, Donna L. (2002): GAAP 2001 – Benchmarking national accounting standards against IAS: Summary of results, in: Journal of International Accounting, Auditing & Taxation, Vol. 11, S. 77-90.

Street, Donna L./Gray, Sidney J. (2002): Factors influencing the extent of corporate compliance with International Accounting Standards: Summary of a research monograph, in: Journal of International Accounting, Auditing & Taxation, Vol. 11, S. 51-76.

Stulz, René/Williamson, Rohan (2003): Culture, openness, and finance, in: Journal of Financial Economics, Vol. 70, S. 313-349.

Subramanyam, K. R. (1996): The pricing of discretionary accruals, in: Journal of Accounting and Economics, Vol. 22, S. 249-281.

Tanski, Joachim S. (2004): Bilanzpolitische Spielräume in den IFRS, in: Deutsches Steuerrecht, 42. Jg., S. 1843-1847.

Taplin, Ross H. (2011): The measurement of comparability in accounting research, in: Abacus, Vol.47, S. 383-409.

Tarca, Ann (2004): International convergence of acounting practices: Choosing between IAS and US GAAP, in: Journal of International Financial Management and Accounting, Vol. 15, S. 60-91.

Teets, Walter R. (2002): Quality of earnings: An introduction to the 'Issues in Accounting Education' special issue, in: Issues in Accounting Education, Vol.17, S. 355-360.

Theile, Carsten (2003): Erstmalige Anwendung der IAS/IFRS – Einfach unvergleichlich komplex, in: Der Betrieb, 56. Jg., S. 1745-1752.

Tran, Duc Hung (2011): Corporate Governance und Eigenkapitalkosten – Bestandsaufnahme des Schrifttums unter besonderer Berücksichtigung des Informationsaspekts und Forschungsperspektiven, in: Zeitschrift für Betriebswirtschaft, 81. Jg., S. 551-585.

Tsakumis, George T. (2007): The influence of culture on accountants' application of financial reporting rules, in: Abacus, Vol. 43, S. 27-48.

Tweedie, Sir David (2006): Rede zur „14th Annual XBRL International Conference" in Philadelphia, United States, vom 05.12.2006, abrufbar unter: http://www.iasb.org/xbrl/images/library/speeches/2006-12-05-Key_Speech_Sir_David_Tweedie.pdf (Stand: 01.01.2012).

Van der Meulen, Sofie/Gaeremynck, Ann/Willekens, Marleen (2007a): Attribute differences between U.S. GAAP and IFRS earnings: An exploratory study, in: The International Journal of Accouning, Vol. 42, S. 123-142.

Van der Meulen, Sofie/Gaeremynck, Ann/Willekens, Marleen (2007b): Reply - Attribute differences between U.S. GAAP and IFRS earnings: An exploratory study, in: The International Journal of Accouning, Vol. 42, S. 148-152.

Van der Tas, Leo G. (1992): Evidence of EC financial reporting practice harmonization – The case of deferred taxation, in: European Accounting Review, Vol. 1, S. 69-104.

Van Hulle, Karel (2004): From accounting directives to International Accounting Standards, in: Leuz, Christian/Pfaff, Dieter/Hopwood, Anthony (Hrsg.), The economics and politics of accounting, Oxford University Press, Oxford, S. 349-375.

Van Tendeloo/Vanstraelen (2005): Earnings management under German GAAP versus IFRS, in: European Accounting Review, Vol. 14, S. 155-180.

von Auer, Ludwig (2011): Ökonometrie – Eine Einführung, 5. Aufl., Springer-Verlag, Heidelberg u.a.

von Keitz, Isabel (2003): Praxis der IASB-Rechnungslegung: Derzeit (noch) uneinheitlich und HGB-orientiert, in: Der Betrieb, 56. Jg., S. 1801-1806.

von Keitz, Isabel/Stolle, Ingeborg (2008): Fehlerfeststellung, -veröffentlichung und -korrektur im Rahmen des deutschen Enforcement – Anforderungen, Herausforderungen und Analyse der praktischen Umsetzung, in: Zeitschrift für internationale und kapitalmarktorientierte Rechnungslegung, 8. Jg., S. 213-225.

von Keitz, Isabel/Wenk, Oliver (2010): Eine quantitative und qualitative Analyse der von der DPR festgestellten Fehler bei der IFRS-Anwendung, in: Der Betrieb, 63. Jg., S. 513-521.

Wagenhofer, Alfred (2009): Internationale Rechnungslegungsstandards – IAS/IFRS, 6. Aufl., FinanzBuch Verlag, München.

Wagenhofer, Alfred/Dücker, Hannes (2007): Die Messung von „Earnings"-Qualität, in: Journal für Betriebswirtschaft, 57. Jg., S. 163-297.

Wagenhofer, Alfred/Ewert, Ralf (2007): Externe Unternehmensrechnung, 2. Aufl., Springer-Verlag, Berlin u.a.

Wagner, Steffen (2000): Grundsätze ordnungsmäßiger Bilanzierung in Frankreich, IDW-Verlag, Düsseldorf [Zugl.: Frankfurt am Main, Univ., Diss., 1999].

Walton, Peter (2003): Accounting in the United Kingdom, in: Walton, Peter/Haller, Axel/Raffournier, Bernard (Hrsg.), International accounting, 2. Aufl., Thomson Learning, Cornwall.

Watts, Ross L. (2003): Conservatism in accounting – Part I: Explanations and implications, Accounting Horizons, Vol. 17, S. 207-221.

Watts, Ross L./Zimmerman, Jerold L. (1986): Positive accounting theory, Prentice-Hall , Englewood Cliffs, New Jersey.

Welker, Michael (1995): Disclosure policy, information asymmetry, and liquidity in equity markets, in: Contemporary Accounting Research, Vol. 11, S. 801-827.

Wente, Martina (2010): Enforcement-Verfahren bei der Kontrolle von Unternehmensabschlüssen, in: Das Wirtschaftsstudium, 39. Jg., S. 1077-1080.

Werner, Jörg Richard/Zimmermann, Jochen (2009): Internationaler Vergleich von Rechnungslegungssystemen – Stand und Perspektiven, in: Die Betriebswirtschaft, 69. Jg., S. 85-106.

Williams, Rick L. (2000): A note on robust variance estimation for cluster-correlated data, in: Biometrics, Vol. 56, S. 645-646.

Wollmert, Peter/Achleitner, Ann-Kristin (1997): Konzeptionelle Grundlagen der IAS-Rechnungslegung (Teil I), in: Die Wirtschaftsprüfung, 50. Jg., S. 209-222.

Wooldridge, Jeffrey M. (2009): Introductory Econometrics – A modern approach, 4. Aufl., South-Western Cengage Learning.

Wooldridge, Jeffrey M. (2010): Econometric analysis of cross section and panel data, 2. Aufl., The MIT Press, Cambridge (Massachusetts)/London.

World Federation of Exchanges (2010): Annual report and statistics 2010, abrufbar unter: http://www.world-exchanges.org/about-wfe/annual-reports (Stand: 01.01.2012).

Wüstemann, Jens/Kierzek, Sonja (2006): Das europäische Harmonisierungsprogramm zur Rechnungslegung: Endorsement und Enforcement von IFRS, in: Betriebs-Berater, 61. Jg., S. 14-22.

Wysocki, Peter (2011): New institutional accounting and IFRS, in: Accounting and Business Research, Vol. 41, S. 309-328.

Zülch, Henning (2004): Das IASB Improvement Project – Wesentliche Neuerungen und ihre Würdigung, in: Zeitschrift für internationale und kapitalmarktorientierte Rechnungslegung, 4. Jg., S. 153-167.

Zülch, Henning (2005a): Die Rechnungslegungsnormen des IASB – Hierarchie, Lücken und Inkonsistenzen, in: Praxis der internationalen Rechnungslegung, 3. Jg., S. 1-7.

Zülch, Henning (2005b): Das deutsche Enforcement-Modell des Bilanzkontrollgesetzes – Ausgestaltung und Implikationen für Rechnungslegung und Abschlussprüfung, in: Steuern und Bilanzen, 7. Jg., S. 1-9.

Zülch, Henning/Burghardt, Stephan (2007): IFRS 8 „Operating Segments“, in: Praxis der Internationalen Rechnungslegungs, 3. Jg., S. 21-23.

Zülch, Henning/Fischer, Daniel T./Erdman, Mark-Ken (2007): Neuerungen in der Darstellung eines IFRS-Abschlusses gem. IAS 1 „Presentation of Financial Statements“ (revised 2007), in: Die Wirtschaftsprüfung, 60. Jg., S. 963-968.

Zülch, Henning/Hoffmann, Sebastian (2009): Aktuelle Änderung des IFRS 1: Grundlegende Neustrukturierung, in: Praxis der internationalen Rechnungslegung, 5. Jg., S. 51-54.

Zülch, Henning/Lienau, Achim (2006): Bilanzierung von investment properties und Sachanlagevermögen unter Berücksichtigung latenter Steuern – Eine Fallstudie zur Anwendung von IAS 16 und IAS 40, in: Zeitschrift für internationale und kapitalmarktorientierte Rechnungslegung, 6. Jg., S. 698-703.

Zülch, Henning/Willms, Jesco (2004): Jahresabschlussänderungen und ihre bilanzielle Behandlung nach IAS 8 (revised 2003), in: Zeitschrift für internationale und kapitalmarktorientierte Rechnungslegung, 4. Jg., S. 128-135.

Zwirner, Christian (2010): Abgrenzung latenter Steuern – Anwendung der Regelung nach IAS 12 im Rahmen einer Fallstudie über aktive latente Steuern auf Verlustvorträge, in: Zeitschrift für internationale und kapitalmarktorientierte Rechnungslegung, 10. Jg., S. 110-116.

Verzeichnis der Rechnungslegungsnormen und Rechtsquellen

IAS/IFRS

(Abgedruckt in: WILEY, International Financial Reporting Standards (IFRS) 2011 – Deutsch-Englische Textausgabe der von der EU gebilligten Standards, Weinheim.)

IAS 1: Darstellung des Abschlusses.

IAS 2: Vorräte.

IAS 7: Darstellung der Zahlungsströme

IAS 8: Bilanzierungs- und Bewertungsmethoden, Änderungen von Schätzungen und Fehler.

IAS 11: Fertigungsaufträge.

IAS 12: Ertragsteuern.

IAS 16: Sachanlagen.

IAS 17: Leasingverhältnisse.

IAS 19: Leistungen an Arbeitnehmer.

IAS 20: Bilanzierung und Darstellung von Zuwendungen der öffentlichen Hand.

IAS 21: Auswirkungen von Änderungen der Wechselkurse.

IAS 27: Konzern- und separate Abschlüsse nach IFRS.

IAS 36: Wertminderung von Vermögenswerten.

IAS 37: Rückstellungen, Eventualschulden und Eventualforderungen.

IAS 38: Immaterielle Vermögenswerte.

IAS 39: Finanzinstrumente: Ansatz und Bewertung.

IAS 40: Als Finanzinvestition gehaltene Immobilien.

IAS 41: Landwirtschaft.

IFRS 1: Erstmalige Anwendung der International Financial Reporting Standards.

IFRS 3: Unternehmenszusammenschlüsse.

IFRS 5: Zur Veräußerung gehaltene langfristige Vermögenswerte und aufgegebene Geschäftsbereiche.

IFRS 8: Geschäftssegmente.

Sonstige Rechtsquellen und Verlautbarungen

Europäische Wirtschaftsgemeinschaft (1957): Vertrag zur Gründung der europäischen Wirtschaftsgemeinschaft, in: BGBl. II 1957, S. 766-962.

IASB Preface: Preface to International Financial Reporting Standards, April 2002.

IASB Framework: The Conceptual Framework for Financial Reporting, September 2010.

Verordnung (EG) Nr. 1606/2002 des Europäischen Parlaments und des Rates vom 19. Juli betreffend die Anwendung internationaler Rechnungslegungsstandards.

Betriebswirtschaftliche Forschung im Rechnungswesen

Herausgegeben von Nils Crasselt, Rolf Uwe Fülbier,
Joachim Gassen, Bernhard Pellens und Thorsten Sellhorn

Band 1 Verena Hill: Rechnungslegungspolitik im Rahmen der Kaufpreisallokation. Eine theoretische und empirische Analyse deutscher kapitalmarktorientierter Unternehmen. 2011.

Band 2 Ulrich Küting: Rückstellungsbilanzierung nach HGB und IFRS. Normendeskription und empirische Analysen zur deutschen und internationalen Bilanzierungspraxis. 2011.

Band 3 Felix Fischer: Der Zusammenhang zwischen Rechnungslegung und Ausschüttungsbemessung. Eine empirische Analyse deutscher börsennotierter Aktiengesellschaften. 2011.

Band 4 Torben Auste: Einfluss von Lobbying auf den IFRS-Standardsetzungsprozess. 2012.

Band 5 Michael Fischkin: Determinanten der Prüferwahl und des Prüferwechsels auf dem deutschen Prüfungsmarkt für börsennotierte Unternehmen. Eine theoretische und empirische Untersuchung. 2012.

Band 6 Maximilian Lauerbach: Investitionssteuerung mit Risk Adjusted Performance Measures im Nicht-Finanzbereich. 2012.

Band 7 Marco Kreutzer: Wertorientierte Planung und Steuerung anhand des Residualgewinnkonzepts. Eine Analyse in Abhängigkeit vom zu Grunde liegenden Rechnungslegungssystem. 2012.

Band 8 Tim-Frederik Oehr: Sozio-ökonomische Aspekte der Regulierung der Rechnungslegung. 2012.

Band 9 Adam Strzyz: Determinanten der Dividendenpräferenz deutscher Privatanleger. 2013.

Band 10 Jane Fehr: Die künftige Leasingbilanzierung nach IFRS. Auswirkungen auf das Entscheidungsverhalten der Akteure. 2013.

Band 11 Thomas Kemper-Scharpegge: Einfluss der IFRS auf die Rechnungslegungspraxis. Eine theoretische und empirische Analyse in ausgewählten Ländern der EU. 2013.

www.peterlang.de

www.ingramcontent.com/pod-product-compliance
Ingram Content Group UK Ltd.
Pitfield, Milton Keynes, MK11 3LW, UK
UKHW021125041026
8980IPUK00026B/422

9 783631 625736